U0503968

本书系教育部人文社会科学重点研究基地重大项目"农村教育经费投入效益评估研究"（项目编号：16JJD880014）最终研究成果

Research on the Benefit Evaluation
of Rural Education Investment

农村教育经费投入
效益评估研究

秦玉友 等著

中国社会科学出版社

图书在版编目（CIP）数据

农村教育经费投入效益评估研究／秦玉友等著 . —北京：中国社会科学出版社，
2024.3

ISBN 978 - 7 - 5227 - 3039 - 4

Ⅰ. ①农⋯　Ⅱ. ①秦⋯　Ⅲ. ①乡村教育—教育经费—教育投资—经济
评价—研究—中国　Ⅳ. ①G522.3

中国国家版本馆 CIP 数据核字（2024）第 037385 号

出 版 人	赵剑英	
责任编辑	赵　丽	
责任校对	刘　念	
责任印制	王　超	

出　　　版	中国社会科学出版社	
社　　　址	北京鼓楼西大街甲 158 号	
邮　　　编	100720	
网　　　址	http://www.csspw.cn	
发 行 部	010 - 84083685	
门 市 部	010 - 84029450	
经　　　销	新华书店及其他书店	

印　　　刷	北京明恒达印务有限公司	
装　　　订	廊坊市广阳区广增装订厂	
版　　　次	2024 年 3 月第 1 版	
印　　　次	2024 年 3 月第 1 次印刷	

开　　　本	710×1000　1/16	
印　　　张	23.25	
插　　　页	2	
字　　　数	381 千字	
定　　　价	118.00 元	

凡购买中国社会科学出版社图书，如有质量问题请与本社营销中心联系调换
电话：010 - 84083683
版权所有　侵权必究

序　言

2012年，中国国家财政性教育经费支出占国内生产总值的比例首次超过4%，进入"后4%时代"，这是中国教育发展史上里程碑式的成就，是几代人不懈努力的成果。不过，与世界发达国家相比，中国教育经费投入水平仍然较低，从中国教育新时代高质量发展的需求看，中国教育经费投入水平仍有较大提升空间。

在国家精准扶贫和乡村振兴战略语境下，农村教育发展取得了瞩目的成就，但是农村教育仍然是中国教育发展的短板。在新时代经济社会发展的新形势下，尤其是在共同富裕取得实质性进展的战略下，农村教育仍然面临着许多新的挑战。加大对农村教育的支持力度是新形势下农村教育发展的必然要求。在加大农村教育投入的同时，农村教育经费投入效益也是特别需要关注的问题。伴随农村劳动力大规模向城市流动，农村学龄人口流出，农村学校班级小规模化与县城学校大班额，农村教育资源配置问题变得日益突出，科学评估农村教育经费投入效益，对于科学使用农村教育经费，改善农村教育资源配置，提高农村教育经费投入的使用效益，促进农村教育高质量发展具有重大意义。

东北师范大学中国农村教育发展研究院秦玉友教授及其团队近些年在农村教育经费投入与效益评估方面开展了大量的研究，取得了一系列高水平的研究成果。在这些高水平研究成果的基础上，秦玉友教授带领团队完成了《农村教育经费投入效益评估研究》这一高质量的学术著作。著作大时间跨度考察了农村教育经费收入水平和支出结构，提出了农村教育经费使用效益评估的总体架构，从农村教育人员经费、公用经费、基本建设经费三个维度分析了农村教育经费投入的充分性、合理性和高效性，提出了相应的政策建议，具有重要理论价值与实践意义。

　　本书重点研究了三个重要的问题。首先，实证分析农村教育经费收入水平变动趋势。在系统地梳理农村教育投入体制的基础上，运用国家教育经费统计的宏观数据，分析了农村教育经费收入来源的丰富性与收入水平的充分性。发现随着国家经济社会快速发展，公共财政对教育发展的支持力度明显加大，国家财政性教育经费投入呈现稳步上升态势，为我国教育迈向更高质量的发展提供了较为充裕的经费支持。在充分肯定农村教育经费投入成就的基础上，基于国际比较数据指出，我国财政性教育经费投入依然有一定上升空间。

　　其次，实证分析了农村教育经费支出结构变动趋势。农村教育经费支出状况考察主要从两个方面展开：一是农村教育经费支出水平是否充足？二是农村教育经费支出结构是否合理？运用国家教育经费统计的宏观数据，从支出总量上考察农村教育经费支出水平，分别考察和评估了农村教育人员经费、公用经费和基建经费支出的充分性；从项目、城乡和学段三个维度考察了农村教育经费的支出结构，并考察和评估了农村教育人员经费、公用经费和基建经费支出在城乡、区域和学段维度上的合理性。不过，在农村教育经费投入不断增加的总体情况下，还存在着人员经费占比大、教育经费投入区域不平衡等问题。从区域看"中部塌陷"现象比较突出。在公用经费支出方面，农村生均一般公共预算公用经费支出持续增长并超过基准定额，但农村的投入水平与均衡程度仍低于城市，中部和西部的投入水平低于东部和东北地区。在基建支出方面，"中部塌陷"现象也是比较突出的问题，且西部和东部地区生均基本建设经费投入水平的省际差异较大。

　　第三，实证分析了农村教育经费使用效益现实状况。以农村教育经费投入向人力资源、物力资源转化的路径为核心，形成农村教育经费使用效益分析的主要路径。结合实地调研，从人员经费转换成人力资源、公用经费转换成教学与日常运转支持、基建经费转换成相应办学条件后的效果表现考察农村教育经费使用的高效性。研究发现，当前农村教育人员经费使用效益较高，农村教师数量整体达标率高，农村教师质量稳定提升，农村教师队伍建设发展态势向好，农村贫困儿童的受教育权利得到保障；农村学校公用经费支出的城乡及农村内部均衡性提高，但可达性和效益性仍面临问题，存在着公用经费延迟划拨与报销滞后、中心校统筹村小经费背景下低质量运转、公用经费使用低效等问题；基本建设支出效益方面，农村学校校舍危房情况得到显著改善，但农村学校的危房率和生均危房面积仍大于城市。农村学校的提升性用房面积逐年增长，达标状况整体良好，但农村学校底线用房存在一些问题，如农村小学底线用房的浪费与紧缺并存，农村初中底线用房的城乡差距呈现波动增大态势。研究从农村教育经费转为现实的教育服务的重要环节考察农村教育经费使用的高效性，构建了农村教育经费效益评估的全面分析框架。

进入教育高质量发展阶段，农村教育高质量发展的投入保障机制需要不断地改进与完善，这些改进与完善需要对以往农村教育经费投入的效益进行客观全面的分析。从农村教育高质量发展战略看，科学高效地配置农村教育资源是下一阶段农村教育经费投入的关键。秦玉友教授的著作无疑很好地回应了这一时代课题。在不断增加农村教育经费充分性的过程中，如何进一步优化农村教育经费支出结构、提高农村教育经费的使用效益，才是关乎农村教育长远、健康和可持续发展的关键。

乡村振兴是二十大确定的新阶段重要的总体发展战略之一，农村教育的发展将迎来前所未有的发展机遇期。教育强国建设更是为农村教育高质量发展指出了明确的行动方案。相信随着乡村振兴战略的扎实推进和教育强国战略的加快实施，农村教育经费保障水平会不断提升，农村教育经费的使用效益会不断提高，农村教育必将展现出高质量发展的新气象。

杜育红

北京师范大学教授

2023 年 10 月

目　录

农村教育经费投入效益评估至关重要

相关统计数据显示，2021 年末，中国（不含台湾地区）总人口为 14.1 亿人，其中城镇常住人口为 9.14 亿人①，占总人口比重（常住人口城镇化率）为 64.72%，户籍人口城镇化率为 46.7%。② 中国农民工总量为 2.93 亿人。③ 伴随着农村劳动力大规模向城市流动，农村留守儿童与进城务工人员随迁子女大量出现，2021 年，中国义务教育阶段在校生为 1.58 亿人，其中，农村留守儿童为 1199.2 万人，进城务工人员随迁子女为 1372.41 万人。④ 农村学龄人口持续流出并表现出一定的不稳定性，农村学校班级小规模化，教育经费使用效率低的问题突出，这进一步增加了农村地区生均教育经费数额，农村教育经费投入效益成为一个重要课题。农村教育经费投入决定着农村教育发展的体量、质量与结构。农村教育经费投入效益评估关注农村教育经费投入的充分性，城乡间与农村内部教育经费配置的公平性，农村教育经费支出结构的合理性，农村教育经费使用的高效性等问题。进入教育高质量发展阶段，对农村教育经费投入效益进行研究显得十分迫切而重要。

一 研究背景

包括发达国家在内的世界上任何一个国家都没有达到不考虑成本、不

---

① 国家统计局：《中华人民共和国 2021 年国民经济和社会发展统计公报》，2022 年 2 月 28 日。

② 国家发改委：《国家发展改革委规划司负责同志就〈"十四五"新型城镇化实施方案〉答记者问》，2022 年 7 月 15 日。

③ 国家统计局：《2021 年农民工监测调查报告》，2022 年 4 月 29 日。

④ 教育部发展规划司：《2021 中国教育统计年鉴》，中国统计出版社 2022 年版，第 122—123、144—145 页。

计经费投入的使用效益而进行教育经费投入的程度。中国作为发展中国家，2012 年财政性教育经费占 GDP 的比例达到 4%，进入后 4% 时代，这是中国教育发展史上的重大成绩，但是中国教育经费投入总量与世界发达国家相比，仍然较低。尤其是从教育高质量发展的时代主题来看，中国农村教育投入在效益方面仍然面临许多挑战。农村教育经费投入效益主要体现在投入充分性、投入公平性与投入高效性方面。科学评估农村教育经费投入效益，为农村教育高质量发展的经费保障提供可靠的理论支撑与建设性的政策建议，成为一个重要课题。

（一）后 4% 时代农村教育投入充分性需要升级关注

21 世纪之初，我们在农村调研中发现，无论是中西部还是东部地区，多数学校存在着不同程度的债务，也就是普九欠债。2012 年，中国国家财政性教育经费（主要包括公共财政预算教育经费，各级政府征收用于教育的税费，企业办学中的企业拨款，校办产业和社会服务收入用于教育的经费等）为 22236.23 亿元[1]，中国国内生产总值为 518942.11 亿元，国家财政性教育经费占国内生产总值的比例达到 4.28%[2]，进入后 4% 时代。随着经济发展与教育投入的持续增长，农村普九债务得到有效化解。

自 2012 年以来，国家财政性教育经费占国内生产总值的比例持续在 4% 以上。农村教育投入紧张状况得到有效缓解。在调研中，一些校长在反映教育投入的问题上，一般不会说教育经费不足，而是说教育经费不好执行。甚至在四川某县一个幼儿园调研时，一位园长说：“能用钱解决的问题都不是问题。”从传统意义上，也就是从刚需意义、生存意义上讲，农村教育经费短缺已经不是问题了。

但是，我们必须清楚地看到，中国教育发展的基本矛盾依然是教育发展不平衡不充分的矛盾。我们对农村教育投入必须从生存意义上的关注升级为发展意义上的关注。2017 年 12 月，习近平在中央农村工作会议上指出，中国发展最大的不平衡是城乡发展不平衡，最大的不充分是农村发展不充分。

---

[1]　教育部、国家统计局、财政部：《关于 2012 年全国教育经费执行情况统计公告》，2013 年 12 月 18 日。

[2]　教育部、国家统计局、财政部：《关于 2012 年全国教育经费执行情况统计公告》，2013 年 12 月 18 日。

从发展意义上讲，农村教育投入不充分问题仍然比较突出，在后 4% 时代农村教育投入的充分性需要持续关注，升级关注。

（二）共富语境下农村教育投入公平性需要双维关注

共同富裕是社会主义本质的内在要求。1985 年 10 月 23 日，邓小平在会见美国高级企业家代表团时提出："一部分地区、一部分人可以先富起来，带动和帮助其他地区、其他的人，逐步达到共同富裕。"① 在新发展阶段，全面建成小康社会目标已经基本实现。② 2021 年 12 月，中央经济工作会议把正确认识和把握实现共同富裕的战略目标和实践途径作为新发展阶段需要正确认识和把握的重大理论与实践议题之一。共同富裕从战略构想走向伟大实践。③

大量国内外研究反复证明，教育对不发达国家、相对贫困人口的人力资本提升作用更大。20 世纪 80 年代中期，有研究者对此进行了国际比较研究，发现小学教育、普通教育、妇女教育和人均收入最低国家的教育收益率最高。在近二十年之后，他们又对此进行了更新性研究。从这些研究的发现中可以看出，尽管各级各类教育收益率不同，不同国家和地区的教育收益率存在一定的差异，但是在各个教育阶段上，教育都有一定的社会收益率与个人收益率。有研究分析近年来的数据发现，从代际收入流动性来看，代际收入流动性整体上呈现出逐步上升的态势。从教育在代际收入中的作用来看，教育（子辈受教育年限）对个人收入的影响呈现出显著的正向作用，教育对于自身收入提高的作用明显。④ 有研究进一步指出，对于家庭出身不好的人来说，大学教育对人力资本的提升作用更大。⑤

从社会主义本质的规定性来看，推进教育公平，让相对贫困人口平等

---

① 《邓小平文选》（第三卷），人民出版社 1993 年版，第 149 页。

② 宁吉喆：《全面建成小康社会取得决定性进展　决战决胜实现目标必须加快补短板》，《人民日报》2020 年 7 月 24 日第 11 版。

③ 秦玉友：《新发展阶段教育促进共同富裕的目标定位与战略布局》，《人民教育》2022 年第 5 期。

④ 许长青、梅国帅、周丽萍：《中国代际收入流动性及其教育的作用：变化趋势与政策取向》，《中国人民大学教育学刊》2021 年第 3 期。

⑤ 许多多：《大学如何改变寒门学子命运：家庭贫困、非认知能力和初职收入》，《社会》2017 年第 4 期。

地接受教育是共同富裕社会的一个有机组成部分，反映了共同富裕的价值观要求。从提高人力资本来看，推进教育公平，反映了共同富裕的方法论要求。教育投入公平是教育公平的基础，也是政策执行与监督到位最容易实现的教育公平。在共富语境下首先要实现教育投入公平。

（三）高质量发展农村教育投入的高效性需要精致关注

2007 年，世界银行《教育质量与经济增长》用跨国大规模实证数据对教育质量的作用与教育年限进行比较，进一步更新了人们在这方面的认知。世界银行资深副总裁兼首席经济学家弗朗索瓦·布吉尼翁（François Bourguignon）在给这一报告所作的前言中着重指出该报告的重要发现：在解释生产率增长的跨国差异方面，学习成绩的差异比平均学校教育年限和入学率差异的作用更大。① 人们对高质量教育重要性的认知不断被强化，追求有质量的教育成为人们的普遍诉求。

在高质量发展战略的推进下，教育投入更加需要转化为教育质量的促进因素，必须高度重视教育投入向教育质量促进因素转化的重要环节和重要节点。农村教育经费投入要从人员经费投入、公用经费投入、基本建设经费投入转化为人力资源、学校日常运行与教学的资源保障、学校办学的基本条件，然后被相关教育主体（主要包括校长、教师、学生）现实地使用，以对教育实践产生现实的影响与效果。在高质量发展的背景下，要精致关注农村教育投入的高效性，人员经费投入、公用经费投入、基本建设经费投入是否现实地转化为人力资源、学校日常运行与教学的资源保障、学校办学的基本条件，转化为现实教育条件的人力资源、学校日常运行与教学的资源保障、学校办学的基本条件是否对教育实践产生了影响与效果，这种影响是不是正向与高效的。

二　研究现状

关于农村教育经费投入的研究成果丰富，根据研究的需要，这里从农

---

① Eric A. Hanushek and Ludger Wößmann, *Education Quality and Economic Growth*, The International Bank for Reconstruction and Development/The World Bank, 2007, p. vii.

村教育经费投入现状、支出结构、使用效益以及体制机制改革四个方面进行简要梳理。

（一）农村教育经费投入现状研究

近年来，中国历次教育经费投入体制改革都不同程度地促进了农村教育的发展，但当前农村教育经费投入仍存在诸多问题，这些问题主要表现在教育经费投入的不充分与不均衡上，农村教育经费投入现状研究也主要围绕这两点展开。从总体上看，农村义务教育经费投入不足。[①] 具体来看，地区之间的生均支出水平差异很大，特别是农村与城市之间、沿海省市与其他地区之间的支出差异非常明显。[②] 东、中、西部地区间农村教育生均经费投入差距缩减，东部地区内部的投入差异成为义务教育生均经费投入不均衡的主要矛盾；各省市区间农村教育生均经费投入随地区经济水平的发展程度而差异显著。[③] 公共教育经费投入不仅在城乡、省际不均衡，在县或乡级之间的不均等情况更严重[④]，在校际层面，教育经费配置的公平性也亟待提高。[⑤]

对农村义务教育的经费投入不充分与不均衡的原因进行梳理。第一，农村义务教育的教育经费投入有限，且缺乏对财政供给能力与投入需求总量的精准测算。国家财政作为教育经费中占比不断增长的主要来源具有有限性，并且受中等教育和高等教育规模扩大占据教育经费的更大比重的影响，教育经费对农村教育的经费投入更具有有限性；地方政府对城镇义务

① 王善迈、袁连生、刘泽云：《我国公共教育财政体制改革的进展、问题及对策》，《北京师范大学学报》（社会科学版）2003 年第 6 期；"完善农村义务教育财政保障机制"课题组、张少春、吕炜、王斌斌：《农村义务教育普及水平对城乡收入差距的影响》，《教育研究》2005 年第 9 期；杜育红、梁文艳、杜屏：《我国农村中小学公用经费充足性研究》，《北京师范大学学报》（社会科学版）2008 年第 6 期；邬志辉、杨卫安：《农村义务教育经费保障体系的战略转型——从体制建设走向机制建构》，《云南师范大学学报》（哲学社会科学版）2010 年第 2 期。

② 曾满超、丁延庆：《中国义务教育资源利用及配置不均衡研究》，《教育与经济》2005 年第 2 期；罗明忠：《共同富裕：理论脉络、主要难题及现实路径》，《求索》2022 年第 1 期。

③ 肖桐、邬志辉：《中国农村义务教育生均经费投入的均衡现状研究——基于 2005—2014 年全国 31 省的面板数据》，《教育理论与实践》2018 年第 28 期。

④ 王善迈、袁连生、刘泽云：《我国公共教育财政体制改革的进展、问题及对策》，《北京师范大学学报》（社会科学版）2003 年第 6 期。

⑤ 梁文艳、胡咏梅：《"新机制"实施前后农村义务教育财政公平性研究》，《教育研究》2013 年第 8 期。

教育经费投入激励较强，对农村较弱。[①] 当前对各级财政的供给能力与农村教育投入的需求总量缺乏足够的统计信息与精准的测算。[②] 第二，在教育经费投入体制上，农村教育经费过度依赖县级财政，县（区）级政府作为经费保障的主体，其事权与财权严重不匹配。[③] 第三，专项拨款使用不规范，农村配套经费不稳定，"挤出效应"与"财政外溢"也降低了财政资源的使用效率。中央财政对贫困地区义务教育转移支付的专项拨款具有分散、零星、一次性特点，专款不专用的现象较为普遍。[④] 对于农村基础教育转移支付经费，存在着配套经费困难、消极等待支付，甚至挪用与挤占专项教育转移支付资金的现象，同时在一定程度上使原有地方财政教育投入出现了"挤出效应"[⑤]。人口在城乡和区域间流动导致地方政府义务教育财政支出面临着显著的财政外溢，净流出人口比率对县级政府对农村义务教育经费的投入具有显著的负面影响。[⑥]

---

① 丁小浩、李锋亮、孙毓泽：《我国高等教育投资体制改革 30 年——成就与经验、挑战与完善》，《中国高教研究》2008 年第 6 期；陈晓宇：《我国教育经费结构：回顾与展望》，《教育与经济》2012 年第 1 期；张晏、李英蕾、夏纪军：《中国义务教育应该如何分权？——从分级管理到省级统筹的经济学分析》，《财经研究》2013 年第 1 期；肖桐、邹志辉：《中国农村义务教育生均经费投入的均衡现状研究——基于 2005—2014 年全国 31 省的面板数据》，《教育理论与实践》2018 年第 28 期。

② 杜育红：《农村基础教育投入：渐进发展与技术难题》，《人民教育》2005 年第 Z1 期。

③ 刘鸿渊、黄雷、朱波强：《论农村义务教育投入机制的创新》，《经济体制改革》2004 年第 5 期；蔡红英：《农村义务教育经费政府分担机制研究》，《财政研究》2005 年第 3 期；张丽华、汪冲：《解决农村义务教育投入保障中的制度缺陷——对中央转移支付作用及事权体制调整的思考》，《经济研究》2008 年第 10 期；范先佐、彭湃：《农民工子女义务教育经费保障机制构想》，《中国教育学刊》2009 年第 3 期；赵力涛、李玲、黄宸、宋乃庆、赵怡然：《省级教育经费统筹改革的分配效果》，《中国社会科学》2015 年第 11 期。

④ 陶红、杨东平：《我国农村义务教育财政政策公平性研究》，《教育发展研究》2007 年第 5 期。

⑤ 杜育红：《农村基础教育投入：渐进发展与技术难题》，《人民教育》2005 年第 Z1 期；张力、李孔珍：《农村义务教育经费保障机制政策研究》，《教育发展研究》2008 年第 9 期；靳卫东：《农村义务教育经费保障机制改革的成效评价》，《统计研究》2014 年第 12 期；梁文艳、胡咏梅：《"新机制"实施前后农村义务教育财政公平性研究》，《教育研究》2013 年第 8 期；宗晓华、陈静漪：《集权改革、城镇化与义务教育投入的城乡差距——基于刘易斯二元经济结构模型的分析》，《清华大学教育研究》2016 年第 4 期；王晓霞、吴斌珍：《教育经费投入的总量与结构对教育结果的影响》，《经济科学》2022 年第 4 期。

⑥ 宗晓华：《人口外流对地方义务教育财政的影响：一个实证研究》，载中国教育学会教育经济学分会《2009 年中国教育经济学学术年会论文集》，中国教育学会教育经济学分会，2009 年，第 6 页。

（二）农村教育经费支出结构研究

农村教育经费支出结构的相关研究表明，中国农村教育经费支出结构存在以下特点。

第一，教育经费中人员经费、公用经费、基建经费占比的影响因素较为多元。事业费、教育基建经费占教育总经费的比重，受教育经费总量的紧张程度、教育规模、教育层次与专业结构等因素的影响；事业费中人员经费和公用经费的比重受教育经费充足程度、师生比等因素的影响。①

第二，农村义务教育在事业费支出结构上存在不稳定与不均衡问题。农村小学、初中生均预算内事业费支出增幅倍数均高于全国义务教育生均事业费增幅倍数，但农村小学、初中生均预算内事业费增长率呈现出较大的波动状态，农村小学、初中教育投资总量支出增幅具有不稳定的特点。②其中，关于人员经费，在 2001 年农村税费改革前后我国大部分省区义务教育阶段人员经费所占比例出现"倒 U 形"变化趋势，并且在地方小学的人员经费占事业经费的比重方面发达地区低、贫困地区高。③ 关于公用经费，农村小学和初中生均预算内公用经费增长率标准差和变异系数均大于全国小学、初中同期该项的标准差和变异系数，各年份间农村小学、初中生均预算内公用经费占生均预算内事业费比例均低于全国同期该项比例，与全国相比，农村义务教育经费充裕程度低于全国义务教育经费充裕程度。④

第三，农村学校公用经费支出结构在不同类型学校中存在差异，并且支出结构有待优化。公用经费在不同学段、不同地域、寄宿制和非寄宿制学校之间的支出具有显著差异。⑤ 公用经费具体项目的设置非常复杂，公

---

① 陈晓宇：《我国教育经费结构：回顾与展望》，《教育与经济》2012 年第 1 期。

② 李晓多、刘钟钦：《农村义务教育财政支出结构实证分析》，《中央财经大学学报》2006 年第 5 期。

③ 黄维海、袁连生：《农村税费改革与义务教育支出结构倒 U 形演变》，《清华大学教育研究》2012 年第 2 期。

④ 李晓多、刘钟钦：《农村义务教育财政支出结构实证分析》，《中央财经大学学报》2006 年第 5 期。

⑤ 钟秉林、赵应生、洪煜、阮琳燕：《农村义务教育学校公用经费支出实证研究——基于对我国 9 个省份 107 所农村学校的调查分析》，《中国教育学刊》2012 年第 8 期。

用经费支出结构有待完善，质量指向项目费不仅占比小，而且在实践中许多地区和学校还没有充分执行按学校年度公用经费预算总额的 5% 安排教师培训费这一规定。[1]

(三) 农村教育经费使用效益研究

农村教育经费使用效益相关研究，多采用数据包络分析方法 (DEA)、基尼系数、收入份额法、泰尔指数、β 收敛指数、Malmquist 指数、FRDD、Tobit 等分析方法，以教育经费、事业费、人员经费、公用经费等作为投入指标，以师资配备、标准化成绩等作为产出指标对农村教育经费使用效率、配置效率进行评价和原因分析，研究结论因选取指标的不同而存在差异。[2]

对农村教育经费使用效益研究的具体内容进行梳理。第一，在农村教育经费充分性研究方面，有研究用课程标准实现与否、学生学业高产出实际需求满足程度来衡量教育经费或农村教育经费是否充分，发现广西与湖北两省区的农村中小学公用经费缺口十分严重。[3] 有研究以地方小学数据验证了人员经费占事业经费的比重可以作为监测教育经费充足程度的指标，随着总体经费紧张程度的缓解，人员经费在事业经费中所占的比例将

① 秦玉友、曾文婧：《农村中小学公用经费支出：发展判断与优化逻辑》，《中国教育学刊》2019 年第 7 期。

② Authella M. Bessent, E. Wailand Bessent, "Determining the Comparative Efficiency of Schools through Data Envelopment Analysis," *Educational Administration Quarterly*, Vol. 16, No. 2, May 1980; Lascelles Anderson, Herbert J. Walberg and Thomas Weinstein, "Efficiency and Effectiveness Analysis of Chicago Public Elementary Schools: 1989, 1991, 1993," *Educational Administration Quarterly*, Vol. 34, No. 4, October 1998; 李强、郭锦墉、蔡根女：《我国农村公共产品的自愿供给：一个博弈分析的框架》，《东南学术》2007 年第 1 期；张丽华、汪冲：《解决农村义务教育投入保障中的制度缺陷——对中央转移支付作用及事权体制调整的思考》，《经济研究》2008 年第 10 期；梁文艳、杜育红：《基于 DEA-Tobit 模型的中国西部农村小学效率研究》，《北京大学教育评论》2009 年第 4 期；胡咏梅、杜育红：《中国西部农村初级中学配置效率评估：基于 DEA 方法》，《教育学报》2009 年第 5 期；李玲、闫德明、黄宸：《我国农村义务教育经费配置效率研究——基于 DEA 和 Malmquist 指数的实证分析》，《教育与经济》2014 年第 3 期；靳卫东：《农村义务教育经费保障机制改革的成效评价》，《统计研究》2014 年第 12 期。

③ Allan R. Odden, Michael E. Goetz and Lawrence O. Picus, "Using Available Evidence to Estimate the Cost of Educational Adequacy," *Education Finance and Policy*, Vol. 3, No. 3, July 2008; 杜育红、梁文艳、杜屏：《我国农村中小学公用经费充足性研究》，《北京师范大学学报》（社会科学版）2008 年第 6 期。

继续降低。①

　　第二，在农村教育经费配置公平性研究方面，经费配置的地区差距、省际差距、校际差距是常见的分析维度。在区域层面，中西部地区教育经费占总体教育经费的比重，出现了明显的上升。② 但也有研究有着不同的发现，即西部农村落后地区获得了更多的转移支付，而中等收入地区的义务教育财政投入水平仍然较低；③ 区域间与区域内义务教育经费配置公平性均有较大的提升空间。④ 在省域层面，教育经费配置的公平性得到了显著改善。诸多研究采用收入份额法、农村义务教育财政公平指数等方法对省级层面进行的测算与分析，证实"新机制"实施后城乡公共教育投入差距大幅缩小，省域教育经费配置的公平性有了显著改善，农村教育财政公平的政策目标取得较大成效。⑤ 还有研究对省际教育经费配置差异原因进行了分析，指出造成教育经费配置城乡差距、地区差距和校际差距的原因有生均公用经费、教育经费省级统筹中普惠性项目和特惠性项目两类项目投入力度的相对变化。⑥ 在校际层面，有研究利用调研数据，重点从县域内校际均衡投入、农村教师工资保障和农村学生家庭教育负担三个维度深层次地揭示当前仍面临的农村义务教育公平性问题，并指出政府教育经费配置的校际公平性有待改进。⑦

　　第三，在农村教育经费使用效率的研究方面，主要包括分学段、城乡、区域的差异分析，以及教育经费使用效率影响因素的分析。在使用效

　　① 陈晓宇：《我国教育经费结构：回顾与展望》，《教育与经济》2012 年第 1 期。

　　② 戴平生：《基于基尼系数的我国教育经费配置区域与结构公平性分析》，《系统工程理论与实践》2014 年第 6 期。

　　③ 靳卫东：《农村义务教育经费保障机制改革的成效评价》，《统计研究》2014 年第 12 期。

　　④ Mun C. Tsang, "Financial Reform of Basic Education in China," *Economics of Education Review*, Vol. 15, No. 4, October 1996.

　　⑤ 梁文艳、胡咏梅：《"新机制"实施前后农村义务教育财政公平性研究》，《教育研究》2013 年第 8 期；戴平生：《基于基尼系数的我国教育经费配置区域与结构公平性分析》，《系统工程理论与实践》2014 年第 6 期。

　　⑥ 郑磊：《义务教育经费分配使用的公平性研究——北京与上海的比较分析》，《教育发展研究》2006 年第 2 期；赵力涛、李玲、黄宸、宋乃庆、赵怡然：《省级教育经费统筹改革的分配效果》，《中国社会科学》2015 年第 11 期。

　　⑦ 梁文艳、胡咏梅：《"新机制"实施前后农村义务教育财政公平性研究》，《教育研究》2013 年第 8 期。

率的差异分析上，有研究指出，小学投入效率低于初中；城市规模效率整体低于农村。[1] 中国各省农村义务教育经费配置效率整体较高，东部农村义务教育经费配置效率低于中、西部地区，中部地区城乡各级义务教育财政投入效率最高，西部地区次之。[2] 有研究采用数据包络分析方法（DEA）评价西部农村初级中学资源配置效率，发现仍约有20%的学校需要提高教育生产技术效率与改善规模效率。[3] 还有研究发现，生均公用经费对学生标准化测试成绩的影响呈"倒U形"，生均公用经费的正向效应在经济发展水平较低的农村更加显著，而且生均公用经费的提高显著地降低了家庭经济收入对学生学业成就的影响，从而起到降低教育结果不平等的作用。[4] 在使用效率的影响因素上，有研究发现，学校规模是影响义务教育财政投入效率、农村学校办学效率的重要因素[5]，增加学校图书对办学效益提高具有成本低、效果好的作用。[6]

（四）农村教育经费体制机制改革研究

关于农村教育经费体制机制改革的相关研究主要从以下几个方面提出了建议。

第一，制定、完善和严格执行教育财政法规，修订现行有关教育法规和财政法规中有关教育财政的条款，以法律形式保障义务教育的最低投入

---

① 闻勇、薛军：《乡村振兴战略背景下我国城乡义务教育财政投入效率研究》，《教育与经济》2019年第3期。

② 李玲、闫德明、黄宸：《我国农村义务教育经费配置效率研究——基于DEA和Malmquist指数的实证分析》，《教育与经济》2014年第3期；闻勇、薛军：《乡村振兴战略背景下我国城乡义务教育财政投入效率研究》，《教育与经济》2019年第3期。

③ 胡咏梅、杜育红：《中国西部农村初级中学配置效率评估：基于DEA方法》，《教育学报》2009年第5期。

④ 陈纯槿、郅庭瑾：《教育财政投入能否有效降低教育结果不平等——基于中国教育追踪调查数据的分析》，《教育研究》2017年第7期；Bruce Baker and Mark Weber, "Beyond the Echo-Chamber: State Investments and Student Outcomes in U. S. Elementary and Secondary Education," *Journal of Education Finance*, Vol. 42, No. 1, Summer 2016.

⑤ 梁文艳、杜育红：《基于DEA-Tobit模型的中国西部农村小学效率研究》，《北京大学教育评论》2009年第4期；闻勇、薛军：《乡村振兴战略背景下我国城乡义务教育财政投入效率研究》，《教育与经济》2019年第3期。

⑥ 梁文艳、杜育红：《基于DEA-Tobit模型的中国西部农村小学效率研究》，《北京大学教育评论》2009年第4期。

限度，使教育经费的筹集、负担、分配、使用都有法可依。①

　　第二，建立以项目分担为核心的农村教育经费责任分担机制，明确划分各级政府的教育投入责任，增加中央和省级政府对农村义务教育的财政责任与投入力度，保障财权与事权相匹配，科学设计有地区差别的教育转移支付制度。② 有研究提出上移义务教育经费投入责任重心，提高经费保障的政府层级，投入省统筹、管理县为主，或"委托地方政府办学，中央政府承担经费"，再或构建"以市为主，各级政府分担"的经费保障机制。③ 有研究提出，"省直管县"有助于地方增加基层政府的教育经费投入④，东部地区继续坚定不移地推行"省直管县"财政体制改革，中西部地区在慎重扩大试点范围的同时，加强对农村义务教育等民生类公共服务财政支出的监管。⑤

　　第三，教育经费投入需适当遵循差别原则，考虑薄弱地区和薄弱学校

---

　　① 王善迈、袁连生、刘泽云：《我国公共教育财政体制改革的进展、问题及对策》，《北京师范大学学报》（社会科学版）2003 年第 6 期；陶红、杨东平：《我国农村义务教育财政政策公平性研究》，《教育发展研究》2007 年第 5 期；戎乘阳：《我国农村义务教育经费投入研究》，《经济问题》2022 年第 1 期。

　　② 王善迈、袁连生、刘泽云：《我国公共教育财政体制改革的进展、问题及对策》，《北京师范大学学报》（社会科学版）2003 年第 6 期；刘鸿渊、黄雷、朱波强：《论农村义务教育投入机制的创新》，《经济体制改革》2004 年第 5 期；蔡红英：《农村义务教育经费政府分担机制研究》，《财政研究》2005 年第 3 期；宗晓华：《人口外流对地方义务教育财政的影响：一个实证研究》，载中国教育学会教育经济学分会《2009 年中国教育经济学学术年会论文集》，中国教育学会教育经济学分会 2009 年，第 6 页；邬志辉、杨卫安：《农村义务教育经费保障体系的战略转型——从体制建设走向机制建构》，《云南师范大学学报》（哲学社会科学版）2010 年第 2 期；梁文艳、胡咏梅：《"新机制"实施前后农村义务教育财政公平性研究》，《教育研究》2013 年第 8 期；张晏、李英蕾、夏纪军：《中国义务教育应该如何分权？——从分级管理到省级统筹的经济学分析》，《财经研究》2013 年第 1 期；王善迈：《"后 4%"时代财政教育投入的长效机制》，《光明日报》2015 年 12 月 8 日第 14 版；靳卫东、徐银良：《"以县为主"体制和"新机制"的农村教育财政投入改革绩效评价》，《当代财经》2015 年第 12 期；陈坤、秦玉友：《农村义务教育投入体制 70 年：价值路向与前瞻——基于新中国成立以来政策文本的分析》，《教育学报》2019 年第 1 期。

　　③ 陶红、杨东平：《我国农村义务教育财政政策公平性研究》，《教育发展研究》2007 年第 5 期；张丽华、汪冲：《解决农村义务教育投入保障中的制度缺陷——对中央转移支付作用及事权体制调整的思考》，《经济研究》2008 年第 10 期；范先佐、彭湃：《农民工子女义务教育经费保障机制构想》，《中国教育学刊》2009 年第 3 期；朱文辉：《改革开放 40 年我国农村义务教育经费保障机制的回溯与前瞻》，《中国教育学刊》2018 年第 12 期。

　　④ 吴敏：《优化转移支付结构能促进基层教育供给吗？》，《南开经济研究》2022 年第 6 期。

　　⑤ 宗晓华、叶萌：《"省直管县"财政改革能否提高农村义务教育财政保障水平？——基于省级面板数据的实证分析》，《教育科学》2016 年第 6 期。

的补偿性需求，向薄弱地区、薄弱学校倾斜。省级统筹应根据学生流动以及学校实际情况，区分普惠式和特惠式经费投入，通过特惠式投入精准提升薄弱学校教育质量。[①] 政府在编制预算时要适当向农村地区学校和薄弱学校倾斜，适度引入中央政府干预，均衡安排义务教育经费，对教师设计更合理的补偿性工资收入政策，以增强农村地区、偏远地区对优秀师资的吸引力。[②]

　　第四，制定合理的义务教育经费保障标准，建立和完善各级各类教育办学标准，基于标准成本测算拨款机制，确定各级各类教育生均经费标准和生均财政拨款标准，包括国家标准和分省标准、目标年标准和分年标准。深化农村学校预算编制改革，强化地方农村义务教育预算约束，严格落实专款专用，保证经费支出的约束性。[③] 一方面，关于人员经费，"以省为主"承担农村教师工资，并根据经济增长、物价水平及社会其他行业的工资增长水平，逐步提高教师工资待遇，使所有公办学校教师工资待遇在区域内加以统一确定并得到保障。[④] 另一方面，关于公用经费，应改变东中西部地区笼统划分的方式，进一步细化公用经费分担比；从学校、班级、学生多个维度核算和拨付小规模学校教育经费；提高小规模学校的经

---

　　① 赵力涛、李玲、黄宸、宋乃庆、赵怡然：《省级教育经费统筹改革的分配效果》，《中国社会科学》2015 年第 11 期；邬志辉、杨清溪：《新发展阶段需要什么样的基本公共教育服务体系?》，《中国教育学刊》2022 年第 7 期。

　　② "完善农村义务教育财政保障机制"课题组、张少春、吕炜、王斌斌：《农村义务教育普及水平对城乡收入差距的影响》，《教育研究》2005 年第 9 期；丁维莉、陆铭：《教育的公平与效率是鱼和熊掌吗——基础教育财政的一般均衡分析》，《中国社会科学》2005 年第 6 期；陶红、杨东平：《我国农村义务教育财政政策公平性研究》，《教育发展研究》2007 年第 5 期；梁文艳、胡咏梅：《"新机制"实施前后农村义务教育财政公平性研究》，《教育研究》2013 年第 8 期；陈纯槿、郅庭瑾：《教育财政投入能否有效降低教育结果不平等——基于中国教育追踪调查数据的分析》，《教育研究》2017 年第 7 期；李毅、杨焱灵、吴思睿：《城乡义务教育优质资源配置效率的问题及对策——基于 DEA-Malmquist 模型》，《中国教育学刊》2021 年第 1 期；秦玉友：《农村义务教育师资队伍建设机制问题分析》，《教育发展研究》2010 年第 10 期。

　　③ 杜育红：《关于农村义务教育投入保障机制的思考》，《华南师范大学学报》（社会科学版）2006 年第 1 期；梁文艳、胡咏梅：《"新机制"实施前后农村义务教育财政公平性研究》，《教育研究》2013 年第 8 期；王善迈：《"后4%"时代财政教育投入的长效机制》，《光明日报》2015 年 12 月 8 日第 14 版；田志磊、黄春寒、赵俊婷：《支出功能分类：一种教育财政研究新工具》，《华东师范大学学报》（教育科学版）2019 年第 2 期。

　　④ 张力、李孔珍：《农村义务教育经费保障机制政策研究》，《教育发展研究》2008 年第 9 期；梁文艳、胡咏梅：《"新机制"实施前后农村义务教育财政公平性研究》，《教育研究》2013 年第 8 期；高跃光、张蓉：《义务教育财政资金管理改革与农村教育发展》，《财政研究》2022 年第 3 期。

费拨付学生人均标准，建立义务教育学生统计核发制度，逐年更新在校学生人数标准；将公用经费的拨付标准与学生的学业需要相结合，运用成本函数法等科学手段测算农村中小学公用经费的充足性水平。①

第五，完善对各级政府公共教育投入的监测与评价体系，加强教育经费使用行政监督与教育财政绩效问责，避免基层政府配套资金不到位，确保各级政府教育投入的努力程度，切实提高经费使用的效率、效益和效果。②

以往研究反映了不同的研究思路和风格，给本书提供了重要启发。本书拟进一步加强以下几个方面的研究：

1．从项目、学段、空间等维度加强对农村教育经费支出结构合理性的研究。

2．探讨基于积极城乡差异理念下的教育经费投入标准研究。

3．加强财政资源向人力资源、物质资源的转化逻辑研究。

三　研究思路与研究内容

农村教育经费投入效益评估研究，在逻辑上需要厘清评估什么和用什么指标评估。在评估什么方面，本书认为，农村教育经费投入效益评估首先要评估农村教育经费收入③和各项支出（人员经费支出、公用经费支出、

---

① 秦玉友：《农村小规模学校教育质量困境与破解思路》，《中国教育学刊》2010 年第 3 期；杜育红、梁文艳、杜屏：《我国农村中小学公用经费充足性研究》，《北京师范大学学报》（社会科学版）2008 年第 6 期；曲绍卫、李廷洲：《当前我国农村义务教育公用经费增长态势分析》，《教育与经济》2012 年第 2 期；秦玉友：《农村小规模学校发展的基本判断与治理思路》，《教育研究》2018 年第 12 期。

② 刘鸿渊、黄雷、朱波强：《论农村义务教育投入机制的创新》，《经济体制改革》2004 年第 5 期；杜育红：《关于农村义务教育投入保障机制的思考》，《华南师范大学学报》（社会科学版）2006 年第 1 期；梁文艳、胡咏梅：《"新机制"实施前后农村义务教育财政公平性研究》，《教育研究》2013 年第 8 期；田志磊、黄春寒、赵俊婷：《支出功能分类：一种教育财政研究新工具》，《华东师范大学学报》（教育科学版）2019 年第 2 期；李毅、杨焱灵、吴思睿：《城乡义务教育优质资源配置效率的问题及对策——基于 DEA-Malmquist 模型》，《中国教育学刊》2021 年第 1 期。

③ 为与《中国教育经费统计年鉴》中的"教育经费收入"相对应，本书在说明具体统计口径时，用"教育经费收入"。另外，在与"教育经费支出"口径对应时，也用"教育经费收入"。教育经费投入则是在一般意义上与习惯意义上使用，并不简单地等同于具体的"教育经费收入"统计口径，也不在与具体"教育经费支出"口径相对意义上使用。

基建经费支出）的充足性；其次要关注农村教育经费支出（有时表现为资源的投入）结构（学段、城乡、区域）的合理性；最后要关注农村教育经费使用的高效性（人员经费转换成人力资源、基建经费转换成基建等相应办学条件后的效果）。

　　本书通过教育经费总投入、国家财政性教育经费及其占 GDP 的比例、一般公共预算教育经费和各项一般公共预算教育经费支出（人员经费支出、公用经费支出①、基建经费支出②）的数量变化与达标情况分析农村教育经费投入的充分性，通过人员经费支出、公用经费支出、基建经费支出在学段、城乡、区域之维的分布状况分析农村教育经费支出的合理性，通过由各类支出转换成的人力资源、物力资源的相关状况考察农村教育经费使用的高效性。

四　研究方法

（一）文献研究

　　本书主要运用了官方数据、政策文件、相关研究成果等文献资料。其中，官方数据主要来源于《中国教育经费统计年鉴》《全国教育经费执行情况统计公告》《中国教育事业统计年鉴》等，用宏观数据对教育经费的投入水平进行整体把握。政策文件主要包括中华人民共和国成立以来颁布的与教育经费相关的政策一百余件，本书利用它们对教育经费投入体制的发展脉络进行了梳理。相关研究成果包括农村教育经费相关书籍、国内外相关学术研究，国内相关学术研究在 CNKI 的主题检索中通过"教育经费"并含"农村"的关键词筛选出重要文献897篇，相关

---

　　①　一般公共预算教育费分为一般公共预算教育事业费和基本建设支出，一般公共预算教育事业费支出分为个人部分与公用部分。本书将个人部分称为人员经费，将公用部分称为公用经费。本书旨在考察教育经费投入的效益，并分项考察农村教育经费投入与支出的效益，在考察人员经费和公用经费时，只有人员经费支出与公用经费支出口径，因此在进行分项考察时，为考察的充分性只能用人员经费支出与公用经费支出来分析。

　　②　在进行相关计算时为与人员经费支出与公用经费支出口径保持一致，本书也运用基建经费支出来考察基建经费的充分性。

文献发表时间的跨度为 1998—2022 年，精选出与研究内容高度相关的文献近百篇；国外相关研究在 ERIC 中通过"rural""education""expenditure"检索词筛选出英文文献 441 篇，相关文献发表时间的跨度为 2002—2022 年，精选出与研究内容高度相关的文献近十篇。根据本书研究需要，从农村教育经费投入状况、支出结构、使用效益以及体制机制改革四个方面对精选出的国内外文献进行简要梳理。

（二）调查研究

在开发设计出农村教育经费中人员经费、公用经费和基建状况等相关专题的调研工具，并与课题责任人所在单位进行年度调研统筹后，课题组于 2016 年 10 月前往河南、四川、湖南、江西、宁夏和广西 6 省（市、自治区）6 县（区）对教育局、校长、教师等相关主体进行实地调研；于 2018 年 4 月前往陕西、广西、甘肃、重庆、河南、江西、福建、湖南 8 省（市、自治区）15 个县（区）进行实地调研，对山东、广东、山西、安徽、湖北、四川、贵州、云南、宁夏、辽宁等 10 省（自治区）20 个县（区）进行网上调查。还分别于 2019 年 9—12 月对浙江 1 县、吉林 1 县、河南 1 县进行个案调查，考察县域内教育人员经费投入、学校公用经费支出和学校办学条件情况。调研数据与国家统计数据互证，本书写作过程中优先选择使用国家统计数据。根据研究需要，在一些维度无法使用国家统计数据阐明问题时，我们则直接使用调研数据。

（三）比较研究

查阅 OECD、World Bank、UNESCO 等国际组织的权威数据库和研究报告进行国际比较研究。通过 OECD 的 *Education at a Glance*、UNESCO 的 Institute for Statistics（UIS）、《国际统计年鉴》梳理国际上其他国家教育经费投入情况，对比分析中国教育经费投入水平、教师和公用经费等配备水平，比较同等发展水平国家教育经费投入水平，为提高中国农村教育投入效益提供经验借鉴。

五 研究创新

（一）提出体现城乡积极差异的农村教育经费投入建议

随着教育经费的不断增加，生均教育经费从城高乡低逐渐走向城乡差距不断缩小。本书认为，生均教育经费投入城乡均等是农村教育经费投入方面的重大历史成绩。未来在城乡教育经费投入政策设计上，要充分考虑农村小规模学校，寄宿制学校数量大、占比高的现实，在系统研究农村学校规模效益低、功能服务多问题的基础上，建立与完善体现城乡积极差异的农村教育经费投入政策。

（二）进行农村教育经费支出结构合理性分析

在农村教育经费支出项目、区域结构中，存在农村地区人员经费占比大、欠发达农村地区人员经费占比大的问题。这些都暴露出农村教育经费支出结构不合理问题。农村教育经费支出结构需要进一步合理化。在不断增加农村教育经费充分性的过程中，要进一步调整农村教育经费中人员经费比例过高的问题，进一步缩小不同地区农村教育经费差异较大的问题。必须充分考虑欠发达农村地区人均教育经费保障低与人员经费占比大的叠加效应，在不断增加农村地区教育经费充分性的过程中，纠正其人员经费占比大的分配思维惯性，为教育高质量发展提供符合教育发展需求的经费政策支撑。

（三）探讨农村教育经费向人力资源、物力资源转化的路径

农村教育经费投入在具体使用中，分为事业费支出与基建经费支出两部分，事业费支出又以用于人员与用于公用为标准分为人员经费支出（个人部分）与公用经费支出（公用部分）两部分。因此，在农村教育经费投入转化为人员经费、公用经费与基建经费支出的过程中，农村教育经费投入向人力资源、物力资源转化的路径是提高农村教育经费使用效益的主要研究线索。本书通过描述与分析农村教育经费投入向人力资源、物力资源的转化状况与在转化过程中所表现出的一些问题，为提高农村教育经费使

用效益寻找切入点与突破点。

六　研究价值

（一）理论价值

1. 有利于丰富农村教育经费投入理论。理论总是在面临问题时才会呈现出发展的迫切性。经过长期努力，当前农村教育经费投入缺乏状况有了较大改善。但是，农村教育经费投入效益仍然不高，投入水平离农村教育高质量发展的要求还有较大差距。当前，农村教育经费投入与支出实践有许多问题制约着农村教育经费配置的公平性、支出结构的合理性、使用的高效性。研究农村教育经费投入效益有利于丰富农村教育经费投入理论。

2. 有利于增强农村教育经费投入理论的解释力。人类的认识总是遵循着"实践、认识、再实践、再认识"的发展过程的。教育经费投入理论通过农村教育投入实践检验而不断精致化，能够更有力地解释中国农村教育经费投入问题，解释中国教育经费投入实践，为中国农村教育实践提供本土理论解释。

3. 有利于提高农村教育经费投入研究在农村教育研究中的地位。长期以来，人们一直直观地认为农村教育投入缺乏，谈增加投入似乎是一个不用证明的问题。但是如果追问缺多少，这个问题就变成一个计算问题。即使变成一个计算问题，其工作量和信息采集难度也是很大的。其实，除考察农村教育经费投入数量是否充足外，在一定时期里一个国家可以投入农村的教育经费总量有限的情况下，更需要考察经费支出结构是否合理、使用是否高效。

（二）实践意义

1. 有利于提高农村教育经费的投入水平。通过农村教育经费投入效益评估，可以看出农村教育经费投入的充分性，对在教育经费长期缺乏后短时增长所暂时产生的对比性饱和感应该保持敏感。通过与发达国家不同发展阶段的农村教育投入努力程度的比较以及农村教育高质量发展对教育经费投入的需要分析，可以有效提高农村教育经费投入水平对农村教育发展具有重要性这一认识。

2. 有利于优化农村教育经费的支出结构。关于农村教育经费效益评估，从教育经费投入来看要重点考察投入的充分性，从支出来看要重点考察农村教育经费支出的结构。合理的支出结构对农村教育经费发挥出更好的效益具有重要意义。研究农村教育经费在人员经费、公用经费与基建经费方面的支出结构，分析其合理性，有利于优化农村教育经费的支出结构。

3. 有利于促进城乡间与农村内部教育经费配置公平。除了分项目的教育经费支出结构外，义务教育经费在城乡间、在农村教育内部配置的公平性也是农村教育经费投入效益的重要层面。农村学校规模、班级规模比城镇学校更小，规模效率更低，相同的生均教育经费投入，在农村小规模学校、小规模班级的使用效率更低。对农村教育经费效益的评估研究，可以强化农村小规模学校、小规模班级经费投入的规模效益更低的意识，有针对性地增加农村教育的生均拨款。

4. 有利于提高农村教育经费的使用效率。在农村教育经费投入的规模效益低的同时，农村教育经费投入使用仍然存在不尽合理的问题，如教师工资中的平均主义、对公用经费拨付的学校类型关注不足、学校修缮费拨付不及时不到位，都会影响农村教育经费发挥出应有的效果。农村教育经费效益评估研究，有利于提高农村教育经费的使用效率。

七　本书结构

教育经费投入是农村教育发展的前提与基础。从有可用经费到经费的具体使用，经历了农村教育经费收入、支出、使用三个环节。本书在结构上将依据这样的逻辑展开：首先，研究与评估农村教育经费收入水平；其次，研究与评估农村教育经费支出结构；再次，研究与评估农村教育经费使用效益；最后，在研究农村教育经费收入水平、支出结构、使用效益的基础上，探讨农村教育经费投入体制机制改革。

根据本书的结构，基于"充分、公平、高效"的农村教育经费投入效

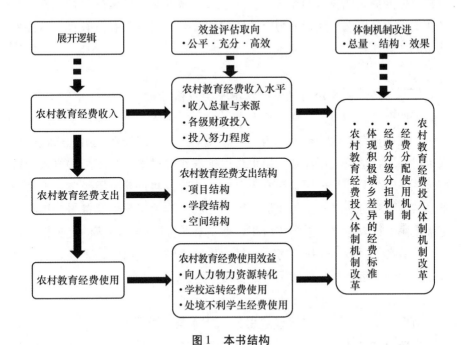

图1 本书结构

益评估取向，笔者设计了如下基本内容。

（一）农村教育经费收入水平与支出结构

随着国家财政能力的提高与对农村教育发展的重视，农村教育经费收入体量不断增加。这部分主要分析农村教育经费收入水平的提高状况与来源的丰富性，研究农村教育经费收入的充分性问题；分析支出项目、学段、区域结构变化，探讨农村教育经费支出结构的合理性。

（二）农村教育人员经费投入水平与效益

根据农村教育经费投入实际用于事业还是基建，农村教育经费支出分为事业费支出与基建经费支出。根据农村教育事业费支出实际用于人员还是公用，农村教育事业费支出分为人员经费支出与公用经费支出，即事业费个人部分与事业费公用部分。从这个意义上讲，农村教育人员经费支出，也可以被看作农村教育人员经费投入。同时，农村教育人员经费投入效益评估应该更注重农村教育人员经费支出。因此，将从支出总量上考察农村教育人员经费投入的充分性；从学段、城乡、区域考察农村教育人员经费支出的合理性；从向人力资源转化的效果表现考察农村教育人员经费使用的高效性。

（三）农村学校公用经费投入水平与效益分析

正如上文所指出的那样，根据农村教育事业费支出实际用于人员还是公用，农村教育事业费支出分为人员经费支出与公用经费支出。从这个意义上讲，农村学校公用经费支出也可以被看作农村学校公用经费投入。这部分从一般公共预算公用经费支出总量、一般公共预算公用经费支出占一般公共预算教育经费支出的比例、生均一般公共预算公用经费与公用经费基准定额的比较考察农村学校公用经费增长情况与公用经费的充分性。从学段、城乡、区域三个维度考察农村学校公用经费支出的合理性。从公用经费支持学校运转的具体状况考察农村学校公用经费的高效性。

（四）农村学校基本建设经费投入水平与效益分析

本部分主要从经费总量上考察农村学校基本建设经费的充分性。从学段、城乡、区域之维分析农村学校基建水平的差异，分析农村学校生均基本建设经费支出结构的合理性。与事业经费不同，农村学校基建关涉师生的安全，从使用高效性来看，首先关注的是安全性，然后关注基建的底线性用房达标情况和提升性用房配备情况。

（五）农村教育经费投入体制机制改革

本部分在农村教育经费投入效益研究的基础上，基于农村教育经费投入效益研究的一些结论性认识，借鉴国际社会农村教育经费投入经验，对农村教育经费投入体制机制改革提出一些政策建议。

第一章

农村教育经费收入水平与支出结构

本章导读

中华人民共和国成立后，农村教育投入体制经历了统一列支时期、"两条腿走路"时期、乡村自给时期、以县为主时期、省级统筹时期，目前正经历着城乡一体化时期。随着国家财政能力的提高与对农村教育发展的重视，农村教育经费投入体量不断增加。这部分主要在农村教育投入体制分析的基础上，运用国家农村教育收入与支出方面的宏观数据，分析农村教育经费收入水平的提高状况与来源的丰富性，研究农村教育经费收入的充分性问题。在分析义务教育公共财政预算教育经费、义务教育生均一般公共预算教育事业费、义务教育生均一般公共预算公用经费三个增长情况的基础上，从项目、学段、区域之维分析一般公共预算教育事业费和基本建设支出结构，探讨农村教育经费支出结构的合理性。

一 中华人民共和国成立以来农村教育投入体制的历史演进

自中华人民共和国成立以来，中国农村义务教育投入体制深受国家宏观经济、财政、税收等制度变迁的影响，依次经历了统一列支、"两条腿走路"、乡村自给、以县为主、省级统筹到城乡一体化投入的体制演进时期。因循时间脉络，我们发现随着农村义务教育投入体制改革不断推进，依次呈现出恢复与建立、探索与发展、改革与创新、深化改革、系统与完善、均衡发展几个阶段，朝着更加系统、完善的方向迈进，逐步建立起适合中国国情与教情的农村义务教育投入体制。

（一）统一列支时期（1949—1957）

在中华人民共和国成立之前，中国经历了长期的革命战争。1949年中华人民共和国成立，社会各项事业百废待兴，百业待举。尽快恢复生产、发展经济、稳定物价、巩固新生的社会主义政权成为执政者十分关心的问题。这一时期国家没收官僚资本，打击投机倒把，统一全国财政收支。发展经济、保障供给成为财政的主要使命。同时，中华人民共和国成立之初，面临着经济发展水平低，中央财政短缺的现实问题，革命战争时期遗留下来的各地财政分散管理局面已不适应现实发展的需求。为了在短时间内聚集财力办大事，适应快速发展经济的需求，国家选择了计划经济体制，保障供给，形成了高度集中的财政管理体制。在此背景下，基础教育阶段教育经费由国家统一列支，主要经历了两个阶段。

第一阶段是1949—1952年，农村中小学投入由政府统揽。中华人民共和国成立之初，中国人口文盲率达80%以上，适龄儿童中小学入学率不足20%，初中仅为6%。[1]农村教育的形式以封建私塾为主，基本上没有完备的教育体系，甚至没有学校。中国广泛存在两种性质的教育：一是国民党统治区遗留下来的具有半殖民地半封建性质的教育；二是共产党领导的解放区具有相对民主平等性质的人民教育。教育领域面临回收教育主权，肃清封建的、买办的、法西斯主义的思想，发展为人民服务的教育的政治任务。1949年9月，中国人民政治协商会议通过的《中国人民政治协商会议共同纲领》第五章第四十一条明确指出，"中华人民共和国的文化教育为新民主主义的，即民族的、科学的、大众的文化教育"，要求"肃清封建的、买办的、法西斯主义的思想"[2]。遵循《中国人民政治协商会议共同纲领》中的教育办学方针与原则，1949年12月，第一次全国教育工作会议在北京召开，此次会议将《中国人民政治协商会议共同纲领》中的文教政策具体化，制定了教育工作的方针，并提出在今后相当长的时期内，教育

---

① 石玉昌：《西部地区教育公平70年："要上学"与"上好学"》，《西南大学学报》（社会科学版）2019年第6期。

② 《中国人民政治协商会议共同纲领》，1949年9月29日。

发展的重点在于以普及基础教育，着重为工农服务为主，要求普及与提高相结合。在《中国人民政治协商会议共同纲领》的指引下，开展了一场包括教育在内的各项事业的政治性改造，要求政府统揽一切学校事务。1952年9月，教育部《关于接办私立中小学的指示》提出："为了进一步巩固与发展人民教育事业，以适应今后国家建设需要，决定自1952年下半年至1954年，将全国私立中小学全部由政府接办，改为公立。"① 中华人民共和国在接管"旧教育"的过程中，采取了逐步改革旧教育制度的方式，一方面增设新式教育机构，建立新的中小学；另一方面接管和改造"旧教育"，如直接接管国民党时期公立中小学，改造私立学校，包括教会学校、接受国外津贴的学校和乡间私塾。在此背景下形成了穷国包办教育的现实选择。

为了适应国内发展形势与现实需求，1950年3月，政务院发布《关于统一国家财政经济工作的决定》，要求各项财政收支，除地方附加外，全部纳入国家财政预算，中央实行统一列支，形成了中央、大行政区、省（直辖市）三级管理体制。② 在此财政体制下，要求各地方政府根据当地需要拟订教育发展计划，逐级上报，最终由中央政府进行统一调整和平衡。1950年4月，政务院发布《关于统一管理一九五〇年度财政收支的决定》，规定包括乡村小学经费、县简师经费、教育馆经费等乡村各项经费，可由县人民政府随国家公粮征收地方附加公粮解决，但地方附加公粮不得超过国家公粮的15%。③ 1951年3月，政务院颁发的《关于一九五一年度财政收支系统划分的决定》再次规定，教育经费按照学校直属领导关系分别列入中央、大行政区、省（直辖市）三级预算，一般小学、简师，由地方附加开支；新接收的教会学校经费，暂列中央预算。④ 1952年3月，教育部颁发《小学暂行规程（草案）》，规定小学不论公办、民办，均由市、县人民政府教育行政部门统一领导；⑤ 颁布的《中学暂行规程（草案）》规定，中学由省、市文教厅、局遵照中央和大行政区的规定实行统一领导。除酌收学杂费外，农村中小学投入由政府包揽。⑥

---

① 教育部：《关于接办私立中小学的指示》，1952年9月1日。
② 政务院：《关于统一国家财政经济工作的决定》，1950年3月3日。
③ 政务院：《关于统一管理一九五〇年度财政收支的决定》，1950年4月1日。
④ 政务院：《关于一九五一年度财政收支系统划分的决定》，1951年3月29日。
⑤ 教育部：《小学暂行规程（草案）》，1952年3月18日。
⑥ 教育部：《中学暂行规程（草案）》，1952年3月18日。

第二阶段是 1953—1957 年，农村教育投入由政府统一领导，分级管理。随着中国财政状况好转，1953 年进入"一五"建设时期，为了集中力量进行工业化建设，加快推进经济领域的社会主义改造，农村地区开始进行农业合作化。1953 年政务院取消了大行政区，中央首次将乡级财政预算列入县级财政预算，建立起完全的县级财政①，实行"划分收支，分级管理"，形成了中央、省、县（市）新的三级财政管理体制。1953 年 11 月，政务院下发《关于整顿和改进小学教育的指示》②，1954 年 6 月下发《关于改进和发展中学教育的指示》③，这两份文件都对中小学领导体制做了详尽规定。《关于整顿和改进小学教育的指示》强调，在工矿区、城市特别是大城市，公立小学应做适当发展。对乡村公立小学，除在学校较少的少数民族地区和老革命根据地应做适当发展外，其他地区均应以整顿提高为主，一般不做发展。④ 在此体制下，普通中小学的经费开支都按其行政隶属关系纵向"条条"戴帽下达，即遵循"谁管理学校谁开支"原则，农村教育事业投入所需经费被列入县财政预算。1954 年 9 月，教育部、财政部下发的《关于解决经费问题程序的通知》指出："为贯彻统一领导、分级管理的原则，今后各省（市）教育厅（局）如有发生经费不足，须先报请省府统一考虑解决，如省府解决有困难时，则由省府转报中央人民政府政务院考虑，不得条条上达。"⑤

经历了三年恢复与发展，改造旧教育并使其与共和国教育接轨的任务顺利完成，全国中小学教育已全面恢复与建立，并超过中华人民共和国成立前的规模。面对农村人口基数大、财政经费需求缺口大的挑战，农村教育发展落后，穷国办大教育是当时中国的基本国情与教情。由于农村地区教育需求庞大，国家经济基础差，财力紧张，难以包揽所有教育事业，不得不鼓励农民出钱、出力办教育。国家先后颁布《关于整顿和改进小学教育的指示》⑥ 和《1956 年到 1967 年全国农业发展纲要》⑦，这两份文件均

① 宁本涛：《教育财政政策》，上海教育出版社 2010 年版，第 50 页。
② 政务院：《关于整顿和改进小学教育的指示》，1953 年 11 月 26 日。
③ 政务院：《关于改进和发展中学教育的指示》，1954 年 6 月 5 日。
④ 政务院：《关于整顿和改进小学教育的指示》，1953 年 11 月 26 日。
⑤ 教育部、财政部：《关于解决经费问题程序的通知》，1954 年 9 月 14 日。
⑥ 政务院：《关于整顿和改进小学教育的指示》，1953 年 11 月 26 日。
⑦ 全国人大常委会：《1956 年到 1967 年全国农业发展纲要》，1960 年 4 月 11 日。

要求农村地区采取多种方式办学，除了国家外，大力提倡群众集体办学和私人办学，以便逐步普及小学教育。为了扩大经费来源，1955 年 9 月，教育部、财政部印发《关于中小学杂费收支管理办法的几点意见的通知》，提出"合理地征收杂费并发挥杂费的作用与效能，以补助中、小学校教育经费之不足，保证中、小学校的教育工作及其发展的需要"①。这一时期形成了公办为主，民办为辅的农村教育办学体制。

（二）"两条腿走路"时期（1958—1984）

20 世纪 50 年代中后期，随着两极格局的逐渐稳固，国际形势日趋缓和，世界各国为了从战争中恢复过来，致力于经济建设的国际形势，为中国提供了一个相对安定和平的经济建设环境。同时，1956 年社会主义改造基本完成，标志着中国由新民主主义社会进入社会主义社会，国家的任务由阶级斗争转向向自然界开战，由政治革命转向技术革命和文化革命，全面进行社会主义建设，摆脱经济贫穷、文化落后的现实状况。1956 年 9 月，党的八大召开，毛泽东主席对中国社会矛盾做出判断，认为中国当时的主要矛盾不再是阶级斗争，而是人民对于经济文化迅速发展的需要同当前经济文化不能满足人民需要的状况之间的矛盾。虽然中华人民共和国成立以来中国文化事业已有巨大进步，随着社会主义改造的基本完成，国家实现了接办和改造所有"旧教育"和"旧学校"事宜，中国各地基础教育事业得到快速发展，但仍然不能满足农村地区人民对教育的需求，尤其是农村地区人民受教育愿望强烈，还未扫除文盲，普及小学教育。《中国共产党中央委员会向第八次全国代表大会的政治报告》指出，为了实现中国的文化革命，必须以极大的努力逐步扫除文盲，在财政力量许可的范围内逐步普及小学教育，以求在 12 年内分期、分区普及小学教育。② 但是，中央很快就发现政府财力有限，不得不发动群众办学。同时，"一五计划"任务超额完成，使中国工农业生产大幅度增长，国民干劲高涨，中央各部门所属的企事业单位数量剧增，难以做到有效监管。为了调动地方发展经

---

① 教育部、财政部：《关于中小学杂费收支管理办法的几点意见的通知》，1955 年 9 月 19 日。

② 刘少奇：《中国共产党中央委员会向第八次全国代表大会的政治报告》，《人民日报》1956 年 9 月 17 日第 1—5 版。

济的积极性，1957 年 11 月，国务院颁发《关于改进财政管理体制的规定》，提出实行财政分权，增加地方机动财力安排其特殊支出的权力，财政分权为事业单位管理权变动奠定了基础。① 受到"大跃进"的影响，全国开始落实"鼓足干劲，力争上游，多快好省地建设社会主义"基本思想。为了指导农民加速社会主义建设，提前建成社会主义并逐步过渡到共产主义，1958 年 8 月，中共中央政治局扩大会议通过了《关于在农村建立人民公社问题的决议》，要求农村地区实行"政社合一"的人民公社制度。② 经济上的集体化，是人民公社的经济基础；政治上的党政合一，是公社政社合一体制的政治组织基础。人民公社中生产队或生产大队成为一个政权实体和经济组织。人民公社制度要求农民的劳动成果全部划归集体所有，财政包干成为主要管理办法，人民公社制度一直延续到 80 年代初。在"大跃进"浪潮的影响下，教育也开始"跃进式"发展，国家将办学事权责任下放，鼓励一切办学力量进行办学。财政分权和农村组织架构变革，为农村教育经费投入实行"两条腿走路"，逐渐形成公办与民办并举的格局奠定了物质基础。遵循《1956 年到 1967 年全国农业发展纲要》的规划，在教育"大跃进"思想的影响下，原有的管理体制难以适应教育事业的发展需求，中央决定将基础教育和中等职业教育管理权下放。1957 年全国教育工作会议再次强调，小学教育的发展必须打破由国家包下来的思想，在农村要提倡群众集体办学，允许但不提倡私人办学。③ 1958 年 3 月，全国教育行政会议提出，依靠党的领导，放手发动群众办学，采取群众运动的办法做好普及教育的工作。④ 1958 年 8 月，中共中央、国务院《关于教育事业管理权力下放问题的规定》提出，将教育事业管理权下放，规定各大协作区应根据自身的实际情况和需要，建立起完整的教育体系，实行地方负责。⑤ 这一规定实质上是将教育投入事权责任下放，并鼓励群众办学，农村地区形成了公办与民办（集体办学与私人办学）并举，两条腿走路的局面，大体可以分为三个阶段。

①　国务院：《关于改进财政管理体制的规定》，1957 年 11 月 14 日。

②　中共中央：《关于在农村建立人民公社问题的决议》，《人民日报》1958 年 9 月 10 日第 1 版。

③　中央教育科学研究所：《中华人民共和国教育大事记　1949—1982》，教育科学出版社 1983 年版，第 192 页。

④　《第四次全国教育行政会议的成果》，《人民教育》1958 年第 5 期。

⑤　中共中央、国务院：《关于教育事业管理权力下放问题的规定》，1958 年 8 月 4 日。

第一阶段是 1958—1965 年，农村教育投入主体多样化。在中共中央、国务院《关于教育事业管理权力下放问题的规定》颁发后，1958 年 9 月，中共中央、国务院发布《关于教育工作的指示》，提出要调动一切积极因素，鼓足干劲、力争上游，多快好省地扫除文盲，普及教育，采取统一性与多样性相结合，普及与提高相结合，全面规划与地方分权相结合的原则，在教育目标全国统一的前提下，办学的形式应该是多样化的，即国家办学与厂矿、企业、农业合作社办学并举，普通教育与职业（技术）教育并举，成人教育与儿童教育并举，全日制学校与半工半读、业余学校并举，学校教育与自学（包括函授学校、广播学校）并举，免费的教育与不免费的教育并举。① 农村教育发展要实行"两条腿走路"方式。1958 年 12 月，党的六届六中全会通过的《关于人民公社若干问题的决议》提出，公社要办好托儿所和幼儿园；必须负责办好小学、中学和成人教育；要在全国农村中普及小学教育，办好全日制的中学和半日制的农业中学，或者其他中等职业学校，逐步做到普及中等教育。② 受"大跃进"的影响，农村教育染上了"浮夸风"病症，不顾经济承受能力和教育发展规律，农村地区掀起了办学热潮。

随着教育事业管理权的下放，很多地方出现了大量挤占、挪用教育经费的现象。③ 为了制止这些问题，1959 年 11 月，《国务院批转教育部、财政部关于进一步加强教育经费管理的意见》要求，遵循"条条""块块"相结合，以"块块"为主的精神，原由县、市教育经费预算开支下放到人民公社管理的普通中小学，仍列入县级教育经费预算内，以利于这部分教育事业的发展与巩固。④ 1960 年 3 月，财政部、教育部下发《关于人民公社社办中、小学经费补助的规定》，提出人民公社举办的中小学要自力更生，经费筹措办法可以多种多样，公社可以从公益金中抽出一定比例用来发展中小学教育事业；也可以结合向学生收取杂费或分摊工分的办法来解决经费开支；对普通中学、农业中学及其他职业中学还可以由公社拨给学

---

① 中共中央、国务院：《关于教育工作的指示》，1958 年 9 月 19 日。
② 中共中央：《关于人民公社若干问题的决议》，《人民日报》1958 年 12 月 19 日第 1、2 版。
③ 范先佐：《筹资兴教——教育投资体制改革的理论与实践问题研究》，华中师范大学出版社 1999 年版，第 129 页。
④ 《国务院批转教育部、财政部关于进一步加强教育经费管理的意见》，1959 年 11 月 24 日。

校一定的土地，用学生参加生产劳动的收入解决经费开支问题。① 这样，农村地区办学形成了公办（财政拨款）与民办（集体、私人）并举的现象，其中，农民集体办学的主要形式是简陋的小学和简易的小学。这些学校的教师待遇主要以生产队计工分形式解决，教师办公经费依靠生产队公益基金解决，区县给予少量补助，学生书本、石板费由家长解决，教室主要是借用民房、场屋等。②

经历"大跃进"三年，国家经济发展紊乱。1961 年起国家对经济进行综合治理，在此背景下，1962 年国家将"财政包干"改为"统收统支"，公社收入全部上交县财政，由县级财政统一核定划拨，人民公社作为一级财政管理机构的地位被取消，但人民公社所承担的教育事权的教育管理制度并没有改变，这一管理制度一直延续到 80 年代初期。1963 年 2 月，财政部、教育部联合发出《关于教育事业财务管理若干问题的规定》，提出县、镇和农村公办中小学必需的校舍维修和课桌椅补充费用，可以从农业税附加中解决一部分。③ 1965 年 7 月，中共中央转发教育部党组关于《全国农村半农半读教育会议的报告》，要求各地试办半农半读学校，推行两种教育制度，两种劳动制度。④

第二阶段是 1966—1976 年，受"文化大革命"的冲击，农村中学多由县、社领导管理，农村小学普遍由大队管理，城镇小学交由工厂接办，大中型城市的小学领导管理权下放至街道办事处。⑤ 在十年"文化大革命"期间，中国教育事业几乎处于混乱、瘫痪之中。很多学校被停办、砍掉或合并，教育管理体制也极其混乱。1968 年 11 月，《人民日报》发表了山东两位小学教师侯振民、王庆余的《建议所有公办小学下放到大队来办》（简称"侯王建议"），建议农村地区学校由公办转为集体办学，国家不再投资或少投资小学教育，国家不再发放教师工资，改由大队计工分，教师

---

① 财政部、教育部：《关于人民公社社办中、小学经费补助的规定》，1960 年 3 月 21 日。

② 张乐天：《新中国成立以来农村教育政策的回顾与反思》，北京师范大学出版社 2016 年版，第 107—108 页。

③ 财政部、教育部：《关于教育事业财务管理若干问题的规定》，1963 年 2 月 20 日。

④ 中共中央：《关于半农半读教育工作的指示——转发教育部党组关于全国农村半农半读教育会议的报告》，1965 年 7 月 14 日。

⑤ 梁鸿媛：《新中国农村基础教育管理体制变迁研究》，硕士学位论文，东北师范大学，2012 年。

回生产队领取工资。[①] 许多地方遵循"侯王建议"并立即实施，将公办学校转为集体办学，教师下放，严重影响了农村小学教育的发展。

1971 年 4 月，全国教育工作会议形成了《全国教育工作会议纪要》，要求除了国家办学以外，必须提倡群众办学，大力普及教育，扫除文盲；争取在第四个五年计划期间，农村普及小学 5 年教育，有条件的地区普及 7 年教育；要采取多种形式办学，把学校办到家门口，让农民子女就近入学。[②] 此后，农村地区采取"两条腿走路"的办法，抓紧普及小学 5 年教育的工作。在政策执行过程中，各地多采取削减教学内容、降低课程难度、缩短学制等做法，忽视教育内在规律与内涵式发展。在"文化大革命"前，中国农村教育经费都被列入县级教育经费预算内，对不足部分进行统计，然后上报，中央和省级政府经权衡后予以拨付；在"文化大革命"期间曾一度将文教类十几项费用投入混合在一起拨付，造成了严重的经费挪用与他用的现象。为了改变教育经费管理混乱局面，在 1971 年全国教育工作会议上，与会代表一致呼吁要尽快解决这一问题，故 1972 年在周恩来总理的亲自指示下，将教育经费从文教费类单独列支，戴帽下达，专款专用。实行"条块结合，以块为主"的教育财政管理体制，即基础教育经费由中央按地方需要切块单列，下拨给地方。[③] 1974 年 1 月，国务院科教组、卫生部、财政部共同印发的《关于中小学财务管理若干问题的意见》规定，农村地区办学经费主要由集体负担，国家在税收上适当照顾，给予少量补助。[④]

第三阶段是 1977—1984 年，"文化大革命"结束后，农村教育处于恢复调整之中。虽然党的十一届三中全会后中国开始实行改革开放政策，但农村教育仍处于恢复发展中，经费投入在体制上还是沿续"两条腿走路"的方式，只是做了局部微调。在教育经费投入方面，教育部、财政部、粮食部、国家民委、国家劳动总局于 1979 年 10 月下发的《关于边境县

---

　　① 侯振民、王庆余：《建议所有公办小学下放到大队来办》，《人民日报》1968 年 11 月 14 日第 1 版。

　　② 张乐天：《新中国成立以来农村教育政策的回顾与反思》，北京师范大学出版社 2016 年版，第 29—30 页。

　　③ 刘建发：《教育财政投入的法制保障研究》，经济管理出版社 2006 年版，第 124 页。

　　④ 全国学生资助管理中心：《中国学生资助 70 年　不让学生因贫失学基本实现》，《人民日报》2019 年 9 月 23 日第 18 版。

（旗）、市中小学民办教师转为公办教师问题的几项规定》①，中共中央、国务院于 1980 年 12 月下发的《关于普及小学教育若干问题的决定》② 均要求有序解决民办教师问题，通过考核、分批次将优秀民办教师转为公办教师，并依据教龄进行工资定级，逐步有序地将民办学校转变为公办学校。1980 年 2 月，在国务院下发《关于实行"划分收支、分级包干"财政管理体制的通知》后，各级政府实行"分灶吃饭"，财权下放，虽然地方的财权扩大了，但要求地方财政负担地方所管理的中小学校经费，中央只给予少量专项补助。③ 同年 12 月，中共中央、国务院《关于普及小学教育若干问题的决定》下发，提出 20 世纪 80 年代在经济不发达的中国这样一个大国，普及小学教育不可能完全由国家包下来，必须坚持"两条腿走路"，一方面由国家出资，另一方面鼓励社队集体、厂矿企业、群众出资。④ 1983 年 5 月，中共中央、国务院发布《关于加强和改革农村学校教育若干问题的通知》，再次重申要办好农村学校教育，坚持"两条腿走路"的方针，通过多种渠道切实解决经费问题。中央和地方要逐年增加教育经费，鼓励其他渠道的经费投入农村教育。⑤

（三）乡村自给时期（1985—2000）

历经"文化大革命"结束后的恢复调整时期，党的十一届三中全会确立了改革开放政策。中国的对内改革先从农村开始，1978 年 11 月，安徽省凤阳县小岗村实行"分田到户，自负盈亏"的家庭联产承包责任制（大包干），拉开了中国对内改革的大幕。家庭联产承包责任制改革成功后，在全国范围农村地区实行改革。1982 年 1 月，中共中央批转的《全国农村工作会议纪要》指出，农村实行的各种责任制，包括小段包工定额计酬，专业承包联产计酬，联产到劳，包产到户、到组，包干到户、到组，等等，都是社会主义集体经济的生产责任制。⑥ 1983 年 1 月，中共中央《关

---

① 教育部、财政部、粮食部、国家民委、国家劳动总局：《关于边境县（旗）、市中小学民办教师转为公办教师问题的几项规定》，1979 年 10 月 31 日。

② 中共中央、国务院：《关于普及小学教育若干问题的决定》，1980 年 12 月 3 日。

③ 国务院：《关于实行"划分收支、分级包干"财政管理体制的通知》，1980 年 2 月 1 日。

④ 中共中央、国务院：《关于普及小学教育若干问题的决定》，1980 年 12 月 3 日。

⑤ 中共中央、国务院：《关于加强和改革农村学校教育若干问题的通知》，1983 年 5 月 6 日。

⑥ 中共中央：《全国农村工作会议纪要》，1982 年 1 月 1 日。

于印发〈当前农村经济政策的若干问题〉的通知》指出，联产承包制是在党的领导下中国农民的伟大创造，是马克思主义农业合作化理论在中国实践中的新发展，该文件还强调要按照中国国情，逐步实现农业的经济结构改革、体制改革和技术改革。① 1982 年全国农村实行家庭联产承包责任制，瓦解了集体经济的基础。为了适应农村经济发展的需求，国家进行了行政架构变革。1983 年 10 月，中共中央、国务院发出《关于实行政社分开建立乡政府的通知》，规定到 1984 年底，全国基本上完成撤社建乡（镇）工作，取而代之的是乡（镇）政府和村委会。② 基层行政组织改革，带动了人事、财权等体制变革，也预示着农村教育经费投入事权责任的变化。1985—2000 年，农村教育经费投入来源是乡村自给，实行分级管理，主要可分为两个阶段。

第一阶段是 1985—1993 年，农村义务教育经费投入责任主体重心下移至乡（镇），乡村自给投入体制逐渐建立。1984 年 10 月，党的十二届三中全会通过《关于经济体制改革的决定》，正式提出社会主义经济是公有制基础上有计划的商品经济的思想。③ 经济体制改革传导到教育领域，1984 年 12 月，国务院发布《关于筹措农村学校办学经费的通知》，首次提出由乡镇政府向农民征收 "教育费附加" 的政策，附加费取之于乡，用之于乡，具体比例由各地方从当地实际出发做出规定，由税务部门进行征收。④ 为了扩大市场调节，使农业生产适应市场的需求，促进农村产业结构合理化，进一步把农村经济搞活，1985 年 1 月，中共中央、国务院发布《关于进一步活跃农村经济的十项政策》，要求改革农产品统派统购制度，鼓励农村地区乡镇企业发展，在信贷、税收上给予优惠，鼓励农民进行采矿和其他开发性事业，同时要求农村乡镇地区征收的农业税由实物税改为现金税。⑤ 1985 年 4 月，财政部发布《乡（镇）财政管理试行办法》，要求建立独立的乡（镇）财政体制，并对乡（镇）实行 "收支挂钩" 的财政包干制度。⑥ 这一改革为中央出台 "分级办学" 的农村教育投入体制奠定了

① 中共中央：《关于印发〈当前农村经济政策的若干问题〉的通知》，1983 年 1 月 2 日。
② 中共中央、国务院：《关于实行政社分开建立乡政府的通知》，1983 年 10 月 12 日。
③ 中共中央：《关于经济体制改革的决定》，1984 年 10 月 20 日。
④ 国务院：《关于筹措农村学校办学经费的通知》，1984 年 12 月 13 日。
⑤ 中共中央、国务院：《关于进一步活跃农村经济的十项政策》，1985 年 1 月 1 日。
⑥ 财政部：《乡（镇）财政管理试行办法》，1985 年 4 月 12 日。

制度框架和财政基础。1985 年 5 月，中共中央《关于教育体制改革的决定》出台，明确提出"把发展基础教育的责任交给地方""实行基础教育由地方负责、分级管理的原则"。之后，这种管理模式又逐步演变为"三级办学、两级管理"的模式，与此同时，还规定乡财政收入应主要用于教育，地方可以征收教育附加费，作为改善基础教育的教学设施之用，不得挪作他用。① 之后，1986 年 4 月，国务院《关于发布〈征收教育费附加的暂行规定〉的通知》出台，要求征收教育费附加，以各单位和个人实际缴纳的产品税、增值税、营业税的税额为计征依据，教育费附加率为 1%，分别与产品税、增值税、营业税同时缴纳。② 1987 年 6 月，国家教委、财政部发布《关于农村基础教育管理体制改革若干问题的意见》，重申了基础教育实行地方负责、分级管理，征收教育事业费附加，是调动地方和社会办学积极性、促进基础教育发展的重要措施，体现了"取之于民，用之于民"的精神。③ 这一系列文件的核心思想有两个：一是分级办学、分级管理；二是多渠道筹措教育经费，发展教育事业。④ 这种模式调动了地方各级政府，尤其是县乡两级政府的办学积极性，促进了农村教育的发展。

1986 年 4 月，全国人大常委会通过的《中华人民共和国义务教育法》，将地方发展义务教育的责任上升到法律层面，"地方负责、分级管理"的教育体制就此形成。该义务教育法还规定发展义务教育所需要的经费以各级财政划拨及征收的教育费附加为主，同时吸纳企业、公益组织等其他社会资金。⑤ 1986 年 4 月，国务院《关于发布〈征收教育费附加的暂行规定〉的通知》明确指出农村教育费附加应用于农村学校的基本建设。⑥《关于筹措农村学校办学经费的通知》⑦ 和《征收教育费附加的暂行规定》这两份文件都规定乡政府征收教育事业费附加，要"取之于乡，用之于乡"。

---

① 中共中央：《关于教育体制改革的决定》，1985 年 5 月 27 日。

② 国务院：《关于发布〈征收教育费附加的暂行规定〉的通知》，1986 年 4 月 28 日。

③ 国家教委、财政部：《关于农村基础教育管理体制改革若干问题的意见》，1987 年 6 月 15 日。

④ 王肃元：《当代中国农村教育发展研究》，兰州大学出版社 2006 年版，第 206 页。

⑤ 全国人大常委会：《中华人民共和国义务教育法》，1986 年 4 月 12 日。

⑥ 国务院：《关于发布〈征收教育费附加的暂行规定〉的通知》，1986 年 4 月 28 日。

⑦ 国务院：《关于筹措农村学校办学经费的通知》，1984 年 12 月 13 日。

1987 年 6 月，国家教委、财政部发布《关于农村基础教育管理体制改革若干问题的意见》，强调征收教育费附加，是促进基础教育发展的重要措施，凡缴纳产品税、增值税、营业税的单位和个人都应当缴纳教育费附加，教育费附加率为 1%。① 国家在 1990 年 6 月修订《征收教育费附加的暂行规定》，将附加率从 1% 上调到 2%。② 同样，1992 年 2 月颁布的《关于〈中华人民共和国义务教育法实施细则〉的批复》，进一步明确了以地方为主的特征，县级财政主要承担城区少数学校的教育经费投入责任，乡镇财政负责本地中心小学和乡镇中学的经费投入，行政村则负责村办小学部分经费的筹措工作。③ 至此可以清晰地发现，这几项规定的实质是将农村义务教育经费筹措的责任落在乡级政府和农民身上，折射出国家进行财政分权、事权下放的宏观体制改革在农村教育领域的延伸。

　　第二阶段是 1994—2000 年，由于分税制改革的实行，县乡财力削弱，乡村自给的义务教育经费投入出现困难。从 1985 年实行"划分税种、核定收支、分级包干"的财政体制，地方财政的财力大增，中央与地方的财政收入从 20 世纪 80 年代初的 40∶60，变成了 20 世纪 90 年代初的 22∶78。④ 由于财权和事权下放，中央财政日益拮据，出现了地方财力雄厚，中央曾不得不向地方借钱的情况。⑤ 为了改变这一窘境，顺应建立社会主义市场经济体制的要求，合理划分中央和地方财权和事权的范围，1993 年 12 月，国务院颁发了《关于实行分税制财政管理体制的决定》，要求从 1994 年开始实行分税制改革。⑥ 此次改革彻底改变了财政包干阶段中央财政过于单薄的格局。此次改革后，县乡财政实力大大削减，尤其是乡级财政十分困难，乡级财政预算内收入只剩下"农业四税"的一部分和工商税中的一些零星税收。但分税制改革并没有涉及处于省级政府以下的基层政府的事权责任，农村教育经费仍然是由县乡两级财政承担，县直属学校经费由县财政负责，农村学校由乡财政负责。⑦ 分税制改革造成了农村教育

　　① 国家教委、财政部：《关于农村基础教育管理体制改革若干问题的意见》，1987 年 6 月 15 日。

　　② 国务院：《征收教育费附加的暂行规定（1990 年修订）》，1990 年 6 月 7 日。

　　③ 国务院：《关于〈中华人民共和国义务教育法实施细则〉的批复》，1992 年 2 月 29 日。

　　④ 本书编写组：《聚焦三农：中国农村改革发展若干重大问题深度解析》，新华出版社 2008 年版，第 265 页。

　　⑤ 周飞舟：《分税制十年：制度及其影响》，《中国社会科学》2006 年第 6 期。

　　⑥ 国务院：《关于实行分税制财政管理体制的决定》，1993 年 12 月 15 日。

　　⑦ 杨斌：《农村教育投入：绩效、机制与模式》，博士学位论文，西南大学，2011 年。

经费投入事权层层下放和财权层层上移的矛盾①，不对称的财权与事权难以保障农村教育经费的投入。虽然国务院在 1994 年 7 月发布《关于〈中国教育改革和发展纲要〉的实施意见》，要求县级政府在义务教育方面负主要责任，包括统筹管理教育经费，调配和管理中小学校长、教师，指导中小学教育教学工作等。乡级政府负责落实义务教育的具体工作，包括保障适龄儿童、少年按时入学。有条件的、经济发展程度较高的地区，义务教育经费仍可由县、乡共管，充分发挥乡财政的作用。② 但农村教育投入主要承担者还是乡镇，如有统计发现，在实施分税制后乡镇负担了 78% 的义务教育经费，县财政负担了 9% 左右，省财政负担了 11%，中央财政负担不足 2%。③

同时，《中国教育改革和发展纲要》《普九和扫盲教育实施意见》和《普及九年义务教育评估验收暂行办法通知》三个文件，都详细地规定了普九办学的基本要求、标准、阶段任务。在中央带动和督促下，各地为了尽快完成"两基"任务，将其纳入官员政绩任期考核目标之中。"分税制"带来了乡级财政收入减少，而"两基"攻坚目标则要求加大对农村教育投入，乡村自给出现了财政收支失衡，财权与事权失衡，呈现出"小马拉大马车"的怪象。乡镇作为政府结构中的最底层组织，并不存在将事权或财权进一步下放的空间，如何转移自身的财政压力，是乡级政府直面的难题，而解决这一难题只有两条路可走：一是扩大财政预算外来源，除了正常税收外，向农民额外征收各种费用；二是依靠财政预算内来源，寅吃卯粮，扩大赤字，借贷办教育。超出农村经济承受能力的"普九任务"，最终衍生成县乡两级政府举债办教育，农村地区"欠债普九"，债台高筑，于是以各种名义征费，出现了"费大于税"，乱收费、乱罚款和乱摊派（简称"三乱"）局面。"借债"办教育，随之带来了还款压力，实际支付的教育经费遭遇分流，对中小学办学活动产生了滞后影响，与此同时，农村中小学基本办学条件无法满足，城乡教育差距拉大，普遍拖欠教师工

---

① 曲铁华：《中国农村义务教育投入体制变迁及改革路径》，《社会科学战线》2017 年第 2 期。

② 国务院：《关于〈中国教育改革和发展纲要〉的实施意见》，1994 年 7 月 3 日。

③ 朱钢：《聚焦中国农村财政格局机理与政策选择》，山西经济出版社 2000 年版，第 34—35 页。

资、城乡教师同工不同酬、农民经济负担过重、辍学率上升等系列问题频发。地区经济发展不平衡，教育经费投入体制实行"分级办学"，农村义务教育经费投入乡村自给加大了区域之间教育发展的失衡。

（四）以县为主时期（2001—2005）

为了缓解分税制所带来的负面效应，确保农村社会稳定，规范农村税收制度，减轻农民负担，制止农村"三乱"，保障稳定的农村义务教育经费投入成为 21 世纪农村教育需要直面的问题，在此背景下，中国在农村地区实行了一系列税费改革。

2000 年 3 月，中共中央、国务院下发的《关于进行农村税费改革试点工作的通知》要求，实行农村税费改革试点，将安徽省划分为实验探索地区。[①] 2001 年 3 月，国务院颁发了《关于进一步做好农村税费改革试点工作的通知》，此次改革扩大了试点范围，随后，税费改革在全国范围内逐步展开。[②] 税费改革的主要内容是取消乡统筹费，取消农村教育集资等专门面向农民征收的行政性收费和政府性基金、集资，取消屠宰税；逐步取消统一规定的劳动积累工和义务工；改革农村提留征收使用办法。[③] 在财政预算外的教育投入来源方面，为了防止"三乱"，提高治理乱收费力度，2001 年国家先是在部分重点贫困县实行义务教育"一费制"收费改革试点，即在严格核定杂费、课本和作业本费标准的基础上，确定一个收费总额，然后一次性统一向学生收取。2002 年国家在所有重点贫困县推行义务教育"一费制"，2004 年 3 月，教育部、国家发展改革委、财政部颁发《关于在全国义务教育阶段学校推行"一费制"收费办法的意见》，规定 2004 年在全国义务教育阶段学校开始全面推行"一费制"收费办法[④]，在这些政策实施后教育收费走向规范化，同时这也意味着学校自筹经费能力被削弱。

———————

　　① 中共中央、国务院：《关于进行农村税费改革试点工作的通知》，2000 年 3 月 2 日。

　　② 国务院：《关于进一步做好农村税费改革试点工作的通知》，2001 年 3 月 24 日。

　　③ 胡平平、张守祥：《农村义务教育投入保障机制及管理体制问题研究》，科学出版社 2007 年版，第 77 页。

　　④ 教育部、国家发展改革委、财政部：《关于在全国义务教育阶段学校推行"一费制"收费办法的意见》，2004 年 3 月 17 日。

　　税费改革明显地减轻了农民负担，但随之产生了其他影响，一方面压缩了乡级财政收入空间，一系列相关的配套机制并没有及时地跟进，使得一大部分县乡政府出现了财政危机，乡级财政无法承担农村义务教育经费投入的主要责任；另一方面限制了农村义务教育筹资渠道，对农村义务教育经费投入产生了较大的冲击，如教育集资和农村教育费附加这两项收入约占中小学教育经费总投入的30%，被取消后就意味着乡镇财政"大面积减收"，对依靠乡镇预算外收入维持农村义务教育学校运转的地区来讲无疑有着冲击性的影响。① 面对税费改革，继续实行乡级自给投入体制失去了财政基础，造成农村教育经费投入骤减的现实，在新形势下，为了保障农村义务教育经费投入，不得不改革农村义务教育经费投入体制。

　　2001 年全国基础教育工作会议提出，农村义务教育管理体制是在国务院领导下，由"地方政府负责、分级管理、以县为主"的体制，这标志着农村义务教育管理体制发展又进入了新的阶段。随后，国务院于 2001 年 5 月发布《关于基础教育改革与发展的决定》，提出农村义务教育管理体制实行在国务院领导下，由地方政府负责、分级管理、以县为主的体制。② 2002 年 4 月，国务院办公厅发出《关于完善农村义务教育管理体制的通知》，在清晰界定省、市（地）、县（区）、乡（镇）、行政村各方教育责任的同时，免去了乡、村的教育投入责任，进一步确定了县级政府负责辖区农村义务教育的责任，宣告了"人民教育人民办"乡村自给模式的终结。③ 为了保证税费改革的进行，各省还对学校收入进行了严格的规定，杜绝学校乱收费现象，对教材费用、课本费用都给予明确规定，并要求合并乡村学校，进行布局调整，精简教师等。2003 年 9 月，国务院颁发《关于进一步加强农村教育工作的决定》，要求落实农村义务教育"以县为主"管理体制，县级政府要增加对义务教育的投入，将农村义务教育经费全额纳入预算；中央、省和地（市）级政府通过增加转移支付，增强财政困难县义务教育经费的保障能力，省级政府要切实均衡本行政区域内各县财

　　① 邬志辉、于胜刚：《农村义务教育经费保障新机制》，北京大学出版社 2008 年版，第 13 页。

　　② 国务院：《关于基础教育改革与发展的决定》，2001 年 5 月 29 日。

　　③ 国务院办公厅：《关于完善农村义务教育管理体制的通知》，2002 年 4 月 14 日。

力，逐县核定并加大对财政困难县的转移支付力度。① 由此，"以县为主"的农村义务教育经费投入体制逐渐建立起来。

这一时期农村教育经费投入主要由三个方面的经费构成：一是县级财政投入的财政经费，主要用于保障教师工资的按时足额发放；二是中央和省级财政的专项转移支付，主要用于抵补农村教育费附加减收后的缺口，以保障农村校舍不出现危房，但转移补充力度非常小；三是杂费收入，用于保障学校的正常运转。但"以县为主"的管理体制对农村义务教育经费投入，仍然只是着眼于地方政府教育事权责任划分的调整，不涉及中央与地方教育事权责任划分的调整，这虽然在一定程度上保障了在县级行政区域内义务教育经费投入的稳定性和平衡性，但并没有改变经费投入总量严重不足的问题，给县级财政特别是欠发达地区的县级财政带来了沉重的负担。②

（五）省级统筹时期（2006—2013）

随着经济的快速发展，政府财政收入增加，同时为了贯彻党的十六大精神，落实科学发展观与统筹城乡发展，解决以县为主时期城乡义务教育发展失衡、供给矛盾突出等问题，提升义务教育发展质量，中国进一步深化农村义务教育经费投入体制改革。2005 年 12 月，第十届全国人大常委会废止《中华人民共和国农业税条例》，取消农业税，免除农业税的惠农政策被以法律的形式固定下来，这意味着在中国延续两千多年的"皇粮国税"正式退出历史。③ 2006 年 9 月，经修订后颁行的《中华人民共和国义务教育法》明确规定，"实施义务教育不收学费、杂费"，国家从法律层面确立了义务教育经费保障机制。④ 农业税的免除意味着县级财政预算内收入空间收紧，向下转移财政压力的路径已不复存在；国家免收学杂费意味着学校自筹经费的能力完全丧失，最终瓦解了"以县为主"投入体制的基础，在各级政府中县级政府成为财政收支缺口最大的一级，与此同时，城乡义务教育发展失衡的矛盾突出。为破解这一困局，教育投入事权的责任

---

① 国务院：《关于进一步加强农村教育工作的决定》，2003 年 9 月 17 日。

② 金太军、张劲松：《乡村改革与发展》，广东人民出版社 2008 年版，第 187 页。

③ 全国人大常委会：《关于废止〈中华人民共和国农业税条例〉的决定》，2005 年 12 月 29 日。

④ 全国人大常委会：《中华人民共和国义务教育法（2006 年修订）》，2006 年 6 月 29 日。

重心需要进一步上移，实现财权与事权相对平衡。2006 年，中国开始实行"省级统筹，多级共担"的农村教育投入新机制。

2005 年 12 月，国务院发布《关于深化农村义务教育经费保障机制改革的通知》，规定省级人民政府要负责统筹落实省以下各级人民政府应承担的义务教育经费，实行中央地方共担，建立中央和地方分项目、按比例分担的农村义务教育经费保障机制。[①] 2006 年 6 月，全国人大通过了经修订的《中华人民共和国义务教育法》，将"省级统筹，多级共担"的教育投入体制上升到法律层面，规定了各级政府职责，改变了"管事的没钱，有钱的不管事"的局面。[②] 为了保障农村义务教育经费能够及时足额到位，财政部、教育部于 2006 年 4 月下发的《关于印发〈农村义务教育经费保障机制改革中央专项资金支付管理暂行办法〉的通知》，详细规定了中央财政负担的农村义务教育中央专项资金核算办法，中央专项资金通过财政部拨付下达后，由省级财政部门和县级财政部门实行财政直接支付。[③] 与此同时，财政管理方式也进行了相应的变革，2006 年中央 1 号文件提出，有条件的地方可加快推进"省直管县"财政管理体制和"乡财县管乡用"管理方式的改革。[④] 2009 年 6 月，财政部发布《关于推进省直接管理县财政改革的意见》，提出实行"省直管县"财政改革，政府间收支划分、转移支付、资金往来、预决算、年终结算等，不再经过地级市这一个财政层级，实现省财政与县财政直接对接。[⑤] 在收支划分方面，市不再分享属于县范围内的财政收入，县级财政收入比例将扩大，同时市不得转嫁属于自身事权范围的支出责任，也减少了县级财政支出压力，从而提高了县财政资金使用率，保证了县级财力与农村公共服务供给。

随着农村义务教育经费保障机制的变革，国家进一步严格规范农村义务教育阶段学校收费行为，2007 年 7 月，教育部颁发的《关于进一步做好农村义务教育经费保障机制改革有关工作的通知》规定，农村中小学校除

---

① 国务院：《关于深化农村义务教育经费保障机制改革的通知》，2005 年 12 月 24 日。

② 全国人大常委会：《中华人民共和国义务教育法（2006 年修订）》，2006 年 6 月 29 日。

③ 财政部、教育部：《关于印发〈农村义务教育经费保障机制改革中央专项资金支付管理暂行办法〉的通知》，2006 年 4 月 6 日。

④ 中共中央、国务院：《关于推进社会主义新农村建设的若干意见》，2005 年 12 月 31 日。

⑤ 财政部：《关于推进省直接管理县财政改革的意见》，2009 年 6 月 22 日。

按"一费制"标准收取教科书费（不含按规定享受免费教科书的学生）、作业本费和寄宿生住宿费外，严禁再向学生收取其他任何费用。[①] 新机制于 2007 年秋季开始实施，农村义务教育阶段学生学杂费全部免除，贫困家庭学生还可以享受政府"两免一补"的政策，这意味着中央及省级政府参与了农村义务教育经费投入。

为了进一步规范和拓宽财政性教育经费筹资渠道，支持地方教育事业发展，2010 年 7 月，中共中央、国务院《关于印发〈国家中长期教育改革和发展规划纲要（2010—2020 年）〉的通知》提出，按增值税、营业税、消费税的 3% 足额征收教育费附加；提高国家财政性教育经费支出占国内生产总值的比例，2012 年达到 4%。[②] 2010 年 11 月，财政部《关于统一地方教育附加政策有关问题的通知》提出，将单位和个人（包括外商投资企业、外国企业及外籍个人）实际缴纳的增值税、营业税和消费税税额的 2% 作为地方教育费附加征收标准，低于 2% 的省份要调整为 2%。[③] 这一规定低于 2010 年 7 月《关于印发〈国家中长期教育改革和发展规划纲要（2010—2020 年）〉的通知》提出的 3%。2011 年，国务院下发《关于进一步加大财政教育投入的意见》，要求从 2011 年 1 月 1 日起，各地区要从当年以招标、拍卖、挂牌或者协议方式出让国家土地使用权所取得的土地出让收入中，按照扣除征地和拆迁补偿、土地开发等支出后余额 10% 的比例，计提教育资金。具体办法由财政部会同有关部门制定。各地区要加强收入征管，依法足额征收，不得随意减免。因落实上述政策增加的收入，要按规定全部用于支持地方教育事业发展，同时，不得因此而减少其他应由公共财政预算安排的教育经费。[④] 一系列政策文件的出台进一步增加了地方财政性教育经费收入，保障了地方教育供给能力。

（六）城乡一体化时期（2014 年至今）

根据世界银行的统计数据，2010 年，中国进入中高收入国家行列，

---

① 教育部：《关于进一步做好农村义务教育经费保障机制改革有关工作的通知》，2007 年 7 月 12 日。

② 中共中央、国务院：《关于印发〈国家中长期教育改革和发展规划纲要（2010—2020 年）〉的通知》，2010 年 7 月 8 日。

③ 财政部：《关于统一地方教育附加政策有关问题的通知》，2010 年 11 月 7 日。

④ 国务院：《关于进一步加大财政教育投入的意见》，2011 年 6 月 29 日。

2011 年中国全面普及九年义务教育，2012 年中国实现教育经费投入占 GDP 4% 的目标。进入教育经费后 4% 时代，完成农村学生有学上的任务，教育供给矛盾开始转向上好学问题。教育经费投入的提高为解决农村教育新的矛盾提供了基础。党的十八大报告指出，要办人民满意的教育，要办好学前教育，均衡发展九年义务教育，完善终身教育体系，建设学习型社会。2013 年 11 月，党的十八届三中全会通过的《关于全面深化改革若干重大问题的决定》强调，健全体制机制，形成以工促农、以城带乡、工农互惠、城乡一体的新型工农城乡关系，让广大农民平等参与现代化进程、共同分享现代化成果；还提出了全面深化改革，并对财政进行了重新定位，提出"财政是国家治理的基础和重要支柱"，要求构建"现代财政制度"。《关于全面深化改革若干重大问题的决定》提出，统筹城乡基础设施建设和社区建设，推进城乡基本公共服务均等化，为健全城乡教育一体化体制机制做出战略安排。[①] 2014 年 6 月，中共中央政治局审议通过的《深化财税体制改革总体方案》要求逐步建立起地方税收体系，理顺中央和地方的收入分配关系，就支出方面而言，要划分中央和地方支出事权责任，打破行政隶属关系划分事权责任的局限。[②] 财税体制改革从理顺机制入手，通过构建分摊机制、协调机制、监管机制等着手解决农村义务教育经费投入问题。城乡一体化建设要求推进城乡基本公共服务均等化，在教育领域要实现城乡教育均衡发展，保障城乡教育资源均衡配置。城乡财税体制改革为进一步明确教育领域中央与地方财政事权和支出责任的划分奠定了基础，是实现城乡教育投入均等化的重要保障。

　　为了实现城乡教育均衡发展，2014 年 11 月，中央编办、教育部、财政部发布《关于统一城乡中小学教职工编制标准的通知》，指出为促进城乡中小学教育资源均衡配置，将县镇、农村中小学教职工编制标准统一到城市标准，即教职工与学生比高中为 1∶12.5、初中为 1∶13.5、小学为 1∶19。[③] 2015 年 11 月，国务院下发《关于进一步完善城乡义务教育经费

　　① 中共中央：《关于全面深化改革若干重大问题的决定》，2013 年 11 月 12 日。

　　② 中共中央政治局：《审议通过〈深化财税体制改革总体方案〉，〈关于进一步推进户籍制度改革的意见〉，〈党的纪律检查体制改革实施方案〉》，新华社 2014 年 6 月 30 日。

　　③ 中央编办、教育部、财政部：《关于统一城乡中小学教职工编制标准的通知》，2014 年 11 月 13 日。

保障机制的通知》，规定在统一城乡义务教育"两免一补"政策的同时，统一城乡义务教育学校生均公用经费标准定额。义务教育学校生均公用经费标准定额由中央和地方按比例承担，西部为8：2，中部为6：4，东部为5：5，而且"两免一补"和生均公用经费基准定额资金随学生流动可携带，这些都为农村义务教育发展和随迁子女享受义务教育提供了经费保障。① 为了进一步促进县域内义务教育均衡发展，2016年7月，国务院印发《关于统筹推进县域内城乡义务教育一体化改革发展的若干意见》，规定将加快推进县域内城乡义务教育学校建设标准统一、教师编制标准统一、生均公用经费基准定额统一、基本装备配置标准统一和"两免一补"政策城乡全覆盖；要求到2020年，城乡二元结构壁垒基本消除，义务教育与城镇化发展基本协调，城乡师资配置基本均衡；同时规定，随迁子女公用经费可以根据学籍信息流转可携带，这为解决随迁子女就读问题，实现跨区域统筹奠定了基础。② 国务院《关于统筹推进县域内城乡义务教育一体化改革发展的若干意见》清晰地反映出国家在统筹城乡义务教育方面所做的努力，无论是教育经费投入、标准校舍还是师资配备，都走上了农村和城市一体化设计，还提出对农村小规模学校实施倾斜性政策，以保障农村小规模学校的发展。

　　教师是重要的教育资源，为了解决农村地区，尤其是偏远地区教师"下不去、留不住、教不好"等问题，需要提高农村地区教师岗位吸引力，从而提升农村地区教育教学质量。2013年，中共中央、国务院《关于加快发展现代农业 进一步增强农村发展活力的若干意见》要求完善农村中小学校舍建设改造长效机制。要办好村小学和教学点，改善办学条件，配强师资力量，方便农村学生就近上学。设立专项资金，对在连片特困地区乡、村学校和教学点工作的教师给予生活补助。③ 2015年6月，国务院办公厅《关于印发乡村教师支持计划（2015—2020年）的通知》，要求全面落实集中连片特困地区乡村教师生活补助政策，依据学校艰苦边远程度实

---

① 国务院：《关于进一步完善城乡义务教育经费保障机制的通知》，2015年11月25日。

② 国务院：《关于统筹推进县域内城乡义务教育一体化改革发展的若干意见》，2016年7月2日。

③ 中共中央、国务院：《关于加快发展现代农业 进一步增强农村发展活力的若干意见》，2012年12月31日。

行差别化的补助标准,中央财政继续给予综合奖补。① 2018 年 1 月,中共中央、国务院出台《关于全面深化新时代教师队伍建设改革的意见》,要求认真落实艰苦边远地区津贴等政策,全面落实集中连片特困地区乡村教师生活补助政策,依据学校艰苦边远程度实行差别化补助,鼓励有条件的地方提高补助标准,努力惠及更多的乡村教师。加强乡村教师周转宿舍建设,按规定将符合条件的教师纳入当地住房保障范围,让乡村教师住有所居。②

为了解决农民工随迁子女入学难、入学贵的问题,在经历 2001 年"以流入地区政府管理为主,以全日制公办中小学为主"(简称"两为主")的政策之后,2014 年 3 月,中共中央、国务院印发《国家新型城镇化规划(2014—2020 年)》,要求"将农民工随迁子女义务教育纳入各级政府教育发展规划和财政保障范畴"③。2015 年,这一政策得到进一步强化,教育部公开表示要将常住人口纳入区域教育发展规划,将随迁子女教育纳入财政保障范围。④ 2015 年 9 月,国务院《关于进一步做好为农民工服务工作的意见》要求在"保障农民工随迁子女平等地接受教育的权利"的前提下,"输入地政府要将符合规定条件的农民工随迁子女教育纳入教育发展规划",要求输入地政府合理规划学校布局,科学核定公办学校教师编制,加大公办学校教育经费投入,保障随迁子女平等接受义务教育的权利,促进农村教育在跨区域上的统筹。⑤

这一时期,农村教育投入仍然实行中央和地方分项目、按比例分担的教育经费投入体制,但对中央与地方的财政事权与支出责任进行了进一步细化。2016 年 8 月,国务院出台《关于推进中央与地方财政事权和支出责任划分改革的指导意见》,提出要建立事权和支出责任相适应的制度,推进各级政府事权规范化法律化。⑥ 随后,2018 年 2 月,国务院办公厅《关

---

①　国务院办公厅:《关于印发乡村教师支持计划(2015—2020 年)的通知》,2015 年 6 月 1 日。

②　中共中央、国务院:《关于全面深化新时代教师队伍建设改革的意见》,2018 年 1 月 20 日。

③　中共中央、国务院:《国家新型城镇化规划(2014—2020 年)》,2014 年 3 月 17 日。

④　杨颖秀:《从"两为主"到"两纳入"——进城务工人员随迁子女义务教育政策的新突破》,《教育科学研究》2017 年第 6 期。

⑤　国务院:《关于进一步做好为农民工服务工作的意见》,2014 年 9 月 12 日。

⑥　国务院:《关于推进中央与地方财政事权和支出责任划分改革的指导意见》,2016 年 8 月 16 日。

于印发基本公共服务领域中央与地方共同财政事权和支出责任划分改革方案的通知》出台，进一步明确将义务教育列入中央与地方共同财政事权范围，制定义务教育公用经费保障，中央统一制定基准定额，中央与地方按比例分担，第一档为 8 : 2；第二档为 6 : 4；第三档为 5 : 5。在免费提供教科书方面，提供国家规定课程教科书和为小学一年级新生提供正版学生字典所需经费，由中央财政承担；地方课程教科书所需经费，由地方财政承担。在家庭经济困难学生生活补助方面，中央制定家庭经济困难寄宿生和人口较少民族寄宿生生活补助国家基础标准，中央与地方按比例分担，各地区均为 5 : 5，对人口较少民族寄宿生增加安排的生活补助所需经费，由中央财政承担。在贫困地区学生营养膳食补助方面，中央统一制定膳食补助国家基础标准，国家试点所需经费，由中央财政承担；地方试点所需经费，由地方财政统筹安排，中央财政给予生均定额奖补。① 《基本公共服务领域中央与地方共同财政事权和支出责任划分改革方案》的出台标志着财政事权和支出责任划分取得了新的重大进展，将对进一步完善分税制财政体制，加快建立现代财政制度，推进国家治理体系和治理能力现代化产生积极的推动作用。

2019 年 2 月，中共中央、国务院印发《中国教育现代化 2035》，要求健全保证财政教育投入持续稳定增长的长效机制，确保财政一般公共预算教育支出逐年只增不减，确保按在校学生平均的一般公共预算教育支出逐年只增不减，保证国家财政性教育经费支出占国内生产总值的比例一般不低于 4%。依法落实各级政府教育支出责任，完善多渠道教育经费筹措体制，支持和规范社会力量兴办教育。② 2019 年 5 月，国务院办公厅发布《关于印发教育领域中央与地方财政事权和支出责任划分改革方案的通知》，将教育领域财政事权和支出责任划分为义务教育、学生资助、其他教育（含学前教育、普通高中教育、职业教育、高等教育等）三个方面，并对各方面中央与地方的财政事权和支出责任进行合理划分。③ 《教育领域

---

① 国务院办公厅：《关于印发基本公共服务领域中央与地方共同财政事权和支出责任划分改革方案的通知》，2018 年 2 月 8 日。

② 中共中央、国务院：《中国教育现代化 2035》，2019 年 2 月 23 日。

③ 国务院办公厅：《关于印发教育领域中央与地方财政事权和支出责任划分改革方案的通知》，2019 年 5 月 24 日。

中央与地方财政事权和支出责任划分改革方案》的出台，进一步明确了中央在财政事权确认和划分上的决定权，落实了地方按规定履行教育领域财政事权的责任，深化了教育财政体制变革，对合理配置和统筹教育财政资源具有重要意义。

国家在统筹城乡义务教育方面做出了巨大努力，从硬件和软件出发，不仅关注到农村地区的标准化校舍建设，还关照师资，提高乡村教师职业吸引力。为了解决随迁子女入学问题，政府通过跨区域统筹城乡义务教育发展，实行"两纳入"政策。在城乡一体化时期，除了在投入过程中进一步划分各级政府投入所应负的责任外，还进一步缩小城乡义务教育发展差距。2017 年 4 月，教育部《关于印发〈县域义务教育优质均衡发展督导评估办法〉的通知》下发，要求进一步缩小义务教育城乡、校际差距，从整体上提高义务教育标准化建设水平，一系列投入政策兼顾公平与效率取向，不仅让农村学生有学可上，还要上好学。①

二　农村教育经费收入状况

受中国农村教育投入体制的影响，中国农村教育经费收入来源和收入水平也发生了重大变化。21 世纪以来，中国开始实行"以县为主"的农村教育管理体制，2006 年实行"省级统筹"责任体制。投入体制的嬗变为教育收入提供了更加充足与稳定的经费来源，农村教育经费收入来源逐渐稳定，收入水平稳中提升，充分性水平不断提高。

（一）农村教育经费收入来源

1. 农村教育经费收入来源

中国教育经费收入主要有两大来源：一是国家财政性教育经费；二是非财政性教育经费。其中，国家财政性经费包括一般公共财政预算安排的教育经费（由一般公共预算教育经费、科研经费和其他三部分构成。其

---

① 教育部：《关于印发〈县域义务教育优质均衡发展督导评估办法〉的通知》，2017 年 4 月 19 日。

中，一般公共预算教育经费主要由教育事业费、基本建设经费和教育费附加构成）、政府性基金预算安排的教育经费、国有及国有控股企业办学中的企业拨款①、校办产业和社会服务收入用于教育的经费与其他属于国家财政性教育经费五个部分。非财政性教育经费主要由民办学校中举办者投入、捐赠收入、事业收入与其他教育经费四个部分构成。

表1-1　　　　　　　　　中国教育经费来源情况

教育经费	国家财政性教育经费	一般公共预算安排的教育经费	一般公共预算教育经费	教育事业费
				基本建设经费
				教育费附加
			科研经费	
			其他	
		政府性基金预算安排的教育经费		
		国有及国有控股企业办学中的企业拨款		
		校办产业和社会服务收入用于教育的经费		
		其他属于国家财政性教育经费		
	非财政性教育经费	民办学校中举办者投入		
		捐赠收入		
		事业收入		
		其他教育经费		

2. 农村教育经费收入来源结构

从收入来源上看，中国教育经费包括国家财政性教育经费和非财政性教育经费两大部分。总体来看，无论是全国还是农村，财政性教育经费在义务教育经费来源中占绝对优势，且呈现出大致相同的变化趋势。具体而言，21世纪以来，全国义务教育阶段财政性教育经费收入占全国义务教育阶段教育经费总额的比例呈现出"M形"，即呈现出先增长后下降，然后再次增长又下降的过程。2000年，全国义务教育阶段财政性教育经费占全国义务教育阶段总经费的比例为94.48%，并在随后年份里逐年递增，到

---

① 《中国教育经费统计年鉴》中2018年及之前用"企业办学中的企业拨款"表示，2019年及之后用"国有及国有控股企业办学中的企业拨款"表示，本书使用最新统计口径。

2004 年，其占比达到"M 形"的第一个高峰，占比为 95.89%；2005 年，全国义务教育阶段财政性教育经费占比迅速跌落至"M 形"的谷底，其占比为 79.59%；之后，全国义务教育阶段财政性教育经费占比又开始逐步上升，一直到 2013 年，全国义务教育阶段财政性教育经费占全国义务教育经费总额的 95.55%，达到"M 形"的第二个峰值。从 2014 年开始，全国义务教育阶段财政性教育经费占义务教育阶段总经费的比例开始微幅下滑，其占比从 2013 年的 95.55% 下滑到 2020 年的 92.27%。全国义务教育阶段非财政性教育经费作为全国义务教育阶段教育经费收入来源中的重要组成部分，其占比与全国义务教育阶段财政性教育经费呈"此消彼长"的态势，全国义务教育阶段非财政性教育经费占全国义务教育阶段教育经费总额的比例呈现出"W 形"走向。2000 年，全国义务教育阶段非财政性教育经费占全国义务教育阶段经费总额的比例为 5.52%，2004 年，非财政性教育经费占比跌落至第一个谷底，为 4.11%；2005 年，非财政性教育经费占全国义务教育阶段经费总额的 20.41%，在一年时间中增加了 16.3 个百分点；2006 年开始进入"W 形"的第二个下滑期间，2013 年，非财政性教育经费占比仅为 4.45%。之后逐渐上升，2020 年，全国义务教育阶段非财政性教育经费占教育经费总额的 7.73%（见表 1-2）。

受全国义务教育阶段财政性教育经费变化态势的影响，农村义务教育阶段财政性教育经费呈现出类似走势。从财政性教育经费占比来看，农村义务教育阶段财政性教育经费占农村义务教育经费的比例也呈现出"M 形"。2000 年，农村义务教育阶段财政性教育经费占农村义务教育阶段总经费的比例为 95.53%；2003 年以后，农村义务教育阶段财政性教育经费占农村义务教育阶段总经费的比例开始呈现出下降趋势，2005 年降到谷底，农村义务教育阶段财政性教育经费占农村义务教育阶段总经费的比例仅为 85.34%。2005 年后，农村义务教育阶段财政性教育经费进入"M 形"第二个增长阶段，这一趋势一直持续到 2012 年，农村义务教育阶段财政性教育经费占农村义务教育阶段教育经费总额的比例达到最高值，即 97.99%。之后，农村义务教育阶段财政性教育经费占比又开始呈现下降趋势，2020 年，农村义务教育阶段财政性教育经费占农村义务教育阶段教育经费总额的比例为 95.45%。农村义务教育阶段非财政性教育经费占比则呈现出相反趋势，农村义务教育阶段非财政性教育经费占农村义务教育阶段教育经费总额的比例呈现"W形"。2000年，农村义务教育阶段非财政性教育经费占整个农村义务教育阶段经费的比例为4.47%，2003年，非财政性教育经费占比跌落至第一个谷底，为2.64%；2005年，农村非财政性教育经费占整个农村义务教育阶段经费总额的14.66%，增加了12.02个百分点；2006年开始进入"W形"的第二个下滑期间，2012年，农村非财政性教育经费占比仅为2.01%。之后逐渐上升，2020年，农村义务教育阶段非财政性教育经费占农村义务教育阶段教育经费总额的4.55%（见表1-2）。

表1-2　　　　　　全国和农村义务教育阶段教育经费来源结构　　　　　　（%）

年份	全国		农村		全国与农村占比的差额	
	财政性教育经费占比	非财政性教育经费占比	财政性教育经费占比	非财政性教育经费占比	财政性教育经费占比的差额	非财政性教育经费占比的差额
2000	94.48	5.52	95.53	4.47	-1.05	1.05
2001	95.05	4.95	96.06	3.94	-1.01	1.01
2002	95.30	4.70	96.30	3.70	-1.00	1.00
2003	95.87	4.13	97.36	2.64	-1.49	1.49
2004	95.89	4.11	96.75	3.25	-0.86	0.86
2005	79.59	20.41	85.34	14.66	-5.75	5.75
2006	84.39	15.61	90.82	9.18	-6.43	6.43
2007	88.21	11.79	95.03	4.97	-6.82	6.82
2008	91.37	8.63	96.09	3.91	-4.72	4.72
2009	92.97	7.03	96.68	3.32	-3.71	3.71
2010	93.91	6.09	97.34	2.66	-3.43	3.43
2011	94.93	5.07	97.87	2.13	-2.94	2.94
2012	95.34	4.66	97.99	2.01	-2.65	2.65
2013	95.55	4.45	97.93	2.07	-2.38	2.38
2014	95.12	4.88	97.27	2.73	-2.15	2.15
2015	94.45	5.55	96.73	3.27	-2.28	2.28
2016	94.17	5.83	96.55	3.45	-2.38	2.38
2017	93.62	6.38	96.14	3.86	-2.52	2.52
2018	93.09	6.91	95.99	4.01	-2.90	2.90
2019	92.57	7.43	95.60	4.40	-3.03	3.03
2020	92.27	7.73	95.45	4.55	-3.18	3.18

资料来源：《中国教育经费统计年鉴》（2001—2021年）。2006年以前初中阶段分为完全中学与初级中学，因为无法剥离，主要使用初级中学的数据。

无论是全国还是农村，财政性教育经费在义务教育阶段教育经费来源中都占绝对优势，且呈现出大致相同的变化趋势。农村义务教育阶段教育经费来源中财政性教育经费占比始终高于全国。2000 年，全国义务教育阶段教育经费中财政性教育经费占比为 94.48%，而农村义务教育阶段教育经费中财政性教育经费占比为 95.53%，比全国高出 1.05 个百分点。之后二者差距一直维持在 1 个百分点左右。2004 年，全国与农村义务教育阶段教育经费中财政性教育经费占比差额出现下降，达到最低值，仅为 0.86 个百分点。2005 年后，二者差距逐渐拉大；2007 年，全国与农村义务教育阶段教育经费中财政性教育经费占比差额达到最大，农村义务教育阶段教育经费中财政性教育经费占比高出全国 6.82 个百分点。之后，全国与农村义务教育阶段教育经费中财政性教育经费占比差额逐渐下降，2014 年下降到 2.15%，之后略有上升；2020 年，农村义务教育阶段教育经费中财政性教育经费占比高出全国 3.18 个百分点（见表 1-2）。

（二）农村教育经费收入水平

综合考量一个地区教育经费收入水平有众多的指标。教育经费总收入是购买教育资源的全部支出和货币表现，从源头上直接决定着教育收入的多寡，可以在很大程度上反映教育投入水平。根据国际基本计算方式，判断一个国家在教育上投入水平的努力程度，一般用财政性教育经费及其占 GDP 的比例来表示。而在国家财政性教育经费投入中，一般公共预算教育经费最能代表政府的努力程度。

1. 教育经费总收入

改革开放特别是 21 世纪以来，中国大力发展教育事业，教育经费持续快速增长。从教育收入的总量上看，全国教育经费总收入呈指数函数式的"爆炸性"增长趋势。1978 年，全国教育经费总收入为 94.23 亿元；2000 年，全国教育经费总收入增加到 3849.08 亿元，增长 39.85 倍。2000 年后，全国教育经费收入持续增加。截至 2020 年，全国教育经费总收入达到 53033.87 亿元，比 2000 年增长了 12.78 倍，比 1978 年增长了 561.81 倍。从增长速度来看，2012 年及之前，全国教育经费总收入年增幅维持在 10%以上，2007 年甚至达到 23.77%。2013 年之后，教育经费总收入持续增加，但增幅逐渐放缓（见表 1-3）。

表 1-3 全国教育经费收入情况 (亿元)

年份	全国		全国义务教育			农村义务教育		
	总量(亿元)	增幅(%)	总量(亿元)	增幅(%)	占全国比例(%)	总量(亿元)	增幅(%)	占全国义务教育比例(%)
2000	3849.08	/	1563.25	/	40.61	907.20	/	58.03
2001	4637.66	20.49	1856.99	18.79	40.04	1092.33	20.41	58.82
2002	5480.03	18.16	2143.14	15.41	39.11	1260.78	15.42	58.83
2003	6208.27	13.29	2343.48	9.35	37.75	1357.48	7.67	57.93
2004	7242.60	16.66	2708.19	15.56	37.39	1635.70	20.49	60.40
2005	8418.84	16.24	3328.64	22.91	39.54	1938.66	18.52	58.24
2006	9815.31	16.59	3746.23	12.55	38.17	2177.27	12.31	58.12
2007	12148.07	23.77	5003.03	33.55	41.18	2987.77	37.23	59.72
2008	14500.74	19.37	6072.46	21.38	41.88	3726.43	24.72	61.37
2009	16502.71	13.81	7200.91	18.58	43.63	4420.50	18.63	61.39
2010	19561.85	18.54	8300.22	15.27	42.43	5017.50	13.51	60.45
2011	23869.29	22.02	10178.44	22.63	42.64	6085.47	21.28	59.79
2012	28655.31	20.05	12210.47	19.96	42.61	7311.23	20.14	59.88
2013	30364.72	5.97	13107.54	7.35	43.17	7711.92	5.48	58.84
2014	32806.46	8.04	14141.23	7.89	43.11	8946.38	16.01	63.26
2015	36129.19	10.13	15916.14	12.55	44.05	10075.82	12.62	63.31
2016	38888.39	7.64	17468.16	9.75	44.92	10843.82	7.62	62.08
2017	42562.01	9.45	19207.08	9.95	45.13	11528.65	6.32	60.02
2018	46143.00	8.41	20710.57	7.83	44.88	12059.46	4.60	58.23
2019	50178.12	8.74	22614.41	9.19	45.07	12825.88	6.36	56.72
2020	53033.87	5.69	24106.80	6.60	45.46	13386.30	4.37	55.53

资料来源:《中国教育经费统计年鉴》(2001—2021年)。2006年以前初中阶段分为完全中学与初级中学,因为无法剥离,主要使用初级中学数据。

就全国义务教育阶段教育经费收入情况来看,义务教育阶段教育经费也呈持续快速增长趋势(见表1-3)。2000年,全国义务教育阶段教育经费总收入为1563.25亿元;之后持续增长,截至2020年,全国义务教育阶段教育经费总收入达到24106.8亿元,增长了14.42倍。从增长速度来看,2012年及之前(2003年除外),全国义务教育阶段教育经费总收入年增幅维持在 10% 以上，2007 年增幅最大，达到 33.55%。2013 年之后，教育经费总收入持续增加，但增幅逐渐放缓。从义务教育阶段教育经费收入占全国教育经费收入比例来看，2002—2006 年，全国义务教育阶段教育经费收入占全国教育经费总收入比例在 37%—40%；2006 年之后，全国义务教育阶段教育经费收入占全国教育经费总收入的比例维持在 40% 以上，2020 年达到最高，为 45.46%。之所以在 2007 年出现快速增长，可能是因为 2006 年开始实行省级统筹责任体制，在省级统筹责任体制施行后，义务教育收入重心由县级向省和中央转移，为义务教育提供了相对充足的经费来源。

在全国义务教育阶段教育经费收入不断增加的同时，农村义务教育阶段教育经费收入也同步持续增加（见表 1-3）。2000 年，农村义务教育阶段教育经费收入为 907.2 亿元；2020 年，增加到 13386.3 亿元，增加了 13.76 倍。农村义务教育阶段教育经费增幅略低于全国义务教育阶段教育经费增幅。从增长速度来看，2016 年之前（2003 年、2013 年除外），农村义务教育阶段教育经费总收入年增幅维持在 10% 以上，许多年份达到 20% 以上，2007 年增幅最大，达到 37.23%。2016 年及之后，农村义务教育阶段教育经费总收入持续增加，但增幅逐渐放缓。2020 年，农村义务教育阶段教育经费总收入年增幅为 4.37%。从农村义务教育阶段教育经费收入占全国义务教育阶段教育经费收入比例来看，农村义务教育阶段教育经费收入占全国义务教育阶段教育经费总收入的比例相对稳定，基本维持在 55%—64%。2015 年，农村义务教育阶段教育经费收入占全国义务教育阶段教育经费总收入的比例最高，为 63.31%，之后持续下降，2020 年为 55.53%，但总体而言其占比一直在 55% 以上。可见，国家对农村义务教育阶段教育经费投入力度较城市更大。

2. 国家财政性教育经费收入

在教育经费来源中，国家财政性教育经费是教育经费收入中最主要的来源。1978 年，国家财政性教育经费为 94.23 亿元；到 2000 年，国家财政性教育经费增加到 2562.61 亿元，增长了 26.2 倍。进入 21 世纪以来，国家不断加大教育财政投入，国家财政性教育经费持续增加。截至 2020 年，国家财政性教育经费由 2000 年的 2562.61 亿元增加到 42908.15 亿元，增长了 15.74 倍。从增幅来看，2000—2012 年，国家财政性教育经费较上一年的增长率一直保持在 10% 以上，其中，2007 年的增长率达到

30.43%。2012 年，国家财政性教育经费为 23147.57 亿元；同年，中国国内生产总值为 538580 亿元，国家财政性教育经费占国内生产总值的比例为 4.3%。[①] 中国教育投入进入后 4% 时代。在此后几年里，除 2013 年国家财政性教育经费增幅较小外，国家财政性教育经费较上一年的增长率一直保持在 7% 以上（见表 1 - 4）。

表 1 - 4　　　　　　　　国家财政性教育经费收入情况

年份	国家财政性教育经费		GDP	国家财政性教育经费占 GDP 比例（%）
	总量（亿元）	增幅（%）	总量（亿元）	
2000	2562.61	/	100280.1	2.56
2001	3057.01	19.29	110863.1	2.76
2002	3491.40	14.21	121717.4	2.87
2003	3850.62	10.29	137422.0	2.80
2004	4465.86	15.98	161840.2	2.76
2005	5161.08	15.57	187318.9	2.76
2006	6348.36	23.00	219438.5	2.89
2007	8280.21	30.43	270092.3	3.07
2008	10449.63	26.20	319244.6	3.27
2009	12231.09	17.05	348517.7	3.51
2010	14670.07	19.94	412119.3	3.56
2011	18586.70	26.70	487940.2	3.81
2012	23147.57	24.54	538580.0	4.30
2013	24488.22	5.79	592963.2	4.13
2014	26420.58	7.89	643563.1	4.11
2015	29221.45	10.60	688858.2	4.24
2016	31396.25	7.44	746395.1	4.21
2017	34207.75	8.95	832035.9	4.11
2018	36995.77	8.15	919281.1	4.02

———————

① 由于国内生产总值数据会根据实际情况进行修正，最新《中国统计年鉴》中的数据与当年公布的数据有一定的出入。根据当年的统计，2012 年，中国国家财政性教育经费为 22236.23 亿元；同年，中国国内生产总值为 518942.11 亿元，国家财政性教育经费占国内生产总值的比例为 4.28%。

续表

年份	国家财政性教育经费		GDP	国家财政性教育经费占 GDP 比例（%）
	总量（亿元）	增幅（%）	总量（亿元）	
2019	40046.55	8.25	986515.2	4.06
2020	42908.15	7.15	1015986.2	4.22

资料来源：2000—2020 年国家财政性教育经费数据来源于《中国教育经费统计年鉴》（2001—2021 年），GDP 数据来源于《中国统计年鉴》（2021 年）中表 3 – 1；国家财政性教育经费增幅和国家财政性教育经费占 GDP 比例由笔者根据基础数据计算得来，与当年《全国教育经费执行情况统计公告》数据稍有出入。

就义务教育阶段来看，财政性教育经费也呈逐年稳步增长趋势。2000 年，全国义务教育阶段财政性教育经费为 1476.89 亿元，到 2020 年增长到 22244.11 亿元，增长了 14.06 倍。从全国义务教育阶段财政性教育经费年增幅来看，2012 年及之前（2005 年除外），全国义务教育阶段财政性教育经费年增幅一直维持在 10% 以上，其中 2007 年达到 39.58%。2013 年，义务教育阶段财政性教育经费年增幅急剧下降近 13 个百分点，之后尽管义务教育阶段财政性教育经费持续增加，但增幅逐渐放缓。从全国义务教育阶段财政性教育经费占全国财政性教育经费比例来看，全国义务教育阶段财政性教育经费占全国财政性教育经费的比例在 50% 以上（2006 年为 49.8%），2020 年这一比例为 51.84%（见表 1 –5）。

与全国义务教育阶段财政性教育经费增长趋势一致，21 世纪以来，中国农村义务教育阶段财政性教育经费也呈逐年稳步增长趋势。2000 年，农村义务教育阶段财政性教育经费为 866.68 亿元，2020 年，农村义务教育阶段财政性教育经费增长到 12777.33 亿元，增长了 13.74 倍。从农村义务教育阶段财政性教育经费年增幅来看，2012 年及之前（2003 年、2005 年除外），农村义务教育阶段财政性教育经费较上一年的增长率一直维持在 10% 以上，其中 2007 年最高，达到 43.58%。2013 年，农村义务教育阶段财政性教育经费年增幅急剧下降近 15 个百分点。之后，尽管农村义务教育阶段财政性教育经费持续增加，但增幅逐渐放缓。2020 年，农村义务教育阶段财政性教育经费较上一年的增幅为 4.2%。从农村义务教育阶段财政性教育经费占全国义务教育阶段财政性教育经费的比例来看，2004—2018 年一直维持在 60% 以上，2015 年这一比例达到最高值，为 64.83%。2019

年及之后农村义务教育阶段财政性教育经费占全国义务教育阶段财政性教育经费的比例虽略有下降但仍维持在较高水平，2020 年为 57.44%。可见，国家对于农村义务教育的教育投入力度较大（见表 1-5）。

表 1-5　　　　全国和农村义务教育阶段财政性教育经费投入情况

年份	全国			农村		
	总量（亿元）	增幅（%）	占全国财政性教育经费比例（%）	总量（亿元）	增幅（%）	占全国义务教育财政性教育经费比例（%）
2000	1476.89	/	57.63	866.68	/	58.68
2001	1765.08	19.51	57.74	1049.24	21.06	59.44
2002	2042.34	15.71	58.50	1214.18	15.72	59.45
2003	2246.81	10.01	58.35	1321.60	8.85	58.82
2004	2596.86	15.58	58.15	1582.50	19.74	60.94
2005	2649.31	2.02	51.33	1654.47	4.55	62.45
2006	3161.50	19.33	49.80	1977.48	19.52	62.55
2007	4412.95	39.58	53.30	2839.33	43.58	64.34
2008	5548.68	25.74	53.10	3580.85	26.12	64.54
2009	6694.42	20.65	54.73	4273.91	19.35	63.84
2010	7794.97	16.44	53.14	4884.16	14.28	62.66
2011	9662.06	23.95	51.98	5955.78	21.94	61.64
2012	11641.53	20.49	50.29	7164.37	20.29	61.54
2013	12524.17	7.58	51.14	7552.57	5.42	60.30
2014	13451.00	7.40	50.91	8701.99	15.22	64.69
2015	15033.39	11.76	51.45	9746.10	12.00	64.83
2016	16449.96	9.42	52.39	10469.81	7.43	63.65
2017	17981.32	9.31	52.57	11083.90	5.87	61.64
2018	19279.77	7.22	52.11	11576.30	4.44	60.04
2019	20933.52	8.58	52.27	12261.99	5.92	58.58
2020	22244.11	6.26	51.84	12777.33	4.20	57.44

　　资料来源：《中国教育经费统计年鉴》（2001—2021 年）。2006 年以前初中阶段分为完全中学与初级中学，因为无法剥离，主要使用初级中学数据。

但值得说明的是，2008 年之前（2003 年除外），农村义务教育阶段财政性教育经费的增幅一直高于全国；之后除 2014 年、2015 年外，农村义务教育阶段财政性教育经费的增幅均低于全国，这意味着国家在每年新增加财政性教育经费用于农村教育的经费不及全国平均水平，政府在农村义务教育经费投入上的努力程度和投入水平仍有待提高。

3. 一般公共预算安排的教育经费

一般公共预算安排的教育经费[①]包括一般公共预算教育经费（教育事业费、基建经费和教育费附加）、科研经费和其他，是国家教育发展的重要保障。通过分析和比较全国义务教育阶段与农村义务教育阶段一般公共预算教育经费，考察农村义务教育阶段一般公共预算经费的情况，可以透视农村教育经费收入水平。就全国义务教育阶段而言，不论是小学还是初中一般公共预算教育经费总体上呈逐年增长状态。具体而言，2000 年，全国义务教育阶段一般公共预算教育经费为 1002.74 亿元，2020 年，全国义务教育阶段一般公共预算教育经费达到 21907.9 亿元，增长了 20.85 倍；从占全国各级各类教育一般公共预算教育经费比例来看，全国义务教育阶段一般公共预算教育经费占全国各级各类教育一般公共预算教育经费的比例一直在 50% 以上。具体而言，全国义务教育阶段一般公共预算教育经费占全国各级各类教育一般公共预算教育经费的比例在 2000—2004 年逐步提高，2004 年之后在波动中有所上升，从 2000 年的 50.87% 增长至 2020 年的 53.68%，其中，占比最高的是 2009 年的 55.32%（见表 1-6）。

就农村义务教育阶段而言，农村小学和农村初中的一般公共预算教育经费均逐年增长。从 2000 年的 597.66 亿元增长至 2020 年的 12661.51 亿元，增长了 20.19 倍。可以看出，21 世纪以来，农村义务教育阶段一般公共预算教育经费增长幅度略低于全国义务教育阶段一般公共预算教育经费增长幅度，农村教育经费收入水平不断提高，但与全国投入水平仍存在差距，即与城市义务教育阶段一般公共预算教育经费增长水平仍存在差距。

---

① 2017 年之前，一般公共预算安排的教育经费被称为公共财政预算安排的教育经费；一般公共预算教育经费被称为公共预算教育经费。按最新统计口径，一般公共预算安排的教育经费或公共财政预算安排的教育经费包括一般公共预算教育经费或公共财政预算教育经费（教育事业费、基建经费和教育附加）、科研经费和其他。2007—2013 年教育费附加包含在各级政府征收的用于教育的税费中，与公共财政预算教育经费并列。2005—2006 年没有体现教育费附加的条目。2004 年之前有教育附加拨款，与预算内事业性经费拨款并列。

从农村义务教育阶段一般公共预算教育经费占全国义务教育阶段的比例来看，大部分年份的占比均在60%以上。具体来看，2000—2008年在波动中呈上升趋势，2008年达到占比的最大值，为65.76%，2009—2013年呈下降趋势，2014年，其占比迅速增大，此后逐渐降低，2020年降至57.79%。通过以上数据分析可以看到国家在农村义务教育阶段一般公共预算教育经费上所做出的努力，也表明在教育经费投入中，国家充分考虑到农村教育的实际情况，保障了农村教育经费的投入力度。但近年来国家对农村义务教育阶段一般公共预算教育经费的投入力度小于全国平均水平，即小于城市水平。为保证城乡教育均衡发展，提升农村教育质量，国家仍需在农村义务教育阶段一般公共预算教育经费的投入上做出努力（见表1-6）。

表1-6　　　　　　　　全国和农村义务教育阶段一般公共
预算教育经费投入情况

年份	全国（亿元）	全国义务教育		农村义务教育	
		总计（亿元）	占全国一般公共预算教育经费比例（%）	总计（亿元）	占全国义务教育一般公共预算教育经费比例（%）
2000	1971.20	1002.74	50.87	597.66	59.60
2001	2453.18	1274.23	51.94	775.64	60.87
2002	2951.26	1564.11	53.00	969.09	61.96
2003	3275.45	1742.76	53.21	1076.35	61.76
2004	3822.82	2035.50	53.25	1298.02	63.77
2005	4665.69	2425.95	52.00	1567.35	64.61
2006	5795.61	2920.55	50.39	1880.57	64.39
2007	7654.91	4119.19	53.81	2707.51	65.73
2008	9685.56	5200.82	53.70	3420.09	65.76
2009	11419.30	6316.90	55.32	4094.69	64.82
2010	13489.56	7326.51	54.31	4669.70	63.74
2011	16804.56	8847.91	52.65	5582.88	63.10
2012	20816.26	10606.32	50.95	6677.75	62.96
2013	21818.46	11331.77	51.94	7011.65	61.88
2014	24820.28	12885.86	51.92	8410.28	65.27

续表

年份	全国 （亿元）	全国义务教育		农村义务教育	
		总计 （亿元）	占全国一般公共预算 教育经费比例（％）	总计 （亿元）	占全国义务教育一般公共 预算教育经费比例（％）
2015	28610.66	14981.96	52.36	9716.04	64.85
2016	30753.04	16378.74	53.26	10435.00	63.71
2017	33411.64	17890.23	53.54	11039.67	61.71
2018	35929.94	19109.19	53.18	11510.50	60.24
2019	38734.63	20742.05	53.55	12202.03	58.83
2020	40810.24	21907.90	53.68	12661.51	57.79

资料来源：《中国教育经费统计年鉴》（2001—2021 年）；2006 年以前初中阶段分为完全中学与初级中学，因为无法剥离，主要使用初级中学数据。

（三）农村教育经费投入的充足性评估

按照国际基本计算方式，评估教育投入最常采用的是比例法判断，比例法的常用指标有国家财政性教育经费占 GNP 或 GDP 的比例、公共财政教育支出占公共财政支出的比例、生均预算教育经费占人均 GDP 的比例、生均经费指数（生均经费/人均 GDP 或 GNP）、教育经费弹性系数（年教育经费增长率与年 GDP 增长率之比）、人均/生均教育经费弹性系数。[①] 根据研究的需要以及数据的可得性，本书选取国家财政性教育经费占 GDP 的比例这一指标，从基准比较和国际比较两个视角对教育经费投入的充足性进行评估。

1. 基准比较：国家财政性教育经费占 GDP 的比例

衡量一个国家教育经费投入是否充足，最常用的指标是国家财政性教育经费占国内生产总值（GDP）的比例。早在 1993 年，《中国教育改革和发展纲要》提出要"逐步提高国家财政性教育经费支出（包括：各级财政对教育的拨款，城乡教育费附加，企业用于举办中小学的经费，校办产业减免税部分）占国民生产总值的比例，本世纪末达到4%"[②]。这是以中央

---

① 陈星、张学敏：《新中国的教育投入：评价的标准、方法和指标及其嬗变》，《清华大学教育研究》2019 年第 2 期。

② 中共中央、国务院：《中国教育改革和发展纲要》，1993 年 2 月 13 日。

文件的形式第一次对教育经费投入给出定量的评估标准和政策目标，是中国教育财政史上的一项重大政策规定。1995 年《中华人民共和国教育法》颁布，提出了"三个增长"，即"各级人民政府教育财政拨款的增长应当高于财政经常性收入的增长，并使按在校学生人数平均的教育费用逐步增长，保证教师工资和学生人均公用经费逐步增长"①。自此，政府教育经费投入有了法律保障。2006 年中共中央《关于构建社会主义和谐社会若干重大问题的决定》提出："保证财政性教育经费增长幅度明显高于财政经常性收入增长幅度，逐步使财政性教育经费占国内生产总值的比例达到 4%。"② 2010 年，中共中央、国务院印发的《国家中长期教育改革和发展规划纲要（2010—2020 年）》，再次明确提出"提高国家财政性教育经费支出占国内生产总值比例，2012 年达到 4%"③。这些政策文件对中国教育经费投入提出了明确的要求。

在这一系列政策精神的指导下，国家不断加大教育投入，国家财政性教育经费持续增加。尽管 4% 的教育经费投入目标提出已久，但直到 2012 年才得以实现。2012 年，国家财政性教育经费为 23147.57 亿元；同年，中国国内生产总值为 538580 亿元，国家财政性教育经费占国内生产总值的比例为 4.3%，中国教育投入进入后 4% 时代。此后，国家财政性教育经费占 GDP 的比例一直保持在 4% 以上。从国家财政性教育经费占 GDP 的比例来看，当前中国教育经费投入达到充分水平。

2. 国际比较：国际教育经费占 GDP 的比例

根据国际经验，在不同的人均 GDP 阶段，政府公共服务的重点不同。但人均 GDP 在向 4000—12000 美元迈进的过程中，优先发展教育、建立和完善公共教育服务体系是一条重要的发展经验。很多国家都非常重视教育的优先发展，不断增大政府对教育的投入。公共教育经费与公共教育经费占国内生产总值的比例反映了教育的优先发展状况。2010 年，中国步入中高收入国家行列④，人均 GDP 为 4361 美元；2021 年，中国人均 GDP 约为

①　全国人大常委会：《中华人民共和国教育法》，1995 年 3 月 18 日。

②　中共中央：《关于构建社会主义和谐社会若干重大问题的决定》，2006 年 10 月 11 日。

③　国家中长期教育改革和发展规划纲要工作小组办公室：《国家中长期教育改革和发展规划纲要（2010—2020 年）》，2010 年 7 月 29 日。

④　"World Bank Country and Lending Groups Historical Classification by Income in XLS Format," https://datahelpdesk. worldbank. org/knowledgebase/articles/906519.

12551 美元，突破了 1.2 万美元。

根据 OECD 公布的《教育概览》，OECD 国家教育经费占国内生产总值的比例和公共教育经费占国内生产总值的比例总体上经历了先增高后下降的趋势。2000 年，OECD 国家教育经费占国内生产总值的比例为4.9%，其中，公共教育经费占国内生产总值的比例为 4.4%；2012 年，OECD 国家教育经费占国内生产总值的比例为 5.3%，其中，公共教育经费占国内生产总值的比例为 4.7%；最新数据显示，2019 年，OECD 国家教育经费占国内生产总值的比例为 4.9%，其中公共教育经费占国内生产总值的比例为 4.2%。就国家财政性教育经费占国内生产总值的比例来看，尽管 2012 年中国财政性教育经费占 GDP 的比例达到 4%，但经国际对比发现，中国教育经费投入水平仍低于 OECD 国家平均水平（见表 1 - 7）。

根据联合国教科文组织统计研究所（UIS）的数据，2000—2007 年，世界各国公共教育经费占 GDP 的比例相对稳定，由 2000 年的 3.85% 波动上升至 2007 年的 4.03%；2008—2009 年快速上升，2009 年达到 4.42%；2010—2012 年略有下降，2013 年快速上升至最高点，即 4.43%，之后呈现波动式下降，在 2019 年下降至 4.1%。具体而言，2012 年，世界各国公共教育经费占 GDP 的比例为 4.21%；同年，中国财政性教育经费占 GDP 的比例为 4.3%，略高于国际平均水平。2019 年，世界各国公共教育经费占 GDP 的比例为 4.1%，中国财政性教育经费占 GDP 的比例为 4.06%。相比之下，除 2012 年和 2017 年外，中国教育经费投入水平与国际平均水平仍然存在一定的差距（见表 1 - 7）。

通过比较发现，中国教育投入与 OECD 组织相比存在一定的差距，和联合国教科文组织统计研究所统计的世界平均水平相比，除 2012 年和2017 年之外，中国教育投入低于世界平均水平，政府教育投入的努力程度尚有进一步提升的空间。国家富裕程度与教育经费占 GDP 的比例呈正相关。根据《中国统计年鉴》相关数据，发现大多数年份中国都实现了财政性教育经费投入增长幅度高于国家财政性收入增幅，但还是存在个别年份财政性教育经费投入低于国家财政性收入增长的幅度，说明"三个增长"

"两个提高"①存在变相执行的情况。同时，中国现在缺乏专门、系统的上位教育投入立法，教育投入监督不到位，导致教育投入缺乏规范引导与自觉，需要进一步完善教育投入法律法规与教育投入治理。

表 1-7　　　　　　　　　世界各国教育投入水平　　　　　　　　　（%）

年份	OECD		联合国教科文组织统计研究所（UIS）
	教育经费占 GDP 的比例②	公共教育经费 占 GDP 的比例③	公共教育经费占 GDP 的比例
2000	4.9（5.4）	4.4（4.8）	3.85
2001	5.1（5.5）	4.5（5.0）	4.02
2002	5.2（5.7）	4.7（5.1）	3.88

---

① 教育经费"三个增长"指公共财政预算教育经费增长高于财政经常性收入增长；生均公共财政预算教育事业费支出实现逐年增长；生均公共财政预算公用经费支出实现逐年增长。"两个提高"即财政性教育经费支出占国民生产总值的比例随国民经济的发展和财政收入的增长逐步提高，财政性教育经费支出占财政支出总额的比例随国民经济的发展逐步提高。

② OECD 的教育经费占 GDP 的比例使用其《教育概览》表格"Total expenditure on educational institutions as a percentage of GDP"中的数据。在 OECD 的教育经费占 GDP 的比例（Total expenditure on educational institutions as a percentage of GDP）中，2000—2011 年，括号外数字表示"All primary，secondary and post-secondary non-tertiary education"与"All tertiary education"相加所得，即从初等教育到高等教育阶段教育经费占 GDP 的比例；括号内数字是所有阶段教育经费占 GDP 的比例，即包括"Pre-primary education（for children aged 3 and older）"的数据。2012—2019 年，OECD《教育概览》增加对0—3岁儿童早期教育经费占 GDP 比例的统计，并将学前教育（3—6岁；Pre-primary）与儿童早期教育（0—3岁；Early childhood educational development）合并。因此，2012—2019 年，括号外数字直接统计了"Primary to tertiary"的数据，即从初等教育到高等教育阶段教育经费占 GDP 的比例；括号内数字表示"Primary to tertiary"与"Pre-primary"的和加上"Early childhood educational development"的数据，即从学前教育阶段到高等教育阶段加上儿童早期教育阶段教育经费占 GDP 的比例。

③ OECD 的公共教育经费占 GDP 的比例使用其《教育概览》表格"Total expenditure on educational institutions as a percentage of GDP，by source of funds"中 Initial funds（before transfers between public and private sectors）-public 的数据。在公共教育经费占 GDP 的比例（Public expenditure on educational institutions as a percentage of GDP）中，2000—2011 年，括号外数字表示"Primary，secondary and post-secondary non-tertiary education（public）"与"Tertiary education（public）"相加所得，即表示从初等教育到高等教育阶段公共教育经费占 GDP 的比例；括号内数字是指"Total all levels of education（public）"，即表示所有阶段公共教育经费占 GDP 的比例（包括 Pre-primary 部分）；2012—2019 年，括号外数字直接统计了"Primary to tertiary"的数据，即从初等教育到高等教育阶段公共教育经费占 GDP 的比例；括号内数字表示"Primary to tertiary"与"Pre-primary"的和加上"Early childhood educational development"的数据，即从学前教育阶段到高等教育阶段加上儿童早期教育阶段公共教育经费占 GDP 的比例。

年份	OECD		联合国教科文组织统计研究所（UIS）
	教育经费占GDP 的比例	公共教育经费占 GDP 的比例	公共教育经费占GDP 的比例
2003	5.3 (5.9)	4.7 (5.2)	4.12
2004	5.2 (5.8)	4.6 (5.0)	3.94
2005	5.3 (5.8)	4.6 (5.0)	3.98
2006	5.1 (5.7)	4.4 (4.9)	3.98
2007	5.1 (5.7)	4.3 (4.8)	4.03
2008	5.3 (5.9)	4.5 (5.0)	4.20
2009	5.6 (6.2)	4.8 (5.4)	4.42
2010	5.5 (6.3)	4.8 (5.4)	4.20
2011	5.4 (6.1)	4.7 (5.3)	4.24
2012	5.3 (5.9 + 0.4)	4.7 (5.2 + 0.3)	4.21
2013	5.2 (5.8 + 0.2)	4.5 (5.0 + 0.1)	4.43
2014	5.2 (5.8 + 0.2)	4.4 (4.9 + 0.1)	4.40
2015	5.0 (5.6 + 0.2)	4.3 (4.8 + 0.1)	4.39
2016	5.0 (5.6 + 0.2)	4.0 (4.5 + 0.1)	4.25
2017	4.9 (5.5 + 0.3)	4.2 (4.7 + 0.2)	4.09
2018	4.9 (5.5 + 0.4)	4.1 (4.6 + 0.3)	4.21
2019	4.9 (5.5 + 0.3)	4.2 (4.7 + 0.1)	4.10

资料来源：OECD 数据来源于 *Education at a Glance*（2003－2022）；UIS 数据来源于 https://data. worldbank. org. cn/indicator/SE. XPD. TOTL. GD. ZS，2022－10－24。

三 农村教育经费支出水平与结构

（一）农村教育经费支出水平

实现教育经费"三个增长"，即公共财政预算教育经费增长高于财政经常性收入增长，生均公共财政预算教育事业费支出实现逐年增长，生均公共财政预算公用经费支出实现逐年增长，是中国义务教育经费投入的重要目标，也是衡量教育经费支出水平的重要方面。通过对义务教育阶段普通小学和普通初中①的公共财政预算教育经费支出、生均公共财政预算教育事业费支出、生均公共预算公用经费支出三方面的分析，考察中国农村教育经费支出水平。

1. 义务教育公共财政预算教育经费支出

（1）小学公共财政预算教育经费支出

从全国小学公共财政预算教育经费支出上看，2001—2020 年，全国小学公共财政预算教育经费支出逐年上升。具体来看，从 2001 年的8038220.4 万元，增长至 2020 年的 115592964.6 万元，增长了 13.38 倍。从增长速度来看，全国小学公共财政预算教育经费支出的增幅总体上呈波浪形趋势，波动较大。在 2007 年增幅达到最大峰值，为 32.37%，此后增幅呈波浪式下降，增速逐渐放缓，至 2020 年增幅为 6%（见表 1-8）。

从农村小学公共财政预算教育经费支出上看，2001—2020 年呈现出逐年增长态势。具体来看，从 2001 年的 5088813.4 万元，增长至 2020 年的68956576.9 万元，增长了 12.55 倍。从增长速度来看，农村小学公共财政预算教育经费支出增幅趋势与全国小学公共财政预算教育经费支出增幅趋势相近，在 2007 年增幅达到最大值，为 37.97%，此后增幅呈波浪式下降，至 2020 年增幅为 3.37%（见表 1-8）。

从农村小学公共财政预算教育经费支出占全国的比例来看，2001—2020 年，除 2020 年外，农村小学公共财政预算教育经费支出占全国的比例均在 60% 以上。具体来看，从 2001 年的 63.31% 升至 2007 年 69.45%，所占比例达到最大值，之后呈波动式下降，到 2013 年为 64.94%。2014 年略有上升，农村小学公共财政预算教育经费支出占全国的比例为 68.52%。2015—2020 年，农村小学公共财政预算教育经费支出占全国的比例持续下

① 本书第一章第三部分、第二章、第三章和第四章出现的统计数据，全国小学、农村小学、全国初中和农村初中数据的统计口径对应《中国教育经费统计年鉴》中"地方普通小学""地方农村小学""地方普通初中"和"地方农村初中"的统计口径。从中央和地方来看，中央占比较小，以 2020 年各级各类教育经费支出明细为例，在普通小学、普通初中教育经费中中央所占比例分别为 0.31%、0.36%；从普通教育和职业教育来看，职业教育所占比例较小，以 2020 年各级各类教育经费支出明细（地方）为例，中等职业教育所占比例为 15.92%。基于中央和地方、普通教育和职业教育的占比，本书选择地方普通教育支出数据分析国家教育支出情况。

降，到 2020 年降至 59.65%。可见，国家在普通小学公共财政预算教育经费方面向农村地区倾斜，但城乡之间仍存在一定的差距。

表 1-8　　　　　　　小学公共财政预算教育经费支出占比变化

年份	全国小学		农村小学		农村占全国的比例（%）
	公共财政预算教育经费支出（万元）	增幅（%）	公共财政预算教育经费支出（万元）	增幅（%）	
2001	8038220.4	/	5088813.4	/	63.31
2002	9807924.7	22.02	6336622.8	24.52	64.61
2003	10799559.9	10.11	6938716.2	9.50	64.25
2004	12607649.4	16.74	8307500.6	19.73	65.89
2005	14336162.4	13.71	9613859.5	15.73	67.06
2006	17195211.3	19.94	11456738.3	19.17	66.63
2007	22760928.9	32.37	15807240.7	37.97	69.45
2008	27801229.6	22.14	19130662.9	21.02	68.81
2009	33275011.9	19.69	22507686.5	17.65	67.64
2010	38947961.4	17.05	25986882.8	15.46	66.72
2011	47458732.6	21.85	31407236.5	20.86	66.18
2012	58059831.8	22.34	38522776.2	22.66	66.35
2013	63142165.2	8.75	41005314.4	6.44	64.94
2014	67314835.9	6.61	46125709.1	12.49	68.52
2015	78709956.7	16.93	53626682.2	16.26	68.13
2016	88020821.7	11.83	58504726.6	9.10	66.47
2017	95818996.9	8.86	61818589.9	5.66	64.52
2018	101036496.1	5.45	63501147.9	2.72	62.85
2019	109048456.0	7.93	66705773.1	5.05	61.17
2020	115592964.6	6.00	68956576.9	3.37	59.65

说明：教育经费支出＝个人支出部分＋公共支出部分＋基本建设支出部分，因《中国教育经费统计年鉴》中 2014 年与 2015 年缺失基本建设支出部分数据，年鉴上显示的 2014 年与 2015 年的教育经费支出实际上为个人支出部分与公共支出部分之和。

资料来源：《中国教育经费统计年鉴》（2002—2021 年）。

（2）初中公共财政预算教育经费支出

从全国初中公共财政预算教育经费支出上看，2001—2020年均实现逐年增长，这与全国小学的趋势相近。具体来看，从2001年的4884268.2万元，增长至2020年的71505409.6万元，增长了13.64倍。从增长速度来看，全国初中公共财政预算教育经费支出的增幅呈波浪式变化，总体波动较大。增幅最大值出现的年份与全国小学相一致，2007年增幅达到最大峰值，为34.05%，此后在波动中呈下降趋势，增幅放缓，2020年增幅为6.46%（见表1-9）。

表1-9　　　　初中公共财政预算教育经费支出占比变化表

年份	全国初中		农村初中		农村占全国的比例（%）
	公共财政预算教育经费支出（万元）	增幅（%）	公共财政预算教育经费支出（万元）	增幅（%）	
2001	4884268.2	/	2403378.5	/	49.21
2002	6048315.3	23.83	3073709.2	27.89	50.82
2003	6729937.3	11.27	3420726.7	11.29	50.83
2004	7872043.4	16.97	4233060.2	23.75	53.77
2005	9183637.5	16.66	5160838.6	21.92	56.20
2006	11082190.3	20.67	6257223.1	21.24	56.46
2007	14855749.5	34.05	9097937.7	45.40	61.24
2008	19124103.1	28.73	11786213.7	29.55	61.63
2009	23123289.9	20.91	14139822.2	19.97	61.15
2010	26794032.6	15.87	16027499.4	13.35	59.82
2011	32215540.8	20.23	19015729.1	18.64	59.03
2012	38490971.4	19.48	22629590.2	19.00	58.79
2013	40335269.9	4.79	23152406.8	2.31	57.40
2014	41217287.5	2.19	26731491.3	15.46	64.86
2015	47265829.9	14.67	30477717.2	14.01	64.48
2016	52476128.2	11.02	33042392.9	8.41	62.97
2017	57440344.0	9.46	35236897.2	6.64	61.35

年份	全国初中		农村初中		农村占全国的比例（％）
	公共财政预算教育经费支出（万元）	增幅（％）	公共财政预算教育经费支出（万元）	增幅（％）	
2018	61402812.5	6.90	36805890.7	4.45	59.94
2019	67167668.9	9.39	39206516.0	6.52	58.37
2020	71505409.6	6.46	41143807.0	4.94	57.54

说明：教育经费支出＝个人支出部分＋公共支出部分＋基本建设支出部分，因《中国教育经费统计年鉴》中 2014 年与 2015 年缺失基本建设支出部分数据，年鉴上所显示的 2014 年与 2015 年的教育经费支出实际上为个人支出部分与公共支出部分之和。

资料来源：《中国教育经费统计年鉴》（2002—2021 年）。

从农村初中公共财政预算教育经费支出上看，2001—2020 年整体上呈现逐年增长态势。具体来看，从 2001 年的 2403378.5 万元，增长至 2020 年的 41143807 万元，增长了 16.12 倍。从增长速度来看，农村初中公共财政预算教育经费支出增幅趋势与全国初中公共财政预算教育经费支出增幅趋势相近，2007 年增幅达到最大峰值，为 45.4％，之后在波动中下降，2020 年增幅为 4.94％（见表 1-9）。

从初中公共财政预算教育经费支出增长速度来看，全国初中公共财政预算教育经费支出在 2001—2020 年增长了 13.64 倍，农村初中公共财政预算教育经费支出在 2001—2020 年增长了 16.12 倍，农村初中公共财政预算教育经费支出的总体增速远高于全国水平。

从农村初中公共财政预算教育经费支出占全国的比例来看，2001 年为 49.21％，之后波动上升，2014 年，农村初中公共财政预算教育经费支出占全国的比例达到最大峰值，为 64.86％。2014 年之后，农村初中公共财政预算教育经费支出占全国的比例虽有所下降，但仍维持在 57％以上，2020 年，这一比例为 57.54％，高出 2001 年 8 个百分点。这表明随着国家对农村初中教育投入的重视，城乡初中公共财政预算教育经费的差距有所缩小（见表 1-9）。

2. 义务教育生均一般公共预算教育事业费支出

（1）小学生均一般公共预算教育事业费支出

从全国小学生均一般公共预算教育事业费支出上看，2001—2020 年呈现出逐年增长的趋势。具体来看，从 2001 年的 645.28 元增长至 2020 年的 11654.53 元，增长了 17.06 倍。从增长速度来看，全国小学生均一般公共预算教育事业费支出的增幅呈现波浪形，增长幅度不稳定。2007 年增幅达到最大峰值，为 35.11%，之后呈现波动下降，在 2020 年降至 4.08%。虽然增幅呈现波动趋势，增长幅度不稳定，但是全国小学生均一般公共预算教育事业费支出逐年增长（见表 1-10）。

表 1-10　　　　小学生均一般公共预算教育事业费支出占比变化

年份	全国		农村		农村占全国比例（%）
	生均（元）	增幅（%）	生均（元）	增幅（%）	
2001	645.28	31.27	550.96	33.41	85.38
2002	813.13	26.01	708.39	28.57	87.12
2003	931.54	14.56	810.07	14.35	86.96
2004	1129.11	21.21	1013.80	25.15	89.79
2005	1327.24	17.55	1204.88	18.85	90.78
2006	1633.51	23.08	1505.51	24.95	92.16
2007	2207.04	35.11	2084.28	38.44	94.44
2008	2757.53	24.94	2617.59	25.59	94.93
2009	3357.92	21.77	3178.08	21.41	94.64
2010	4012.51	19.49	3802.91	19.66	94.78
2011	4966.04	23.76	4764.65	25.29	95.94
2012	6128.99	23.42	6017.58	26.30	98.18
2013	6901.77	12.61	6854.96	13.92	99.32
2014	7681.02	11.29	7403.91	8.01	96.39
2015	8838.44	15.07	8576.75	15.84	97.04
2016	9557.89	8.14	9246.00	7.80	96.74
2017	10199.12	6.71	9768.57	5.65	95.78
2018	10566.29	3.60	10102.94	3.42	95.61
2019	11197.33	5.97	10681.34	5.73	95.39
2020	11654.53	4.08	11178.71	4.66	95.92

资料来源：《全国教育经费执行情况统计公告》（2001—2020 年）。增幅及占比数据由笔者计算所得。

从农村小学生均一般公共预算教育事业费支出上看，2001—2020 年呈现出逐年增长态势。具体来看，从 2001 年的 550.96 元增长至 2020 年的 11178.71 元，增长了 19.29 倍。农村小学生均一般公共预算教育事业费支出的增幅高于全国。从增长速度上看，农村小学生均一般公共预算教育事业费支出的增幅趋势与全国义务教育阶段小学生均一般公共预算教育事业费支出的增幅趋势相近，增幅最大值出现的年份也相同，2007 年增幅达到最大峰值，为 38.44%，之后呈波动式下降，2020 年降至 4.66%。和全国小学生均一般公共预算教育事业费支出相同，农村小学生均一般公共预算教育事业费支出逐年上升，但是增长幅度不稳定（见表 1 - 10）。

从农村小学生均一般公共预算教育事业费支出占全国的比例来看，农村小学生均一般公共预算教育事业费支出占全国的比例从 2001 年的 85.38% 升至 2013 年 99.32%，所占比例达最大值，之后逐年下降，到 2020 年为 95.92%。

可以看出，全国小学和农村小学生均一般公共预算教育事业费支出整体上实现了增长，农村小学生均一般公共预算教育事业费支出的增长速度高于全国。农村小学生均一般公共预算教育事业费支出低于全国水平，但城乡之间的差距逐渐缩小。

（2）初中生均一般公共预算教育事业费支出

从全国初中生均一般公共预算教育事业费支出上看，2001—2020 年整体上呈现出上升态势，逐年增长。具体来看，从 2001 年的 817.02 元增长至 2020 年的 16633.35 元，增长了 19.36 倍。从增长速度来看，全国初中生均一般公共预算教育事业费支出的增长速度不稳定，增幅呈波浪形。2007 年增幅达到最大峰值，为 41.28%，之后呈波动式下降，2020 年降至 3.9%。全国初中生均一般公共预算教育事业费支出逐年增长，但增幅不稳定且总体上呈下降趋势（见表 1 - 11）。

从农村初中生均一般公共预算教育事业费支出上看，2001—2020 年整体上呈现出逐年增长态势。具体来看，从 2001 年的 656.18 元增长至 2020 年的 15112.1 元，增长了 22.03 倍。从增长速度来看，农村初中生均一般公共预算教育事业费支出增幅趋势与全国初中生均一般公共预算教育事业费支出增幅趋势相近，增幅最大值出现的年份也相同，2007 年增幅达到最大峰值，为 41.7%，之后呈现波动式下降，2020 年降至 3.92%。农村初中生均一般公共预算教育事业费支出逐年上升，但增幅不稳定且逐渐下降（见表1–11）。

表1–11　　　初中生均一般公共预算教育事业费支出占比变化

年份	全国		农村		农村占全国比例（%）
	生均（元）	增幅（%）	生均（元）	增幅（%）	
2001	817.02	20.18	656.18	22.99	80.31
2002	960.51	17.56	795.84	21.28	82.86
2003	1052.00	9.53	871.79	9.54	82.87
2004	1246.07	18.45	1073.68	23.16	86.17
2005	1498.25	20.24	1314.64	22.44	87.75
2006	1896.56	26.59	1717.22	30.62	90.54
2007	2679.42	41.28	2433.28	41.70	90.81
2008	3543.25	32.24	3303.16	35.75	93.22
2009	4331.62	22.25	4065.63	23.08	93.86
2010	5213.91	20.37	4896.38	20.43	93.91
2011	6541.86	25.47	6207.10	26.77	94.88
2012	8137.00	24.38	7906.61	27.38	97.17
2013	9258.37	13.78	9195.77	16.30	99.32
2014	10359.33	11.89	9711.82	5.61	93.75
2015	12105.08	16.85	11348.79	16.86	93.75
2016	13415.99	10.83	12477.35	9.94	93.00
2017	14641.15	9.13	13447.08	7.77	91.84
2018	15199.11	3.81	13912.37	3.46	91.53
2019	16009.43	5.33	14542.23	4.53	90.84
2020	16633.35	3.90	15112.10	3.92	90.85

资料来源：《全国教育经费执行情况统计公告》（2001—2020年）。增幅及占比数据由笔者计算所得。

从农村初中生均一般公共预算教育事业费支出占全国的比例来看，2001—2020年，农村初中生均一般公共预算教育事业费支出占全国的比例均在80%以上，农村初中生均一般公共预算教育事业费支出仍低于全国水平。从变化情况来看，农村初中生均一般公共预算教育事业费支出占全国的比例从 2001 年的 80.31% 升至 2013 年 99.32%，所占比例达最大值；之后虽呈逐年下降态势，但到 2020 年这一比例仍为 90.85%，高出 2001 年 10 个百分点。

可以看出，不论是全国还是农村，初中生均一般公共预算教育事业费支出均不断增长。全国初中生均一般公共预算教育事业费支出在 2001—2020 年增长了 19.36 倍，农村初中生均一般公共预算教育事业费支出在 2001—2020 年增长了 22.03 倍，农村初中生均一般公共预算教育事业费支出的增幅高于全国。农村初中生均一般公共预算教育事业费支出低于全国水平，但城乡差距逐渐缩小。

3. 义务教育生均一般公共预算公用经费支出

（1）小学生均一般公共预算公用经费支出

从全国小学生均一般公共预算公用经费支出上看，2001—2020 年，全国小学生均一般公共预算公用经费支出逐年增长。具体来看，从 2001 年的 45.18 元增长至 2020 年的 2873.43 元，增长了 62.6 倍。从增长速度来看，2001—2006 年增长速度逐渐加快，2006 年增幅达到 62.71%，此后增速放缓，2011—2020 年增幅基本处于下降态势，2020 年增幅下降至 1.04%。虽然全国小学生均一般公共预算公用经费支出增幅呈现出波动下降趋势，增速放缓，但全国小学生均一般公共预算公用经费支出逐年增长（见表 1 - 12）。

从农村小学生均一般公共预算公用经费支出上看，2001—2020 年，农村小学生均一般公共预算公用经费支出呈现出逐年增长态势。具体来看，从 2001 年的 28.12 元增长至 2020 年的 2586.72 元，增长了 90.99 倍。从增长速度来看，总体上呈现出先加快后减缓的态势，2006 年增幅达到最大峰值，为 74.71%，而后呈波动式下降，2013 年及之后增幅明显下降，2020 年增幅降至 1.49%。农村小学生均一般公共预算公用经费支出逐年上升，但是增长速度呈波动下降趋势，增速逐年放缓（见表 1 - 12）。

从农村小学生均一般公共预算公用经费支出占全国的比例来看，2001—2020 年，农村小学生均一般公共预算公用经费支出占全国的比例均在 60% 以上，农村小学生均一般公共预算公用经费支出低于全国水平。从变化情况来看，农村小学生均一般公共预算公用经费支出占全国的比例从

2001 年的 62.24% 升至 2013 年 95.41%，所占比例达最大值，之后逐年下降，到 2020 年略有上升，为 90.02%，明显高于 2001 年的 62.24%。

表 1-12　　　　　小学生均一般公共预算公用经费支出占比变化

年份	全国		农村		农村占全国的比例（%）
	生均（元）	增幅（%）	生均（元）	增幅（%）	
2001	45.18	21.52	28.12	16.63	62.24
2002	60.21	33.27	42.73	51.96	70.97
2003	83.49	38.87	60.91	42.55	72.95
2004	116.51	39.55	95.13	56.18	81.65
2005	166.52	42.92	142.25	49.53	85.43
2006	270.94	62.71	248.53	74.71	91.73
2007	425.00	56.86	403.76	62.46	95.00
2008	616.28	45.01	581.88	44.12	94.42
2009	743.70	20.68	690.56	18.68	92.85
2010	929.89	25.04	862.08	24.84	92.71
2011	1366.41	46.94	1282.91	48.82	93.89
2012	1829.14	33.86	1743.41	35.89	95.31
2013	2068.47	13.08	1973.53	13.20	95.41
2014	2241.83	8.38	2102.09	6.51	93.77
2015	2434.26	8.58	2245.30	6.81	92.24
2016	2610.80	7.25	2402.18	6.99	92.01
2017	2732.07	4.64	2495.84	3.90	91.35
2018	2794.58	2.29	2545.54	1.99	91.09
2019	2843.79	1.76	2548.73	0.13	89.62
2020	2873.43	1.04	2586.72	1.49	90.02

资料来源：《全国教育经费执行情况统计公告》（2001—2020 年）。增幅及占比数据由笔者计算所得。

可以看出，全国小学生均一般公共预算公用经费支出与农村小学生均一般公共预算公用经费支出整体上处于增长状态，二者的增长趋势相近，增幅最大值出现的年份亦相同。全国小学生均一般公共预算公用经费支出在2001—2020年增长了62.6倍，农村小学生均一般公共预算公用经费支出在2001—2020年增长了90.99倍，农村小学生均一般公共预算公用经费支出的增幅远高于全国。同时，农村小学生均一般公共预算公用经费支出低于全国水平，但城乡收入差距明显缩小。这意味着进入21世纪，国家对农村小学公用经费投入的努力程度不断加大，城乡差距不断缩小。

（2）初中生均一般公共预算公用经费支出

从全国初中生均一般公共预算公用经费支出上看，2001—2020年，全国初中生均一般公共预算公用经费支出一直处于增长状态。具体来看，从2001年的83.4元增长至2020年的4183.59元，增长了49.16倍。从增长速度来看，2001—2006年增幅不断提高（2003年略有下降），2006年达到增幅的最大峰值，为62.5%，随后增幅逐渐下降，2011年增幅大幅提高，随后在2012年及以后增幅整体上呈现出明显下降趋势，2020年增幅为4.27%。虽然增幅呈现出波动下降趋势，增速放缓，但是全国初中生均一般公共预算公用经费支出逐年增长（见表1-13）。

从农村初中生均一般公共预算公用经费支出上看，2001—2020年整体上呈现出逐年增长态势（2014年略有下降）。具体来看，从2001年的44.95元增长至2020年的3633.56元，增长了79.84倍。从增长速度来看，农村初中生均一般公共预算公用经费支出增幅趋势与全国初中生均一般公共预算公用经费支出增幅趋势相近，2006年达到了增幅的最大峰值，为79.53%，之后呈现出波动式下降，并在2014年出现负增长，增幅为-1.79%，2020年增幅为3.4%。农村初中生均一般公共预算公用经费支出总体上逐年增长（2014年有所下降），增幅呈波动下降趋势，增速明显减缓（见表1-13）。

从农村初中生均一般公共预算公用经费支出占全国的比例来看，2001—2020年，农村初中生均一般公共预算公用经费支出占全国的比例均在50%以上，农村初中生均一般公共预算公用经费支出低于全国水平。从变化情况来看，农村初中生均一般公共预算公用经费支出占全国的比例从2001年的53.9%升至2013年99.48%，所占比例达最大值，之后虽逐年下降，但到2020年这一比例为86.85%，仍明显高于2001年的53.9%。

可以看出，不论是全国还是农村初中，生均一般公共预算公用经费支出整体上实现增长，且增长趋势较为一致。全国初中生均一般公共预算公用经费支出在2001—2020年增长了49.16倍，农村初中生均一般公共预算公用经费支出在2001—2020年增长了79.84倍，农村初中生均一般公共预算公用经费支出的增幅远高于全国。农村初中生均一般公共预算公用经费支出低于全国水平，但城乡之间的差距不断缩小。

表1-13　　　　初中生均一般公共预算公用经费支出占比变化

年份	全国		农村		农村占全国的比例（%）
	生均（元）	增幅（%）	生均（元）	增幅（%）	
2001	83.40	12.58	44.95	16.24	53.90
2002	104.21	24.95	66.58	48.12	63.89
2003	127.31	22.17	85.01	27.68	66.77
2004	164.55	29.25	125.52	47.65	76.28
2005	232.88	41.53	192.75	53.56	82.77
2006	378.42	62.50	346.04	79.53	91.44
2007	614.47	62.38	573.44	65.71	93.32
2008	936.38	52.39	892.09	55.57	95.27
2009	1161.98	24.09	1121.12	25.67	96.48
2010	1414.33	21.72	1348.43	20.28	95.34
2011	2044.93	44.59	1956.66	45.11	95.68
2012	2691.76	31.63	2602.13	32.99	96.67
2013	2983.75	10.85	2968.37	14.07	99.48
2014	3120.81	4.59	2915.31	-1.79	93.42
2015	3361.11	7.70	3093.82	6.12	92.05
2016	3562.05	5.98	3257.19	5.28	91.44
2017	3792.53	6.47	3406.72	4.59	89.83
2018	3907.82	3.04	3460.77	1.59	88.56
2019	4012.45	2.68	3513.97	1.54	87.58
2020	4183.59	4.27	3633.56	3.40	86.85

资料来源：《全国教育经费执行情况统计公告》（2001—2020年）。增幅及占比数据由笔者计算所得。

（二）一般公共预算教育事业费和基本建设支出项目结构

从教育经费支出项目来看，中国教育经费支出主要包括教育事业费支出和基本建设支出两部分，其中，教育事业费支出分为个人部分和公用部分。教育事业费支出个人部分（以下称"人员经费支出"）由工资福利支出、对个人和家庭的补助支出两个部分构成[1]；教育事业费支出公用部分（以下称"公用经费支出"）主要由商品和服务支出、专项公用支出、专项项目支出三个部分构成。

1. 小学一般公共预算教育事业费和基本建设支出项目结构

根据相关数据，在全国小学和农村小学一般公共预算教育事业费和基本建设支出项目结构中，人员经费支出是重头，其次是公用经费支出和基本建设支出，三者在2001—2020年呈稳步增长的态势。从占比变化来看，人员经费支出在2001—2020年的占比呈下降趋势，公用经费支出占比迅速增长，基本建设支出占比变化较小，基本保持稳定。

（1）全国小学一般公共预算教育事业费和基本建设支出项目结构

从人员经费支出来看，全国小学一般公共预算人员经费支出占比历经"U形"变化，其占比从2001年的91.14%下降到2012年的68.36%，之后呈现出再度上升趋势，到2020年为73.9%，其总体趋势呈现下降状态。虽然其占比趋势呈现出下降状态，但其体量数值呈现出不断增大的状态，2001年，全国小学一般公共预算人员经费支出为7326023.4万元，2020年，上升到85418308.4万元，增加了10.66倍。

全国小学一般公共预算公用经费支出的变化趋势与人员经费支出相反，呈现出先上升再下降的"倒U形"变化。全国小学一般公共预算公用经费支出占比从2001年6.85%上升到2013年的29.61%，之后呈现下降趋势，到2020年，其占比为24.55%。其支出体量也呈现出不断增长趋势，2001年为550934.9万元，增加到2020年的28382707.7万元，增加了50.52倍。

基本建设经费支出是整个小学阶段一般公共预算教育经费支出最小的一部分，且呈现出占比和增长的相对稳定性。全国小学一般公共预算基本

---

① 根据最新的统计口径，教育事业费支出个人部分由工资福利支出、对个人和家庭的补助支出两个部分构成；在2008年之前，教育事业费支出个人部分包括基本工资、补助工资、其他工资、职工福利费、社会保障费、奖贷助学金。

建设经费支出占比最高的为 2004 年的 2.61%，最低的是 2007 年的 1.08%。基本建设经费支出投入体量在 2007 年之前呈现出先上升后下降的波动式变化，但 2007 年之后持续不断增长，在 2020 年达到最大值，为 1791948.5 万元。

表 1-14　　　　全国小学一般公共预算教育事业费
和基本建设支出项目结构

年份	总计（万元）	人员经费支出（万元）	占比（%）	公用经费支出（万元）	占比（%）	基本建设经费支出（万元）	占比（%）
2001	8038220.4	7326023.4	91.14	550934.9	6.85	161262.1	2.01
2002	9807924.7	8852708.8	90.26	706735.2	7.21	248480.7	2.53
2003	10799559.9	9615033.9	89.03	946187.8	8.76	238338.2	2.21
2004	12607649.4	11012494.0	87.35	1266393.2	10.04	328762.2	2.61
2005	14336162.4	12225558.3	85.28	1753263.7	12.23	357340.4	2.49
2006	17195211.3	14017696.5	81.52	2786448.5	16.20	391066.3	2.27
2007	22760928.9	18166428.5	79.81	4349299.8	19.11	245200.6	1.08
2008	27801229.6	21325514.1	76.71	6167308.3	22.18	308407.2	1.11
2009	33275011.9	25366447.9	76.23	7257122.0	21.81	651442.0	1.96
2010	38947961.4	29252538.9	75.11	8882564.5	22.81	812858.0	2.09
2011	47458732.6	33676200.4	70.96	12872076.5	27.12	910455.7	1.92
2012	58059831.8	39689243.8	68.36	16977506.9	29.24	1393081.1	2.40
2013	63142165.2	43333399.6	68.63	18695110.4	29.61	1113655.2	1.76
2014	67314835.9	47544014.6	—	19770821.3	—		
2015	78709956.7	56828556.6	—	21881400.1	—		
2016	88020821.7	62934244.6	71.50	23925581.4	27.18	1160995.8	1.32
2017	95818996.9	68937793.3	71.95	25546660.5	26.66	1334543.1	1.39
2018	101036496.1	72956375.3	72.21	26668586.3	26.40	1411534.5	1.40
2019	109048456.0	79894874.6	73.27	27614382.5	25.32	1539198.8	1.41
2020	115592964.6	85418308.4	73.90	28382707.7	24.55	1791948.5	1.55

说明：一般公共预算教育事业费和基本建设支出总额 = 个人支出部分 + 公用支出部分 + 基本建设支出部分，因《中国教育经费统计年鉴》中 2014 年与 2015 年缺失基本建设支出部分数据，年鉴上所显示的 2014 年与 2015 年的一般公共预算教育事业费和基本建设支出实际上是个人支出部分与公用支出部分之和，因此 2014 年、2015 年支出项目结构，占比与增幅无法测算，表 1-15、表 1-16 与表 1-17 亦是同样的情况。

资料来源：《中国教育经费统计年鉴》（2002—2021 年）。占比数据由笔者计算所得。

（2）农村小学一般公共预算教育事业费和基本建设支出项目结构

农村小学一般公共预算人员经费支出占比也经历了先下降再上升的过程，总趋势呈现出下降状态，其占比从 2001 年的 93.64% 下降到 2012 年的 69.36%，之后再度上升，到 2020 年占比为 75.94%。虽然其占比呈现出下降趋势，但其体量呈现出不断增加趋势，从 2001 年的 4765098.9 万元增加到 2020 年的 52367397.5 万元，增加了 9.99 倍。农村小学一般公共预算人员经费支出占比高于全国小学，但体量增幅和投入力度不如全国小学。

表 1 - 15　　　　农村小学一般公共预算教育事业费和
基本建设支出项目结构

年份	总计（万元）	人员经费支出（万元）	占比（%）	公用经费支出（万元）	占比（%）	基本建设经费支出（万元）	占比（%）
2001	5088813.4	4765098.9	93.64	256297.9	5.04	67416.6	1.32
2002	6336622.8	5831234.1	92.02	374281.3	5.91	131107.4	2.07
2003	6938716.2	6314535.2	91.00	513367.1	7.40	110813.9	1.60
2004	8307500.6	7371806.6	88.74	763338.1	9.19	172355.9	2.07
2005	9613859.5	8303915.3	86.37	1111640.0	11.56	198304.2	2.06
2006	11456738.3	9404767.0	82.09	1859523.6	16.23	192447.7	1.68
2007	15807240.7	12646539.4	80.00	3045053.3	19.26	115648.0	0.73
2008	19130662.9	14735438.5	77.03	4227423.9	22.10	167800.5	0.88
2009	22507686.5	17289189.2	76.81	4814787.0	21.39	403710.3	1.79
2010	25986882.8	19697957.9	75.80	5798415.1	22.31	490509.8	1.89
2011	31407236.5	22520671.8	71.71	8349390.3	26.58	537174.4	1.71
2012	38522776.2	26718552.1	69.36	10938470.5	28.39	865753.6	2.25
2013	41005314.4	28652723.5	69.88	11657330.8	28.43	695260.1	1.70
2014	46125709.1	32948899.6	——	13176809.5	——	——	——
2015	53626682.2	39498642.4	——	14128040.0			
2016	58504726.6	42742078.9	73.06	15129327.7	25.86	633320.0	1.08
2017	61818589.9	45386187.1	73.42	15745292.3	25.47	687110.5	1.11
2018	63501147.9	46871269.3	73.81	15971865.2	25.15	658013.4	1.04
2019	66705773.1	50125770.2	75.14	15933277.4	23.89	646725.4	0.97
2020	68956576.9	52367397.5	75.94	16027922.4	23.24	561257.1	0.81

农村小学一般公共预算公用经费支出占比整体上呈上升趋势，从 2001 年的 5.04% 上升到 2013 年的 28.43%，之后下降到 2020 年的 23.24%。但其支出体量不断增加，农村小学一般公共预算公用经费支出，从 2001 年的 256297.9 万元增加到 2020 年的 16027922.4 万元，增加了 61.54 倍。但农村小学一般公共预算公用经费支出占整个农村小学教育事业费和基本建设支出的比例小于全国小学一般公共预算公用经费支出占全国小学整体教育事业费和基本建设支出的比例。

农村小学一般公共预算教育事业费和基本建设支出中的基本建设经费支出部分占比与增幅亦同于全国小学基本建设经费支出情况。农村小学基本建设经费支出占比最高的是 2012 年的 2.25%，最低的是 2007 年的 0.73%。农村小学一般公共预算基本建设经费支出的比例与体量增幅均低于全国水平。

2. 初中一般公共预算教育事业费和基本建设支出项目结构

相关数据显示，全国初中和农村初中一般公共预算教育事业费和基本建设支出部分，人员经费支出占比是最高的，其次是公用经费支出，最后是基本建设支出。相比较农村初中和全国初中而言，农村初中人员经费支出占比高于全国初中人员经费支出占比；农村初中的公用经费支出占比低于全国初中的占比，也意味着城市初中公用经费支出占比高于农村；在基本建设支出部分，农村初中和全国初中占比只有微小差异。

（1）全国初中一般公共预算教育事业费和基本建设支出项目结构

从具体占比变化趋势上看，全国初中一般公共预算教育事业费和基本建设支出中的人员经费支出占比呈现"U 形"变化，2001 年为 87.44%，2012 年下降到谷底，为 63.93%，之后逐步上升，到 2020 年占比为 72.99%。具体观之，全国初中一般公共预算人员经费支出体量从 2001 年的 4270781.3 万元增加到 2020 年的 52192441.1 万元，增加了 11.22 倍。

从初中公用经费支出占一般公共预算教育经费比例变化来看，全国初中一般公共预算公用经费支出占比呈现出"倒 U 形"的发展过程，其占比 2001 年为 9.89%，之后呈现不断上升趋势，到 2012 年达到"倒 U 形"的顶部峰值，为 31.93%，之后呈现出逐步下降趋势，到 2020 年，其占比为 25.14%。全国初中一般公共预算公用经费支出总体趋势是不断增长的，从 2001 年的 483009.5 万元增加到 2020 年的 17976140.8 万元，增加了

36.22 倍。

表 1 – 16　　　　全国初中阶段一般公共预算教育事业费和
基本建设支出项目结构分析

年份	总计（万元）	人员经费支出（万元）	占比（%）	公用经费支出（万元）	占比（%）	基本建设经费支出（万元）	占比（%）
2001	4884268.2	4270781.3	87.44	483009.5	9.89	130477.4	2.67
2002	6048315.3	5188515.9	85.78	630079.4	10.42	229720.0	3.80
2003	6729937.3	5672381.9	84.29	779902.4	11.59	277653.0	4.13
2004	7872043.4	6568094.1	83.44	998492.3	12.68	305457.0	3.88
2005	9183637.5	7440744.3	81.02	1367900.2	14.89	374993.1	4.08
2006	11082190.3	8571491.9	77.34	2135916.0	19.27	374782.4	3.38
2007	14855749.5	11217094.0	75.51	3355853.0	22.59	282802.5	1.90
2008	19124103.1	13653569.6	71.39	4937736.0	25.82	532797.5	2.79
2009	23123289.9	16129241.7	69.75	5944167.1	25.71	1049881.1	4.54
2010	26794032.6	18763873.6	70.03	7039202.9	26.27	990956.1	3.70
2011	32215540.8	21437524.7	66.54	9824975.3	30.50	953040.8	2.96
2012	38490971.4	24608873.5	63.93	12291733.9	31.93	1590364.0	4.13
2013	40335269.7	26459865.1	65.60	12673470.8	31.42	1201933.8	2.98
2014	41217287.5	28699835.7	—	12517451.8			—
2015	47265829.9	34023893.3	—	13241936.6			—
2016	52476128.2	37735750.8	71.91	13877106.4	26.44	863271.0	1.65
2017	57440344.0	41718306.8	72.63	14881359.1	25.91	840478.1	1.46
2018	61402812.5	44505812.8	72.48	15752853.3	25.65	1144146.5	1.86
2019	67167668.9	49033733.6	73.00	16791010.8	25.00	1342924.5	2.00
2020	71505409.6	52192441.1	72.99	17976140.8	25.14	1336827.7	1.87

初中阶段基本建设经费支出占比无论是全国初中还是农村初中在整个一般公共预算教育经费中的比例都较低，且投入力度呈现出不稳定性。全国初中一般公共预算基本建设经费支出占比历经波浪形起伏，从 2001 年的 2.67% 变化到 2020 年的 1.87%，在这 20 年中占比最高的年份为 2009 年的 4.54%，最小为 2017 年的 1.46%。这种不稳定的变化趋势也影响着一般

公共预算基本建设经费支出体量，在这 20 年中最多为 2012 年的 1590364 万元，最小为 2001 年的 130477.4 万元，2020 年基本建设经费支出体量为 1336827.7 万元。

（2）农村初中一般公共预算教育事业费和基本建设支出项目结构

农村初中一般公共预算教育事业费和基本建设支出中的人员经费支出占比从 2001 年的 91.68% 下降到 2012 年的 64.25%，之后七年不断上升，到 2019 年为 74.88%，2020 年稍有下降，为 74.84%。农村初中人员经费支出体量逐年稳步增长，从 2001 年的 2203410.6 万元增加到 2020 年的 30790252.2 万元，增加了 12.97 倍。总体上呈现出农村初中一般公共预算人员经费支出占比高于全国初中的状态，但投入体量远远低于全国初中。

农村初中一般公共预算公用经费支出的占比同样呈现出"倒 U 形"曲线，2001 年，其占比为 6.74%，2012 年上升到 31.76%，之后呈现出一定的下降趋势，到 2020 年为 24.21%。虽然占比发生了变化，但从农村初中一般公共预算公用经费支出的体量来看，2001 年公用经费支出为 162041.3 万元，2020 年公用经费支出为 9958930.1 万元，增加了 60.46 倍。从占比来看，全国初中一般公共预算公用经费支出占比高于农村初中一般公共预算公用经费支出占比；从投入体量上看，全国初中一般公共预算公用经费支出远高于农村初中一般公共预算公用经费支出。

农村初中一般公共预算基本建设经费支出占比的变化趋势也呈波浪形，在 20 年中占比最高的是 2009 年的 4.72%，体量为 667692.8 万元；占比最小的是 2019 年的 0.81%，体量为 319443.5 万元；支出体量最大的是 2012 年，体量为 904616.5 万元。从中可知农村初中一般公共预算基本建设经费支出年度变化比全国初中更缺乏稳定性，农村初中基本建设经费支出占总经费的比例低于全国初中，在支出体量上更与全国初中存在着较大差距。

从以上数据分析可知，中国初中和小学阶段一般公共预算人员经费支出较高，公用经费支出较低，尤其是在农村地区的初中和小学这一现象更为严重。2011 年，在国际上小学、初中与高中事业费支出中，人员经费的相应比例分别是 76.5%（63 国平均数）、74.6%（52 国平均数）、75.3%

（64 国平均数），中国比国际平均数低十几个百分点。[①] 经过十多年的发展，目前中国一般公共预算人员经费支出与公用经费支出结构与国际发达国家相比差距较小。根据 OECD《教育概览》（2022），2019 年，OECD 国家非高等教育阶段平均用于个人支出的比例占教育经常性支出的 78% 左右。因此，中国小学和初中教育阶段支出结构相对合理，但农村小学和初中的人员经费与公用经费支出与全国水平存在较大差距。这样的教育经费支出体量与政府农村义务教育经费投入方向存在着一定的偏差，与中国义务教育事业、农村义务教育的发展需求不相称。

表 1 - 17　　　　农村初中阶段一般公共预算教育事业费和
基本建设支出项目结构分析

年份	总计（万元）	人员经费支出（万元）	占比（%）	公用经费支出（万元）	占比（%）	基本建设经费支出（万元）	占比（%）
2001	2403378.5	2203410.6	91.68	162041.3	6.74	37926.6	1.58
2002	3073709.2	2747140.5	89.38	250812.5	8.16	75756.2	2.46
2003	3420726.7	3025022.9	88.43	326864.8	9.56	68839.0	2.01
2004	4233060.2	3644357.9	86.09	482457.6	11.40	106244.7	2.51
2005	5160838.6	4271703.2	82.77	733916.9	14.22	155218.5	3.01
2006	6257223.1	4864532.7	77.74	1227636.0	19.62	165054.4	2.64
2007	9097937.7	6859595.3	75.40	2119780.5	23.30	118561.9	1.30
2008	11786213.7	8374804.5	71.06	3109999.3	26.39	301409.9	2.56
2009	14139822.2	9751076.3	68.96	3721053.1	26.32	667692.8	4.72
2010	16027499.4	11226363.2	70.04	4280024.8	26.70	521111.4	3.25
2011	19015729.1	12664283.2	66.60	5847650.3	30.75	503795.6	2.65
2012	22629590.2	14538685.2	64.25	7186288.0	31.76	904616.5	4.00
2013	23152406.8	15212496.0	65.71	7283205.3	31.46	656705.5	2.84
2014	26731491.3	18641449.6	—	8090041.7	—	—	—
2015	30477717.2	22111901.3	—	8365815.9	—	—	—
2016	33042392.9	24025685.9	72.71	8584664.7	25.98	432042.2	1.31

---

① 杜屏：《完善中小学教师工资制度和保障机制，推进高素质教师队伍建设》，《华东师范大学学报》（教育科学版）2018 年第 4 期。

续表

年份	总计（万元）	人员经费支出（万元）	占比（%）	公用经费支出（万元）	占比（%）	基本建设经费支出（万元）	占比（%）
2017	35236897.2	25923951.1	73.57	8915497.6	25.30	397448.5	1.13
2018	36805890.7	27245387.6	74.02	9161586.7	24.89	398916.4	1.08
2019	39206516.0	29358604.7	74.88	9528467.8	24.30	319443.5	0.81
2020	41143807.0	30790252.2	74.84	9958930.1	24.21	394624.7	0.96

（三）一般公共预算教育事业费和基本建设支出学段结构

1. 全国生均一般公共预算教育事业费和基本建设支出学段结构

生均教育经费支出能够体现政府投入的努力程度，以及各学段投入分配的公平性。根据《中国教育经费统计年鉴》，所涉及的农村教育学段结构可分为农村职业高中、农村普通高中、农村普通初中、农村普通小学、农村幼儿园。通过考察国家对各学段全国和农村教育生均一般公共预算教育事业费和基本建设支出的投入力度，可以比较政府历年来对各个学段生均一般公共预算教育事业费和基本建设支出的分配比例变化情况。为了方便比较，将小学生均一般公共预算教育事业费和基本建设支出视为单位"1"，然后计算各学段生均一般公共预算教育事业费和基本建设支出占比，并进行相关数据分析。

通过考察《中国教育经费统计年鉴》（2002—2021年）的相关数据，全国生均一般公共预算教育事业费和基本建设支出不断增加。2020年，生均一般公共预算教育事业费和基本建设支出的高低排序呈现出普通高中＞职业高中＞初中＞小学＞幼儿园的状态，其中职业高中、普通高中和初中的投入水平相差不大，小学和幼儿园与其他学段相比存在较大差距。从各学段生均一般公共预算教育事业费和基本建设支出比例来看，初中生均一般公共预算教育事业费和基本建设支出增速高于小学，职业高中、普通高中和幼儿园增速低于小学。具体来看，职业高中和普通高中生均一般公共预算教育事业费和基本建设支出比例经历了先下降后上升的过程，在2010年下降到最低点后持续上升，2020年的比例分别为1.47%和1.49%。初中生均一般公共预算教育事业费和基本建设支出同样经历了先下降后上升的过程，其在2004年下降到最低点1.12%，后在2020年上升到1.43%。

初中生均一般公共预算教育事业费和基本建设支出比例在 2008 年超越普通高中，在 2009 年赶超职业高中，后投入占比始终处于领先状态，直至 2019 年和 2020 年先后被职业高中和普通高中赶超。而幼儿园生均一般公共预算教育事业费和基本建设支出自 2007 年以来一直处于波动状态，整体比例呈现出下降的趋势，由 0.79% 下降到 0.75%。

表 1-18　　　　全国生均一般公共预算教育事业费和基本建设支出学段结构分配比例情况统计

年份	生均一般公共预算教育事业费和基本建设支出（元）					各学段生均一般公共预算教育事业费和基本建设支出比例（%）				
	职高	普高	初中	小学	幼儿园	职高	普高	初中	小学	幼儿园
2001	1601.41	1545.81	838.77	658.44	—	2.43	2.35	1.27	1.00	—
2002	1730.14	1699.51	998.09	834.07	—	2.07	2.04	1.20	1.00	—
2003	1745.83	1729.85	1096.98	952.44	—	1.83	1.82	1.15	1.00	—
2004	1913.05	1910.68	1296.13	1159.21	—	1.65	1.65	1.12	1.00	—
2005	2095.91	2111.40	1561.69	1361.09	—	1.54	1.55	1.15	1.00	—
2006	2280.02	2420.63	1962.67	1671.41	—	1.36	1.45	1.17	1.00	—
2007	3002.99	2767.05	2731.27	2230.97	1771.76	1.35	1.24	1.22	1.00	0.79
2008	3832.51	3334.46	3644.98	2787.57	2141.79	1.37	1.20	1.31	1.00	0.77
2009	4374.59	3912.04	4538.39	3424.65	2239.96	1.28	1.14	1.33	1.00	0.65
2010	4856.30	4776.16	5415.41	4097.62	1875.34	1.19	1.17	1.32	1.00	0.46
2011	6229.63	6217.55	6743.87	5061.64	2495.99	1.23	1.23	1.33	1.00	0.49
2012	8089.95	8080.55	8493.66	6279.95	3922.45	1.29	1.29	1.35	1.00	0.62
2013	9435.70	8721.93	9542.68	7022.84	4052.79	1.34	1.24	1.36	1.00	0.58
2014	9664.93	9283.81	10605.69	7800.12	3941.04	1.24	1.19	1.36	1.00	0.51
2015	11909.12	11078.80	12341.01	8928.28	4843.43	1.33	1.24	1.38	1.00	0.54
2016	13619.63	12583.68	13641.95	9686.16	5663.11	1.41	1.30	1.41	1.00	0.58
2017	14800.35	14077.20	14858.63	10344.40	6482.92	1.43	1.36	1.44	1.00	0.63
2018	15537.88	15336.47	15489.90	10717.11	7073.37	1.45	1.43	1.45	1.00	0.66
2019	16908.23	16673.84	16333.71	11357.37	8040.34	1.49	1.47	1.44	1.00	0.71
2020	17353.54	17643.62	16949.28	11837.86	8869.99	1.47	1.49	1.43	1.00	0.75

资料来源：《中国教育经费统计年鉴》（2002—2021 年）。因《中国教育经费统计年鉴》在早些年份没有呈现出幼儿园生均一般公共预算教育事业费和基本建设支出数据，其数据缺失。

　　整体来看，全国小学与幼儿园生均一般公共预算教育事业费和基本建设支出增速与投入占比始终低于职业高中、普通高中和初中，而幼儿园与小学相比始终存在一定的差距。2007 年以来，全国生均一般公共预算教育事业费和基本建设支出增速最大的是普通高中，其次是初中、职业高中，增速最小的是幼儿园。

　　2. 农村生均一般公共预算教育事业费和基本建设支出学段结构

　　数据显示，近年来，中国农村各个学段生均一般公共预算教育事业费和基本建设支出持续增加，2020 年支出的高低排序呈现出初中 > 职业高中 > 普通高中 > 小学 > 幼儿园的状态。具体而言，自 2011 年以来，职业高中、普通高中、初中以及幼儿园生均一般公共预算教育事业费和基本建设支出增速均高于小学生均一般公共预算教育事业费和基本建设支出增速。从近几年来各个学段生均一般公共预算教育经费和基本建设支出的增速来看，增长最快的是幼儿园阶段，其次是职业高中，再次是普通高中，然后是初中，增长最慢的是小学阶段。不可否认，每个学段、不同规模的学校、不同类型的学校所需要的办学成本不一样，因此需要构建相对"积极的差异"标准以及增长方式，但这种差异需要控制在一定的合理范围内。一方面，面对当前中国农村小学生均一般公共预算教育事业费和基本建设支出增长放缓，尤其是作为义务教育的初中与小学之间的差距越来越大的状况，需要对此进行弥补，尊重农村小学的实际需求。另一方面，虽然幼儿园支出增长速度最快，但与其他学段相比较，幼儿园生均一般公共预算教育事业费和基本建设支出的差距仍然很大。2020 年，农村初中生均一般公共预算教育事业费和基本建设支出是农村幼儿园生均预算教育经费支出的 2.3 倍；农村小学生均一般公共预算教育事业费和基本建设支出是幼儿园生均预算教育经费支出的 1.7 倍。数据显示，截止到 2021 年底，幼儿园中有 56.55% 的为民办幼儿园①，说明中国对幼儿园的投入力度需要继续加强（见表 1 – 19）。

　　通过以上分析可以发现，农村各级生均一般公共预算教育事业费和基本建设支出整体上低于全国各级平均水平，其中差距最大的是普通高中，2020 年二者差距为 3533.34 元；差距最小的是小学，为 566.67 元。幼儿

---

　　① 教育部：《2021 年全国教育事业发展统计公报》，2022 年 9 月 14 日。

园生均一般公共预算教育事业费和基本建设支出的体量与占比均低于其他学段生均一般公共预算教育事业费和基本建设支出的体量和占比，学前教育一直是中国教育发展的短板，农村幼儿园教育是农村教育的短板与弱项。

表1-19　　农村地区生均一般公共预算教育事业费和基本建设
支出学段结构分配比例统计

年份	生均一般公共预算教育事业费和基本建设支出（元）					各学段生均一般公共预算教育事业费和基本建设支出比例(%)				
	职高	普高	初中	小学	幼儿园	职高	普高	初中	小学	幼儿园
2001	—	—	666.70	558.36	—	—	—	1.19	1.00	
2002	—	—	815.95	723.36	—	—	—	1.13	1.00	
2003	—	—	889.69	823.22	—	—	—	1.08	1.00	
2004	—	—	1101.32	1035.27	—	—	—	1.06	1.00	
2005	—	—	1355.40	1230.26	—	—	—	1.10	1.00	
2006	—	—	1763.75	1531.24	—	—	—	1.15	1.00	
2007	2338.84	2115.18	2465.46	2099.65	—	1.11	1.01	1.17	1.00	
2008	3139.65	2648.05	3390.10	2640.82	—	1.19	1.00	1.28	1.00	
2009	3521.38	3078.04	4267.70	3236.27	—	1.09	0.95	1.32	1.00	
2010	3884.68	3821.46	5061.33	3876.24	—	1.00	0.99	1.31	1.00	
2011	4937.78	5032.77	6376.46	4847.80	1409.11	1.02	1.04	1.32	1.00	0.29
2012	7015.28	6695.67	8237.45	6156.48	2730.44	1.14	1.09	1.34	1.00	0.44
2013	7550.68	7665.24	9463.19	6970.26	2758.45	1.08	1.10	1.36	1.00	0.40
2014	8463.89	7858.41	9934.05	7519.26	2856.86	1.13	1.05	1.32	1.00	0.38
2015	10427.21	9173.88	11549.59	8652.89	3620.82	1.21	1.06	1.33	1.00	0.42
2016	11725.33	10340.98	12644.58	9348.05	4231.20	1.25	1.11	1.35	1.00	0.45
2017	12610.56	11447.06	13601.20	9879.17	4836.39	1.24	1.16	1.38	1.00	0.49
2018	13454.60	12244.96	14066.69	10209.41	5269.75	1.32	1.20	1.38	1.00	0.52
2019	14440.50	13280.73	14663.33	10786.03	5956.15	1.34	1.23	1.36	1.00	0.55
2020	14864.59	14110.28	15259.43	11271.19	6644.44	1.32	1.25	1.35	1.00	0.59

资料来源：《中国教育经费统计年鉴》(2002—2021年)。因《中国教育经费统计年鉴》在早些年份没有呈现职业高中、普通高中、幼儿园生均一般公共预算教育事业费和基本建设支出数据，因此其数据缺失。

同时，各个学段生均一般公共预算教育事业费和基本建设支出增幅缺乏稳定性，都存在陡然增长与缓慢增长的情况。通过对比农村与全国生均一般公共预算教育事业费和基本建设支出可以发现，农村幼儿园教育投入占农村基础教育的比例较小，也低于全国幼儿园投入占比。职业高中教育投入占比在全国呈现出下降的趋势，但在农村地区整体上呈现出上升的状态。从城乡对比之维可以发现，自 2011 年以来，农村地区仅职业高中和幼儿园生均一般公共预算教育事业费和基本建设支出增速高于城市地区，其他学段在支出增速与整体投入体量上均低于全国水平，映射出农村投入缺乏，增长空间巨大的态势。从农村各个学段生均一般公共预算教育事业费和基本建设支出情况来看，农村地区教育经费投入使用结构需要进一步优化。尤其是农村小学和幼儿园需要受到进一步关注，小学阶段生均一般公共预算教育事业费和基本建设支出增长最为缓慢，幼儿园生均一般公共预算教育事业费和基本建设支出与其他学段相比水平最低，这一问题亟待解决。

（四）一般公共预算教育事业费和基本建设支出区域结构

从区域角度来看一般公共预算教育事业费和基本建设支出结构，可以发现区域之间、区域内、城乡之间的均衡发展情况。自 2006 年起国家实行省级统筹责任投入体制，2010 年，国务院发布了《国家中长期教育改革和发展规划纲要（2010—2020 年）》，要求加快缩小城乡差距，建立城乡一体化义务教育发展机制，在财政拨款、学校建设、教师配置等方面向农村倾斜。2016 年 7 月，国务院印发了《关于统筹推进县域内城乡义务教育一体化改革发展的若干意见》，规定对县域内学校建设、教师编制、生均公用经费、基本装备配置等实行统一标准，还提出要对农村小规模学校实施倾斜政策。

在众多考量区域支出均衡结构中，最常用的是比较区域生均教育经费。本书选取将生均一般公共预算教育事业费和基本建设支出作为比较依据。根据《中国教育经费统计年鉴》（2002—2021 年）的数据，收集中国分地区小学、初中，农村小学、初中一般公共预算教育事业费和基本建设支出，以及分省份的一般公共预算教育事业费和基本建设支出数据。根据经济地理划分标准，以及近年来统计区域划分标准，将中国划分为东、中、西、东北四个区域（见表 1-20）。

表 1 – 20　　　　　　　　　中国经济地理划分标准

区域	省份（直辖市）
东部地区	北京（京）、天津（津）、河北（冀）、上海（沪）、江苏（苏）、浙江（浙）、福建（闽）、山东（鲁）、广东（粤）、海南（琼）
中部地区	山西（晋）、安徽（皖）、江西（赣）、河南（豫）、湖北（鄂）、湖南（湘）
西部地区	重庆（渝）、四川（川）、贵州（贵）、云南（云）、西藏（藏）、陕西（陕）、甘肃（甘）、青海（青）、宁夏（宁）、新疆（疆）、内蒙古（蒙）、广西（桂）
东北地区	辽宁（辽）、吉林（吉）、黑龙江（黑）

　　根据经济地理划分标准，东部地区包括北京（京）、天津（津）、河北（冀）、上海（沪）、江苏（苏）、浙江（浙）、福建（闽）、山东（鲁）、广东（粤）、海南（琼）10 个省市；中部地区包括山西（晋）、安徽（皖）、江西（赣）、河南（豫）、湖北（鄂）、湖南（湘）6 省；西部地区包括重庆（渝）、四川（川）、贵州（贵）、云南（云）、西藏（藏）、陕西（陕）、甘肃（甘）、青海（青）、宁夏（宁）、新疆（疆）、内蒙古（蒙）、广西（桂）12 省市区；东北地区包括辽宁（辽）、吉林（吉）、黑龙江（黑）3 省。

　　1. 小学一般公共预算教育事业费和基本建设支出区域结构

　　农村教育投入主要来源于政府的财政性教育经费，学术界对农村教育研究主要集中在农村义务教育阶段。因为各个省份的学生数不一样，比较生均财政性教育经费可以发现各区域教育经费投入的努力程度，以及区域之间发展的均衡程度。根据《中国教育经费统计年鉴》收集到各省（市、区）一般公共预算教育事业费和基本建设经费总数，以及生均一般公共预算教育事业费和基本建设支出相关信息，计算出各省（市、区）各学段学生数，然后利用所划分区域各个省（市、区）支出总数相加之和，除以区域内学生数，得出各区域之间生均一般公共预算教育事业费和基本建设经费支出数据。[①]

---

　　① 因《中国教育经费统计年鉴》2014—2015 年一般公共预算教育事业费和基本建设支出部分缺失基本建设支出数据，这里各省（市、区）实际总的支出只包括个人支出部分和公用支出部分，在生均一般公共预算教育事业费和基本建设支出方面，某些省或市、区包含个人支出部分、公用支出部分和基本建设支出部分，但有一些省或市、区缺少基本建设部分。鉴于数据缺失，2014—2015 年两年生均一般公共预算教育事业费和基本建设支出主要采用个人和公用支出两个部分的数据。

义务教育阶段中小学教育的投入是衡量区域政府投入的重要指标，根据《中国教育经费统计年鉴》的相关数据，从区域之维的比较来看，全国小学四区域的生均一般公共预算教育事业费和基本建设支出呈现出东北＞东部＞西部＞中部的状态（2004 年、2019 年除外）；农村小学四区域生均一般公共预算教育事业费和基本建设支出在 2015 年之前呈现出东北＞东部＞西部＞中部的状态，2015 年及之后西部农村教育投入力度逐渐加大，四区域农村生均一般公共预算教育事业费和基本建设支出呈现出东北＞西部＞东部＞中部的状态。就增速而言，全国小学生均一般公共预算教育事业费和基本建设支出增速呈现出中部＞西部＞东部＞东北的状态；农村小学呈现出中部＞东北＞西部＞东部的状态。从城乡之维比较来看，小学生均一般公共预算教育事业费和基本建设支出情况呈现出东、中部地区农村小学低于全国小学，而西部和东北地区全国小学低于农村小学的状态。

（1）全国小学各区域生均一般公共预算教育事业费和基本建设支出情况对比

从全国小学各区域生均一般公共预算教育事业费和基本建设支出增速来看，各区域间生均一般公共预算教育事业费和基本建设支出的差异，客观地反映出全国小学阶段教育经费投入不均衡的现实。从增长速度来看，全国小学生均一般公共预算教育事业费和基本建设支出 2001 年为 658.44 元，2020 年为 11837.86 元，增加了 16.98 倍。东部地区小学生均一般公共预算教育事业费和基本建设支出 2001 年为 849.63 元，2020 年为 13454.05 元，增加了 14.84 倍。中部地区小学生均一般公共预算教育事业费和基本建设支出 2001 年为 450.5 元，2020 年为 9592.11 元，增加了 20.29 倍。西部地区小学生均一般公共预算教育事业费和基本建设支出 2001 年为 616.87 元，2020 年为 11674.91 元，增加了 17.93 倍。东北地区小学生均一般公共预算教育事业费和基本建设支出 2001 年为 869.23 元，2020 年为 13504.11 元，增加了 14.54 倍。除东北地区外，其他区域生均一般公共预算教育事业费和基本建设支出都呈持续增长的状态，东北地区在 2018 年略有下降后继续增长（见表 1 - 21）。

经对比可以发现，全国小学生均一般公共预算教育事业费和基本建设支出增速呈现出中部＞西部＞东部＞东北的状态，但在投入体量上仍然呈现出东北＞东部＞西部＞中部的状态。东部小学生均一般公共预算教育事业费和基本建设支出一直处在落后于东北的状态（2004 年、2019 年除外），但近几年来二者在增速和投入体量上的差距逐渐缩小，东部地区有赶超东北地区的趋势。中部地区和西部地区增速处于领先位置，但在投入体量上与东部和东北地区仍然存在较大差距，尤其是中部地区，2020 年与东北地区生均一般公共预算教育事业费和基本建设支出相差达 3911.99 元。

表 1-21　　　全国小学各区域生均一般公共预算教育事业费
和基本建设支出统计　　　　　　　　（元）

年份	全国平均	东部平均	中部平均	西部平均	东北平均
2001	658.44	849.63	450.50	616.87	869.23
2002	834.07	1083.31	599.31	750.34	1114.13
2003	952.44	1283.31	671.69	819.90	1289.44
2004	1159.21	1569.39	838.36	969.02	1562.54
2005	1361.09	1835.15	992.60	1127.51	1896.60
2006	1671.41	2208.59	1215.30	1432.76	2383.82
2007	2230.97	2912.61	1688.25	1908.25	3127.30
2008	2787.57	3576.80	2046.16	2504.11	4009.91
2009	3424.65	4344.70	2475.40	3225.78	4650.90
2010	4097.62	5268.53	2846.67	3909.82	5601.59
2011	5061.64	6359.89	3664.99	4812.11	6900.56
2012	6279.95	7309.71	4650.94	6432.66	8517.36
2013	7022.84	8055.10	5349.96	7219.81	8819.30
2014	7680.54	8781.50	6018.27	7672.47	9700.01
2015	8838.31	9873.16	6827.02	9155.21	11126.44
2016	9686.16	10817.30	7553.27	9987.48	12052.89
2017	10344.40	11612.42	8200.32	10523.43	12517.02
2018	10717.11	11985.34	8635.88	10952.86	12017.27
2019	11357.37	12869.52	9207.50	11339.85	12580.78
2020	11837.86	13454.05	9592.11	11674.91	13504.11

资料来源：根据《中国教育经费统计年鉴》（2002—2021 年）相关数据计算所得。

（2）各区域农村小学生均一般公共预算教育事业费和基本建设支出情况对比

从各区域农村小学生均一般公共预算教育事业费和基本建设支出增速上看，全国农村小学生均一般公共预算教育事业费和基本建设支出2001年为558.36元，2020年为11271.19元，增加了19.19倍。东部农村小学生均一般公共预算教育事业费和基本建设支出2001年为662.54元，2020年为11655.04元，增加16.59倍。中部农村小学生均一般公共预算教育事业费和基本建设支出2001年为404.03元，2020年为9247.04元，增加了21.89倍。西部农村小学生均一般公共预算教育事业费和基本建设支出2001年为575.48元，2020年为11961.15元，增加了19.78倍。东北农村小学生均一般公共预算教育事业费和基本建设支出2001年为791.29元，2020年为17269.74元，增加了20.82倍。经对比可以发现，农村小学生均一般公共预算教育事业费和基本建设支出增速呈现出中部＞东北＞西部＞东部的状态。在投入体量上，2015年之前呈现出东北＞东部＞西部＞中部的状态，2015年及之后西部农村教育投入力度逐渐加大，四区域农村小学生均一般公共预算教育事业费和基本建设支出呈现出东北＞西部＞东部＞中部的状态。虽然中部地区在投入体量上呈现塌陷的状态，但中部投入增长速度较快，体现出国家和中部地区政府对小学阶段教育投入的重视程度（见表1－22）。

表1－22　　　　各区域农村小学生均一般公共预算教育事业费
和基本建设支出统计　　　　　　　　　　（元）

年份	农村地区	东部农村	中部农村	西部农村	东北农村
2001	558.36	662.54	404.03	575.48	791.29
2002	723.36	877.75	553.52	700.36	1055.38
2003	823.22	1031.68	627.70	768.27	1249.02
2004	1035.27	1329.43	798.65	917.18	1579.40
2005	1230.26	1583.83	954.25	1070.05	1905.22
2006	1531.24	1908.67	1175.47	1393.72	2445.94
2007	2099.65	2642.34	1655.70	1865.16	3286.67

续表

年份	农村地区	东部农村	中部农村	西部农村	东北农村
2008	2640.82	3237.71	2025.89	2470.11	4247.39
2009	3236.27	3912.52	2542.82	3162.45	5004.50
2010	3876.24	4792.05	2795.03	3832.59	6115.04
2011	4847.80	5886.38	3629.15	4760.94	7521.37
2012	6156.48	6868.48	4648.61	6548.40	9452.10
2013	6970.26	7600.91	5484.96	7415.20	9844.39
2014	7404.33	7968.86	5998.23	7810.35	10701.04
2015	8577.04	9044.32	6779.22	9367.75	12482.15
2016	9348.05	9747.78	7494.78	10195.44	13801.70
2017	9879.17	10306.98	7995.86	10738.03	14468.51
2018	10209.41	10525.48	8390.19	11185.31	14145.62
2019	10786.03	11248.11	8958.96	11565.65	15381.94
2020	11271.19	11655.04	9247.04	11961.15	17269.74

资料来源：根据《中国教育经费统计年鉴》（2002—2021 年）相关数据计算所得。

东北农村小学生均一般公共预算教育事业费和基本建设支出一直处于领先状态且差距不断拉大，表明东北地区在农村小学教育支出上的力度不断加大。东部地区农村小学生均一般公共预算教育事业费和基本建设支出在 2014 年及之前一直处于大于西部地区的状态，但 2015 年被西部地区反超，显示了国家对西部地区教育的重视。中部地区农村小学生均一般公共预算教育事业费和基本建设支出一直处于落后的状态，2020 年与东北地区的差值达 8022.70 元。

从各区域内农村小学生均一般公共预算教育事业费和基本建设支出与区域内小学生均一般公共预算教育事业费和基本建设支出相比较而言，全国小学和全国农村小学 2001 年差值为 100.08 元，2020 年差值为 566.67 元，差值扩大了 4.66 倍。东部地区小学与东部地区农村小学生均一般公共预算教育事业费和基本建设支出 2001 年差值为 187.09 元，2020 年差值扩大为 1799 元，差值扩大了 8.62 倍。中部地区小学与中部地区农村小学生均一般公共预算教育事业费和基本建设支出 2001 年差值为 46.47 元，2020 年差值扩大为 345.07 元，差值扩大了 6.43 倍。西部地区小学与西部地区农村小学生均一般公共预算教育事业费和基本建设支出 2001 年差值为 41.39 元，2020 年差值为 286.24 元，西部地区农村小学超越西部地区小学，差值扩大了 6.92 倍。东北地区小学与东北地区农村小学生均一般公共预算教育事业费和基本建设支出 2001 年差值为 77.94 元，2020 年差值扩大为 3765.63 元，且东北地区农村小学超越东北地区小学，其差值扩大了 48.31 倍。通过城乡小学生均一般公共预算教育事业费和基本建设支出在 20 年间差值的变化情况，可以进一步观察到各区域在城乡维度上对小学阶段教育投入力度的变化，东部与中部地区小学生均一般公共预算教育事业费和基本建设支出均高于农村小学，且差距逐渐拉大，西部和东北地区 2001 年区域内小学生均一般公共预算教育事业费和基本建设支出均高于区域内农村小学，但随着政府对农村小学投入力度的增大，逐渐实现了农村小学生均一般公共预算教育事业费和基本建设支出均高于区域内小学的反转，体现了西部和东北地区对农村小学阶段教育的重视程度。

（3）各区域内小学支出均衡程度比较

近年来，党和政府不遗余力地推动城乡义务教育一体化，以及区域内协调发展。教育经费是保障教育发展的必要条件，为了考证全国农村地区区域间以及区域内一般公共预算教育事业费和基本建设支出的均衡程度，有效考量全国四区域农村间一般公共预算教育事业费和基本建设支出差异，与全国四区域内一般公共预算教育事业费和基本建设支出差异，本书借用差异系数进行计算比较。差异系数（Coefficient of Variation）又称变异系数、相对标准差等，它是一种相对差异量数，用 CV 来表示。[1] 所谓差异系数就是以平均数去除标准差再乘以 100%，差异系数越大表明离散程度越大。其计算公式为：

$$CV = \frac{S}{M} \times （100\%）$$

为了利于各区域间进行比较，这里的 M 是全国生均一般公共预算教育事业费和基本建设支出的平均数，并非区域内的平均数。

---

[1] 徐文彬、吴红梅：《教育统计学：思想、方法与应用》，南京师范大学出版社 2012 年版，第 58 页。

　　小学教育是义务教育阶段的重要组成部分，为了考量全国各区域间以及区域内部小学生均一般公共预算教育事业费和基本建设支出水平与均衡程度，根据《中国教育经费统计年鉴》中的相关数据，运用差异系数计算公式，计算出各区域内小学支出均衡程度。发现中国农村地区东部、中部、西部与东北四个区域间的小学生均一般公共预算教育事业费和基本建设支出虽然都呈现出均值增加的趋势（见表1-23），但四个区域间的差异系数在2001—2020年总体上呈波浪形变化，分别在2006年和2008年达到差异系数的顶点，为34.63%，2018年为差异系数的最低点，为21.82%。从这些变化中可知，四个区域间农村小学生均一般公共预算教育事业费和基本建设支出差距一直存在，并没有得到完全解决，需要进一步予以重视。

表1-23　　　　　农村小学生均一般公共预算教育事业费和
基本建设支出差异系数统计

年份	标准差（元）	平均数（元）	差异系数（%）
2001	149.35	558.36	26.75
2002	202.14	723.36	27.95
2003	257.88	823.22	31.33
2004	336.36	1035.27	32.49
2005	413.05	1230.26	33.57
2006	530.24	1531.24	34.63
2007	699.21	2099.65	33.30
2008	914.42	2640.82	34.63
2009	1008.75	3236.27	31.17
2010	1324.94	3876.24	34.18
2011	1558.79	4847.8	32.15
2012	1857.10	6156.48	30.17
2013	1663.01	6970.26	23.86
2014	1825.44	7404.33	24.65
2015	2198.04	8577.04	25.63
2016	2457.00	9348.05	26.28
2017	2526.34	9879.17	25.57

年份	标准差（元）	平均数（元）	差异系数（%）
2018	2227.98	10209.41	21.82
2019	2514.05	10786.03	23.31
2020	3189.95	11271.19	28.30

资料来源：根据《中国教育经费统计年鉴》（2002—2021 年）相关数据计算所得。

　　虽然各区域间小学生均一般公共预算教育事业费和基本建设支出一直存在差距，但均衡不仅仅体现在区域之间，还体现在各个区域内部省（市、区）之间。为了进一步了解各区域内部小学生均一般公共预算教育事业费和基本建设支出差异，本书利用《中国教育经费统计年鉴》中的相关数据，计算出全国农村四大区域差异系数，发现农村小学生均一般公共预算教育事业费和基本建设支出各个区域内部都存在着不平衡现象，尤其是近几年以来呈现出东部＞西部＞东北＞中部的状态。虽然中部地区农村小学生均一般公共预算教育事业费和基本建设支出小于其他三个区域，但从长期来看它在均衡性方面是最好的，折射出中部地区投入集体塌陷的状况（见表 1－24）。东北农村小学生均一般公共预算教育事业费和基本建设支出在四个区域当中是最高的，差异系数在 2016 年之后持续降低并在 2020 年低于中部地区，展现出较好的均衡性。东部地区虽然生均一般公共预算教育事业费和基本建设支出较高，但是区域内各个省之间差异最大，所面临的区域内部均衡的挑战最大。观察 2001 年以来的变化趋势，四个区域差异系数虽然呈波动变化，但总体上呈现出下降趋势，东部地区下降最明显，但下降之后的差异系数仍远超其他地区，中部地区呈现出波动中略有下降的趋势。这些变化说明各个区域仍旧存在如何平衡区域内部各省（市、区）之间投入差距的挑战。

表 1－24　　　　四大区域内部农村小学生均一般公共预算教育
事业费和基本建设支出差异系数　　　　　　　　　（%）

年份	东部	中部	西部	东北
2001	172.45	19.26	63.72	41.94
2002	163.23	16.24	62.66	45.18

年份	东部	中部	西部	东北
2003	168.30	16.17	64.50	31.34
2004	175.80	14.29	58.58	24.36
2005	180.16	17.97	54.64	23.85
2006	171.27	15.43	47.80	24.88
2007	164.63	13.68	47.20	21.64
2008	154.65	17.50	52.38	13.52
2009	144.34	17.30	54.11	14.05
2010	145.65	21.62	58.16	16.05
2011	127.48	23.51	65.65	10.26
2012	104.18	20.00	54.45	7.83
2013	94.15	21.69	55.22	12.96
2014	95.69	17.39	49.60	18.97
2015	75.34	23.34	60.10	25.93
2016	85.85	21.92	56.25	27.43
2017	108.90	20.79	58.00	25.82
2018	113.98	18.44	48.34	25.04
2019	138.77	16.27	43.45	18.81
2020	121.31	15.88	45.44	15.08

资料来源：根据《中国教育经费统计年鉴》（2002—2021 年）相关数据计算所得。

　　差异系数能够显示出区域内部差异情况，但不能反映这种差异的全貌。各个省（市、区）生均一般公共预算教育事业费和基本建设支出的极差能够对这种差距予以反映。因此，采用极差处理数据，分析小学生均一般公共预算教育事业费和基本建设支出在各个区域内部的具体差异情况。

　　从东部地区小学生均一般公共预算教育事业费和基本建设支出的极差数据来看，东部农村小学生均一般公共预算教育事业费和基本建设支出区域内部极差较大，近几年来，一直呈现出大于东部地区小学生均一般公共预算教育事业费和基本建设支出极差的状态（见表1-25）。如北京地区近年来呈现出农村小学生均一般公共预算教育事业费和基本建设支出远高于北京小学生均一般公共预算教育事业费和基本建设支出，在其他地区，如河北地区农村小学生均一般公共预算教育事业费和基本建设支出略高于河北地区小学生均一般公共预算教育事业费和基本建设支出。但东部地区农村小学生均一般公共预算教育事业费和基本建设支出均值小于东部地区小学生均一般公共预算教育事业费和基本建设支出均值，说明东部地区农村小学生均一般公共预算教育事业费和基本建设支出不均衡状况更加严重。如何缩小发达地区的投入差距，使区域内部教育实现均衡发展是国家和当地政府需要直面的难题。

中部地区农村小学生均一般公共预算教育事业费和基本建设支出区域内极差大于中部地区小学生均一般公共预算教育事业费和基本建设支出极差，中部地区农村小学生均一般公共预算教育事业费和基本建设支出均值低于中部地区小学均值（见表1-26）。说明中部地区对农村小学生均一般公共预算教育事业费和基本建设支出相对较少，且区域内各省份之间差异较大。不可否认的是，中部地区还是存在一些省份在农村小学生均一般公共预算教育事业费和基本建设支出上大于省份内小学生均一般公共预算教育事业费和基本建设支出的情况，如山西省，但更多的是低于省内小学，如何激励省内投入倾向于农村小学是需要解决的问题。

西部地区无论是农村小学还是西部地区小学生均一般公共预算教育事业费和基本建设支出极差都比较大，西藏、内蒙古地区生均一般公共预算教育事业费和基本建设支出一直处于高水平，与东部发达地区差距较小，映射出国家和当地政府对这些地区小学教育的扶持状况（见表1-27）。但广西和贵州等内陆地区一直处于西部地区小学生均一般公共预算教育事业费和基本建设支出低水平阶段，与西藏、内蒙古地区的差距不断扩大。

东北地区农村小学和区域内所有小学生均一般公共预算教育事业费和基本建设支出极差都相对较小。2004年及之后，东北地区农村小学生均一般公共预算教育事业费和基本建设支出均值高于区域内小学生均一般公共预算教育事业费和基本建设支出水平，映射出东北地区对农村小学教育的重视，在投入上一直处于倾斜状态（见表1-28）。区域内极差仍然存在，在东北地区小学生均一般公共预算教育事业费和基本建设支出极差呈现出进一步扩大的趋势，农村小学呈现出先扩大后缩小的趋势，展现出东北地区在农村小学教育上投入的努力程度，但均衡区域内小学生均一般公共预算教育事业费和基本建设支出的空间仍存在。

表1-25　东部小学生均一般公共预算教育事业费和基本建设支出极差值统计

（元）

年份	中部小学						中部农村小学					
	均值	极大值省市	极大值	极小值省市	极小值	极差	均值	极大值省市	极大值	极小值省市	极小值	极值
2001	849.63	上海	3634.25	河北	506.19	3128.06	662.54	上海	3170.93	河北	454.28	2716.65
2002	1083.31	上海	4447.95	河北	718.55	3729.40	877.75	上海	3851.33	河北	659.32	3192.01
2003	1283.31	上海	5428.67	海南	801.32	4627.35	1031.68	上海	4453.52	海南	763.03	3690.49
2004	1569.39	上海	6732.55	海南	1043.09	5689.46	1329.43	上海	5924.84	海南	1010.32	4914.52
2005	1835.15	上海	7958.33	海南	1356.91	6601.42	1583.83	上海	7293.14	广东	1088.59	6204.55
2006	2208.59	上海	9483.01	山东	1659.93	7823.08	1908.67	上海	8583.02	广东	1245.62	7337.40
2007	2912.61	上海	11605.17	广东	2098.28	9506.89	2642.34	上海	11250.87	广东	1671.62	9579.25
2008	3576.80	上海	13065.51	广东	2542.39	10523.12	3237.71	上海	12207.01	广东	1963.86	10243.15
2009	4344.70	上海	14843.69	广东	3008.74	11834.95	3912.52	北京	14011.30	广东	2222.64	11788.66
2010	5268.53	上海	16534.61	广东	3568.76	12965.85	4792.05	北京	18544.34	广东	2662.36	15882.58
2011	6359.89	北京	19098.19	河北	4289.33	14808.86	5886.38	北京	21787.91	广东	3829.33	17958.58
2012	7309.71	北京	20642.72	河北	4853.00	15789.72	6868.48	北京	22934.97	广东	4770.19	18164.78
2013	8055.10	北京	21920.50	河北	4969.05	16951.45	7600.91	北京	24183.85	河北	5183.91	18999.94
2014	8781.50	北京	23441.78	河北	5349.05	18092.73	7968.86	北京	27040.97	河北	5374.67	21666.30
2015	9873.16	北京	23757.49	河北	6752.72	17004.77	9044.32	北京	26894.18	河北	6804.68	20089.50

续表

年份	中部小学						中部农村小学					
	均值	省市	极大值	省市	极小值	极差	均值	省市	极大值	省市	极小值	极值
2016	10817.30	北京	26879.21	河北	7327.54	19551.67	9747.78	北京	31324.19	河北	7237.22	24086.97
2017	11612.42	北京	30710.24	河北	7945.05	22765.19	10306.98	北京	41563.29	河北	8008.69	33554.60
2018	11985.34	北京	32132.36	河北	8407.16	23725.20	10525.48	北京	44224.38	河北	8475.12	35749.26
2019	12869.52	北京	35408.39	河北	8956.98	26451.41	11248.11	北京	55310.88	河北	9061.30	46249.58
2020	13454.05	北京	35113.55	河北	9356.22	25757.33	11655.04	北京	51310.20	河北	9469.87	41840.33

资料来源：《中国教育经费统计年鉴》（2002—2021 年）。均值和极差值由笔者计算所得。

表 1-26　中部小学生均一般公共预算教育事业费和基本建设支出极差差值统计

（元）

年份	中部小学						中部农村小学					
	均值	省份	极大值	省份	极小值	极差	均值	省份	极大值	省份	极小值	极值
2001	450.50	山西	615.72	河南	355.75	259.97	404.03	山西	598.73	湖北	313.59	285.14
2002	599.31	山西	729.79	河南	471.87	257.92	553.52	山西	726.60	河南	431.10	295.50
2003	671.69	湖南	852.52	河南	520.12	332.40	627.70	山西	808.73	河南	477.57	331.16
2004	838.36	湖南	1087.82	河南	662.52	425.30	798.65	山西	979.92	河南	619.97	359.95
2005	992.60	湖南	1291.72	河南	756.88	534.84	954.25	山西	1312.40	河南	713.30	599.10
2006	1215.30	山西	1523.18	河南	954.91	568.27	1175.47	山西	1602.85	河南	909.64	693.21
2007	1688.25	山西	2061.51	河南	1403.05	658.46	1655.70	山西	2241.38	河南	1366.09	875.29
2008	2046.16	山西	2706.17	河南	1650.41	1055.76	2025.89	山西	3004.97	河南	1615.51	1389.46
2009	2475.40	山西	3470.79	河南	1959.89	1510.90	2542.82	山西	3896.06	河南	1935.78	1960.28
2010	2846.67	山西	4129.49	河南	2201.37	1928.12	2795.03	山西	4662.44	河南	2169.92	2492.52
2011	3664.99	山西	5143.01	河南	2758.84	2384.17	3629.15	山西	6071.65	河南	2710.48	3361.17
2012	4650.94	山西	5881.29	河南	3520.52	2360.77	4648.61	山西	7110.86	河南	3436.34	3674.52
2013	5349.96	山西	6615.75	河南	3969.64	2646.11	5484.96	山西	8374.92	河南	3927.92	4447.00
2014	6018.27	山西	7359.19	河南	4447.63	2911.56	5998.23	山西	8241.92	河南	4424.82	3817.10
2015	6827.02	山西	9269.24	河南	4575.27	4693.97	6779.22	山西	10480.53	河南	4575.08	5905.45
2016	7553.27	湖北	10076.72	河南	5119.81	4956.91	7494.78	山西	10780.60	河南	5047.15	5733.45

续表

年份	中部小学						中部农村小学					
	均值	省份	极大值	省份	极小值	极差	均值	省份	极大值	省份	极小值	极值
2017	8200.32	湖北	11031.07	河南	5853.70	5177.37	7995.86	山西	11472.67	河南	5664.57	5808.10
2018	8635.88	湖北	10603.83	河南	6467.31	4136.52	8390.19	山西	11611.15	河南	6153.57	5457.58
2019	9207.50	湖北	11018.31	河南	7066.56	3951.75	8958.96	山西	11911.93	河南	6857.35	5054.58
2020	9592.11	湖北	11456.43	河南	7295.12	4161.31	9247.04	山西	12420.73	河南	7257.93	5162.80

资料来源：《中国教育经费统计年鉴》（2002—2021 年）。均值和极差值由笔者计算所得。

表1-27　西部小学生均一般公共预算教育事业费和基本建设支出极差值统计　　　　　　　　（元）

年份	西部小学						西部农村小学					
	平均值	省区	极大值	省区	极小值	极差	均值	省区	极大值	省区	极小值	极差
2001	616.87	西藏	1678.99	贵州	452.51	1226.48	575.48	西藏	1555.39	贵州	409.13	1146.26
2002	750.34	西藏	2032.09	贵州	556.87	1475.22	700.36	西藏	1922.10	贵州	506.44	1415.66
2003	819.90	西藏	2436.12	贵州	590.10	1846.02	768.27	西藏	2287.93	贵州	539.62	1748.31
2004	969.02	西藏	2728.56	贵州	720.99	2007.57	917.18	西藏	2519.44	贵州	670.08	1849.36
2005	1127.51	西藏	2797.19	四川	878.24	1918.95	1070.05	西藏	2645.46	贵州	817.01	1828.45
2006	1432.76	西藏	2971.34	贵州	1074.92	1896.42	1393.72	西藏	2894.22	贵州	1001.94	1892.28
2007	1908.25	西藏	4779.96	贵州	1475.22	3304.74	1865.16	西藏	4285.30	贵州	1426.07	2859.23
2008	2504.11	西藏	6092.82	贵州	1865.91	4226.91	2470.11	西藏	5904.51	贵州	1783.50	4121.01
2009	3225.78	西藏	7322.35	贵州	2326.70	4995.65	3162.45	内蒙古	7054.03	贵州	2244.70	4809.33
2010	3909.82	西藏	8581.87	贵州	2798.54	5783.33	3832.59	内蒙古	9346.15	贵州	2726.52	6619.63
2011	4812.11	西藏	10843.96	贵州	3479.55	7364.41	4760.94	内蒙古	18538.80	贵州	3391.01	8647.79
2012	6432.66	西藏	12754.05	广西	4996.13	7757.92	6548.40	西藏	13468.43	广西	5004.56	8463.87
2013	7219.81	西藏	15218.35	广西	5611.23	9607.12	7415.20	西藏	15976.89	广西	5475.93	10500.96
2014	7672.47	西藏	17905.94	广西	5945.96	11959.98	7810.35	西藏	17844.58	广西	5952.36	11892.22
2015	9155.20	西藏	25750.22	广西	7061.36	18688.86	9367.75	西藏	25388.70	广西	7096.05	18292.65
2016	9987.48	西藏	26148.23	广西	7861.54	18286.69	10195.44	西藏	26351.78	广西	7814.54	18537.24

续表

年份	西部小学						西部农村小学				
	平均值	省区	极大值	省区	极小值	极差	均值	省区	极大值	省区	极小值	极差
2017	10523.43	西藏	28579.74	广西	8059.71	20520.03	10738.03	西藏	29007.29	广西	7828.05	21179.24
2018	10952.86	西藏	28189.80	广西	8132.67	20057.13	11185.31	西藏	26193.24	广西	8226.70	17966.54
2019	11339.85	西藏	26373.22	广西	8432.92	17940.30	11565.36	西藏	25675.36	广西	8477.13	17198.23
2020	11674.91	西藏	28098.92	广西	8711.94	19386.98	11961.15	西藏	27813.50	广西	8789.05	19024.45

资料来源：《中国教育经费统计年鉴》（2002—2021 年）。均值和极差值由笔者计算所得。

表1-28　东北小学生均一般公共预算教育事业费和基本建设支出极差值统计　（元）

年份	东北小学						东北农村小学					
	平均值	省份	极大值	省份	极小值	极差	均值	省份	极大值	省份	极小值	极差
2001	869.23	黑龙江	1176.15	辽宁	716.90	459.25	791.29	黑龙江	1140.50	辽宁	595.41	545.09
2002	1114.13	黑龙江	1546.45	辽宁	901.77	644.68	1055.38	黑龙江	1536.89	辽宁	774.76	762.13
2003	1289.44	黑龙江	1609.32	辽宁	1114.88	494.44	1249.02	黑龙江	1614.88	辽宁	995.60	619.28
2004	1562.54	黑龙江	1882.94	吉林	1359.34	523.60	1579.40	黑龙江	1945.91	辽宁	1404.65	541.26
2005	1896.60	黑龙江	2240.48	吉林	1722.24	518.24	1905.22	黑龙江	2335.35	辽宁	1649.16	686.19
2006	2383.82	黑龙江	2818.82	吉林	2125.63	693.19	2445.94	黑龙江	3011.58	辽宁	2145.24	866.34
2007	3127.30	黑龙江	3557.01	辽宁	2854.73	702.28	3286.67	黑龙江	3904.22	辽宁	2803.17	1101.05
2008	4009.91	黑龙江	4323.55	辽宁	3770.76	552.79	4247.39	黑龙江	4601.41	辽宁	3821.41	780.00
2009	4650.90	黑龙江	4942.10	辽宁	4365.10	577.00	5004.50	黑龙江	5439.64	辽宁	4459.67	979.97
2010	5601.59	吉林	6270.17	辽宁	5202.60	1067.57	6115.04	黑龙江	6131.02	辽宁	5495.78	635.24
2011	6900.56	吉林	7323.65	黑龙江	6504.91	818.74	7521.37	吉林	8258.69	黑龙江	7136.35	1122.34
2012	8517.36	黑龙江	8761.48	辽宁	8173.28	588.20	9452.10	吉林	9888.92	辽宁	8851.75	1037.17
2013	8819.30	吉林	9211.13	辽宁	8405.37	805.76	9844.39	黑龙江	10737.38	辽宁	8741.05	1996.33
2014	9700.01	黑龙江	11062.98	辽宁	8354.27	2708.71	10701.04	黑龙江	12281.65	辽宁	8896.72	3384.93
2015	11126.44	黑龙江	12939.48	辽宁	9138.21	3801.27	12482.15	黑龙江	14953.59	辽宁	9606.17	5347.42
2016	18552.89	黑龙江	14232.99	辽宁	9765.26	4467.73	13801.70	黑龙江	16730.62	辽宁	10529.95	6200.67

续表

年份	东北小学							东北农村小学					
	平均值	省份	极大值	省份	极小值	极差		均值	省份	极大值	省份	极小值	极差
2017	12517.02	黑龙江	14428.02	辽宁	10263.05	4164.97		14468.51	黑龙江	17019.06	辽宁	11078.62	5940.44
2018	18517.27	黑龙江	13963.01	辽宁	9796.08	4166.93		14145.62	黑龙江	16514.95	辽宁	10699.50	5815.45
2019	12580.78	黑龙江	14437.11	辽宁	10833.09	3604.02		15381.94	黑龙江	17634.66	辽宁	12759.33	4875.33
2020	13504.11	黑龙江	14992.79	辽宁	11709.43	3283.36		17269.74	黑龙江	18964.48	辽宁	15013.74	3950.74

资料来源:《中国教育经费统计年鉴》(2002—2021年)。均值和极差值由笔者计算所得。

通过对以上四个区域极值与极差数据的分析可以发现，农村小学生均一般公共预算教育事业费和基本建设支出在各个区域内部都存在着差异，不平衡现象突出，尤其是东部地区区域内差异非常显著，差异最小的是东北地区，其次是中部地区。东部和西部地区差异存在进一步扩大的趋势，东北地区差异逐渐减小。就农村区域对比来讲，东北地区投入水平最高且区域内差异最小，东部地区区域内投入水平差异最大，中部地区投入水平最低，差异相对也较小，呈现出集体性塌陷样态。

从各区域内农村小学生均一般公共预算教育事业费和基本建设支出与各区域内小学生均一般公共预算教育事业费和基本建设支出比较而言，东、中、东北部地区均呈现农村小学生均一般公共预算教育事业费和基本建设支出差异性大于区域内小学的情况，且东部地区差异最大。西部地区近几年来农村小学生均一般公共预算教育事业费和基本建设支出极差小于区域内小学生均一般公共预算教育事业费和基本建设支出极差。从其极差的大小来看，依次呈现出东部最大、西部次之、中部和东北相对较小，映射出区域内小学城乡生均一般公共预算教育事业费和基本建设支出存在不均衡现象。

2. 初中一般公共预算教育事业费和基本建设支出区域结构

通过对《中国教育经费统计年鉴》相关年份全国和农村各区域初中生均一般公共预算教育事业费和基本建设支出数据的整理可以看出，全国初中生均一般公共预算教育事业费和基本建设支出水平呈现出东部＞东北＞西部＞中部的样态；其增速呈现出中部＞西部＞东部＞东北的样态。近年来，各区域农村初中支出水平呈现出东北＞东部＞西部＞中部的样态，其增速呈现出中部＞东北＞西部＞东部的样态。就各区域农村初中生均一般公共预算教育事业费和基本建设支出均衡程度比较来看，呈现出东北＞中部＞西部＞东部的样态。

通过进一步分析发现，初中各区域生均一般公共预算教育事业费和基本建设支出存在着两种现象：其一，无论是全国区域的初中，还是农村地区的初中，从生均一般公共预算教育事业费和基本建设支出水平来看，东、中、西与东北四个区域间存在着明显的差距，呈现出东部和东北地区领先，中、西部地区一直低于全国平均水平，中、西部地区塌陷的情况。其二，从农村初中与全国初中生均一般公共预算教育事业费和基本建设支出水平比较来看，2008 年以前，呈现出四区域农村初中生均一般公共预算教育事业费和基本建设支出水平均低于区域内初中生均一般公共预算教育事业费和基本建设支出水平的状态，映射出初中阶段生均一般公共预算教育事业费和基本建设支出的城乡差距。2008 年以后，中部和东北农村初中生均一般公共预算教育事业费和基本建设支出逐步超过区域内初中，但中部地区农村初中生均一般公共预算教育事业费和基本建设支出在 2014 年又被区域内初中反超，东北地区农村初中始终保持着生均一般公共预算教育事业费和基本建设支出超过区域内初中的水平。除了东北农村初中外，近几年来东、中、西部地区均呈现出农村生均一般公共预算教育事业费和基本建设支出低于区域初中生均一般公共预算教育事业费和基本建设支出平均水平的情况，实质性地映射出城乡差距的客观存在。

（1）全国各区域初中生均一般公共预算教育事业费和基本建设支出情况对比

从全国各个区域初中生均一般公共预算教育事业费和基本建设支出水平来看，2001—2020 年呈现出生均一般公共预算教育事业费和基本建设支出快速增长的趋势。全国初中生均一般公共预算教育事业费和基本建设支出从 2001 年的 838.77 元增加到 2020 年的 16949.28 元，增加了 19.21 倍。东部地区初中生均一般公共预算教育事业费和基本建设支出从 2001 年的 1076.3 元，增加到 2020 年的 20517.04 元，增加了 18.06 倍。中部地区初中生均一般公共预算教育事业费和基本建设支出从 2001 年的 589.92 元增加到 2020 年的 14041.91 元，增加了 22.8 倍。西部地区初中生均一般公共预算教育事业费和基本建设支出从 2001 年的 772.26 元增加到 2020 年的 15492.81 元，增加了 19.06 倍。东北地区初中生均一般公共预算教育事业费和基本建设支出从 2001 年的 962.9 元增加到 2020 年的 17197.58 元，增加了 16.86 倍。由以上数据可知，其投入水平呈现出东部 > 东北 > 西部 > 中部的状况；其增速呈现出中部 > 西部 > 东部 > 东北地区（见表 1-29）。

全国各个区域内初中生均一般公共预算教育事业费和基本建设支出水平存在着显著差距。虽然各区域均呈现出快速增长的趋势，但各区域间初中生均一般公共预算教育事业费和基本建设支出差距进一步扩大。如 2001 年东部生均一般公共预算教育事业费和基本建设支出与中部、西部、东北分别相差 486.38 元、304.04 元、113.40 元，2020 年东部初中生均一般公共预算教育事业费和基本建设支出与中部、西部、东北地区差距分别为6475.13 元、5024.23 元、3319.47 元。由此可知东部地区与中部、西部地区绝对差距进一步扩大。

表 1-29　　　　全国各区域初中生均一般公共预算教育
事业费和基本建设支出统计　　　　　　　（元）

年份	全国平均	东部平均	中部平均	西部平均	东北平均
2001	838.77	1076.30	589.92	772.26	962.90
2002	998.09	1303.55	716.06	899.32	1132.23
2003	1096.98	1513.75	756.92	933.25	1269.83
2004	1296.13	1807.55	899.57	1078.39	1556.01
2005	1561.69	2159.18	1100.02	1295.82	1955.24
2006	1962.67	2655.59	1411.37	1670.37	2534.39
2007	2731.27	3609.76	2123.88	2265.10	3291.77
2008	3644.98	4557.68	2890.04	3231.48	4440.73
2009	4538.39	5454.18	3633.11	4250.21	5343.18
2010	5415.41	6782.76	4130.25	4943.75	6582.40
2011	6743.87	8255.87	5367.30	6134.08	8336.88
2012	8493.66	9872.93	7047.18	7893.41	10986.89
2013	9542.68	11244.47	8054.01	8738.20	11404.18
2014	10357.58	12424.92	8926.07	9142.41	11893.04
2015	12106.07	14556.53	9952.70	11026.08	13973.36
2016	13641.95	16564.83	11233.70	12364.00	15191.36
2017	14858.63	18024.15	12232.03	13603.62	15870.10
2018	15489.90	18797.32	12871.33	14245.58	15366.80
2019	16333.71	19868.74	13563.54	14928.17	16214.70
2020	16949.28	20517.04	14041.91	15492.81	17197.58

资料来源：根据《中国教育经费统计年鉴》（2002—2021 年）相关数据计算所得。

（2）各区域农村初中生均一般公共预算教育事业费和基本建设支出情况对比

初中阶段农村地区东、中、西、东北四个区域的生均一般公共预算教育事业费和基本建设支出水平差距情况是：2001 年全国农村初中生均一般公共预算教育事业费和基本建设支出为 666.7 元，2020 年为 15259.43 元，增加了 21.89 倍。东部农村初中 2001 年生均一般公共预算教育事业费和基本建设支出为 795.93 元，2020 年为 17403.35 元，增加了 20.87 倍。中部农村初中 2001 年生均一般公共预算教育事业费和基本建设支出为 516.97 元，2020 年为 13289.51 元，增加了 24.71 倍。西部农村初中 2001 年生均一般公共预算教育事业费和基本建设支出为 669.71 元，2020 年为 14779.98 元，增加了 21.07 倍。东北农村初中 2001 年生均一般公共预算教育事业费和基本建设支出为 772.31 元，2020 年为 18516.12 元，增加了 22.97 倍。农村初中区域间生均一般公共预算教育事业费和基本建设支出水平呈现出东北＞东部＞西部＞中部的状态，东部地区在 2018 年实现赶超。但其增速却呈现出中部＞东北＞西部＞东部的状态，中部地区支出体量最小，但增速最快（见表 1-30）。

表 1-30　　　　各区域农村初中生均一般公共预算教育事业费
和基本建设支出统计　　　　　　　　　　　　（元）

年份	农村地区	东部农村	中部农村	西部农村	东北农村
2001	666.70	795.93	516.97	669.71	772.31
2002	815.95	975.59	653.15	812.11	916.13
2003	889.69	1116.94	697.94	843.04	1064.18
2004	1101.32	1456.31	844.53	986.01	1317.48
2005	1355.40	1770.47	1057.77	1190.61	1686.65
2006	1763.75	2248.41	1371.04	1612.27	2228.51
2007	2465.46	3128.51	2083.83	2092.02	2985.70
2008	3390.10	4045.66	2918.87	3057.75	4244.45
2009	4267.70	4836.79	3712.55	4054.35	5353.36
2010	5061.33	6073.87	4167.26	4697.04	6500.45
2011	6376.46	7566.07	5440.04	5797.25	8494.04

年份	农村地区	东部农村	中部农村	西部农村	东北农村
2012	8237.45	9129.83	7215.72	7798.89	11798.57
2013	9463.19	10690.51	8587.29	8728.75	11944.39
2014	9712.10	11115.46	8884.73	8996.15	12076.90
2015	11349.02	13289.91	9782.04	10760.44	14139.42
2016	12644.58	14790.20	10977.05	11983.30	15497.57
2017	13601.20	15902.00	11658.65	13088.60	16167.16
2018	14066.69	16260.40	12228.76	13646.42	15833.13
2019	14663.33	16877.40	12748.91	14210.04	16968.92
2020	15259.43	17403.35	13289.51	14779.98	18516.12

资料来源：根据《中国教育经费统计年鉴》（2002—2021 年）相关数据计算所得。《中国教育经费统计年鉴》未统计西藏 2002—2013 年农村初中生均一般公共预算教育事业费和基本建设支出。

全国农村初中生均一般公共预算教育事业费和基本建设支出在四区域的变化上，呈现出和全国初中相似的态势，各区域支出均快速增长，但各区域间生均一般公共预算教育事业费和基本建设支出的差距进一步扩大。如 2001 年东部与中部、西部、东北地区生均一般公共预算教育事业费和基本建设支出差值分别为 278.96 元、126.23 元、23.62 元。2020 年，东北生均一般公共预算教育事业费和基本建设支出超越东部，差值为 1112.77元，东部与中部、西部的生均一般公共预算教育事业费和基本建设支出差值分别为 4113.84 元、2623.36 元。

从各个区域内部来看农村初中与区域内初中生均一般公共预算教育事业费和基本建设支出差距，2001 年，全国初中与农村初中生均一般公共预算教育事业费和基本建设支出相差 172.07 元；2020 年，全国初中与农村初中生均一般公共预算教育事业费和基本建设支出差值为 1689.85 元，差值扩大了 8.82 倍。东部地区农村初中与东部地区初中 2001 年生均一般公共预算教育事业费和基本建设支出差值为 280.36 元，2020 年二者的差值为 3113.7 元，差值扩大了 10.11 倍。中部地区农村初中与中部地区初中 2001 年生均一般公共预算教育事业费和基本建设支出差值为 72.95 元，

2020 年二者的差值为 752.4 元，差值扩大了 9.31 倍。西部地区农村初中与西部地区初中 2001 年生均一般公共预算教育事业费和基本建设支出差值为 102.55 元，2020 年二者的差值为 712.83 元，差值扩大了 5.95 倍。东北地区农村初中与东北地区初中 2001 年生均一般公共预算教育事业费和基本建设支出差值为 190.58 元，2020 年二者的差值为 1318.54 元，且东北地区农村初中生均一般公共预算教育事业费和基本建设支出超过东北地区初中，二者的差值扩大了 7.92 倍。从 2020 年各区域农村初中与区域内初中生均一般公共预算教育事业费和基本建设支出差距来看，西部地区差距最小，其次是中部地区，再次是东北地区，东部地区差距最大。

从初中阶段生均一般公共预算教育事业费和基本建设支出区域内初中与农村初中对比发现，2008 年以前均呈现出农村初中生均一般公共预算教育事业费和基本建设支出低于区域内初中的局面，2008 年，中部地区农村初中生均一般公共预算教育事业费和基本建设支出超过中部地区初中水平，但在 2014 年及之后又处于落后状态；2009 年，东北农村初中生均一般公共预算教育事业费和基本建设支出首次超过东北地区初中水平，但 2010 年被追上，2011 年再度实现反超后持续保持且差距不断拉大，但其他三个区域仍然呈现出区域内农村生均一般公共预算教育事业费和基本建设支出低于该区域平均水平的情况。农村初中与全国初中生均一般公共预算教育事业费和基本建设支出投入差距映射出近年来除东北地区外，其他三个区域政府在农村教育投入上的努力程度不够，没有统筹城乡教育发展。

（3）初中教育阶段各区域内支出均衡程度比较

为了进一步考察农村初中阶段四大区域内生均一般公共预算教育事业费和基本建设支出均衡程度，根据《中国教育经费统计年鉴》相关数据，依据差异系数计算公式进行整理，发现中国农村地区东部、中部、西部与东北四个区域间的支出虽然都呈现出均值增加的趋势，但四个区域间的差异系数总体上呈现出在波动中稳步下降的趋势，2001—2002 年略有下降；2003—2005 年有所上升；2006—2009 年呈现出持续下降的趋势；2010—2012 年经历小幅上升后，于 2014 年下降至 2009 年水平；2015—2020 年先略有下降后又略有上升，始终保持在 14% 左右。这些趋势都说明自 2001 年以来，各区域间的生均投入差距状况没有得到有效改善，一直处于波动状态（见表 1-31）。

表1-31　　　　　农村初中生均一般公共预算教育事业费和

基本建设支出差异系数统计

年份	标准差（元）	平均数（元）	差异系数（%）
2001	112.12	666.70	16.82
2002	124.54	815.95	15.26
2003	173.95	889.69	19.55
2004	250.99	1101.32	22.79
2005	315.34	1355.40	23.27
2006	396.25	1763.75	22.47
2007	498.84	2465.46	20.23
2008	610.78	3390.10	18.02
2009	681.22	4267.70	15.96
2010	1003.54	5061.33	19.83
2011	1333.39	6376.46	20.91
2012	1917.95	8237.45	23.28
2013	1497.44	9463.19	15.82
2014	1479.77	9712.10	15.24
2015	1894.41	11349.02	16.69
2016	1997.57	12644.58	15.80
2017	1994.62	13601.20	14.67
2018	1694.65	14066.69	12.50
2019	1876.72	14663.33	12.80
2020	2197.32	15259.43	14.40

资料来源：根据《中国教育经费统计年鉴》（2002—2021年）相关数据计算所得。《中国教育经费统计年鉴》未统计西藏2002—2013年农村初中生均一般公共预算教育事业费和基本建设支出。

一直以来，农村各地生均一般公共预算教育事业费和基本建设支出存在差异，但不知其差异程度到底如何。为了进一步分析各个区域内农村初中阶段生均一般公共预算教育事业费和基本建设支出差异，本书利用所计算的差异系数（见表1-32）发现农村初中阶段生均一般公共预算教育事业费和基本建设支出不仅在全国四大区域间存在差异，四大区域内部也存在差异。

表 1 - 32　　　　四大区域内部农村初中生均一般公共预算教育
事业费和基本建设支出差异系数　　　　　　　　（%）

年份	东部	中部	西部	东北
2001	147.96	15.73	82.83	5.73
2002	147.42	12.14	46.64	10.36
2003	166.30	12.61	44.38	2.44
2004	170.66	11.47	40.27	8.12
2005	196.10	16.40	44.01	6.77
2006	202.03	16.00	39.93	9.77
2007	194.28	13.69	35.64	5.24
2008	164.47	16.39	46.94	6.78
2009	150.21	18.37	52.91	13.11
2010	168.82	14.49	54.60	19.54
2011	171.45	12.21	60.38	21.87
2012	137.71	11.46	50.62	10.52
2013	139.20	12.03	48.34	12.48
2014	122.64	15.24	33.14	12.78
2015	121.03	21.60	37.15	20.44
2016	122.75	23.97	34.64	20.09
2017	180.74	22.21	32.39	17.54
2018	163.55	18.78	35.09	17.91
2019	167.57	17.23	32.53	11.39
2020	161.16	16.48	35.48	11.09

资料来源：根据《中国教育经费统计年鉴》（2002—2021 年）相关数据计算所得。《中国教育经费统计年鉴》未统计西藏 2002—2013 年农村初中生均一般公共预算教育事业费和基本建设支出。

东部地区一直是中国经济较发达地区，其生均一般公共预算教育事业费和基本建设支出较高，但表 1 – 32 反映出东部地区是四大区域中均衡性程度最差的一个地区。东北地区生均一般公共预算教育事业费和基本建设支出较高，但差异系数是最小的。中部地区生均一般公共预算教育事业费和基本建设支出整体上陷入塌陷状态，区域内部相对差异较小。西部地区差异系数略高于中部地区。从变化趋势来看，西部地区差异系数呈现出逐渐缩小的趋势；而东部、中部和东北地区差异系数都呈现出进一步扩大的趋势，并且东部地区差异系数远高于其他三个区域，说明东部各省市之间农村初中生均一般公共预算教育事业费和基本建设支出差距很大。

生均一般公共预算教育事业费和基本建设支出区域内部差异系数代表地区经费支出离散程度，但不能直观地反映区域内部的真实差距，为了显示区域内部生均一般公共预算教育事业费和基本建设支出的差距，采用极差的方式对各区域内部生均一般公共预算教育事业费和基本建设支出均衡情况进行考察。

具体来看，2001—2006 年，东部初中生均一般公共预算教育事业费和基本建设支出极差值大于东部农村初中生均一般公共预算教育事业费和基本建设支出，2007—2020 年呈现出东部农村初中生均一般公共预算教育事业费和基本建设支出大于东部初中生均一般公共预算教育事业费和基本建设支出的状况。东部地区作为中国经济发展水平较高的地区，呈现出两极分化状态，经济发展较好的地方，持续对农村初中教育投入进行倾斜，明显超过东部地区初中生均水平，如北京；但经济相对落后地区，呈现出初中平均水平普遍高于农村初中的样态，如河北。对于东部地区，尤其是经济相对落后的省份，补齐农村教育投入短板是个挑战（见表 1 – 33）。

从数据来看，中部地区在 2001—2015 年期间，农村初中生均一般公共预算教育事业费和基本建设支出极差值高于中部初中生均一般公共预算教育事业费和基本建设支出极值；2016—2020 年情况发生反转，中部初中生均一般公共预算教育事业费和基本建设支出的极差值高于农村初中生均一般公共预算教育事业费和基本建设支出极差值（2018 年除外）（见表 1 – 34）。数据的变化说明中部地区近几年来在均衡农村初中生均一般公共预算教育事业费和基本建设支出上的努力。湖南农村初中生均一般公共预算教育事业费和基本建设支出高于湖南初中平均水平，河南初中生均一般公共预算教育事业费和基本建设支出高于河南农村初中。中部地区面临着如何让生

表1-33　东部初中生均一般公共预算教育事业费和基本建设支出极差值统计　（元）

年份	东部初中						东部农村初中					
	均值	省市	极大值	省市	极小值	极值	均值	省市	极大值	省市	极小值	极值
2001	1076.30	上海	3438.17	河北	657.29	2780.88	795.93	上海	3253.65	河北	561.98	2691.67
2002	1303.55	上海	4349.10	河北	795.83	3553.27	975.59	上海	4136.40	河北	720.93	3415.47
2003	1513.75	上海	5523.96	河北	865.21	4658.75	1116.94	上海	4974.55	海南	874.03	4100.52
2004	1807.55	上海	7014.04	河北	1081.27	5932.77	1456.31	上海	6262.83	河北	990.56	5272.27
2005	2159.18	上海	8934.52	河北	1404.03	7530.49	1770.47	上海	8765.81	河北	1313.64	7452.17
2006	2655.59	上海	10459.78	河北	1718.39	8741.39	2248.41	北京	10291.48	广东	1685.32	8606.16
2007	3609.76	上海	13377.01	广东	2377.30	10999.71	3128.51	北京	14385.83	广东	2133.26	12252.57
2008	4557.68	上海	15982.94	广东	3308.00	12674.94	4045.66	北京	18111.97	广东	2499.40	15612.57
2009	5454.18	上海	18484.31	广东	3534.79	14949.52	4836.79	北京	21051.60	广东	2632.84	18418.76
2010	6782.76	北京	24203.46	广东	4111.73	20091.73	6073.87	北京	29220.04	广东	3016.03	26204.01
2011	8255.87	北京	29052.63	广东	5065.69	23986.94	7566.07	北京	38660.19	广东	3825.93	34834.26
2012	9872.93	北京	31675.63	广东	6300.53	25375.10	9129.83	北京	40865.32	广东	4769.33	36095.99
2013	11244.47	北京	35082.16	河北	7660.70	27421.46	10690.51	北京	47745.66	广东	6145.48	41600.18
2014	12424.92	北京	36507.21	河北	7749.39	28757.82	11115.46	北京	44906.01	河北	7696.61	37209.40
2015	14556.53	北京	40443.73	河北	9557.77	30885.96	13289.91	北京	53755.08	河北	9366.44	44388.64
2016	16564.83	北京	47773.73	河北	10634.67	37139.06	14790.20	北京	60076.56	河北	9978.61	50097.95

续表

年份	东部初中						东部农村初中					
	均值	省市	极大值	省市	极小值	极值	均值	省市	极大值	省市	极小值	极值
2017	18024.15	北京	58509.67	河北	11493.90	47015.77	15902.00	北京	91493.09	河北	11040.51	80452.58
2018	18797.32	北京	61061.29	河北	11957.52	49103.77	16260.40	北京	86453.67	河北	11469.68	74983.99
2019	19868.74	北京	63429.30	河北	12731.10	50698.2	16877.40	北京	91306.81	河北	11925.49	79381.32
2020	20517.04	北京	61701.46	河北	13125.61	48575.85	17403.35	北京	91584.76	河北	12377.51	79207.25

资料来源：《中国教育经费统计年鉴》（2002—2021年）。均值和极差值由笔者计算所得。

表1-34　中部初中生均一般公共预算教育事业费和基本建设支出极差值统计　（元）

年份	中部初中						中部农村初中					
	均值	省份	极大值	省份	极小值	极值	均值	省份	极大值	省份	极小值	极值
2001	589.92	山西	818.51	河南	517.51	301.00	516.97	山西	763.03	河南	453.28	309.75
2002	716.06	山西	899.20	河南	608.54	290.66	653.15	山西	855.38	河南	544.32	311.06
2003	756.92	山西	960.54	河南	649.41	311.13	697.94	山西	913.63	河南	574.99	338.64
2004	899.57	山西	1080.64	河南	773.38	307.26	844.53	山西	1065.63	河南	713.47	352.16
2005	1100.02	山西	1398.11	河南	932.28	465.83	1057.77	山西	1406.12	河南	848.62	557.50
2006	1411.37	湖南	1847.96	河南	1210.74	637.22	1371.04	湖南	1871.96	河南	1147.49	724.47
2007	2123.88	湖南	2681.66	安徽	1818.27	863.39	2083.83	湖南	2720.72	安徽	1728.79	991.93
2008	2890.04	湖南	3729.29	河南	2489.90	1239.39	2918.87	湖南	3928.66	河南	2461.95	1466.71
2009	3633.11	湖南	4705.46	河南	3046.85	1658.61	3712.55	湖南	4978.33	河南	3022.44	1955.89
2010	4130.25	湖南	5067.10	河南	3470.75	1596.35	4167.26	山西	5285.82	河南	3472.86	1812.96
2011	5367.30	湖南	6086.42	河南	4616.39	1470.03	5440.04	山西	6775.21	河南	4571.60	2203.61
2012	7047.18	湖南	8474.80	河南	5966.18	2508.62	7215.72	湖南	8611.92	河南	5953.66	2658.26
2013	8054.01	湖南	9182.66	河南	6649.87	2532.79	8587.29	安徽	10000.84	河南	6848.23	3152.61
2014	8926.07	湖南	10068.21	河南	7139.84	2928.37	8884.73	湖北	11689.48	河南	6941.48	4748.00
2015	9952.70	湖北	14435.84	河南	7262.97	7172.87	9782.04	湖北	14487.55	河南	7051.01	7436.54
2016	11233.70	湖北	17271.97	河南	7952.87	9319.10	10977.05	湖北	16961.31	河南	7684.40	9276.91

续表

年份	中部初中						中部农村初中					
	均值	省份	极大值	省份	极小值	极值	均值	省份	极大值	省份	极小值	极值
2017	12232.03	湖北	18635.99	河南	9166.17	9469.82	11658.65	湖北	17620.56	河南	8528.82	9091.75
2018	12871.33	湖北	17416.46	河南	10042.40	7374.06	12228.76	湖北	16540.57	河南	9083.50	7457.07
2019	13563.54	湖北	18110.50	河南	10689.56	7420.94	12748.91	湖北	16796.41	河南	9765.45	7030.96
2020	14041.91	湖北	18606.87	河南	10863.82	7743.05	13289.51	湖北	17259.74	河南	10223.09	7036.65

资料来源:《中国教育经费统计年鉴》(2002—2021年)。均值和极差值由笔者计算所得。

均一般公共预算教育事业费和基本建设支出较低省份在教育投入上持续向农村初中倾斜的挑战。

西部地区初中生均一般公共预算教育事业费和基本建设支出存在较大差异，从2001年至2020年的相关数据来看，西部地区各省市区初中生均一般公共预算教育事业费和基本建设支出极差值在大部分年份里要大于西部农村初中的极差值。西部地区西藏、新疆、青海等地区无论是农村初中还是区域内所有初中生均一般公共预算教育事业费和基本建设支出均高于西部地区平均水平，这从侧面反映出国家和西部地区对教育的重视与努力程度。广西、贵州一直处于西部地区生均一般公共预算教育事业费和基本建设支出水平的底部，在中央转移支付方面如何精准扶贫，实现兜底功能，是未来农村教育投入面临的难题（见表1-35）。

东北地区初中生均一般公共预算教育事业费和基本建设支出存在差距，根据相关数据，2008—2020年东北地区各省份间农村初中生均一般公共预算教育事业费和基本建设支出极差大于东北地区各省份间所有初中生均一般公共预算教育事业费和基本建设支出极差（见表1-36）。近年来，东北各省对农村初中的投入一直高于本地区所有初中，东北地区教育依然是四个区域中农村初中生均一般公共预算教育事业费和基本建设支出最高的地区，但还是面临着区域内各省份之间如何均衡教育经费支出的挑战。

根据所收集的数据发现，农村初中阶段生均一般公共预算教育事业费和基本建设支出存在区域内不均衡的现状，区域内差距呈现出不断扩大的趋势，总体上呈现出东部地区区域内差距最大，其次是西部地区，再次是中部地区，最后是东北地区。从区域内农村初中生均一般公共预算教育事业费和基本建设支出极差值与区域内初中生均一般公共预算教育事业费和基本建设支出极差值的比较来看，东部地区农村初中大于东部地区初中；中部地区在2016年之前呈现出农村初中大于中部地区初中的状态，2016年情况实现了反转，农村初中生均一般公共预算教育事业费和基本建设支出极差值低于中部地区初中，且持续到2020年（2018年除外）；西部地区初中极差值大于西部农村初中；东北地区呈现出农村初中极差值大于东北初中的状态。

通过差异系数与极差值分析可以发现，在中国农村义务教育阶段，各区域间以及各区域内部省（市、区）间差距是客观存在的，东北地区农村

表1-35　西部初中生均一般公共预算教育事业费和基本建设支出极差值统计　　　　　（元）

年份	西部初中						西部农村初中					
	均值	省区	极大值	省区	极小值	极值	均值	省区	极大值	省区	极小值	极值
2001	772.26	西藏	4109.71	贵州	584.90	3524.81	669.71	西藏	2419.35	贵州	484.11	1935.24
2002	899.32	西藏	2958.07	贵州	664.45	2293.62	812.11	新疆	1421.05	贵州	588.27	832.78
2003	933.25	西藏	4361.64	贵州	715.66	3645.98	843.04	新疆	1470.18	贵州	640.82	829.36
2004	1078.39	西藏	4829.82	贵州	821.72	4008.10	986.01	新疆	1470.18	贵州	640.82	829.36
2005	1295.82	西藏	5190.30	贵州	1039.17	4151.13	1190.61	内蒙古	1615.34	贵州	751.35	863.99
2006	1670.37	西藏	4152.15	贵州	1251.72	2900.43	1612.27	内蒙古	2115.38	贵州	1155.75	959.63
2007	2265.10	西藏	6701.42	贵州	1760.46	4940.96	2092.02	内蒙古	3410.28	贵州	1606.80	1803.48
2008	3231.48	西藏	6152.96	贵州	2357.23	3795.73	3057.75	内蒙古	5717.01	贵州	2269.57	3447.44
2009	4250.21	西藏	8202.72	贵州	2772.40	5430.32	4054.35	内蒙古	7401.34	贵州	2685.92	4715.42
2010	4943.75	青海	8528.01	贵州	3279.70	5248.31	4697.04	内蒙古	9380.39	贵州	3207.98	6172.41
2011	6134.08	青海	11388.71	贵州	4225.72	7162.99	5797.25	青海	11995.10	贵州	4089.73	7905.37
2012	7893.41	青海	14144.77	贵州	5594.64	8550.13	7798.89	新疆	14094.09	贵州	5562.30	8531.79
2013	8738.20	新疆	15477.12	贵州	6388.63	9088.49	8728.75	新疆	16353.13	贵州	6461.75	9891.38
2014	9142.41	西藏	16631.68	贵州	6924.70	9706.98	8996.15	西藏	14975.75	贵州	6772.77	8202.98
2015	11026.08	西藏	23845.23	贵州	8704.94	15140.29	10760.44	西藏	23633.42	贵州	8249.39	15384.03
2016	12364.00	西藏	25639.67	广西	9833.551	15806.12	11983.30	西藏	23237.95	广西	9177.27	14060.68

续表

年份	西部初中						西部农村初中					
	均值	省区	极大值	省区	极小值	极值	均值	省区	极大值	省区	极小值	极值
2017	13603.62	西藏	29983.69	广西	10245.18	19738.51	13088.60	西藏	24622.57	广西	9508.42	15114.15
2018	14245.58	西藏	32719.86	广西	10644.42	22075.44	13646.42	西藏	27482.60	广西	10201.07	17281.53
2019	14928.17	西藏	31064.68	广西	10970.10	20094.58	14210.04	西藏	27416.38	广西	10418.44	16997.94
2020	15492.81	西藏	33674.61	广西	11307.68	22366.93	14779.98	西藏	30606.48	广西	10710.63	19895.85

资料来源:《中国教育经费统计年鉴》(2002—2021年)。均值和极差值由笔者计算所得。未统计西藏2002—2013年《中国教育经费统计年鉴》农村初中生均一般公共预算教育事业费和基本建设支出。

表1-36　东北初中生均一般公共预算教育事业费和基本建设支出极差值统计　（元）

年份	东北初中						东北农村初中					
	均值	省份	极大值	省份	极小值	极值	均值	省份	极大值	省份	极小值	极值
2001	962.90	黑龙江	975.32	辽宁	954.42	20.90	772.31	吉林	827.37	辽宁	735.72	91.65
2002	1132.23	辽宁	1144.38	吉林	1119.98	24.40	916.13	吉林	1050.90	辽宁	868.27	182.63
2003	1269.83	辽宁	1327.35	吉林	1141.59	185.76	1064.18	辽宁	1075.65	吉林	1029.74	45.91
2004	1556.01	辽宁	1731.35	吉林	1362.94	368.41	1317.48	辽宁	1438.42	黑龙江	1229.42	209.00
2005	1955.24	辽宁	2165.20	吉林	1681.15	484.05	1686.65	辽宁	1781.63	吉林	1560.14	221.49
2006	2534.39	辽宁	2809.90	吉林	2147.23	662.67	2228.51	辽宁	2425.52	吉林	2019.71	405.81
2007	3291.77	辽宁	3514.59	吉林	2940.24	574.35	2985.70	辽宁	3143.27	吉林	2854.84	288.43
2008	4440.73	辽宁	4645.85	黑龙江	4233.68	412.17	4244.45	吉林	4501.76	黑龙江	3949.44	552.32
2009	5343.18	辽宁	5621.86	黑龙江	4932.78	689.08	5353.36	吉林	6088.33	黑龙江	4724.46	1363.87
2010	6582.40	辽宁	7116.94	黑龙江	5788.93	1328.01	6500.45	吉林	7634.97	黑龙江	5258.45	2376.52
2011	8336.88	辽宁	9680.51	黑龙江	6844.29	2836.22	8494.04	吉林	9549.22	黑龙江	6549.17	3000.05
2012	10986.89	辽宁	12146.55	黑龙江	10003.23	2143.32	11798.57	辽宁	12628.38	黑龙江	10591.31	2037.07
2013	11404.18	辽宁	18501.51	黑龙江	10644.79	1356.72	11944.39	吉林	13653.78	黑龙江	10830.91	2822.87
2014	11893.04	吉林	12707.69	辽宁	11163.16	1544.53	18576.90	吉林	13911.66	辽宁	10958.67	2952.99
2015	13973.36	吉林	15539.57	辽宁	12706.60	2832.97	14139.42	吉林	16984.35	辽宁	11435.63	5548.72
2016	15191.36	吉林	16927.04	辽宁	13751.46	3175.58	15497.57	吉林	18247.58	辽宁	12328.49	5919.09

续表

年份	东北初中						东北农村初中					
	均值	省份	极大值	省份	极小值	极值	均值	省份	极大值	省份	极小值	极值
2017	15870.10	吉林	17815.45	辽宁	14590.13	3225.32	16167.16	吉林	18939.10	辽宁	13233.29	5705.81
2018	15366.80	吉林	17082.61	辽宁	13927.62	3154.99	15833.13	吉林	18560.31	辽宁	12591.23	5969.08
2019	16214.70	吉林	17123.67	辽宁	15589.48	1534.19	16968.92	吉林	18814.23	辽宁	14822.43	3991.80
2020	17197.58	吉林	18720.11	辽宁	16669.31	2050.80	18516.12	吉林	20907.53	辽宁	16829.60	4077.93

资料来源:《中国教育经费统计年鉴》(2002—2021年)。均值和极差值由笔者计算所得。

初中生均一般公共预算教育事业费和基本建设支出内部差异最小，东部地区差距最大。中部和东北地区近几年这种差异略有缩小，东部和西部地区的差异在逐渐扩大。从极差值中可以发现，各区域内部最大投入省份与最少投入省份变动位次较小，这亦说明农村初中补齐短板的任务艰巨。各地区投入水平在很大程度上由当地经济发展水平与国家政策支撑所决定，但政府在此基础上投入的努力程度，尤其是中央政府在高位进行的统筹调整，对抬高投入底线、补短板也起着至关重要的作用。

将义务教育阶段中部、西部地区与其他区域做比较，生均一般公共预算教育事业费和基本建设支出水平无论区域内初中和小学，还是区域内农村初中和小学，都呈现出塌陷状态，这是未来需要继续努力全面提升的地方。就区域内农村中小学与区域内中小学相比较而言，除了东北地区外，其他区域都需要加大农村义务教育生均一般公共预算教育事业费和基本建设支出，尊重农村地区的人口地理特征。无论是初中阶段还是小学阶段，农村区域内都存在着投入不均衡状况，尤其是东部差异显著，中西部地区呈现出集体性塌陷，差异系数亟待缩小，东北地区存在着差异系数扩大的风险。在未来投入上需要弥合区域内以及区域间的差距。

中国东部、中部、西部地区大多省（市、区）面临着如何进一步加大农村义务教育阶段生均一般公共预算教育事业费和基本建设支出难题，应尊重农村教育现实发展的需要。东北地区面临着如何继续保持对农村生均一般公共预算教育事业费和基本建设支出倾向的优势，尤其是在东北经济活力不足的情况下。这些挑战从客观上说明中国农村义务教育一般公共预算教育事业费和基本建设支出公平性有待提升，农村一般公共预算教育事业费和基本建设支出各学段实际需求需要受到关照，尤其是对幼儿园阶段的关注力度需要加强。财政性教育经费是学校发展的必要条件，但并非充要条件，如何利用有限的财政性教育经费发展好农村教育，优化使用结构，是下一步需要解决的问题。

第二章

农村教育人员经费投入水平与效益

本章导读

中华人民共和国成立以来，教师工资待遇制度先后形成政府拨付的教师工资待遇与学生资助制度、"公与民"并举的教师工资待遇与学生资助制度、以乡镇为主的教师工资待遇与学生资助制度、以县为主的教师工资待遇与学生资助制度和向农倾斜的教师工资待遇与城乡统一的学生资助制度。农村教师工资待遇水平不断提高，贫困学生资助力度不断加大，受益群体不断增加。本书从支出总量上运用人员经费方面的宏观数据、调研数据和相关研究者的研究成果，分析人员经费支出①总量变化、人员经费支出占一般公共预算教育经费支出比例的变化、生均人员经费支出变化，考察农村教育人员经费投入的充分性。从支出项目、学段、城乡、区域之维考察农村教育人员经费支出结构，分析农村教育人员经费支出结构的合理性。以人员经费转化为人力资源的效果和贫困学生受教育权益的保障程度为标准考察农村教育人员经费使用的高效性。

---

① 根据农村教育经费投入实际用于事业与基建，农村教育经费支出分为事业费支出与基建经费支出。根据农村教育事业费支出实际用于人员还是公用，农村教育事业费支出分为人员经费支出与公用经费支出，即事业费个人部分与事业费公用部分。同时，农村教育人员经费投入效益评估应该更注重农村教育人员经费支出。农村教育人员经费支出主要用于教师工资，其中包括极小一部分助学金（2020 年，农村义务教育阶段助学金占农村教育人员经费支出的6.18%）。

一　中华人民共和国成立以来农村教育人员经费投入政策的历史变迁

师者，国之重器也，教师肩负着开启民智、传承文明的神圣使命，承载着一代又一代人的梦想和希望。中华文明绵延不绝、薪火相传，依靠的就是道贯古今的师者。教师是教育教学活动得以开展的核心要素，亦是决定教育教学质量的生命线。自中华人民共和国成立以来，中国各个阶段经济发展水平与财税制度决定着中国可用于供养教师的财力，而农村义务教育各个阶段主要发展矛盾的解决，则决定着中国教师供养的意愿与供养方式的选择。学生资助是保证弱势学生不被教育轨道甩出与促进教育公平的重要教育政策和制度。通过回溯中华人民共和国成立以来的农村教师工资制度与学生资助制度变迁，及时总结中国农村教师投入与学生资助制度建设过程中的成功经验，明晰当代农村教师投入与学生资助制度建设中的问题与挑战，继承精髓、前瞻未来，对后续农村教师投入与学生资助制度发展与完善或有裨益。

（一）政府拨付的教师工资待遇与学生资助制度（1949—1956）

1949 年中华人民共和国的成立开创了中国历史的新纪元，为了快速发展经济的需求，相应地形成了高度集中的财政管理体制。1950 年 3 月，政务院颁发了《关于统一国家财政经济工作的决定》，要求统一全国财政收入，由政务院财政经济委员会统一调度。[①] 在此背景下，基础教育阶段教育经费由国家统一列支，教师工资等个人支出亦由政府统一管理。中华人民共和国成立时，中国适龄儿童小学入学率不到 20%，初中入学率相对更低。中国文盲率高达 80%，农村文盲率更是超过 95%，扫除农村文盲成为中国共产党在推进农村社会主义文化建设过程中亟待解决的首要问题。[②]为了尽快改变文化教育十分落后的状况，国家对所有新办和接管的教育进

---

① 政务院：《关于统一国家财政经济工作的决定》，1950 年 3 月 3 日。
② 马云：《新中国农村扫盲教育研究》，上海教育出版社 2014 年版，第 11 页。

行直接投入。1952 年 9 月，教育部发布的《关于接办私立中小学的指示》要求，在 1957 年以前完成对所有学校的接管与接收。① 1952 年 3 月，教育部颁发了《小学暂行规程（草案）》和《中学暂行规程（草案）》，规定小学不论公办、民办，均由市、县人民政府教育行政部门统一领导；中学由省、市文教厅、局遵照中央和大行政区的规定实行统一的领导。②

在教师工资制度方面，实行"供给制"与"工资分制"并存的制度。1950 年 6 月，政务院《关于各级人民政府供给制工作人员小中灶伙食待遇标准的规定》提出，统一全国供给制工作人员伙食待遇标准，根据工作人员的职务及工作经历，规定了享受中、小灶待遇的范围和条件。③ 在中国物价基本稳定，国家机关工作人员的生活水平已逐步提高后，为了体现"同工同酬"原则，1955 年 8 月，国务院发布《关于国家机关工作人员全部实行工资制和改行货币工资制的命令》，在国家机关及所属事业单位先行废除工资分计算办法，改行货币工资制。④ 1956 年 6 月，国务院第 32 次全体会议做出了《关于工资改革的决定》，取消工资分制度和物价津贴制度，实行直接用货币规定工资标准的制度。⑤ 随后，教育部《关于 1956 年全国普通教育、师范教育事业工资改革的指示》指出，除取消"工资分"制度和物价津贴制度、实行直接用货币规定工资标准的制度外，提高了最低与最高教师工资标准。⑥

在工资调整方面，1954 年 9 月，教育部、财政部《关于解决经费问题程序的通知》要求我国经费管理充分贯彻"统一领导，分级管理"的原则。⑦ 1954 年 11 月，教育部分别颁发了《关于修订全国中等学校教职员工工资标准及有关事项通知》《关于修订全国初等学校教职员工工资标准及有关事项通知》，教职员工的工资调整重点在农村，以改善城市、农村工

---

① 教育部：《关于接办私立中小学的指示》，1952 年 9 月 1 日。

② 教育部：《小学暂行规程（草案）》，1952 年 3 月 18 日；《中学暂行规程（草案）》，1952 年 3 月 18 日。

③ 政务院：《关于各级人民政府供给制工作人员小中灶伙食待遇标准的规定》，1950 年 6 月 28 日。

④ 国务院：《关于国家机关工作人员全部实行工资制和改行货币工资制的命令》，1955 年 8 月 31 日。

⑤ 国务院：《关于工资改革的决定》，1956 年 6 月 16 日。

⑥ 教育部：《关于 1956 年全国普通教育、师范教育事业工资改革的指示》，1956 年 7 月 9 日。

⑦ 教育部、财政部：《关于解决经费问题程序的通知》，1954 年 9 月 14 日。

资水平差异较大的问题。① 1955 年 9 月，教育部、财政部颁发的《关于中小学杂费收支管理办法的几点意见的通知》规定，中学杂费除了一部分留校使用外，其他部分上缴教育行政部门，以作为教育经费使用。小学杂费收入中的极大部分留校使用。②

这一时期在教师其他福利投入方面也进行了兼顾。为了帮助广大中小学教师解决业务学习上的困难，《人民教育》在 1952 年 9 月发表《为建立系统的教师进修制度而奋斗》，提出提高教师政治思想、科学知识和教学方法，政府要建立经常性的教师进修组织，并给予经费保障。③ 为了适当解决教师福利问题，1952 年 6 月，政务院发布《关于全国各级人民政府、党派、团体及所属事业单位的国家工作人员实行公费医疗预防的指示》，规定自 1952 年 7 月起，分期推广，实行公费医疗预防制度。④

在学生资助方面，中华人民共和国成立初期，对中国军政干部学校、干部子弟学校、少数民族和烈士子女实施学生供给制，提供免费住宿、伙食和服装，不收学费，发放一定额度的津贴。1952 年 7 月，政务院印发《关于调整全国高等学校及中等学校学生人民助学金的通知》，将公费制改为人民助学金，适当解决学生的伙食和其他实际的物质困难。⑤ 1955 年 7 月，财政部、教育部、国务院人事局联合印发《关于取消中小学、幼儿园学生供给制待遇的通知》，1955 年 8 月，教育部、内务部联合印发通知，先后取消少数民族学生、干部子弟学生、烈士子女学生的学生供给制，改发助学金。⑥

（二）"公与民"并举的教师工资待遇与学生资助制度（1957—1983）

1957 年 11 月，国务院颁发了《关于改进财政管理体制的规定》，将地

① 教育部：《关于修订全国中等学校教职员工工资标准及有关事项通知》，1954 年 11 月 4 日；《关于修订全国初等学校教职员工工资标准及有关事项通知》，1954 年 11 月 25 日。

② 教育部、财政部：《关于中小学杂费开支管理办法的几点意见的通知》，1955 年 9 月 19 日。

③ 《为建立系统的教师进修制度而奋斗》，《人民教育》1952 年第 9 期。

④ 政务院：《关于全国各级人民政府、党派、团体及所属事业单位的国家工作人员实行公费医疗预防的指示》，1952 年 6 月 27 日。

⑤ 政务院：《关于调整全国高等学校及中等学校学生人民助学金的通知》，1952 年 7 月 8 日。

⑥ 全国学生资助管理中心：《中国学生资助 70 年 不让学生因贫失学基本实现》，《人民日报》2019 年 9 月 23 日第 18 版。

方固定收入、企业分成收入、调剂分成收入划归为地方财政收入①，这实际上是一次财政分权行动，财政分权带动事业单位管理权变动，为农村教育事权下放，教师工资由地方投入提供了政策语境。1958 年 8 月，中共中央政治局扩大会议通过了《关于在农村建立人民公社问题的决议》，要求农村地区实行"政社合一"的人民公社化制度。② 1958 年 8 月，中共中央、国务院颁发了《关于教育事业管理权力下放问题的规定》和《关于教育工作的指示》，这两份文件的核心内容是根据地方分权原则，无论公办还是民办，地方有能力解决的问题可自行决定，农村教育发展实行"两条腿走路"的投入方式。③ 同年 12 月，中国共产党第八届六中全会通过《关于人民公社若干问题的决议》，提出人民公社必须负责办好农村地区幼儿园、中小学。④ 1959 年 11 月，《国务院批转教育部、财政部关于进一步加强教育经费管理的意见》要求原由县、市教育经费预算开支而下放到人民公社管理的普通中、小学所需要的经费，仍应列入县一般教育经费预算内，以利于教育事业的发展和巩固。⑤ 1960 年 2 月，国务院《关于评定和提升全日制中、小学教师工资级别的暂行规定》要求，为充分发挥教师工作积极性和创造性，对有显著成绩的中小学教师优先提升其工资级别，在学期中或学期末有卓越贡献的教师，可给予物质奖励。⑥ 1960 年 3 月，财政部、教育部《关于人民公社社办中、小学经费补助的规定》提出，通过国家补助的款项向教师发放工资和专职教师的集体福利（如医疗费等）。国家预算中适当编列对社办学校的补助、奖励费，在补助、奖励费的经费来源不足时，可在地方自筹经费中酌拨一部分款项。⑦

　　为了适当解决教师福利问题，1964 年 5 月，《国务院批转卫生部、财政部关于享受公费医疗的国家工作人员到外地就医路费问题的报告的通

---

　　① 国务院：《关于改进财政管理体制的规定》，1957 年 11 月 14 日。

　　② 中共中央：《关于在农村建立人民公社问题的决议》，《人民日报》1958 年 9 月 10 日第1 版。

　　③ 中共中央、国务院：《关于教育事业管理权力下放问题的规定》，1958 年 8 月 4 日；《关于教育工作的指示》，1958 年 9 月 19 日。

　　④ 中共中央：《关于人民公社若干问题的决议》，《人民日报》1958 年 12 月 19 日第 1、2 版。

　　⑤ 《国务院批转教育部、财政部关于进一步加强教育经费管理的意见》，1959 年 11 月 24 日。

　　⑥ 国务院：《关于评定和提升全日制中、小学教师工资级别的暂行规定》，1960 年 2 月16 日。

　　⑦ 财政部、教育部：《关于人民公社社办中、小学经费补助的规定》，1960 年 3 月 21 日。

知》规定，经批准到外地就医的病人可参照旅差费的规定，在原单位报销。[1] 1965 年 8 月，内务部发布《关于国家机关和事业单位工作人员福利费掌管使用问题的通知》，规定国家机关工作人员福利费的标准为工资总额的 1%，主要用于解决工作人员及其家属的生活困难问题。[2]

在"文化大革命"期间，农村大量公立学校被下放，由社队办学。1968 年 11 月，《人民日报》发表了侯振民、王庆余两位山东小学教师的文章《建议所有公办小学下放到大队来办》，此后，农村地区学校由公办转为集体办学，国家不再发放教师工资，改由大队计工分，教师回生产队领取工资，许多地区按照此文内容，对学校实行民办公助，并将公办教师户口改为农村户口，由所在大队分配口粮。[3] 同时，在"文化大革命"期间，为响应将中国文盲率降到 5%，普及小学教育的要求，以及"群众办学"和"普及农村教育"的政策号召，各地兴办学校，小学不出队，初中不出村，农村教育规模迅速扩大，需要大量的教师补充到学校教育中，只能依靠民办教师解决师资不足的问题[4]，产生了民办教师问题。在"文化大革命"期间，关于民办教师的工资发放，有两种方式：一是国家补助加大队统筹；二是国家补助加生产队记工分，不足部分由学校学费或勤工俭学收入补足。[5]

"文化大革命"期间民办教师规模急速扩张，为中国在 20 世纪八九十年代解决民办教师问题埋下了伏笔。1979 年 10 月，教育部、财政部、粮食部、国家民委、国家劳动总局联合下发了《关于边境县（旗）、市中小学民办教师转为公办教师的通知（摘录）》，要求对民办教师进行考核，将优秀的民办教师分批次转为公办教师。其工资待遇是：1967 年以来从事教育工作的小学教师一般可定为小教八级，中学教师一般可定为行政二十五

---

① 国务院：《国务院批转卫生部、财政部关于享受公费医疗的国家工作人员到外地就医路费问题的报告的通知》，1964 年 5 月 3 日。

② 内务部：《关于国家机关和事业单位工作人员福利费掌管使用问题的通知》，1965 年 8 月 25 日。

③ 侯振民、王庆余：《建议所有公办小学下放到大队来办》，《人民日报》1968 年 11 月 14 日第 1 版。

④ 张乐天：《新中国成立以来农村教育政策的回顾与反思》，北京师范大学出版社 2016 年版，第 11 页。

⑤ 冯裕强：《工分制以及工分的稀释化——以广西华杨大队第十生产队为例》，《现代哲学》2018 年第 6 期。

级；1966 年底以前从事教育工作的，小学教师一般可定为小教七级，中学教师一般可定为中教十级；1957 年底以前从事教育工作的，小学教师一般可定为小教六级，中学教师一般可定为中教九级。在上述人员中，教学经验丰富、教学效果突出的，也可以高定一级。高定一级的人数，以省、自治区为单位，控制在此次民办教师转为公办教师人数的 20% 以内。① 关于民办教师工资待遇政策，"文化大革命"期间国家政治、经济、社会和文化事业遭到严重破坏，教职工工资基本没有调整过。在"文化大革命"结束后的 1977—1981 年期间，教师工资水平不断提高。1979 年 10 月，国务院颁发了《关于职工升级的几项具体规定》，可对教得好的教师升级职称，其工资按照本人现任工作的工资标准级差增加工资额。② 随后，教育部于 1979 年 11 月下发了《关于教育部门教职工升级问题的通知》，其核心内容是强调教职工升级要经过考核、评比，按分配的比例择优升级，并强调鉴于当前中小学广大教职工工资收入严重偏低的状况，各地教职工升级面不要小于 40%。③ 1979 年 11 月，教育部、财政部、国家劳动总局联合颁发了《关于在全国普通中学和小学公办教师中试行班主任津贴的通知》，要求在公办教师（即国家职工）中试行班主任津贴，津贴标准一般定为：中学每班学生人数在 35 人以下发 5 元，36—50 人，发 6 元，51 人以上发 7 元；小学每班学生人数在 35 人以下发 4 元，36—50 人，发 5 元，51 人以上发 6 元。每班人数在 20 人以下的，可酌情减发。④ 1980 年 12 月，中共中央、国务院《关于普及小学教育若干问题的决定》要求改变当前中小学民办教师比重过大、待遇过低、队伍极不稳定的状况，要求在几年内使民办教师比例降到 30% 以下。增加对民办教师的补助，国家给予民办教师的补助费应全部直接发给本人，同时，社队应按全劳力给他们记工分，切实执行男女同工同酬的原则。社队不要向民办教师派农活，也不应给他们分包产田。同时，还要提高教师质量，分期分批组织教师脱产学习或参加形

---

① 教育部、财政部、粮食部、国家民委、国家劳动总局：《关于边境县（旗）、市中小学民办教师转公办教师的通知（摘录）》，1979 年 10 月 31 日。

② 国务院：《关于职工升级的几项具体规定》，1979 年 10 月 25 日。

③ 教育部：《关于教育部门教职工升级问题的通知》，1979 年 11 月 23 日。

④ 教育部、财政部、国家劳动总局：《关于在全国普通中学和小学公办教师中试行班主任津贴的通知》，1979 年 11 月 27 日。

式多样的在职进修培训。① 1981 年 11 月，教育部、国家人事局、国家劳动总局、财政部下发《关于下达〈关于调整中、小学教职工工资中若干具体政策问题的处理意见〉以及教育系统教职工升级人数和增加工资指标等的通知》，教师工资调整采取先补、后靠、再升级的办法。先补旨在打破1977 年升级人员只增加 5—7 元的限制，后靠是指将教师工资靠到国家机关行政人员相应级别的工资标准额，升级是指根据是否属于靠到国家机关行政人员，按照国家机关行政人员工资标准的级差增加工资或按现岗位工资标准的级差增加工资。② 为了提高教师队伍质量，1986 年 2 月，国家教委下发了《关于加强在职中小学教师培训工作的意见的通知》，要求各地建立教师进修学校；为了保障教师培训顺利进行，要求各级教育行政部门从教育事业费中划出专款，地方财政也应给予资助。③

这一时期，国家经济发展水平低，加之"文化大革命"的影响，对学生的资助力度较小。1974 年 1 月，国务院科教组、卫生部、财政部共同印发《关于中小学财务管理若干问题的意见》④，暂定中学助学金标准为城市每生每年 2 元，县镇和农村每生每年 3 元。有些较困难的少数民族地区、边境地区，可适当调整提高补助标准，对这些地区的小学住宿生，也应酌情予以补助。

（三）以乡镇为主的教师工资待遇与学生资助制度（1984—2000）

改革开放后，中国经济得到较快发展，为了适应经济发展需要，增加经济体制的活力，中国进行了财政改革，带动了教师投入体制的变迁。1983 年 10 月，中共中央、国务院颁发了《关于实行政社分开建立乡政府的通知》，规定到 1984 年底，全国基本上完成撤社建乡（镇）工作，取而代之的是乡镇政府和村委会。⑤ 1984 年 10 月，中国共产党第十二届三中全

---

① 中共中央、国务院：《关于普及小学教育若干问题的决定》，1980 年 12 月 3 日。

② 教育部、国家人事局、国家劳动总局、财政部：《关于下达〈关于调整中、小学教职工工资中若干具体政策问题的处理意见〉以及教育系统教职工升级人数和增加工资指标等的通知》，1981 年 11 月 30 日。

③ 国家教委：《关于加强在职中小学教师培训工作的意见的通知》，1986 年 2 月 21 日。

④ 国务院教科组、卫生部、财政部：《关于中小学财务管理若干问题的意见》，1974 年 1 月 17 日。

⑤ 中共中央、国务院：《关于实行政社分开建立乡政府的通知》，1983 年 10 月 12 日。

会通过了《中共中央关于经济体制改革的决定》，我国经济体制改革在农村取得了巨大成就，农村经济开始向专业化、商品化、现代化转变，这种形式满足了农民对科学技术和文化教育不断增长的需求。[①] 1985 年 4 月，财政部发布《乡（镇）财政管理试行办法》，实行财政制度改革，进一步下放财政管理权，要求建立独立的乡镇财政体制，文教科学卫生事业费由乡镇财政支付。[②] 随后，1985 年 5 月，中共中央《关于教育体制改革的决定》，明确提出基础教育管理权属于地方，为了保证地方发展教育事业，除了国家拨款以外，地方机动财力中应有适当比例用于教育，乡财政收入应主要用于教育。[③]《关于教育体制改革的决定》的出台促使农村地区形成了"乡村自给"的教育投入制度。1986 年 4 月，《中华人民共和国义务教育法》颁布提出义务教育经费投入由国务院和地方各级人民政府根据职责共同负担。[④] 1987 年 6 月，国家教委、财政部发布了《关于农村基础教育管理体制改革若干问题的意见》，要求在农村基础教育管理体制改革中，要筹措并管好、用好本乡教育经费，切实解决民办教师工资福利待遇问题；同时要注意发挥村在提高教师待遇、筹措解决民办教师工资等方面的作用。[⑤] 这一系列改革使得农村教师投入主体承担者发生了转变，由公与民共同承担，转变为乡镇为主的承担责任体制，国家只负责提供少量补助，即形成了地方自筹与国家拨款的教师投入来源。在进入乡村自给时期，为了达成 20 世纪 80 年代普及小学，20 世纪 90 年代普及九年义务教育目标，在"人民教育人民办"的口号声中，各级政府和广大农民群众的办学积极性被充分调动起来。学校的建立意味着需要相应的教师，农村地区存在着大量教师，但乡镇财政难以承担起支付教师工资的责任，这为拖欠教师工资埋下了伏笔。

在教师工资结构设计方面，这一时期工资结构调整经历了"以职务为主"的结构工资制与以"专业技术职务（岗位）"等级工资制两个阶段。在"以职务为主"的工资结构阶段，1983 年劳动人事部成立后，积

---

① 《中共中央关于经济体制改革的决定》，1984 年 10 月 20 日。

② 财政部：《乡（镇）财政管理试行办法》，1985 年 4 月 12 日。

③ 中共中央：《关于教育体制改革的决定》，1985 年 5 月 27 日。

④ 全国人大常委会：《中华人民共和国义务教育法》，1986 年 4 月 12 日。

⑤ 国家教委、财政部：《关于农村基础教育管理体制改革若干问题的意见》，1987 年 6 月 15 日。

极改革工资制度。1985 年 6 月，中共中央、国务院发布《〈关于国家机关和事业单位工作人员工资制度改革问题〉的通知》，为了逐步消除当时工资制度中的平均主义和其他不利因素，在机关事业单位建立了以职务工资为主的结构工资制，将当时的标准工资加上副食品价格补贴、行政经费节支奖金与改革增加的工资合并在一起，按照工资的不同职能，分为基础工资、职务工资、工龄津贴、奖励工资四个组成部分。为了鼓励中、小学校和中等专业学校、技工学校的教师、幼儿教师长期从教，除按规定发给工龄津贴外，另外加发教龄津贴。教龄津贴按从事本职工作的年限计算。从事本职工作满 5 年不满 10 年的，每月发 3 元；满 10 年不满 15 年的，每月发 5 元；满 15 年不满 20 年的，每月发 7 元；满 20 年以上的，每月发 10 元。在不从事教师职业时，从第 2 个月起停发教龄津贴。① 1987 年 11 月，为了改善中小学教师生活待遇，国务院下发了《关于提高中小学教师工资待遇的通知》，要求从 1987 年 10 月起，将中小学教师和幼儿园教师当时的工资标准提高 10%。各省、自治区、直辖市也可以在不超过工资标准提高 10% 的增资总额范围内，根据本地区实际情况，将增资总额的大部分用于提高工资标准，小部分用于调整中小学教师内部的工资关系。②

在"专业技术职务（岗位）等级工资制"阶段，1993 年 10 月，《中华人民共和国教师法》通过，提出教师平均工资不低于或高于国家公务员平均工资水平，教师应有教龄津贴和其他津贴补贴；同时教师退休或退职后可享有国家规定的相应待遇。要求县、乡两级人民政府为农村中小学教师解决住房提供方便。鼓励社会力量办学，对于社会力量所办学校的教师待遇，由举办者自行确定并予以保障。③ 1993 年 11 月，国务院下发《关于机关和事业单位工作人员工资制度改革问题的通知》，1993 年 12 月，国务院办公厅下发《关于印发机关、事业单位工资制度改革三个实施办法的通知》，决定从 1993 年 10 月起对机关、事业单位的工资制度进行中华人民共和国成立以来的第三次重大改革，贯彻按劳分配原则，教职工实行职务等

---

① 中共中央、国务院：《〈关于国家机关和事业单位工作人员工资制度改革问题〉的通知》，1985 年 6 月 4 日。

② 国务院：《关于提高中小学教师工资待遇的通知》，1987 年 11 月 28 日。

③ 全国人大常委会：《中华人民共和国教师法》，1993 年 10 月 31 日。

级工资制，工资按不同职能，分为职务工资、级别工资、基础工资和工龄工资四个部分。① 1994 年 2 月，人事部、国家教委《关于印发高等学校、中小学中等专业学校贯彻〈事业单位工作人员工资制度改革方案〉三个实施意见的通知》规定教育事业单位实行专业技术职务等级工资。中小学教师工资由职务（技术）等级工资和津贴两个部分组成，固定部分主要是专业技术职务，占总工资的 70%，主要由学历、资历以及水平高低、责任高低决定；灵活部分即津贴，占总工资的 30%，主要由工作量、效益大小和岗位差别决定。② 1997 年 9 月，人事部、财政部颁发了《关于 1997 年调整机关、事业单位工作人员工资标准等问题的通知》，相应地调整工资标准，由各省、自治区、直辖市人民政府确定民办教师的工资待遇调整方案。调整事业单位工作人员工资标准所需的经费，按原资金渠道开支。③

在教师工资以外的其他投入方面，中国重视教师培训投入。1993 年 2 月，中共中央、国务院制定了《中国教育改革和发展纲要》，要求制订教师培训计划，促使教师特别是中青年教师通过进修不断提高，使绝大多数中小学教师达到国家规定的合格学历标准，中小学教师具有专科和本科学历者的比重逐年提高。④ 1999 年 9 月，教育部下发了《中小学教师继续教育规定》，要求中小学教师培训经费以政府拨款为主，多渠道筹措，在地方教育事业费中予以专项列支。参加继续教育的中小学教师，在学习期间享受国家规定的工资福利待遇。⑤

自 1985 年中国实行"收支挂钩"的财政包干制度以来，逐渐形成了"地方富，中央穷"的局面，为了改变这一窘态，1993 年 12 月，国务院发布了《关于实行分税制财政管理体制的决定》，自 1994 年起实施"分税制"⑥。此次改革后县乡财政实力大大削减，乡级财政预算内收入只剩下

---

① 国务院：《关于机关和事业单位工作人员工资制度改革问题的通知》，1993 年 11 月 15 日；国务院办公厅：《关于印发机关、事业单位工资制度改革三个实施办法的通知》，1993 年 12 月 4 日。

② 人事部、国家教委：《关于印发高等学校、中小学、中等专业学校贯彻〈事业单位工作人员工资制度改革方案〉三个实施意见的通知》，1994 年 2 月 5 日。

③ 人事部、财政部：《关于 1997 年调整机关、事业单位工作人员工资标准等问题的通知》，1997 年 9 月 30 日。

④ 中共中央、国务院：《中国教育改革和发展纲要》，1993 年 2 月 13 日。

⑤ 教育部：《中小学教师继续教育规定》，1999 年 9 月 13 日。

⑥ 国务院：《关于实行分税制财政管理体制的决定》，1993 年 12 月 15 日。

"农业四税"的一部分和工商税中的一些零星税收，但乡镇一级作为农村教育发展以及教师工资事权的责任主体地位并没有发生变化。虽然国务院在 1994 年 2 月发布的《关于教育费附加征收问题的紧急通知》中规定，从 1994 年 1 月 1 日起，教育费附加率从 1990 年的 2% 提高到 3%[1]，但并没有实质性地改变地方财力。国家多份文件强调要在 20 世纪 90 年代末完成"普九"任务，超出乡镇地区财力负荷范围办教育，全国衍生出了费大于税、"三乱"、普九欠债、拖欠教师工资等问题。

在学生资助方面，1986 年 4 月，全国人大常委会发布的《中华人民共和国义务教育法》[2] 第十条规定，国家对接受义务教育的学生免收学费。国家设立助学金，帮助贫困学生就学。1986 年 6 月，国家教委等部门《关于实施〈义务教育法〉若干问题意见的通知》[3] 指出，国家在初级中等学校和部分小学（主要是有困难的少数民族地区、其他贫困地区和需要寄宿就读的地区）实行助学金制度。具体办法和标准由各地自订。1992 年 3 月，《中华人民共和国义务教育法实施细则》规定对家庭经济困难的学生，应当酌情减免杂费。同时对贫困学生的具体范围进行规定，依照义务教育法第十条第二款的规定享受助学金的贫困学生是指：初级中等学校、特殊教育学校的家庭经济困难的学生，少数民族聚居地区、经济困难地区、边远地区的小学及其他寄宿小学的家庭经济困难的学生。[4]

（四）以县为主的教师工资待遇与学生资助制度（2001—2013）

为了缓解乡财政压力，制止"三乱"现象，规范税收，减轻农民负担，中国开展税费制度改革，税费改革带动着农村教师投入体制的变迁。2001 年 3 月，国务院颁发《关于进一步做好农村税费改革试点工作的通知》，要求进行农村税费改革试点。[5] 随后，税费改革在全国范围内逐步展开，税费改革使得以乡村为主的教师工资发放体制发生改变。在税费改革背景下，2001 年 5 月，国务院颁发的《关于基础教育改革与发展的决定》

---

① 国务院：《关于教育费附加征收问题的紧急通知》，1994 年 2 月 7 日。

② 全国人大常委会：《中华人民共和国义务教育法》，1986 年 4 月 12 日。

③ 国家教委等：《关于实施〈义务教育法〉若干问题意见的通知》，1986 年 6 月 26 日。

④ 国家教委：《中华人民共和国义务教育法实施细则》，1992 年 3 月 14 日。

⑤ 国务院：《关于进一步做好农村税费改革试点工作的通知》，2001 年 3 月 24 日。

要求，确立农村义务教育的管理实行"在国务院领导下，由地方负责、分级管理、以县为主的体制"。中央和省级人民政府要通过转移支付，加大对贫困地区和少数民族地区义务教育的扶持力度。确保农村中小学教师工资发放是地方各级人民政府的责任，要求将原乡（镇）财政收入中用于农村中小学教职工工资发放的部分相应地划拨上交到县级财政，并按规定设立"工资资金专户"。同时，为支持国家扶贫开发工作重点县等中西部困难地区建立农村中小学教师工资保障机制，中央财政将给予适当补助。①

　　这一时期将农村中小学教师工资发放重心上移到县级。2001 年 2 月，人事部、财政部下发了《关于调整事业单位工作人员工资标准的实施方案》，调整事业单位工作人员工资标准所需经费，按现行财政体制和单位隶属关系，属于财政负担的，分别由中央财政和地方财政负担。② 2003 年 9 月，国务院下发的《关于进一步加强农村教育工作的决定》指出，建立和完善农村中小学教职工工资保障机制，省级人民政府要统筹安排，中央下达的工资性转移支付资金，全部补助到县。③ 2005 年 12 月，国务院发布《关于深化农村义务教育经费保障机制改革的通知》，要求从 2006 年开始农村教育投入实行"省级统筹，多级共担"责任体制。虽然农村义务教育经费投入形成了"多级共担"的责任体制，巩固和完善了农村中小学教师工资保障机制，中央继续按照现行体制，对中西部及东部部分地区农村中小学教师工资经费给予支持，省级人民政府要确保农村中小学教师工资按照国家标准按时足额发放；但农村教育教师工资投入的主要责任还在县级这一情况并没有发生改变。④ 这一时期，在教师工资政策上逐渐向农村倾斜，2012 年 8 月，国务院发布《关于加强教师队伍建设的意见》，指出中小学教师队伍建设要以农村教师为重点，对长期在农村基层和艰苦边远地区工作的教师，实行工资倾斜政策，激励更多优秀人才到农村从教。⑤ 同年 9 月，国务院下发《关于深入推进义务教育均衡发展的意见》，明确提出工资和职称要向长期在农村基层和艰苦边远地区工作的

①　国务院：《关于基础教育改革与发展的决定》，2001 年 5 月 29 日。

②　人事部、财政部：《关于调整事业单位工作人员工资标准的实施方案》，2001 年 2 月 8 日。

③　国务院：《关于进一步加强农村教育工作的决定》，2003 年 9 月 17 日。

④　国务院：《关于深化农村义务教育经费保障机制改革的通知》，2005 年 12 月 24 日。

⑤　国务院：《关于加强教师队伍建设的意见》，2012 年 8 月 20 日。

教师倾斜。[①]

在教师工资结构设计上注重绩效工资设计。自 1993 年教育事业单位实行专业技术职务等级结构性工资以来，工资发放制度仍旧存在缺陷，难以调动起教师工作的积极性。2006 年 6 月，人事部与财政部颁发了《关于印发事业单位工作人员收入分配制度改革方案的通知》，要求实施岗位绩效工资制度。[②] 同年 10 月，人事部、财政部和教育部出台了《关于印发〈高等学校、中小学、中等职业学校贯彻事业单位工作人员收入分配制度改革方案三个实施意见〉的通知》，要求中小学实行岗位绩效工资制度，岗位绩效工资由基本工资、薪级工资、绩效工资和津贴补贴四部分组成。其中岗位工资（专业技术岗位、管理岗位和工勤技能岗位）和薪级工资（工作人员的资历与表现）为基本工资；绩效工资主要由工作人员实际业绩与贡献所决定；津贴和补贴由工作在边远艰苦地区的程度和工作岗位的性质所决定。中小学教师岗位工资和薪级工资标准，在新的专业技术人员基本工资标准的基础上分别提高 10%。从 2006 年 7月 1 日起，年度考核结果为合格及以上等次的工作人员，每年增加一级薪级工资。[③] 2008 年 12 月，《国务院办公厅转发人力资源社会保障部、财政部、教育部〈关于义务教育学校实施绩效工资的指导意见〉》，规定了我国义务教育学校教师的绩效工资划分比例，即基础性绩效工资，占绩效工资总量的 70%；奖励性绩效工资，占绩效工资总量的 30%。在绩效工资中设立农村学校教师补贴等项目。[④] 随后，教育部出台《关于做好义务教育学校教师绩效考核工作的指导意见》，要求对履行了岗位职责、完成了学校规定的教育教学工作任务的教师，全额发放基础性绩效工资；对有突出表现或做出突出贡献的教师，视不同情况发放奖励性绩效工资。[⑤] 为了保障绩效工资的顺利实施，2009 年 1 月与 12 月，教育部相继出台了《义务

① 国务院：《关于深入推进义务教育均衡发展的意见》，2012 年 9 月 5 日。

② 人事部、财政部：《关于印发事业单位工作人员收入分配制度改革方案的通知》，2006 年 6 月 15 日。

③ 人事部、财政部、教育部：《关于印发〈高等学校、中小学、中等职业学校贯彻事业单位工作人员收入分配制度改革方案三个实施意见〉的通知》，2006 年 10 月 7 日。

④ 《国务院办公厅转发人力资源社会保障部、财政部、教育部〈关于义务教育学校实施绩效工资的指导意见〉》，2008 年 12 月 21 日。

⑤ 教育部：《关于做好义务教育学校教师绩效考核工作的指导意见》，2018 年 12 月 31 日。

教育学校实施绩效工资政策宣传提纲》① 和《关于进一步做好义务教育学校奖励性绩效工资分配工作的通知》。②

这一时期，农村义务教育阶段教师投入还是以县级为主，省级与中央负责一部分转移支付，仍然呈现出重心过低的状况，这种低重心难以平衡区域内的差异，教师向城性流动现象仍旧存在。即使中央和地方对乡村教师实施生活补助，但力度小，难以起到实质性的作用。有学者调研发现，乡村教师生活补助的标准在 300—600 元，仅占乡村教师工资收入的 10%左右③，补助数额太少，难以弥合城乡教师收入差距。乡村教师生活补助在体现积极差异方面，一直要求因地制宜，但缺乏明确的数值定论或标准参照，导致在实际执行中多是普惠性补助，或"一刀切"，没有按照其艰苦或偏远度执行。

在学生资助方面，积极推进"两免一补"政策。2001 年 6 月，国务院印发《关于基础教育改革与发展的决定》④，提出各级人民政府要完善并落实中小学助学金制度，采取减免杂费、书本费、寄宿费等办法减轻家庭经济困难学生的负担。从 2001 年开始，对贫困地区家庭经济困难的中小学生进行免费提供教科书制度的试点，在农村地区推广使用经济适用型教材。2001 年 9 月，教育部、财政部和国务院扶贫开发领导小组办公室出台《关于落实和完善中小学贫困学生助学金制度的通知》，要求为因家庭经济困难，无力负担杂费、书本费、寄宿生活费而未入学和可能辍学者发放助学金。⑤

2003 年 9 月，国务院印发《关于进一步加强农村教育工作的决定》⑥，提出要在已有助学办法的基础上，建立和健全扶持农村家庭经济困难学生接受义务教育的助学制度，争取到 2007 年全国农村义务教育阶段家庭经济

---

① 教育部：《义务教育学校实施绩效工资政策宣传提纲》，2009 年 1 月 1 日。

② 教育部：《关于进一步做好义务教育学校奖励性绩效工资分配工作的通知》，2009 年 12 月31 日。

③ 付卫东：《县域义务教育教师工资待遇不平衡不充分：难题及破解——基于中西部 6 省 16个县（区）160 余所中小学的调查》，《河北师范大学学报》（教育科学版）2019 年第 4 期。

④ 国务院：《关于基础教育改革与发展的决定》，2001 年 5 月 29 日。

⑤ 教育部、财政部、国务院扶贫开发领导小组办公室：《关于落实和完善中小学贫困学生助学金制度的通知》，2001 年 9 月 24 日。

⑥ 国务院：《关于进一步加强农村教育工作的决定》，2003 年 9 月 17 日。

困难学生都能享受到"两免一补"（免杂费、免书本费、补助寄宿生生活费）。2005 年 12 月，国务院《关于深化农村义务教育经费保障机制改革的通知》① 提出，全部免除农村义务教育阶段学生学杂费，对贫困家庭学生免费提供教科书并补助寄宿生生活费。免学杂费资金由中央和地方按比例分担，西部地区为 8∶2，中部地区为 6∶4；东部地区除直辖市外，按照财力状况分省确定。免费提供教科书资金，中西部地区由中央全额承担，东部地区由地方自行承担。补助寄宿生生活费资金由地方承担，补助对象、标准及方式由地方人民政府确定。

随后，中国不断加大对中西部地区农村义务教育阶段家庭经济困难寄宿生生活补助力度。2007 年 11 月，财政部、教育部印发《关于调整完善农村义务教育经费保障机制改革有关政策的通知》②，出台中西部地区农村义务教育阶段家庭经济困难寄宿生的生活费基本补助标准，从 2007 年秋季学期起执行。具体标准为：小学生每生每天补助 2 元；初中生每生每天补助 3 元，学生每年在校天数均按 250 天计算。之后，2010 年、2011 年两次上调，2010 年，中共中央、国务院出台《国家中长期教育改革和发展规划纲要（2010—2020 年）》，要求提高家庭经济困难寄宿生生活补助标准③，此后中西部地区农村义务教育阶段家庭经济困难学生生活费补助标准每人每天提高 1 元，达到小学生每生每天补助 3 元，初中生每生每天补助 4 元。2011 年 12 月，国务院办公厅出台《关于实施农村义务教育学生营养改善计划的意见》④，中西部地区农村义务教育阶段家庭经济困难学生生活费补助标准再次上调，达到小学每生每天 4 元，初中每生每天 5 元，按学生每年在校天数 250 天计算，年生均补助标准达到小学 1000 元，初中 1250 元。⑤ 这一时期，义务教育阶段学生的主要资助体系由减免学杂费、免教科书费、家庭经济困难寄宿生生活补助费构成。随着中国学生资助政策的不断完善，越来越多的贫困家庭学生不再因家庭困难而失学，中国教育公

---

① 国务院：《关于深化农村义务教育经费保障机制改革的通知》，2005 年 12 月 24 日。

② 财政部、教育部：《关于调整完善农村义务教育经费保障机制改革有关政策的通知》，2007 年 11 月 26 日。

③ 中共中央、国务院：《国家中长期教育改革和发展规划纲要（2010—2020 年）》，2010 年 7 月 29 日。

④ 国务院办公厅：《关于实施农村义务教育学生营养改善计划的意见》，2011 年 11 月 23 日。

⑤ 全国学生资助管理中心：《义务教育阶段学生资助政策问答》，2016 年 8 月 17 日。

平得以实现。

（五）向农倾斜的教师工资待遇与城乡统一的学生资助制度（2014年至今）

2014 年 11 月，中央编办、教育部、财政部《关于统一城乡中小学教职工编制标准的通知》指出，统一城乡义务教育教师编制标准，初中为 1∶13.5、小学为 1∶19。① 2015 年 11 月，国务院印发《关于进一步完善城乡义务教育经费保障机制的通知》，指出要巩固落实城乡义务教育教师工资政策，教育部门在分配绩效工资时，要加大对艰苦边远贫困地区和薄弱学校的倾斜力度。② 2016 年 7 月，国务院印发了《关于统筹推进县域内城乡义务教育一体化改革发展的若干意见》，要求到 2020 年，城乡二元结构壁垒基本消除，城乡师资配置基本均衡，乡村教师待遇稳步提高，加快缩小县域内城乡教育差距。③ 针对农村教师岗位特殊性，教师工资待遇向农村倾斜的力度不断加大，设计了"乡村教师生活补助制度"。2015 年 6 月，国务院办公厅《关于印发乡村教师支持计划（2015—2020 年）的通知》要求全面落实集中连片特困地区乡村教师生活补助政策，依据学校艰苦边远程度实行差别化的补助标准，中央财政继续给予综合奖补。各地要依法依规落实乡村教师工资待遇政策，依法为教师缴纳住房公积金和各项社会保险费，并要求加快边远艰苦地区乡村学校教师周转宿舍建设。各地要按规定将符合条件的乡村教师住房纳入当地住房保障范围，统筹予以解决。④ 农村地区教师综合待遇由基本工资、薪级工资、绩效工资、津贴补贴和生活补助五个部分组成，工资主要来源为县级，生活补助主要来源为县级、省级与中央拨付。⑤ 2020 年 7 月，教育部等六部门制定、出台《关

---

① 中央编办、教育部、财政部：《关于统一城乡中小学教职工编制标准的通知》，2014 年 11 月 13 日。

② 国务院：《关于进一步完善城乡义务教育经费保障机制的通知》，2015 年 11 月 25 日。

③ 国务院：《关于统筹推进县域内城乡义务教育一体化改革发展的若干意见》，2016 年 7 月 2 日。

④ 国务院办公厅：《关于印发乡村教师支持计划（2015—2020 年）的通知》，2015 年 6 月 1 日。

⑤ 国务院：《关于统筹推进县域内城乡义务教育一体化改革发展的若干意见》，2016 年 7 月 2 日。

于加强新时代乡村教师队伍建设的意见》，指出要提高教师社会地位和生活待遇，完善荣誉制度，让乡村教师享有应有的社会声望。①

在教师工资调整方面，要求建立动态性教师工资增长标准。2018年1月，中共中央、国务院《关于全面深化新时代教师队伍建设改革的意见》指出，健全中小学教师工资长效联动机制，在核定绩效工资总量时统筹考虑当地公务员实际收入水平，确保中小学教师平均工资收入水平不低于或高于当地公务员平均工资收入水平。在农村教师工资待遇上，适时提高特岗教师工资性补助标准。② 2018年7月，人力资源保障部与财政部发布了《关于调整事业单位人员工资标准的实施方案》，义务教育教师工资调整岗位工资标准为每月1675元至6665元，薪级工资标准为每月288元至7989元。义务教育工资调整所需经费由中央和地方财政负担，省级要加大对财力薄弱地区的转移支付力度。③ 2018年8月，国务院办公厅发布《关于进一步调整优化结构 提高教育经费使用效益的意见》，强调要建立健全中小学教师工资长效联动机制，在核定绩效工资总量时要统筹考虑当地公务员工资收入水平，实现与当地公务员工资收入同步调整，确保中小学教师平均工资收入水平不低于或高于当地公务员平均工资收入水平。④ 这一时期，农村教师工资水平不断提高，农村地区教师下不去、留不住、教不好的矛盾逐渐得到解决。

在学生资助方面，继续扩大"两免一补"受益人群范围，2015年，国务院印发《关于进一步完善城乡义务教育经费保障机制的通知》⑤，规定从2017年春季学期开始，统一城乡义务教育学生"两免一补"政策。2018年1月，国务院办公厅印发的《基本公共服务领域中央与地方共同财政事权和支出责任划分改革方案的通知》提到，义务教育保障包括公用经费保障、免费提供教科书、家庭经济困难学生生活补助、贫困地区学生营养膳食补助4项。⑥ 2019年4月，财政部、教育部印发《关于下达2019年城乡

---

① 教育部等：《关于加强新时代乡村教师队伍建设的意见》，2020年7月31日。

② 中共中央、国务院：《关于全面深化新时代教师队伍建设改革的意见》，2018年1月20日。

③ 人力资源保障部、财政部：《关于调整事业单位人员工资标准的实施方案》，2018年7月1日。

④ 国务院办公厅：《关于进一步调整优化结构 提高教育经费使用效益的意见》，2018年8月17日。

⑤ 国务院：《关于进一步完善城乡义务教育经费保障机制的通知》，2015年11月25日。

⑥ 国务院办公厅：《基本公共服务领域中央与地方共同财政事权和支出责任划分改革方案的通知》，2018年1月27日。

义务教育补助经费预算的通知》①，调整完善学生生活补助政策。从 2019 年秋季学期起，将义务教育阶段建档立卡学生，以及非建档立卡的家庭经济困难残疾学生、农村低保家庭学生、农村特困救助供养学生四类家庭经济困难非寄宿生纳入生活补助范围。2019 年 5 月，国务院办公厅印发的《教育领域中央与地方财政事权和支出责任划分改革方案》明确提出，将家庭经济困难寄宿生生活补助调整为家庭经济困难学生生活补助。② 2021 年 3 月，国家发展改革委、教育部等部门发布《国家基本公共服务标准（2021 年版）》指出，家庭经济困难寄宿生生活补助国家基础标准为小学每生每年 1000 元，初中每生每年 1250 元；按照国家基础标准 50% 核定家庭经济困难非寄宿生生活补助标准。③ 在这一时期，义务教育阶段学生的主要资助群体范围扩大，"两免一补"政策实现城乡统一，困难学生资助标准进一步提高，教育公平得到实现。

二　充分性：农村教育人员经费支出水平

在教育事业费人员经费投入水平不断增长的过程中，投入的水平是否充裕？人员经费支出的结构是否合理？这两个指标一直是各级政府和学者关注的重点。虽然无法确定精确的充裕水平和合理的投入结构是什么样的，但是通过对现有经费投入水平和结构走势的宏观分析，结合经费投入预测效果与实际效果的评估，可以对现有经费投入水平和结构是否合理做出判断，为后续经费投入水平和结构的调整提供依据。

接下来，本书将中小学教育事业费个人部分总体投入与生均投入额度作为衡量投入水平的指标。本书使用的数据来源于《中国教育经费统计年鉴》（2002—2021 年），具体数据为全国初中、农村初中、全国小学与农村小学一般公共预算教育经费支出中个人部分总计与生均数据，在行文中，

---

① 财政部、教育部：《关于下达 2019 年城乡义务教育补助经费预算的通知》，2019 年 4 月 13 日。

② 国务院办公厅：《教育领域中央与地方财政事权和支出责任划分改革方案》，2019 年 5 月 24 日。

③ 国家发展改革委、教育部等：《国家基本公共服务标准（2021 年版）》，2021 年 3 月 30 日。

对"地方"的表述进行了省略。2001—2004 年无地方农村普通初中数据，故使用了地方农村普通中学数据，2005—2006 年无地方农村普通初中与地方农村普通小学数据，故使用了农村普通初中与农村普通小学数据。

（一）人员经费支出总量变化

对人员经费支出总量进行分析可以从宏观上考察农村教育人员经费的充分性，具体来看，需要对 2001 年到 2020 年小学、初中的人员经费支出和农村人员经费支出占全国人员经费支出的比例进行纵向分析。

1. 小学人员经费支出

从支出总量上看，全国人员经费支出在 2001 年至 2020 年期间呈现出逐年上升的趋势，从 2001 年的 7326023.4 万元增长到 2020 年的 85418308.4 万元，农村人员经费支出也呈现出同样的增长趋势，从 2001 年的 4765098.9 万元增长到 2020 年的 52367397.5 万元（见表 2－1）。从农村小学人员经费支出占全国小学人员经费支出比例来看，2001 年到 2017 年的农村小学人员经费总支出占比一直维持在 65% 以上，最高时为 2007 年的 69.61%；2018 年之后农村小学人员经费支出比例下降，2020 年农村小学人员经费占比为 61.31%，农村小学人员经费支出占比变化趋势较为平缓（见表 2－1）。从总体上可以看出，国家财政对于农村小学人员经费的投入力度很大，极大地促进了农村小学教育事业的发展。

表 2－1　　　　　　　　　　　小学人员经费支出状况

年份	全国（万元）	农村（万元）	农村占全国的比例（%）
2001	7326023.4	4765098.9	65.04
2002	8852708.8	5831234.1	65.87
2003	9615033.9	6314535.2	65.67
2004	11012494.0	7371806.6	66.94
2005	12225558.3	8303915.3	67.92
2006	14017696.5	9404767.0	67.09
2007	18166428.5	12646539.4	69.61
2008	21325514.1	14735438.5	69.10
2009	25366447.9	17289189.2	68.16

续表

年份	全国（万元）	农村（万元）	农村占全国的比例（％）
2010	29252538.9	19697957.9	67.34
2011	33676200.4	22520671.8	66.87
2012	39689243.8	26718552.1	67.32
2013	43333399.6	28652723.5	66.12
2014	47544014.6	32948899.6	69.30
2015	56828556.6	39498642.2	69.50
2016	62934244.6	42742078.9	67.92
2017	68937793.3	45386187.1	65.84
2018	72956375.3	46871269.3	64.25
2019	79894874.6	50125770.2	62.74
2020	85418308.4	52367397.5	61.31

资料来源：《中国教育经费统计年鉴》（2002—2021年）。占比数据由笔者计算所得。

2. 初中人员经费支出

初中人员经费支出从总体来看呈现出逐年上升的态势，全国初中人员经费支出从2001年的4270781.3万元增长到2020年的52192441.1万元，农村初中人员经费总支出从2001年的2203410.6万元上升到2020年的30790252.2万元（见表2－2）。从农村初中人员经费支出占全国初中人员经费支出的比例来看，2001年至2020年呈现出波动增长的趋势，但是变化不是很大；从2001年的51.59％增长到2020年的58.99％，最小值为2001年的51.59％，最大值为2015的64.99％（见表2－2）。从总体上可以看出国家财政对于农村初中人员经费的投入很充分，确保农村初中人员经费的持续增长。

表2－2　　　　　　　　初中人员经费支出状况

年份	全国（万元）	农村（万元）	农村占全国的比例（％）
2001	4270781.3	2203410.6	51.59
2002	5188515.9	2747140.5	52.95
2003	5672381.9	3025022.9	53.33
2004	6568094.1	3644357.9	55.49

续表

年份	全国（万元）	农村（万元）	农村占全国的比例（%）
2005	7440744.3	4271703.2	57.41
2006	8571491.9	4864532.7	56.75
2007	11217094.0	6859595.3	61.15
2008	13653569.6	8374804.5	61.34
2009	16129241.7	9751076.3	60.46
2010	18763873.6	11226363.2	59.83
2011	21437524.7	12664283.2	59.08
2012	24608873.5	14538685.7	59.08
2013	26459865.1	15212496.0	57.49
2014	28699835.7	18641449.6	64.95
2015	34023893.3	22111901.3	64.99
2016	37735750.8	24025685.9	63.67
2017	41718306.8	25923951.1	62.14
2018	44505812.8	27245387.6	61.22
2019	49033733.6	29358604.7	59.87
2020	52192441.1	30790252.2	58.99

资料来源：《中国教育经费统计年鉴》（2002—2021年）。占比数据由笔者计算所得。

（二）人员经费支出占一般公共预算教育经费支出比例的变化

通过分析人员经费支出占一般公共预算教育经费支出比例的变化，可以从比例结构上有效考察农村教育人员经费的充分性。下面将从小学、初中两个层面对人员经费支出占一般公共预算教育经费支出比例的变化进行分析。

1. 小学人员经费支出占一般公共预算教育经费支出比例的变化

通过分析全国小学和农村小学人员经费支出占一般公共预算教育经费支出比例的情况，可以看出农村小学人员经费支出占比略高于全国小学人员经费支出占比。全国小学和农村小学人员经费支出占比的变化趋势大致相同，都是从2001年至2012年其比例逐年递减，2012年至2015年又呈现出连续增长的趋势，2015年至2020年趋于平稳，比例变化不大（见表2-3）。

　　将两者分开来看，全国小学人员经费支出占比从 2001 年的 91.14%
下降到 2012 年的 68.36%，随后上升到 2015 年的 72.20%，2016 年略
有下降，为 71.5%，2017 年之后开始上升，2020 年为 73.9%；农村小
学人员经费支出占比从 2001 年的 93.64% 下降到 2012 年的 69.36%，随
后又上升到 2015 年的 73.65%，2015 年至 2020 年始终维持在 73%—
76%（见表 2-3）。总体来看，农村小学人员经费支出占比一直高于全
国小学人员经费支出占比，说明国家对于农村小学人员经费的投入程度
一直很高。

表 2-3　　　　　　小学人员经费支出占一般公共预算教育经费支出比例

年份	全国人员经费支出（万元）	全国一般公共预算教育经费支出（万元）	全国人员经费支出占全国一般公共预算教育经费支出的比例（%）	农村人员经费支出（万元）	农村一般公共预算教育经费支出（万元）	农村人员经费支出占农村一般公共预算教育经费支出的比例（%）
2001	7326023.4	8038220.4	91.14	4765098.9	5088813.4	93.64
2002	8852708.8	9807924.7	90.26	5831234.1	6336622.8	92.02
2003	9615033.9	10799559.9	89.03	6314535.2	6938716.2	91.00
2004	11012494.0	12607649.4	87.35	7371806.6	8307500.6	88.74
2005	12225558.3	14336162.4	85.28	8303915.3	9613859.5	86.37
2006	14017696.5	17195211.3	81.52	9404767.0	11456738.3	82.09
2007	18166428.5	22760928.9	79.81	12646539.4	15807240.7	80.00
2008	21325514.1	27801229.6	76.71	14735438.5	19130662.9	77.03
2009	25366447.9	33275011.9	76.23	17289189.2	22507686.5	76.81
2010	29252538.9	38947961.4	75.11	19697957.9	25986882.8	75.80
2011	33676200.4	47458732.6	70.96	22520671.8	31407236.5	71.71
2012	39689243.8	58059831.8	68.36	26718552.1	38522776.2	69.36
2013	43333399.6	63142165.2	68.63	28652723.5	41005314.4	69.88
2014	47544014.6	67314835.9	70.63	32948899.6	46125709.1	71.43
2015	56828556.6	78709956.7	72.20	39498642.2	53626682.2	73.65
2016	62934244.6	88020821.8	71.50	42742078.9	58504726.6	73.06

年份	全国人员经费支出（万元）	全国一般公共预算教育经费支出（万元）	全国人员经费支出占全国一般公共预算教育经费支出的比例（%）	农村人员经费支出（万元）	农村一般公共预算教育经费支出（万元）	农村人员经费支出占农村一般公共预算教育经费支出的比例（%）
2017	68937793.3	95818996.9	71.95	45386187.1	61818589.9	73.42
2018	72956375.3	101036496.1	72.21	46871269.3	63501147.9	73.81
2019	79894874.6	109048456.0	73.27	50125770.2	66705773.1	75.14
2020	85418308.4	115592964.6	73.90	52367397.5	68956576.9	75.94

资料来源：《中国教育经费统计年鉴》（2002—2021年）。占比数据由笔者计算所得。

2. 初中人员经费支出占一般公共预算教育经费支出比例的变化

全国初中和农村初中人员经费支出占一般公共预算教育经费支出比例的变化情况可以划分为两个阶段：2001年至2005年，农村初中人员经费总支出占比明显高于全国初中人员经费总支出占比，2006年至2016年，两者比例基本重合，变化不大，2017年之后，农村初中人员经费占比始终高于全国初中人员经费。从变化趋势来看，2001年到2012年，除2010年有所回升外，农村初中人员经费总支出占比与全国初中人员经费总支出占比均呈现出逐年下降的趋势；2012年至2019年，两者又呈现出逐年增长的趋势，2020年略微下降（见表2-4）。

将两者分开来看，全国初中人员经费总支出占比从2001年的87.44%下降到2009年的69.75%，2010年又回升到70.03%，随后下降到2012年的63.93%；此后，又从2012年的63.93%一直增长到2019年的73%，2020年为72.99%。农村初中人员经费总支出占比从2001年的91.68%下降到2009年的68.96%，2010年增长到70.04%，之后下降到2012年的64.25%；此后，又从2012年的64.25%一直增长到2019年的74.88%，2020年变化不大，为74.84%。总体来看，2010年以来，农村初中人员经费支出的占比一直高于全国初中人员经费支出占比（见表2-4），国家大力支持农村教育事业发展，不断增加农村初中人员经费的投入力度。

表 2 - 4　　　　初中人员经费支出占一般公共预算教育经费支出比例

年份	全国人员经费支出（万元）	全国一般公共预算教育经费支出（万元）	全国人员经费支出占全国一般公共预算教育经费支出的比例（%）	农村人员经费支出（万元）	农村一般公共预算教育经费支出（万元）	农村人员经费支出占农村一般公共预算教育经费支出的比例（%）
2001	4270781.3	4884268.2	87.44	2203410.6	2403378.5	91.68
2002	5188515.9	6048315.3	85.78	2747140.5	3073709.2	89.38
2003	5672381.9	6729937.3	84.29	3025022.9	3420726.7	88.43
2004	6568094.1	7872043.4	83.44	3644357.9	4233060.2	86.09
2005	7440744.3	9183637.6	81.02	4271703.2	5160838.6	82.77
2006	8571491.9	11082190.3	77.34	4864532.7	6257223.1	77.74
2007	11217094.0	14855749.5	75.51	6859595.3	9097937.7	75.40
2008	13653569.6	19124103.1	71.39	8374804.5	11786213.7	71.06
2009	16129241.7	23123289.9	69.75	9751076.3	14139822.2	68.96
2010	18763873.6	26794032.6	70.03	11226363.2	16027499.4	70.04
2011	21437524.7	32215540.8	66.54	12664283.2	19015729.1	66.60
2012	24608873.5	38490971.4	63.93	14538685.7	22629590.2	64.25
2013	26459865.1	40335269.7	65.60	15212496.0	23152406.8	65.71
2014	28699835.7	41217287.5	69.63	18641449.6	26731491.3	69.74
2015	34023893.3	47265829.9	71.98	22111901.3	30477717.2	72.55
2016	37735750.8	52476128.2	71.91	24025685.9	33042392.9	72.71
2017	41718306.8	57440344.0	72.63	25923951.1	35236897.2	73.57
2018	44505812.8	61402812.6	72.48	27245387.6	36805890.7	74.02
2019	49033733.6	67167668.9	73.00	29358604.7	39206516.0	74.88
2020	52192441.1	71505409.6	72.99	30790252.2	41143807.0	74.84

资料来源：《中国教育经费统计年鉴》（2002—2021 年）。占比数据由笔者计算所得。

（三）生均人员经费支出变化

通过对 2001 年至 2020 年中国中小学生均人员经费支出情况的分析，可以了解小学和初中阶段生均人员经费支出水平的充分性。

1. 小学生均人员经费支出

自 2001 年以来，全国小学生均人员经费支出呈现出逐年增长的趋势，从 2001 年的 600.1 元增至 2020 年的 8780.06 元，共计增加了 8179.96 元，2020 年全国小学生均人员经费相较 2001 年增加了 13.63 倍。2001—2006 年，全国小学生均人员经费支出增幅较小，自 2011 年以来，全国小学生均人员经费支出增长幅度较大（见图 2 - 1）。

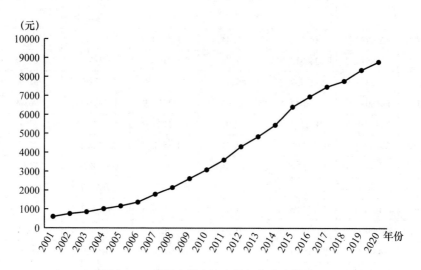

图 2 - 1   全国小学生均人员经费支出情况

资料来源：《中国教育经费统计年鉴》（2002—2021 年）。

农村小学生均人员经费支出情况与全国小学生均人员经费支出情况相似，在 2001 年至 2020 年期间，农村小学生均人员经费支出一直增加。2001 年，农村小学生均人员经费支出为 522.84 元，2020 年达到 8592 元，共计增加了 8069.16 元，2020 年农村小学生均人员经费支出与 2001 年相较增加了 15.43 倍（见图 2 - 2）。

2. 初中生均人员经费支出

全国初中生均人员经费支出呈现出逐年增加的趋势，2001 年全国初中生均人员经费支出为 733.41 元，2020 年全国初中生均人员经费支出为 12446.11 元，相较于 2001 年，2020 年全国初中生均人员经费支出增加了 15.97 倍。近年来，全国初中生均人员经费增加了 11712.7 元（见图 2 - 3）。

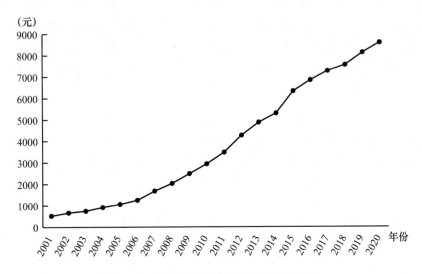

图 2 - 2　农村小学生均人员经费支出情况

资料来源:《中国教育经费统计年鉴》(2002—2021 年)。

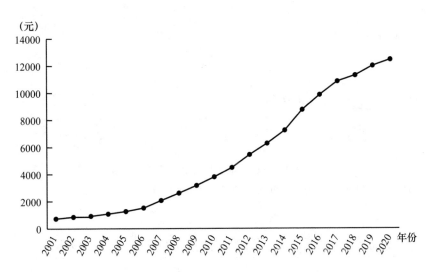

图 2 - 3　全国初中生均人员经费支出情况

资料来源:《中国教育经费统计年鉴》(2002—2021 年)。

自 2001 年以来, 农村初中生均人员经费支出一直在增加, 2001 年农村初中生均人员经费支出为 611.23 元, 2020 年农村初中生均人员经费支出为11478.57元。2001—2020年，农村初中生均人员经费支出共计增加了10867.34元。相较于2001年，2020年农村初中生均人员经费支出增加了17.78倍（见图2-4）。从增长幅度来看，2001—2008年，农村初中生均人员经费支出增长幅度较小；自2011年以来，农村初中生均人员经费支出增长幅度增大。

通过上述研究发现，全国初中和农村初中生均人员经费呈逐年增长的趋势。从2020年较2001年的增长幅度来看，农村初中生均人员经费投入力度要高于全国初中生均人员经费投入力度。中国农村教育向好发展，农村教育水平不断提高。

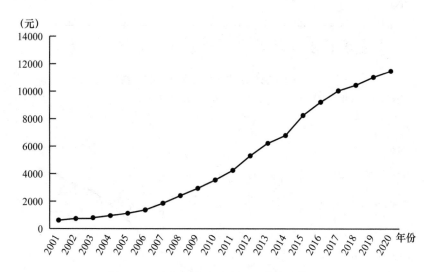

图2-4　农村初中生均人员经费支出情况

资料来源：《中国教育经费统计年鉴》（2002—2021年）。

三　合理性：农村教育人员经费支出结构

（一）人员经费支出的项目结构

根据最新统计口径，人员经费支出在项目结构上包括工资福利支出与对个人和家庭的补助支出，其中，对个人和家庭的补助支出中包括助学金，助学金是学生个人部分所占取的人员经费，其余部分均为教师个人部分。在 2002 年之前，人员经费支出在项目结构上包括基本工资、补助工资、其他工资、职工福利费、社会保障费和奖贷助学金。为进行纵向对比，本部分对 2007 年前人员经费项目结构按最新统计口径进行了整合：基本工资＋其他工资＋职工福利费＋社会保障费＝工资福利支出；补助工资＋奖贷助学金＝对个人和家庭的补助支出；奖贷助学金＝助学金。

1. 小学人员经费支出的项目结构

2001—2020 年，全国小学人员经费支出从 7326023.4 万元增长至 85418308.4 万元，增长了 10.66 倍。其中，工资福利从 5898292 万元增长至 76290680.2 万元，增长了 11.93 倍；对个人和家庭的补助支出从 1427731.4 万元增长至 9127628.2 万元，增长了 5.39 倍（见图 2－5）。

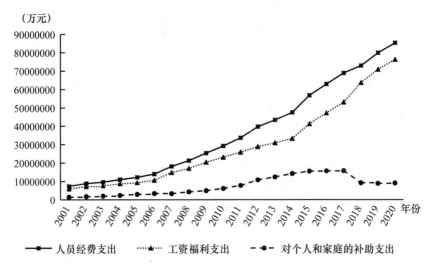

图 2－5　全国小学人员经费支出情况

资料来源：《中国教育经费统计年鉴》（2002—2021 年）。

从全国小学工资福利和对个人与家庭的补助支出占人员经费支出的比例来看，2001—2020 年，工资福利支出所占人员经费支出比例基本上可以达到对个人和家庭补助支出的 4 倍之多。全国小学工资福利支出比例呈"升—降—升—降—升—降—升"的波浪式变化趋势，2001 年和 2002 年所占比例分别为 80.51%、80.54%，其后开始下降，2005 年为 75.89%，之后开始上升，2007—2009 年较为波动，分别为 81.77%、79.94%、80.68%，其后开始下降，2014 年为 70.04%，之后开始上升，2020 年为 89.31%；2020 年所占比例比 2001 年高 8.8 个百分点。

2001—2020 年，全国小学对个人和家庭的补助支出比例呈"降—升—降—升—降—升—降"的波浪式变化趋势，2001 年和 2002 年所占比例为 19.49% 和 19.46%，其后开始上升，2005 年为 24.11%，之后开始呈现波动变化，2007—2009 年分别为 18.23%、20.06% 和 19.32%，其后开始上升，2014 年为 29.96%，之后开始下降，2020 年为 10.69%；2020 年所占比例比 2001 年降低了 8.80 个百分点（见图 2-6）。

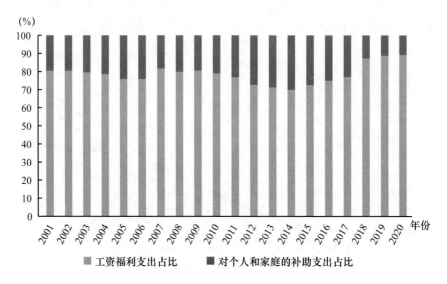

图 2-6　全国小学人员经费支出比例

资料来源：根据《中国教育经费统计年鉴》（2002—2021 年）数据由笔者计算所得。

2001—2020 年，全国小学助学金支出从 17405.8 万元增长到 4197119.3 万元，增长了 240.13 倍。从助学金占对个人和家庭的补助支出比例来看，2001—2020 年，全国小学助学金占对个人和家庭的补助支出比例整体上呈现波动上升趋势。2001 年所占比例为 1.22%，其后开始上升，到 2005 年所占比例为 5%，2006 年有轻微下降，所占比例为 4.82%，其后开始上升，到 2008 年为 22.52%，其后开始下降，到 2011 年为 15.12%，在之后 5 年间呈现出"升—降—升—降—升"的趋势，到 2016 年所占比例为 20.18%。2020 年所占比例为 45.98%。2020 年所占比例比

2001 年升高了 44.76 个百分点（见表 2 - 5）。

从助学金占人员经费支出的比例来看，2001—2020 年，全国小学助学金占人员经费支出比例的变化趋势与全国小学助学金占对个人和家庭的补助支出的比例的变化趋势基本一致，均呈波动增长的趋势。2001 年所占比例为 0.24%，其后开始上升，到 2005 年为 1.2%；2006 年有轻微下降，所占比例为 1.16%，其后出现上升趋势，到 2008 年为 4.52%；之后开始下降，到 2010 年为 3.32%；其后开始上升，到 2014 年为 6.03%；其后开始下降，到 2016 年所占比例为 5.03%；之后呈现上升趋势，到 2018 年为 5.4%；2020 年又下降到 4.91%。2020 年所占比例比 2001 年高出 4.68 个百分点（见表 2 - 5）。

表 2 - 5 全国小学助学金支出比例

年份	助学金 （万元）	占对个人和家庭的 补助支出比例（%）	占人员经费 支出比例（%）
2001	17405.8	1.22	0.24
2002	31386.1	1.82	0.35
2003	40318.3	2.05	0.42
2004	56043.7	2.39	0.51
2005	147238.0	5.00	1.20
2006	162332.9	4.82	1.16
2007	349101.5	10.54	1.92
2008	963415.6	22.52	4.52
2009	903275.3	18.43	3.56
2010	970930.7	15.88	3.32
2011	1174786.9	15.12	3.49
2012	1936078.7	17.91	4.88
2013	2163152.2	17.44	4.99
2014	2869168.1	20.14	6.03
2015	3012529.1	19.36	5.30
2016	3167210.5	20.18	5.03

续表

年份	助学金（万元）	占对个人和家庭的补助支出比例（%）	占人员经费支出比例（%）
2017	3525241.5	22.30	5.11
2018	3936554.1	42.73	5.40
2019	4115928.7	46.12	5.15
2020	4197119.3	45.98	4.91

资料来源：《中国教育经费统计年鉴》（2002—2021 年）。占比数据由笔者计算所得。

2001—2020 年，农村小学人员经费支出从 4765098.9 万元增长至 52367397.5 万元，增长了 9.99 倍。其中，工资福利支出从 3861434.5 万元增长至 46522675.6 万元，增长了 11.05 倍；对个人和家庭的补助支出从 903664.4 万元增长至 5844721.8 万元，增长 5.47 倍（见图 2-7）。

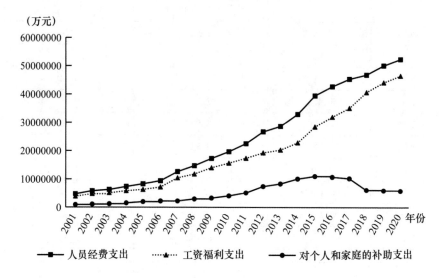

图 2-7 农村小学人员经费支出情况

资料来源：《中国教育经费统计年鉴》（2002—2021 年）。

从工资福利支出与对个人和家庭的补助支出占人员经费支出的比例来看，2001—2020 年，农村小学工资福利支出比例呈"升—降—升—降—升—降—升"的波浪式变化趋势，2001 年所占比例为 81.04%，2002 年有所上升，所占比例为 81.80%；其后开始下降，2005 年为 76.33%，之后开始上升，2007 年为 82.46%，2008 年所占比例为 80.01%，有轻微浮动，到 2009 年为 81.1%；其后开始下降，2014 年为 69.35%，之后开始上升，2020 年为 88.84%。2020 年所占比例比 2001 年高出 7.80 个百分点。

2001—2020 年，农村小学对个人和家庭的补助支出比例呈"降—升—降—升—降—升—降"的波浪式变化趋势。2001 年所占比例为 18.96%，2002 年有所下降，所占比例为 18.2%；其后开始上升，2005 年为 23.67%；之后开始下降，2007 年为 17.54%，2008 年所占比例为 19.99%，有轻微浮动，到 2009 年为 18.9%；其后开始上升，2014 年为 30.65%；之后开始下降，2020 年为 11.16%。2020 年所占比例比 2001 年降低了 7.8 个百分点（见图 2 - 8）。

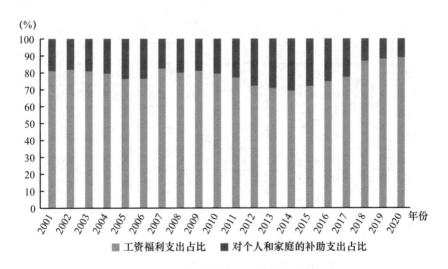

图 2 - 8 农村小学人员经费支出比例

资料来源：根据《中国教育经费统计年鉴》（2002—2021 年）数据由笔者计算所得。

2001—2020 年，农村小学助学金支出从 15283.6 万元增长到 3027463.6 万元，增长了 197.09 倍。从助学金占对个人和家庭的补助支出比例来看，2001—2020 年，农村小学助学金占对个人和家庭的补助支出比例整体上呈现出波动上升趋势，其中，以 2008 年和 2019 年上升比例为大。2001 年所占比例为 1.69%；其后开始上升，到 2005 年所占比例为 6.5%，2006 年有轻微下降，所占比例为 6.33%；其后开始上升，到 2008 年为

28.49%；其后开始下降，到 2011 年为 19.22%；之后 5 年都呈现出"升—降—升—降—升"的趋势，到 2016 年所占比例为 23.73%；之后开始上升，尤其是 2019 年上升最明显，所占比例为 51.98%，2020 年稍有下降，为 51.8%。2020 年所占比例比 2001 年升高了 50.11 个百分点（见表 2 - 6）。

表 2 - 6　　　　　　　　农村小学助学金支出比例

年份	助学金 （万元）	占对个人和家庭的 补助支出比例（%）	占人员经费 支出比例（%）
2001	15283.6	1.69	0.32
2002	25907.4	2.44	0.44
2003	33539.5	2.78	0.53
2004	46005.5	3.05	0.62
2005	127765.7	6.50	1.54
2006	139932.0	6.33	1.49
2007	297913.4	13.43	2.36
2008	839316.9	28.49	5.70
2009	769568.4	23.55	4.45
2010	813764.7	20.08	4.13
2011	989084.8	19.22	4.39
2012	1641102.0	22.09	6.14
2013	1715474.8	20.52	5.99
2014	2481737.2	24.57	7.53
2015	2533347.1	22.97	6.41
2016	2552351.6	23.73	5.97
2017	2717526.6	26.50	5.99
2018	2913640.9	47.32	6.22
2019	3101701.6	51.98	6.19
2020	3027463.6	51.80	5.78

资料来源：《中国教育经费统计年鉴》（2002—2021 年）。占比数据由笔者计算所得。

从助学金占人员经费支出的比例来看，2001—2020 年，农村小学助学金占人员经费支出比例的变化趋势与农村小学助学金占对个人和家庭的补助支出比例的变化趋势基本一致，均呈现出波动增长的趋势。2001 年所占比例为 0.32%；其后开始上升，到 2005 年为 1.54%，2006 年有轻微下降，所占比例为 1.49%；其后出现上升，到 2008 年为 5.7%；其后开始下降，到 2010 年为 4.13%；其后开始上升，到 2012 年为 6.14%，在之后 8 年里呈现出"降—升—降—升—降"的变化趋势，到 2020 年所占比例为 5.78%。2020 年所占比例比 2001 年高 5.46 个百分点（见表 2-6）。

通过对以上数据的分析可以发现，2001—2020 年，全国小学工资福利和农村小学工资福利分别增长了 11.93 倍和 11.05 倍，农村小学工资福利增幅低于全国小学工资福利增幅；全国小学对个人和家庭的补助支出和农村小学对个人和家庭的补助支出分别增长了 5.39 倍和 5.47 倍，农村小学对个人和家庭的补助支出增幅高于全国小学对个人和家庭的补助支出增幅。

从工资福利占人员经费支出的年均比例来看，2001—2020 年，全国小学工资福利占全国小学人员经费支出的平均比例为 78.7%，农村小学工资福利占农村小学人员经费支出的平均比例为 78.83%，农村小学工资福利所占比例高于全国小学工资福利所占比例；全国小学对个人和家庭的补助支出占全国小学人员经费支出的平均比例为 21.3%，农村小学对个人和家庭的补助支出占农村小学人员经费支出的平均比例为 21.17%，农村小学对个人和家庭的补助支出所占比例低于全国小学对个人和家庭的补助支出所占比例。

从助学金占对个人和家庭的补助支出的年均比例来看，2001—2020 年，全国小学助学金占全国小学对个人和家庭的补助支出的平均比例为 17.6%，农村小学助学金占农村小学对个人和家庭的补助支出的平均比例为 20.95%，农村小学助学金所占比例高于全国小学助学金所占比例；从助学金占人员经费支出的年均比例来看，全国小学助学金占全国小学人员经费支出的平均比例为 3.38%，农村小学助学金占农村小学人员经费支出的平均比例为 4.11%，农村小学助学金所占比例高于全国小学助学金所占比例。

中国小学教师工资待遇水平不断提高，保障了教师的生活水平，使得教师可以不受生活困扰，安心教书。虽然农村小学工资福利增幅低于全国小学工资福利增幅，但是农村小学工资福利占比要略高于全国小学工资福

利占比，这说明中国大力支持农村教师工作，在工资水平上确保农村教师
"下得去、留得住"。小学对个人和家庭的补助支出比例下降，其中助学金
却在增加，说明中国积极推进学生资助政策的实施，确保每个孩子不因家
庭经济困难而失学。

2. 初中人员经费支出的项目结构

2001—2020 年，全国初中人员经费支出从 4270781.3 万元增长至
52192441.1 万元，增长了 11.22 倍。其中，工资福利支出从 3420535 万元
增长至 46778088.3 万元，增长了 12.68 倍；对个人和家庭的补助支出从
850246.2 万元增长至 5414352.8 万元，增长了 5.37 倍（见图 2-9）。

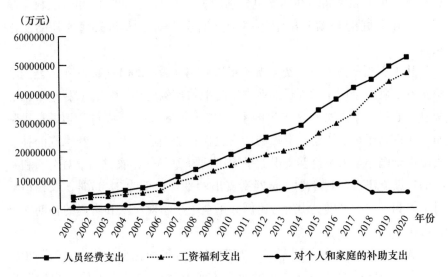

图 2-9　全国初中人员经费支出情况

资料来源：《中国教育经费统计年鉴》（2002—2021 年）。

从工资福利支出与对个人和家庭的补助支出占人员经费支出的比例来
看，2001—2020 年，全国初中工资福利支出比例呈"降—升—降—升—降
—升"的波浪式变化趋势，2001 年所占比例为 80.09%；其后开始下降，
2006 年为 74.49%；之后开始上升，2007 年为 84.32%；之后开始下降，
2009 年略有起伏，所占比例为 81.16%；其后开始下降，2014 年为
73.67%；之后开始稳步上升，2020 年为 89.63%。2020 年所占比例比
2001 年高出 9.53 个百分点。

2001—2020 年，全国初中对个人和家庭的补助支出比例呈"升—降—升—降—升—降"的波浪式变化趋势。2001 年所占比例为 19.91%；其后开始上升，2006 年为 25.51%；之后开始呈现"降—升—降"的变化趋势，2007—2009 年分别为 15.68%、20.16% 和 18.84%；其后开始稳步上升，2014 年为 26.33%；之后开始下降，2020 年为 10.37%。2020 年所占比例比 2001 年降低了 9.53 个百分点（见图 2－10）。

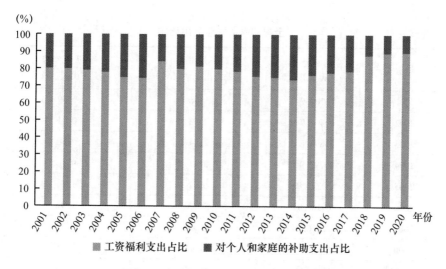

图 2－10　全国初中人员经费支出比例

资料来源：根据《中国教育经费统计年鉴》（2002—2021 年）数据由笔者计算所得。

2001—2020 年，全国初中助学金支出从 16700.7 万元增长到 3007336.4 万元，增长了 179.07 倍。从助学金占对个人和家庭的补助支出比例来看，2001—2020 年，全国初中助学金占对个人和家庭的补助支出比例整体上呈现出波动上升趋势。2001 年所占比例为 1.96%；其后开始上升，到 2008 年所占比例为 38.92%；其后开始下降，到 2013 年为 27.03%；其后开始上升，不过，2015 年有轻微下降，所占比例为 28.42%；其后开始上升，到 2019 年所占比例为 56.32%，2020 年略有下降，所占比例为 55.54%。2020 年所占比例比 2001 年升高 53.58 个百分点（见表 2－7）。

从助学金占人员经费支出比例来看，全国初中助学金占人员经费支出比例的变化趋势与全国初中助学金占对个人和家庭的补助支出比例的变化趋势有所不同，呈现出缓慢的增长趋势。2001 年全国初中助学金占人员经费支出的比例为 0.39%；其后开始上升，到 2008 年为 7.85%，2009—2014 年，全国初中助学金占人员经费支出的比例维持着"降—升"的循环波动趋势，但比例一直稳定在 6%—8%，到 2020 年所占比例为 5.76%。2020 年所占比例比 2001 年高了 5.37 个百分点（见表 2-7）。

表 2-7　　　　　　　　　全国初中助学金支出比例

年份	助学金 （万元）	占对个人和家庭的 补助支出比例（%）	占人员经费 支出比例（%）
2001	16700.7	1.96	0.39
2002	26407.7	2.53	0.51
2003	33897.6	2.84	0.60
2004	49792.9	3.41	0.76
2005	129299.9	6.92	1.74
2006	169100.1	7.73	1.97
2007	376310.0	21.40	3.35
2008	1071420.7	38.92	7.85
2009	1053638.8	34.67	6.53
2010	1246954.2	32.71	6.65
2011	1402794.9	30.30	6.54
2012	1729986.7	28.72	7.03
2013	1794980.4	27.03	6.78
2014	2249762.8	29.77	7.84
2015	2289718.7	28.42	6.73
2016	2403040.2	28.56	6.37
2017	2620122.8	29.43	6.28
2018	2791188.0	52.28	6.27
2019	2954300.6	56.32	6.03
2020	3007336.4	55.54	5.76

资料来源：《中国教育经费统计年鉴》（2002—2021 年）。占比数据由笔者计算所得。

2001—2020 年，农村初中人员经费支出从 2203410.6 万元增长至 30790252.2 万元，增长了 12.97 倍。其中，工资福利支出从 1781428.5 万元增长至 27431857.8 万元，增长了 14.4 倍；对个人和家庭的补助支出从 421982.1 万元增长至 3358394.4 万元，增长了 6.96 倍（见图 2-11）。

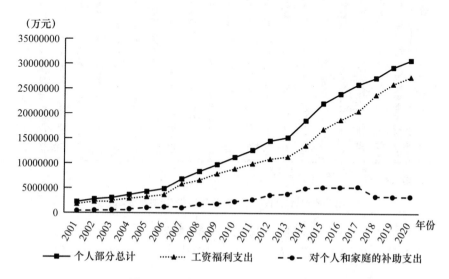

图 2-11　农村初中人员经费支出情况

资料来源：《中国教育经费统计年鉴》（2002—2021 年）。

从工资福利支出及对个人和家庭的补助支出占人员经费支出的比例来看，2001—2020 年，农村初中工资福利支出比例呈"升—降—升—降—升—降—升"的波浪式变化趋势，2001 年所占比例为 80.85%，2002 年上升为 81.79%；其后开始下降，2006 年为 75.1%；之后开始上升，2007 年为 85.04%；之后开始下降，2009 年略有起伏，所占比例为 81.13%；其后开始下降，2014 年为 73.11%；之后开始上升，2020 年为 89.09%。2020 年所占比例比 2001 年高出 8.24 个百分点。

2001—2020 年，农村初中对个人和家庭的补助支出比例呈"降—升—降—升—降—升—降"的波浪式变化趋势，2001 年所占比例为 19.15%，2002 年下降为 18.21%；其后开始上升，2006 年为 24.9%；之后开始下降，2007 年为 14.96%；之后开始上升，2009 年略有起伏，所占比例为 18.87%；其后开始稳步上升，2014 年为 26.89%；之后开始下降，2020

年为 10.91%。2020 年所占比例比 2001 年降低了 8.24 个百分点（见图 2 - 12）。

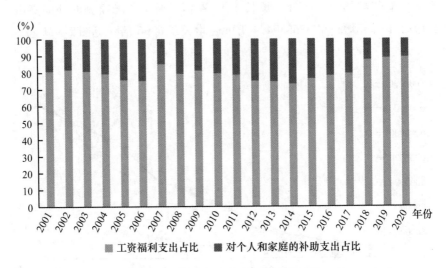

图 2 - 12　农村初中人员经费支出比例

资料来源：根据《中国教育经费统计年鉴》（2002—2021 年）数据由笔者计算所得。

2001—2020 年，农村初中助学金支出从 7351.6 万元增长到 2111347 万元，增长了 286.2 倍。从助学金占对个人和家庭的补助支出比例来看，2001—2020 年，农村初中助学金占对个人和家庭的补助支出比例整体上呈现出波动上升趋势。2001 年所占比例为 1.74%；其后开始上升，到 2008 年所占比例为 48.79%；其后开始下降，到 2013 年所占比例为 32.79%；2014 年有所上升，所占比例为 38.04%；其后开始下降，到 2016 年所占比例为 34.12%；之后开始上升，到 2019 年所占比例为 63.92%，2020 年稍有下降，所占比例为 62.87%。2020 年所占比例比 2001 年升高 61.13 个百分点（见表 2 - 8）。

从助学金占人员经费支出的比例来看，农村初中助学金占人员经费支出比例的变化趋势与农村初中助学金占对个人和家庭的补助支出比例的变化趋势有所不同，呈现出缓慢增长趋势。2001 年农村初中助学金占人员经费支出的比例为 0.33%；其后开始上升，到 2008 年为 10.14%，2009—2013 年农村初中助学金占人员经费支出的比例有所波动，但一直稳定在

8%—9%，2014 年波动幅度较大，所占比例为 10.23%；其后开始下降，到 2017 年为 7.27%；其后开始上升，到 2018 年所占比例为 7.4%，2020 年又下降到 6.86%。2020 年所占比例比 2001 年高出 6.52 个百分点（见表 2-8）。

表 2-8　　　　　　　　　农村初中助学金支出比例

年份	助学金 （万元）	占个人和家庭 补助支出比例（%）	占人员经费 支出比例（%）
2001	7351.6	1.74	0.33
2002	12142.2	2.43	0.44
2003	17565.3	3.03	0.58
2004	28576.3	3.78	0.78
2005	94906.8	9.10	2.22
2006	124510.2	10.28	2.56
2007	294623.7	28.71	4.30
2008	849590.6	48.79	10.14
2009	813606.3	44.22	8.34
2010	977882.0	42.39	8.71
2011	1037786.0	38.26	8.19
2012	1279547.0	35.18	8.80
2013	1269402.2	32.79	8.34
2014	1906843.8	38.04	10.23
2015	1881971.7	35.93	8.51
2016	1789526.7	34.12	7.45
2017	1885139.5	35.29	7.27
2018	2015314.1	59.47	7.40
2019	2132692.7	63.92	7.26
2020	2111347.0	62.87	6.86

资料来源：《中国教育经费统计年鉴》（2002—2021 年）。占比数据由笔者计算所得。

通过对以上数据的分析发现，2001—2020 年，全国初中工资福利和农村初中工资福利分别增长了 12.68 倍和 14.4 倍，农村初中工资福利增幅高于全国初中工资福利增幅；全国初中对个人和家庭的补助支出和农村初中对个人和家庭的补助支出分别增长了 5.37 倍和 6.96 倍，农村初中对个人和家庭的补助支出增幅高于全国初中对个人和家庭的补助支出增幅。

从工资福利占人员经费支出的年均比例来看，2001—2020 年，全国初中工资福利占全国初中人员经费支出的平均比例为 79.66%，农村初中工资福利占农村初中人员经费支出的平均比例为 79.93%，农村初中工资福利所占平均比例高于全国初中工资福利所占平均比例；全国初中对个人和家庭的补助支出占全国初中人员经费支出的平均比例为 20.34%，农村初中对个人和家庭的补助支出占农村初中人员经费支出的平均比例为 20.07%，农村初中对个人和家庭的补助支出所占比例低于全国初中对个人和家庭的补助支出所占比例。

从助学金占对个人和家庭的补助支出的年均比例来看，2001—2020 年，全国初中助学金占全国初中对个人和家庭的补助支出的平均比例为 25.97%，农村初中助学金占农村初中对个人和家庭的补助支出的平均比例为 31.52%，农村初中助学金所占比例高于全国初中助学金所占比例；从助学金占人员经费支出的年均比例来看，全国初中助学金占全国初中人员经费支出的平均比例为 4.8%，农村初中助学金占农村初中人员经费支出的平均比例为 5.94%，农村初中助学金所占比例高于全国初中助学金所占比例。

无论是工资福利增幅还是工资福利所占比例，农村初中均大于全国初中。说明中国不断加大对农村地区的人员经费投入，从物质层面给予农村教师以关怀，改善农村教师待遇和工作生活条件。在助学金方面，农村初中助学金所占比例高于全国初中助学金所占比例，说明中国高度重视家庭经济困难学生的学习问题，不断增加对家庭经济困难学生的补助，国家在阻断贫困代际传递方面做出了大量努力。

（二）生均人员经费支出的学段结构

无论在教育政策还是学者的研究中，中小学一般都被划归为同一视域，即基础教育阶段。教育人员经费支出主要用于教师工资，按照中小学教师均是为基础教育服务这一社会价值来讲，中小学生均人员经费应该保持相对一致的水平。然而，实际情况是什么样的呢？这可以从已有数据中找到答案。

1. 全国生均人员经费支出的学段结构

2001—2020 年，全国初中生均人员经费支出一直高于全国小学生均人员经费支出。2001 年，全国小学和全国初中生均人员经费支出分别为 600.1 元和 733.41 元；2020 年，全国小学和全国初中生均人员经费支出分别为 8780.06 元和 12446.11 元（见图 2-13）。

用全国小学和全国初中生均人员经费支出相减，得出二者的绝对差值。从绝对差值可以看出，全国小学和全国初中生均人员经费支出差距呈"先减小后扩大"的波浪式变化趋势。2001—2004 年，二者差距较小且呈现缓慢减小趋势，生均人员经费年均差距为 16.11 元。从 2005 年开始，差距迅速扩大，2020 年差距达到最大，为 3666.05 元，2005—2020 年，生均人员经费年均差距为 222.59 元（见图 2-13）。

用全国小学和全国初中生均人员经费支出相除，得出二者的相对差距。从相对差距可以看出，全国小学和全国初中生均人员经费支出差距整体上呈"先减小后扩大"的趋势。2001 年，全国初中生均人员经费支出是全国小学生均人员经费支出的 1.22 倍，其后相对差距有小幅上升，2004 年差距最小，为 1.07 倍，其后有微幅下降，2020 年为 1.42 倍（见图 2-13）。

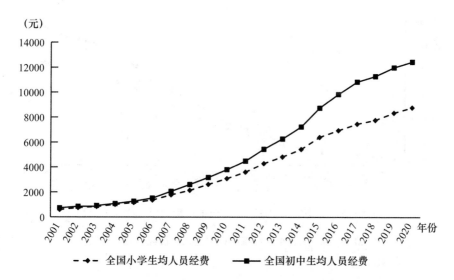

图 2-13　全国小学和全国初中生均人员经费支出情况

资料来源：《中国教育经费统计年鉴》（2002—2021 年）。

从上述数据中可以发现，全国初中和全国小学的生均人员经费出现差距增大的现象。小学和初中同为义务教育阶段，应该保证全国初中和全国小学在经费投入上差异不大，从学段意义上促进义务教育的均衡发展。

2. 农村生均人员经费支出的学段结构

2001—2020 年，农村初中生均人员经费支出一直高于农村小学生均人员经费支出。2001 年，农村小学和农村初中生均人员经费支出分别为522.84 元和611.23 元；2020 年，农村小学和农村初中生均人员经费支出分别为8592 元和11478.57 元（见图2-14）。

用农村小学和农村初中生均人员经费支出相减，得出二者的绝对差值。从绝对差值可以看出，农村小学和农村初中生均人员经费支出的绝对差值呈"先减小后扩大"的波浪式变化趋势。2001 年，二者的差值为88.39 元；随后差距开始缩小，2004 年，二者的差值为29.49 元，2001—2004 年的年均差值为14.73 元；2006 年出现第一个峰值，为114.2 元；其后差距逐年扩大，2020 年，二者的差值为2886.57 元，2005—2020 年的年均差值为176.71 元（见图2-14）。

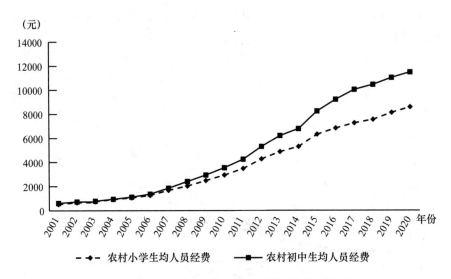

图2-14   农村小学和农村初中生均人员经费支出情况

资料来源：《中国教育经费统计年鉴》（2002—2021 年）。

用农村小学和农村初中生均人员经费支出相除，得出二者的相对差距。从相对差距可以看出，农村小学和农村初中生均人员经费支出差距整体上呈"先缩小后扩大"的波浪式变化趋势。2001 年，农村初中生均人员经费支出是农村小学生均人员经费支出的 1.17 倍；其后相对差距有小幅下降，2004 年差距达到最小，为 1.03 倍；其后开始上升，2005—2014 年稳定在 1.06—1.28 倍的范围内；其后，差距继续扩大，2015—2020 年差距稳定在 1.3—1.38 倍的范围内（见图 2-14）。

经上述研究发现，农村小学和农村初中生均人员经费支出差距存在进一步扩大的趋势，与全国小学和全国初中差距的表现基本一致。中国在对农村地区增加生均人员经费投入的同时要保证义务教育阶段内部的一致性，不断缩小农村小学和农村初中之间的差距。

（三）生均人员经费支出的城乡结构

缩小城乡教育差距，推进城乡教育一体化是未来中国中小学教育发展的大势所趋。在推进城乡义务教育一体化的过程中，城乡生均人员经费支出的差距逐渐缩小是实现城乡义务教育一体化的应有之义。通过对 2001—2020 年城乡中小学生均人员经费支出变化趋势的分析，可以了解中小学生均人员经费支出的城乡差异和城乡义务教育一体化所取得的成效。

1. 小学生均人员经费支出的城乡结构

2001—2020 年，农村小学和全国小学生均人员经费支出呈逐年增长的趋势。2001 年，农村小学和全国小学生均人员经费支出分别为 522.84 元和 600.1 元。2020 年，农村小学和全国小学生均人员经费支出分别为 8592 元和 8780.06 元。近年来，农村小学生均人员经费支出增长了 8069.16 元，全国小学生均人员经费支出增长了 8179.96 元（见图 2-15）。

具体来看，2001—2011 年，农村小学和全国小学生均人员经费支出的差距逐年拉大，其中，2007 年差值略有下降，2012 年差距开始降低，2013 年农村小学生均人员经费支出为 4878.44 元，全国小学生均人员经费支出为 4830.71 元。除去 2013 年农村小学生均人员经费支出高于全国小学生均人员经费支出外，其余年份农村小学生均人员经费支出一直低于全国小学生均人员经费支出。2012 年，城乡小学生均人员经费支出差异最小。但是自 2015 年以来，农村小学生均人员经费支出与全国小学生均人员经费支出的差距逐年拉大，到 2019 年，两者差距达到历史最高值，为 219.97 元。

尽管全国小学和农村小学生均人员经费支出差距缩小，但是要推进城乡义务教育一体化还有一定的进步空间。尤其是在当下实施乡村振兴发展战略的情况下，提升农村生均人员经费支出是我们助力农村教育发展的重要发力点。农村教育发展所面临的复杂的社会环境，为稳定农村教育教学人员队伍，农村小学人员经费支出应体现出积极的城乡差异，并注重向农村倾斜。

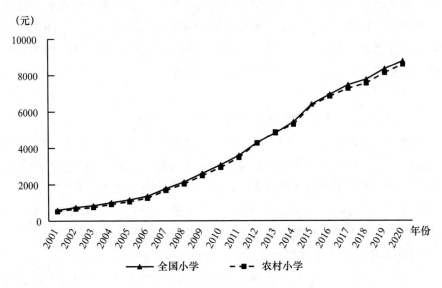

图 2 - 15　小学生均人员经费支出情况

资料来源：《中国教育经费统计年鉴》（2002—2021 年）。

2. 初中生均人员经费支出的城乡结构

2001—2020 年，农村初中和全国初中生均人员经费支出呈逐年增长的趋势，农村初中生均人员经费支出始终低于全国初中生均人员经费支出。2001 年，农村初中和全国初中生均人员经费支出分别为 611.23 元和 733.41 元。2020 年，农村初中和全国初中生均人员经费支出分别为 11478.57 元和 12446.11 元（见图 2 - 16）。

具体来看，2001—2010 年，农村初中生均人员经费支出与全国初中生均人员经费支出差距逐年增加，其中，2004 年略有下降。2011—2013 年开始降低，2013 年这种差距降至最小。从两者差距的大小来看，在 2013 年之前，农村初中生均人员经费支出与全国初中生均人员经费支出的差距维持在较小的范围之内，生均人员经费支出差距在 100—300 元。在 2013 年之后，这种差距逐年增加，2014 年农村初中生均人员经费支出与全国初中生均人员经费支出差距为 441.43 元，2020 年差距达到 967.54 元。

与城乡小学生均人员经费支出相比，初中生均人员经费支出差距更大。这说明未来我们仍需积极关注农村初中生均人员经费支出的支持力度，不仅要缩小城乡初中生均人员经费支出差距，而且亟须考虑农村学校的规模特征和功能特征，以及农村学校特征对人员经费支出的特殊性。

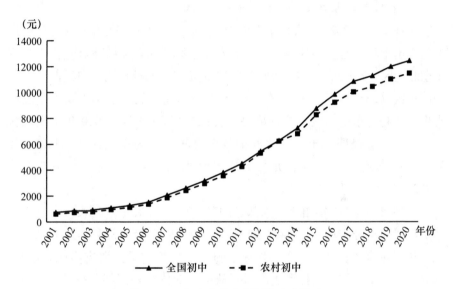

图 2 - 16 初中生均人员经费支出情况

资料来源：《中国教育经费统计年鉴》（2002—2021 年）。

（四）生均人员经费支出的区域结构

基于历史和区位原因，中国各地区经济发展水平不同，教育财政能力也存在着差异。为了保证中国教育发展的区域均衡，国家实施了多项政策以缩小东、中、西部地区和东北地区教育投入差距并保持教育投入的"三个增长"，其中，人员经费是这些政策重点关注的内容。人员经费支出能否实现持续增长、保持比较小的区域差距与较强的区域内部均衡性成为衡量教育经费投入效益的重要判断指标。

由于《中国教育经费统计年鉴》无分区域的生均人员经费支出统计，这里使用的分区域生均人员经费支出公式为：某区域生均人员经费支出＝该区域人员经费总计/该区域学生总计。《中国教育经费统计年鉴》中无学生数量统计，若按照《教育事业统计年鉴》中的学生数进行计算，误差会比较大，因此在计算学生数量时，本书采用《中国教育经费统计年鉴》分省的人员经费总计除以分省的生均人员经费支出计算得到。在考量区域内部均衡性时纳入了变量标准差与变异系数。为增加数据对比的方便性，本书在计算各区域内部变异系数时，分母统一使用了全国生均人员经费支出。

1. 农村小学生均人员经费支出区域结构

纵观2001—2020年农村小学生均人员经费支出数据变化，其变化整体上呈现出增长状态。2001年中国农村小学生均人员经费支出在地区上呈现出东北地区（731元）＞东部地区（617.5元）＞西部地区（536.48元）＞中部地区（385.14元）的状态。2015年西部地区农村小学生均人员经费支出开始超过东部地区，这种趋势一直保持到2020年，2020年中国农村小学生均人员经费支出地区之间的高低分布呈现为东北地区（14213.78元）＞西部地区（9219.9元）＞东部地区（9092.94元）＞中部地区（6792.37元）（见表2-9）。

2020年与2001年相比，东部、中部、西部与东北地区农村小学生均人员经费支出分别增长了8475.44元、6407.23元、8683.42元、13482.78元，从绝对值增长来看，东北地区农村小学生均人员经费支出增长最高，其后农村小学生均人员经费支出增长从高到低依次是西部、东部、中部地区。2020年与2001年相比，东部、中部、西部地区与东北地区农村小学生均人员经费支出增幅分别为13.73%、16.64%、16.19%、18.44%。从相对增长率来看，东北地区农村小学生均人员经费支出增长最快，其后农村小学生均人员经费支出从高到低依次为中部、西部、东部地区（见表2-9）。

表2-9　　　　　　　　各区域农村小学生均人员经费支出　　　　　　　　（元）

年份	东部地区	中部地区	西部地区	东北地区
2001	617.50	385.14	536.48	731.00

续表

年份	东部地区	中部地区	西部地区	东北地区
2002	802.95	521.43	639.77	953.92
2003	929.89	582.83	702.41	1092.18
2004	1172.97	731.40	808.81	1333.91
2005	1375.66	837.12	914.32	1586.71
2006	1608.82	1002.09	1078.34	1968.13
2007	2123.89	1322.66	1476.36	2714.03
2008	2598.57	1503.72	1844.52	3464.40
2009	3179.86	1756.04	2387.76	3919.21
2010	3815.92	1979.31	2875.03	4749.01
2011	4485.08	2340.90	3462.02	5345.90
2012	5134.83	2846.44	4609.33	6417.99
2013	5625.93	3366.12	5340.68	7062.88
2014	5887.41	3889.54	5784.93	7899.38
2015	6786.97	4539.08	7172.19	9919.69
2016	7347.76	5057.98	7583.00	10946.96
2017	7827.44	5489.52	7958.59	11615.90
2018	7949.15	5849.30	8401.92	11220.03
2019	8645.68	6355.91	8850.12	12554.64
2020	9092.94	6792.37	9219.90	14213.78

资料来源：根据《中国教育经费统计年鉴》（2002—2021年）相关数据计算所得。

　　分析全国四大区域农村小学生均人员经费支出的均衡水平，从标准差来看，2001—2020年，全国四大区域的农村小学生均人员经费支出标准差均呈现出上升的趋势，受生均人员经费支出不断提高的影响，标准差变大不能等同于均衡水平下降，还需结合各年份的生均人员经费支出情况做进一步分析，因此纳入变异系数来考察中国各区域农村小学生均人员经费支出的均衡水平（见表2-10）。

　　从变异系数来看，从整体上讲，在2008年之前，四个区域的变异系数呈现出东部＞西部＞东北＞中部的状态。在2008年之后，除2018年短暂

呈现出东部 > 西部 > 东北 > 中部的状态之外，其他年份均呈现为东部 > 西部 > 中部 > 东北的状态，但这种地区间的均衡性差异随着时间的推移而逐渐缩小。从分区域具体来看，2001—2020 年，东部地区农村小学生均人员经费支出的变异系数基本上呈现出"高—低—高"的波动趋势，2001 年变异系数为 159.13%，之后迅速下降，2015 年变异系数为 67.32%；之后开始回升，2020 年东部地区农村小学生均人员经费支出的变异系数降为 111.72%。中部地区农村小学生均人员经费支出的变异系数呈现波动变化状态，但始终在 13%—30%。2001 年的变异系数为 19.83%，2015 年的变异系数最大，为 29.47%，到 2020 年下降到 17.83%。西部地区农村小学生均人员经费支出的变异系数变化趋势呈现出"低—高—低"的波动变化状态，由 2001 年的 52.8% 波动增长到 2011 年的 66.19%，2020 年又下降到 42.6%。东北地区农村小学生均人员经费支出的变异系数呈现出波动变化的趋势，由 2001 年的 41.23% 下降到 2008 年的 15.75%，2020 年变异系数为 11.89%（见表 2 - 10）。

表 2 - 10　　　　　　各区域农村小学生均人员经费支出均衡水平

年份	标准差（元）				变异系数（%）			
	东部地区	中部地区	西部地区	东北地区	东部地区	中部地区	西部地区	东北地区
2001	832.01	103.68	276.04	215.56	159.13	19.83	52.80	41.23
2002	999.43	110.28	352.83	267.55	150.14	16.57	53.00	40.19
2003	1166.70	122.46	364.99	228.23	155.73	16.35	48.72	30.46
2004	1448.31	134.13	440.09	257.83	157.65	14.60	47.90	28.07
2005	1752.34	194.85	492.46	288.11	164.91	18.34	46.34	27.11
2006	1973.61	218.77	583.86	419.69	157.01	17.40	46.45	33.39
2007	2364.14	232.95	875.61	494.80	140.68	13.86	52.10	29.44
2008	2654.88	405.28	979.76	320.54	130.41	19.91	48.13	15.75
2009	3194.24	551.28	1309.48	491.21	128.41	22.16	52.64	19.75
2010	3540.19	702.10	1740.49	554.06	120.38	23.87	59.18	18.84
2011	3616.36	916.80	2304.67	656.90	103.87	26.33	66.19	18.87
2012	3766.48	1093.91	2335.42	606.65	88.12	25.59	54.64	14.19
2013	3674.39	1391.63	2611.07	832.80	75.32	28.53	53.52	17.07

续表

年份	标准差（元）				变异系数（%）			
	东部地区	中部地区	西部地区	东北地区	东部地区	中部地区	西部地区	东北地区
2014	4450.32	1346.79	2272.92	1174.15	83.93	25.40	42.87	22.14
2015	4262.50	1865.82	3393.93	1589.20	67.32	29.47	53.60	25.10
2016	5184.45	1868.63	3152.88	1826.37	75.75	27.30	46.07	26.69
2017	7087.20	1927.32	3444.31	1791.70	97.45	26.50	47.36	24.64
2018	7826.54	1707.26	3295.65	1744.21	103.56	22.59	43.61	23.08
2019	9137.13	1585.73	3430.35	1412.26	112.35	19.50	42.18	17.37
2020	9599.12	1532.00	3659.83	1021.68	111.72	17.83	42.60	11.89

资料来源：根据《中国教育经费统计年鉴》（2002—2021年）相关数据计算所得。

综上可知，总体来看，东北地区农村小学生均人员经费支出最高，且东北地区的均衡性最优。东部地区农村小学生均人员经费支出也比较高，但在均衡性上相对最为弱势，因此东部地区要在保持生均人员经费支出优势的基础上加强人员经费在东部地区省市之间分配的均衡性。2015年之后，西部地区农村小学生均人员经费支出在区域排名上出现反超东部地区的情况，这与国务院办公厅发布的《乡村教师支持计划（2015—2020年）》和中共中央、国务院发布的《关于打赢脱贫攻坚战的决定》等政策密切相关，西部地区内部均衡性也相对较弱，西部地区需要在保持生均人员经费支出总量优势的基础上注重加强内部的均衡性。中部地区农村小学生均人员经费支出最低，但内部均衡性比较良好，这说明中部地区还需要在生均人员经费支出总量上增加投入，提高教育发展水平和发展速度，避免出现"中部塌陷"的情况。

2. 农村初中生均人员经费支出区域结构

纵观2001—2020年农村初中生均人员经费支出数据变化，其变化整体上呈现出增长状态。2001年中国农村初中生均人员经费支出在地区上呈现出东部地区（723.16元）＞东北地区（698.2元）＞西部地区（612.65元）＞中部地区（483.32元）的状态。2012年之后，东北地区农村初中生均人员经费支出开始超过东部地区，但2018年东北地区农村初中生均人员经费支出略微下降，区域之间农村初中生均人员经费支出的高低比较回到了2001年的状态。2020年中国农村初中生均人员经费支出地区之间的高低分布呈现为东北地区（14617.67元）＞东部地区（13481.66元）＞西部地区（11338.60元）＞中部地区（9307.87元）（见表2-11）。

2020年与2001年相比，东部、中部、西部与东北地区农村初中生均人员经费支出分别增长了12758.5元、8824.55元、10725.95元、13919.47元。从绝对值增长来看，东北地区农村初中生均人员经费支出增长最高，其后农村初中生均人员经费支出增长从高到低依次是东部、西部、中部地区。2020年与2001年相比，东部、中部、西部与东北地区农村初中生均人员经费支出增幅分别为17.64%、18.26%、17.51%、19.94%。从相对增长率来看，东北地区农村初中生均人员经费支出增长最快，其后从高到低依次为中部、西部、东部地区（见表2-11）。

表2-11　　　　　　各区域农村初中生均人员经费支出　　　　　　（元）

年份	东部地区	中部地区	西部地区	东北地区
2001	723.16	483.32	612.65	698.20
2002	876.23	603.15	698.40	805.07
2003	992.61	638.11	724.38	888.84
2004	1258.34	750.96	830.09	1054.94
2005	1514.20	900.60	922.77	1287.86
2006	1824.22	1123.48	1122.25	1626.81
2007	2383.71	1577.01	1542.88	2287.42
2008	3093.53	1975.51	2042.36	3126.08
2009	3706.17	2382.75	2623.83	3592.67
2010	4555.89	2754.94	3180.82	4448.48
2011	5506.23	3289.83	3789.91	5320.04
2012	6583.54	4153.11	4940.98	6669.66
2013	7647.36	5034.18	5721.80	7708.13
2014	8067.64	5755.95	6448.33	8276.29
2015	9841.52	6537.02	8089.76	10738.22
2016	11152.86	7439.58	8855.08	11764.03
2017	12152.39	8044.56	9756.90	12393.81
2018	12370.37	8515.20	10376.87	12026.49
2019	13060.86	8922.66	10920.60	13311.01
2020	13481.66	9307.87	11338.60	14617.67

资料来源：根据《中国教育经费统计年鉴》（2002—2021年）相关数据计算所得。

　　分析全国四大区域农村初中生均人员经费支出的均衡水平，从标准差来看，2001—2020 年，全国四大区域的农村初中生均人员经费支出标准差呈现出上升的趋势，受生均人员经费支出不断提高的影响，标准差变大不能等同于均衡水平下降，还需结合各年份生均人员经费做进一步分析，因此纳入变异系数来考察中国各区域农村初中生均人员经费支出的均衡水平。

　　从变异系数来看，从整体上讲，东部地区农村初中生均人员经费支出的变异系数远高于其他各地区，其次是西部地区略高于中部地区和东北地区。除 2010—2013 年中部地区变异系数低于东北地区外，其他年份四区域的变异系数均呈现出东部 > 西部 > 中部 > 东北的状态。

　　具体从分区域来看，2001—2020 年，东部地区农村初中生均人员经费支出的变异系数基本上呈现出波动增长的趋势，由 2001 年的 124.09% 波动增长到 2020 年的 154.13%；中部地区农村初中生均人员经费支出的变异系数呈现出波动增长的状态，由 2001 年的 16.68% 增长到 2020 年的 22.32%；西部地区农村初中生均人员经费支出的变异系数变化趋势较为平稳，由 2001 年的 34.45% 波动增长到 2020 年的 34.69%；东北地区农村初中生均人员经费支出的变异系数呈"低—高—低"的变化趋势，由 2001 年的 4.95% 增加到 2012 年的 24.5%，2020 年又回落到 4.95%（见表 2 – 12）。

表 2 – 12　　　　　　　各区域农村初中生均人员经费均衡水平

年份	标准差（元）				变异系数（%）			
	东部地区	中部地区	西部地区	东北地区	东部地区	中部地区	西部地区	东北地区
2001	758.50	101.93	210.59	30.24	124.09	16.68	34.45	4.95
2002	917.29	91.41	212.49	69.32	125.78	12.54	29.14	9.51
2003	1081.78	94.97	222.43	21.72	137.50	12.07	28.27	2.76
2004	1363.31	95.38	261.12	54.11	143.78	10.06	27.54	5.71
2005	1724.85	180.29	297.06	78.66	153.75	16.07	26.48	7.01
2006	2217.94	244.04	407.92	20.56	161.75	17.80	29.75	1.50
2007	2581.92	298.91	525.48	82.85	138.82	16.07	28.25	4.45

续表

年份	标准差（元）				变异系数（%）			
	东部地区	中部地区	西部地区	东北地区	东部地区	中部地区	西部地区	东北地区
2008	3122.16	411.95	758.38	186.73	129.49	17.09	31.45	7.74
2009	3945.37	501.96	1103.72	244.54	133.99	17.05	37.48	8.30
2010	4766.51	580.00	1437.53	599.29	134.35	16.35	40.52	16.89
2011	5521.45	685.94	1855.43	856.21	129.90	16.14	43.65	20.14
2012	6340.63	847.58	1880.77	1299.78	119.53	15.98	35.46	24.50
2013	6701.81	1158.70	2348.49	1427.22	107.67	18.62	37.73	22.93
2014	7842.43	1775.34	2251.69	1165.44	115.39	26.12	33.13	17.15
2015	7433.22	2323.69	3409.15	1423.49	90.04	28.15	41.30	17.24
2016	9886.36	2911.27	3237.15	1602.15	107.22	31.57	35.11	17.38
2017	14785.96	2961.51	3567.92	1351.65	147.27	29.50	35.54	13.46
2018	14978.05	2694.88	3508.74	1208.93	143.31	25.78	33.57	11.57
2019	16835.54	2601.99	3895.49	772.97	152.66	23.59	35.32	7.01
2020	17692.13	2562.09	3982.15	568.29	154.13	22.32	34.69	4.95

资料来源：根据《中国教育经费统计年鉴》（2002—2021年）相关数据计算所得。《中国教育经费统计年鉴》未统计西藏2002—2013年农村初中生均人员经费数据；亦未统计西藏2001—2013年农村初中人员经费数据。

综上可知，从整体来看，东部地区与东北地区在农村初中生均人员经费支出上有比较优势，但东北地区在区域内部均衡性上明显优于东部地区，东部地区的均衡性最差，这与农村小学的结论基本一致，东部地区在人员经费使用上多关注省市之间的相对均衡。中部地区农村初中生均人员经费支出排名最低，但在2001—2020年期间增长速度较快，应当保持这种增长速度优势与地区内部均衡性较强的优势，稳步整体优化人员经费的支出与使用。西部地区在农村初中生均人员经费支出上的优势没有农村小学那么明显，但区域内部均衡性的变化较为平缓，说明随着西部地区生均人员经费的提高，西部各省、市、区的生均经费变化较为一致，西部地区在农村初中生均人员经费支出总量和变异系数缺乏优势的情况下，在农村初中生均人员经费支出上仍需进一步做出努力。

四　高效性：农村教育人员经费使用效益评估

一直以来，党和政府都非常重视保障农村学龄人口的受教育权利，投入了大量资源支持农村中小学教育的发展。但是，大部分农村地区特别是中西部、东北农村地区财力有限，发展教育的资源捉襟见肘。在这样的背景下，就需要把有限的教育资源的作用发挥到极致，使教育资源能够得到高效使用。农村教育人员经费在中小学教育经费中占60%以上的比例，是农村教育经费的重要组成部分。这部分教育经费直接作用于教师和学生这两个教育教学的主体，这部分经费的使用效益直接决定了农村教育发展的质量。在一般情况下，人员经费的使用效益有四个方面：一是农村教师岗位吸引力，保证农村教师的数量足够；二是农村教师队伍的稳定性，保证教师留在农村安心任教；三是农村教师的积极性，保证农村教师的质量达标；四是保障农村贫困儿童的受教育权利。

（一）下得去：在师生比意义上农村教师数量整体达标

师生比能在一定程度上反映教师数量的充裕程度，生均人员经费反映的则是国家为每个学生投入的教师购买服务，将这两个命题建立起关联之后，师生比达到国家编制标准、在城乡比对中农村师生比高于县镇与城市这两点则可以作为农村人员经费使用具有高效性的重要指标。

1. 农村小学教师数量达标

在城乡义务教育均衡发展政策的推动下，从师生比这一指标来看，农村教师数量充裕程度较高。在农村小学阶段，2001年城市、县镇、农村师生比分别为1：19.21、1：19.99、1：22.68，城市>县镇>农村，2003年之前，城市、县镇、农村师生比差距虽然在缩小，但是仍然处于城市>县镇>农村这一城乡师生比序列状态。到2006年，农村的师生比首次超过城市与县镇，之后一直保持着最高水平。城市与县镇师生比经历数次（三次）交叉之后，从2008年开始，县镇稳定地大于城市。2008年，城市、县镇、农村的师生比分别为1：19.41、1：19.20、1：17.75；之后，城乡师生比一直处于农村>县镇>城市的序列状态，并且从总体上看，农村、县镇、城市差异幅度呈现出扩大趋势。2014 年《关于统一城乡中小学教职工编制标准的通知》对城乡编制标准的统一，进一步提升了农村师生比。2014 年，城市、县镇、农村的师生比分别为 1∶18.88、1∶17.65、1∶14.41，农村＞县镇＞城市，农村的师生比相较于城市、县镇有较大的优势，这种优势一直持续到了 2020 年，2020 年城市、县镇、农村的师生比分别为 1∶18.28、1∶17.35、1∶13.71，城市、县镇和农村均达到国家统一的教师编制标准（见图 2－17）。农村小学师生比逐年提高，说明中国致力于解决农村教师数量不足的问题，加强农村教师供给力度，农村小学"下不去"的问题已经得到有效解决，农村教师职业吸引力不断提高。

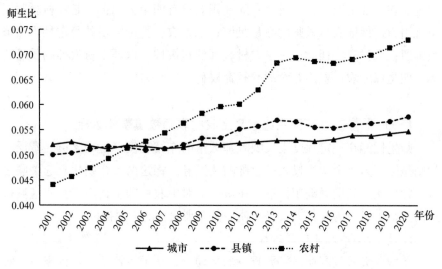

图 2－17 小学师生比变化情况

资料来源：根据《中国教育统计年鉴》（2001—2020 年）数据由笔者计算所得。

2. 农村初中教师数量达标

在初中阶段，2001 年，城市、县镇、农村的师生比分别为 1∶16.67、1∶19.43、1∶20.15，城市＞县镇＞农村。在 2004 年及之前，城市、县镇、农村师生比处于这一城乡师生比序列状态，县镇、农村师生比非常接近。2005 年，农村师生比超过县镇；2008 年，农村师生比超过城市，2012

年，县镇师生比超过城市。2012 年，城市、县镇、农村的师生比分别为
1∶14.11、1∶13.8、1∶12.46，农村 > 县镇 > 城市。在 2012 年及以后，
师生比一直处于农村 > 县镇 > 城市的状态。2014 年，城市、县镇、农村的
师生比分别为 1∶13.39、1∶12.7、1∶10.93，农村 > 县镇 > 城市，且农
村的师生比相较于城市、县镇同样具有较大的优势。2014—2020 年，城
市、县镇、乡村的师生比整体上呈现出先略有上升进而出现小幅下降的趋
势，农村的师生比相比于城市、县镇下降较多，由 1∶10.93 下降至
1∶11.47，城市师生比略有上升，由 1∶13.39 上升至 1∶13.04，县镇师
生比由 1∶12.7 下降至 1∶12.86，城市与县镇的师生比非常接近。2020
年，城市、县镇和农村的初中师生比均达到教师编制标准要求，说明中国
不断提高教师职业吸引力，尤其是保证农村初中教师数量充裕，农村师资
不足问题得以解决（见图 2－18）。

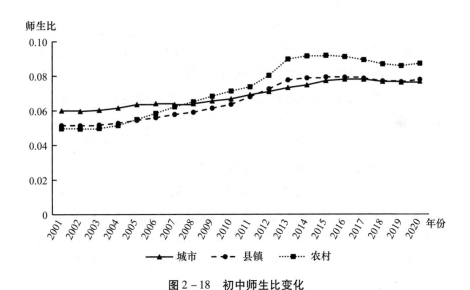

图 2－18　初中师生比变化

资料来源：根据《中国教育统计年鉴》（2001—2020 年）数据由笔者计算所得。

2012 年，《国务院关于加强教师队伍建设的意见》提出，逐步实行城
乡统一的中小学教职工编制标准，促进教师资源合理配置。在农村教育方
面，要以农村教师为重点，采取倾斜政策，切实增强农村教师职业吸引

力，激励更多优秀人才到农村从教。[①] 经上述研究发现，农村教师岗位吸引力有所提高，但我们还应注意到，由于农村地区公共服务水平与经济发展水平的比较弱势，农村社区环境往往是影响农村学校教师岗位吸引力的最重要因素，也比较难在短期内改变，是需要地方持续努力解决的问题。[②] 研究还发现，农村小学与农村初中的师生比在国家编制标准意义上达标，在城乡比对意义上处于优势地位。农村教育人员经费在师生比意义上的教师数量方面具有高效性。但同时值得注意的是，本书仅是在师生比意义上对教师数量进行考量，现行的政策与已有的研究均表明，农村教育所面临的学校类型、班级规模等比较复杂，简单地以师生比作为标准不能反映农村教师的真实充裕程度。比如，通过对国家全口径数据和笔者所在研究团队的调查数据的分析发现：农村学校教师存在年龄结构不合理的情况，有的学校以年轻教师为主，虽然有激情有活力但是缺乏教学经验；另一些学校则老教师居多，年轻教师较少，老教师虽然有丰富的教育教学经验，但是缺乏对新技术、新观念的接触和掌握，不利于农村学生接受现代化的教育教学方法、观念。因此在师生比意义上农村教师比较充裕的判断下，要保持对农村教育环境比较复杂的正确认识，农村人员经费在农村教师数量上的努力需要继续向更精准地满足各学校需求方向努力。

（二）留得住：农村教师队伍稳定性向好发展

在农村师资充足之下应该稳定教师队伍，通过人员经费投入确保农村教师"留得住"。一方面，人员经费的增长可以满足教师的生活需求，提高教师工资水平和福利待遇，降低农村教师的离职率；另一方面，公费师范生政策、特岗教师计划和农村教师硕士师资培养计划为农村教育提供了优质的师资力量。

1. 农村学校教师离职率低于城市

2018—2020 年，城乡小学教师离职率出现增长的趋势，农村小学教师离职率始终低于城市和县镇小学教师离职率。2018 年，城市、县镇和农村

---

① 《国务院关于加强教师队伍建设的意见》，2012 年 8 月 20 日。
② 秦玉友：《中小学教师工资定价与多层供给设计》，《教育与经济》2020 年第 5 期。

小学教师离职率为 1.18%、0.56% 和 0.54%；2020 年，城市、县镇和农村小学教师离职率增加到 1.81%、0.76% 和 0.73%，分别增长了 0.63%、0.2% 和 0.19%。农村小学教师离职率偏低且离职率增加比例最小，但农村小学教师离职率有增加的趋势，未来依然要十分关注农村小学教师的离职情况，在经费投入、情感帮助上要继续努力（见表 2 – 13）。

表 2 – 13　　　　　　　　　小学教师离职率　　　　　　　　　（%）

年份	城市	县镇	农村
2018	1.18	0.56	0.54
2019	1.65	0.74	0.68
2020	1.81	0.76	0.73

资料来源：《中国教育统计年鉴》自 2018 年开始统计辞职教师人数，本部分的教师离职率从 2018 年开始计算。

2018—2020 年，城乡初中教师离职率出现增长的趋势，初中教师离职率始终呈现出城市 > 农村 > 县镇的状态。2018 年，城市、县镇和农村初中教师离职率为 1.06%、0.55% 和 0.65%；2020 年，城市、县镇和农村初中教师离职率增加到 1.72%、0.82% 和 1.02%，分别增长了 0.65%、0.27% 和 0.37%（见表 2 – 14）。无论从离职率还是离职率增加水平来看，农村初中都要高于县镇，农村初中教师离职率高于农村小学教师离职率，初中教师面临着更大的升学压力，受前期教育质量及家庭文化资本劣势的影响，农村学生学业成绩往往比较低，无法对农村教师教育质量给予肯定，这会降低初中教师留在农村的意愿。[1] 因此要通过待遇和情感留住农村教师，让农村教师不再将"走出去"作为未来发展的追求，而是安下心来在农村踏踏实实地教书。有研究发现，教师的教龄、身份、学历、职称、婚姻、有无子女、来源地以及工资待遇和专业发展满意度是影响教师留在农村的重要因素。[2]

---

[1]　秦玉友、张宗倩、裴珊珊：《教育在促进农村发展中如何发力——2020 年后教育扶贫对接教育促进乡村振兴的着力点与路径选择》，《东北师大学报》（哲学社会科学版）2021 年第 4 期。

[2]　安晓敏、曹学敏：《谁更愿意留在农村学校任教——基于农村教师流动意愿的调查分析》，《湖南师范大学教育科学学报》2017 年第 4 期。

表 2 - 14		初中教师离职率		（%）
年份	城市	县镇	农村	
2018	1.06	0.55	0.65	
2019	1.50	0.80	0.96	
2020	1.72	0.82	1.02	

资料来源：《中国教育统计年鉴》自 2018 年开始统计辞职教师人数，本部分的教师离职率从 2018 年开始计算。

2. 农村教师补充政策提高了教师的稳定性

一方面，城乡教师交流政策提高了农村教师稳定性。《教育部 2001 年工作要点》提出，鼓励并引导在职教师由城市向县镇、农村、条件艰苦的边远地区流动任教，进一步改善教师的住房条件和医疗待遇，依法维护教师的合法权益。[①] 2006 年 2 月，《教育部关于大力推进城镇教师支援农村教育工作的意见》指出，推进城镇教师支援农村教育工作，是统筹城乡教育协调发展、优化教师资源配置、解决农村师资力量薄弱问题的重大举措。[②] 2014 年 8 月，教育部、财政部、人社部三部门印发《关于推进县（区）域内义务教育学校校长教师交流轮岗的意见》，指出全面推进义务教育教师队伍"县管校聘"管理改革，打破教师交流轮岗的管理体制障碍。[③] 2018 年 1 月，中共中央、国务院《关于全面深化新时代教师队伍建设改革的意见》指出，实行义务教育教师"县管校聘"，推进县域内义务教育学校教师、校长交流轮岗。[④] 通过实施城乡教师交流制度，改变了"乡—城"单向的教师流动形式，使农村学校教师能够保持动态平衡。有学者研究发现，男性、低龄、未婚、无子女在读等家庭牵绊小的县城教师交流意愿更高，小科和初中县城教师更愿意交流[⑤]，但是教师交流政策在执行中存在着忽视教师的实际支出、不能体现艰苦边远程度、未考虑到交流教师的教

[①] 《教育部 2001 年工作要点》，2001 年 2 月 20 日。

[②] 《教育部关于大力推进城镇教师支援农村教育工作的意见》，2006 年 2 月 26 日。

[③] 教育部、财政部、人社部：《关于推进县（区）域内义务教育学校校长教师交流轮岗的意见》，2014 年 8 月 13 日。

[④] 中共中央、国务院：《关于全面深化新时代教师队伍建设改革的意见》，2018 年 1 月 20 日。

[⑤] 付昌奎：《县城教师为什么不愿到乡村学校交流？——基于对全国 18 省 35 县的调查分析》，《中国教育学刊》2022 年第 2 期。

学水平和紧缺程度等问题。①

　　另一方面，鼓励优秀毕业生到农村任教提高农村教师的稳定性。2005年6月，中共中央办公厅、国务院办公厅《关于引导和鼓励高校毕业生面向基层就业的意见》指出，鼓励高校毕业生到农村工作，对毕业后自愿到艰苦地区、艰苦行业工作，服务达到一定年限的学生，其在校期间的国家助学贷款本息由国家代为偿还。② 2006年2月，中共中央组织部等部门联合印发《关于组织开展高校毕业生到农村基层从事支教、支农、支医和扶贫工作的通知》（简称"三支一扶"计划），鼓励高校毕业生到农村服务。③ 2006年5月，教育部、财政部、人事部、中央编办四部门联合启动实施"农村义务教育阶段学校教师特设岗位计划"（以下简称"特岗计划"），特岗计划引导和鼓励高校毕业生从事农村教育工作，创新农村学校教师补充机制，逐步解决农村师资总量不足和结构不合理等问题，提高农村教师队伍的整体素质。④ 2009年9月，教育部《关于做好2010年"农村学校教育硕士师资培养计划"实施工作的通知》（简称"硕师计划"），从具有推荐免试硕士研究生资格的高校中，选拔部分优秀应届普通本科毕业生，将其录取为"硕师计划"研究生，到县镇及以下农村学校任教。⑤ 2015年6月，国务院办公厅《关于印发乡村教师支持计划（2015—2020年）的通知》指出，拓展乡村教师补充渠道，为乡村学校持续输送大批优秀高校毕业生，缩小城乡师资水平差距，让每个乡村孩子都能接受公平、有质量的教育。⑥ 2018年7月，国务院办公厅《关于转发教育部等部门教育部直属师范大学师范生公费教育实施办法的通知》指出，鼓励公费师范生长期从教、终身从教，改善和均衡薄弱地区师资配置，到城镇学校工作

---

　　① 张源源：《教师交流补偿标准研究》，《中国教育学刊》2019年第1期。

　　② 中共中央办公厅、国务院办公厅：《关于引导和鼓励高校毕业生面向基层就业的意见》，2005年6月25日。

　　③ 中共中央组织部等：《关于组织开展高校毕业生到农村基层从事支教、支农、支医和扶贫工作的通知》，2006年2月25日。

　　④ 教育部、财政部、人事部、中央编办：《关于实施农村义务教育阶段学校教师特设岗位计划的通知》，2006年5月15日。

　　⑤ 教育部：《关于做好2010年"农村学校教育硕士师资培养计划"实施工作的通知》，2009年9月25日。

　　⑥ 国务院办公厅：《关于印发乡村教师支持计划（2015—2020年）的通知》，2015年6月1日。

的公费师范生，应到农村义务教育学校任教服务至少 1 年。[①] 2021 年 7 月，教育部等九部门印发《中西部欠发达地区优秀教师定向培养计划》（以下简称"优师计划"）。优师计划提出，从 2021 年起，教育部直属师范大学与地方师范院校采取定向方式，每年为 832 个脱贫县和中西部陆地边境县中小学校培养 1 万名左右师范生，改善中西部欠发达地区中小学教师队伍质量。[②] 在对特岗教师的研究中发现，考核的科学与公正性、学校文化认同度、主观幸福感、地域融入、工作量、期望与实际收入的差距对其留任意愿有显著影响。[③] 还有研究发现，定向师范生履约到岗情况总体较好，超过四分之三的人被分配到乡镇学校，定向教师履约留任情况和留任意愿较好，稳定性较高。[④] 通过特岗计划、定向培养、公费师范生制度、硕师计划以及正在进行的优师计划等方式，吸引高校毕业生到农村学校从教，更新教师群体结构，形成合理的教师年龄、学历结构，增加教师队伍的稳定性。同时我们还要注意到，学校制度安排、对农村教师的情感关怀以及薪资福利是影响农村教师留任的重要因素，因此，职前我们要培养具有乡土情怀的教师，职后我们既要增加对农村教师的经费投入又要满足农村教师的情感需求。

（三）教得好：学历意义上的农村教师质量稳定增长

人员经费在决定教师数量的同时，也决定着教师质量。在人员经费一定的前提下，教师数量与质量在一定程度上呈现出反比例关系，因此如果单一地关注教师数量而使得教师质量比较低，则人员经费的高效性也不会得到体现。有研究指出，教师个人资历因素对绩效工资的影响更大。[⑤] 因此，在本书对农村教师质量问题的关注中，学历是教师质量的重要指标之

---

① 国务院办公厅：《关于转发教育部等部门教育部直属师范大学师范生公费教育实施办法的通知》，2018 年 7 月 30 日。

② 教育部等：《中西部欠发达地区优秀教师定向培养计划》，2021 年 7 月 26 日。

③ 王恒、闫予沨、姚岩：《特岗教师留任意愿的影响因素研究——基于全国特岗教师抽样调查数据的 logistic 回归分析》，《教师教育研究》2018 年第 1 期。

④ 李静美：《农村公费定向师范生"下得去、留得住"的内在逻辑》，《中国教育学刊》2020 年第 12 期。

⑤ 薛海平、王蓉：《义务教育教师绩效奖金、教师激励与学生成绩》，《教育研究》2016 年第 5 期。

一，本书使用合格率①与高学历占比②两个指标对农村中小学专任教师质量进行衡量。通过 20 年的努力，中国农村地区基本上建成了一支师资水平较高的农村教师队伍，但是当前中国农村地区优质师资仍与城市学校有很大的差距。

1. 农村小学专任教师学历稳定提高

城乡小学教师学历合格率稳步递增，小学教师学历合格率始终保持着城市 > 县镇 > 农村的状态。2003—2020 年，城市小学教师学历合格率从99.24% 增至 100%，教师学历合格率提高了 0.76 个百分点；县镇小学教师学历合格率从 98.76% 增加到 99.99%，增加了 1.23 个百分点；农村小学教师学历合格率从 97.22% 增至 99.95%，增加了 2.73 个百分点。据教育部教育统计数据，2020 年，全国小学专任教师学历合格率为 99.98%。③对比 2020 年全国小学专任教师学历合格率与农村小学专任教师学历合格率可以发现，农村小学专任教师学历合格率低于全国水平 0.03 个百分点，而城市和县镇教学教师学历合格率均超过全国小学教师学历合格率。这说明农村小学专任教师的学历合格率稍低于全国水平，但是农村小学教师学历合格率增长明显，说明中国对农村教育事业发展投入力度很大，一直在努力提高农村教育教学水平（见表 2 - 15）。

小学高学历教师是衡量教师队伍建设水平和教师专业化水平的重要指标之一。从占比情况来看，2003—2020 年，城市、县镇和农村小学教师高学历占比从 64.4%、49.06%、31.77% 增至 99.34%、98.03%、95.82%，分别增长了 34.94%、48.97%、64.05%（见表 2 - 15）。农村小学高学历教师占比增长明显，国家在保证农村小学教师学历底线标准的同时，不断追求更高质量，努力实现农村教育的高质量发展。

---

① 专任教师学历合格率，是指某一级教育具有国家规定的最低学历要求的专任教师数占该级教育专任教师总数的百分比。各级教育教师的最低学历要求，参照 1993 年《中华人民共和国教师法》中的相关规定：取得小学教师资格，应当具备中等师范学校毕业及其以上学历；取得初级中学教师、初级职业学校文化、专业课教师资格，应当具备高等师范专科学校或者其他大学专科毕业及其以上学历；取得高级中学教师资格和中等专业学校、技工学校、职业高中文化课、专业课教师资格，应当具备高等师范院校本科或者其他大学本科毕业及其以上学历。

② 根据 1993 年《中华人民共和国教师法》的规定，本书对中小学教师学历资格的判断是，农村小学高学历教师是指具有专科及以上学历水平的教师，农村初中高学历教师是指具有本科及以上学历水平的教师。

③ 教育部：《2020 年全国教育事业发展统计公报》，2021 年 8 月 27 日。

表 2 – 15　　　　　　　　　　小学教师合格率和高学历占比　　　　　　　　　（%）

年份	合格率			高学历占比		
	城市	县镇	农村	城市	县镇	农村
2003	99.24	98.76	97.22	64.40	49.06	31.77
2004	99.45	99.13	97.78	71.34	58.41	40.14
2005	99.60	99.44	98.11	78.01	67.17	47.49
2006	99.73	99.53	98.43	82.54	72.41	53.61
2007	99.79	99.62	98.72	85.30	75.87	58.53
2008	99.83	99.71	98.93	87.96	79.01	62.82
2009	99.88	99.76	99.12	90.59	82.21	67.25
2010	99.90	99.80	99.28	92.44	84.60	71.15
2011	99.92	99.84	99.52	92.80	85.12	73.78
2012	99.95	99.90	99.65	94.28	87.38	77.13
2013	99.96	99.90	99.67	95.44	89.30	80.20
2014	99.98	99.93	99.76	96.49	91.29	83.59
2015	99.98	99.95	99.82	97.31	92.99	86.48
2016	99.99	99.96	99.87	97.96	94.41	89.06
2017	99.99	99.98	99.92	98.41	95.73	91.68
2018	99.99	99.98	99.93	98.86	96.80	93.59
2019	99.99	99.99	99.93	99.11	97.49	94.79
2020	100.00	99.99	99.95	99.34	98.03	95.82

资料来源：根据《中国教育统计年鉴》（2003—2020 年）相关数据计算所得。

2. 农村初中专任教师学历稳定提高

2003—2020 年，城乡初中专任教师的学历合格率逐年增加。2003 年，城市、县镇和农村初中教师学历合格率为 97.08%、93.46%、88.65%；2020 年，城市、县镇和农村初中教师学历合格率为 99.93%、99.88%、99.82%，分别增长了 2.85%、6.42%、11.17%。据教育部教育统计数据，2020 年，全国初中专任教师学历合格率为 99.89%。[①] 只有城市初中教师学历合格率超过全国平均水平，县镇和农村初中专任教师学历合格率

———————

① 教育部：《2020 年全国教育事业发展统计公报》，2021 年 8 月 27 日。

均低于全国水平（见表2－16）。因此，国家要继续增加对农村初中教师的经费投入，使得农村教师学历合格率达到全国水平。

从初中高学历教师占比变化情况来看，近年来，县镇和农村初中高学历教师占比逐年提高，城市高学历教师占比除2011年略微下降外，也逐年提高。2003—2020年，城市、县镇和农村初中高学历教师的占比分别从48.64%、22.11%、14.28%增至93.75%、86.07%、83.21%，分别增加了45.11%、63.96%、68.93%（见表2－16）。农村初中高学历教师占比的稳步上升得益于国家对农村教育事业的投入，但还应该注意到，农村和县镇教师学历合格率依然低于全国水平，未来应该进一步增加对农村教师的投入水平，提高农村教育质量。

表2－16　　　　　　　　初中教师合格率和高学历占比　　　　　　　　（%）

年份	合格率			高学历占比		
	城市	县镇	农村	城市	县镇	农村
2003	97.08	93.46	88.65	48.64	22.11	14.28
2004	97.71	94.93	91.27	55.01	27.99	19.01
2005	98.41	96.05	93.18	62.42	34.49	24.33
2006	98.78	96.94	94.78	68.46	41.14	29.97
2007	99.03	97.50	95.98	71.96	46.78	35.97
2008	99.24	97.97	96.86	75.92	52.62	42.33
2009	99.41	98.43	97.52	79.77	58.89	49.37
2010	99.54	98.74	98.05	82.67	63.14	54.81
2011	99.54	98.84	98.32	81.98	64.92	58.72
2012	99.62	99.04	98.63	84.15	68.27	62.59
2013	99.73	99.21	98.82	86.18	71.70	66.06
2014	99.82	99.48	99.18	87.81	74.89	69.46
2015	99.87	99.61	99.42	89.08	77.38	72.57
2016	99.91	99.72	99.57	90.27	79.78	75.19
2017	99.93	99.80	99.71	91.42	81.94	78.38
2018	99.94	99.84	99.78	92.39	83.65	80.15

续表

年份	合格率			高学历占比		
	城市	县镇	农村	城市	县镇	农村
2019	99.93	99.86	99.79	93.08	84.78	81.58
2020	99.93	99.88	99.82	93.75	86.07	83.21

资料来源：根据《中国教育统计年鉴》（2003—2020年）相关数据计算所得。

总的来看，中国农村中小学教师合格率呈现出递增趋势，农村中小学高学历专任教师占比也呈现出稳定提高趋势。农村教师的第一学历偏低。在一般情况下，第一学历由全日制学习方式获得，学习时间、学习方式、知识的系统性能够得到保障，毕业时能够涵养更多的教育教学知识、方法。但是学历偏低，一方面说明教师全日制学习时间较短，另一方面说明教师对先进的教育理念、方法的接触、理解有限。所以农村教师学历偏低成为农村教育质量提升的短板之一。同时，专业也是衡量教师质量的重要指标之一，农村学校因为缺乏专业教师，在招聘教师时就会放宽要求，导致所教非所学现象的出现。因此农村人员经费在农村教师质量上的支出比例仍然需要继续保持甚至增加。

（四）"两免一补"：农村贫困儿童受教育权利得到基本保障

现阶段中国农村地区因贫辍学的现象几乎不存在，适龄儿童受教育的权利获得基本保障。因贫失学现象的减少甚至消失当然与中国农村地区人民收入水平的提高有着非常紧密的关系，也与中国实施的"两免一补"政策有着十分密切的关系。

"两免一补"政策即全面免除城乡义务教育阶段学生学杂费；对农村学生和城市家庭经济困难学生免费提供教科书；对家庭经济困难学生提供生活补助，同时推行农村义务教育学生营养改善计划。以《中国学生资助发展报告》公布的数据为准，2021年，义务教育阶段全部免除学生学杂费，全部免费提供教科书；有2166.33万名学生享受了生活费补助，资助金额为221.13亿元。从2012—2021年家庭经济困难学生资助人次与金额来看，家庭经济困难学生资助金额在2012—2016年呈波动下降，之后大幅上升（见图2-19）。义务教育阶段教育免费入学、"两免一补"政策最大限度地减轻了农村学龄儿童家庭的经济负担，避免农村家庭因学致贫现象出现，也极大地减少了农村地区学龄儿童过早辍学打工现象的出现。东北师范大学中国农村教育发展研究院的调查发现，中国农村义务教育阶段学生因贫失学、辍学问题已得到基本解决，农村教育质量不断提高。

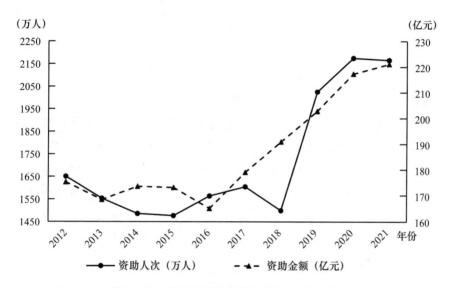

图2-19　家庭经济困难学生资助人次与金额

资料来源：《中国学生资助发展报告》（2012—2021年）。

说明：2019年之前资助人数和资助金额均为家庭经济困难寄宿生生活补助，2019年将非寄宿生纳入"一补"政策后，统计人数和金额为家庭经济困难学生及为其提供的生活补助。

第三章

农村学校公用经费投入水平与效益

本章导读

中华人民共和国成立以来，中国农村中小学公用经费先后经历了以政府统筹为主的前公用经费时期、以民办公助为主的前公用经费时期、以乡为主的公用经费时期、以县为主的公用经费时期、以省级统筹为主的公用经费时期，目前正处于城乡统一的公用经费时期。本书通过分析一般公共预算公用经费支出总量变化、一般公共预算公用经费支出占一般公共预算教育经费支出比例变化、生均一般公共预算公用经费支出与基准定额对比，探索农村学校公用经费的充分性；通过分析生均一般公共预算公用经费支出学段、城乡、区域结构，考察农村学校一般公共预算公用经费支出结构的合理性；通过分析农村学校公用经费管理模式、使用效率、质量指向的支出项目设计，考察农村学校公用经费的高效性。

一 中华人民共和国成立以来农村学校公用经费投入政策的历史嬗变

教育公用经费是维持学校正常运转的费用。中华人民共和国成立以来，中国教育公用经费经历了从少到多，从不规范到规范的发展过程。中小学教育公用经费政策内容主要包含公用经费投入与支出。教育公用经费投入事权责任主体承担公用经费来源，教育公用经费支出主要涉及公用经费支出标准与使用两个方面。

（一）以政府统筹为主的前公用经费时期（1949—1957）

公用经费是一个相对宽泛的概念，在 1949—1957 年期间一直处于概念模糊化状态，在教育政策话语中一直没有出现公用经费这个概念。公用经费经常依附在教育经费之中，并没有形成独立的话语体系。公用经费作为维持学校运转的基本经费，属于刚性需求。虽然在政策中没有出现"公用经费"之名，但有其功能之实。

在中华人民共和国成立初期，为了快速恢复和发展经济，实现对各行业的改造，国家选择了高度集中的计划经济体制。由于国家经济发展水平较低，财政紧缺，用于教育经费的投入有限，公用经费没有单列出来，公用经费的来源在很大程度上即为教育经费来源。为了保障供给，稳定物价，形成了"统收统支"的财政体制。在农村教育投入体制上表现为"统一列支"。在农村学校公用经费来源上，这一时期呈现出以政府拨付为主、学校自筹为辅的特点。其主要形式是政府以货币方式拨付，或政府以实物方式征收附加费，或者学校自己征收学费作为补充，在公用经费支出范围和支出标准上缺乏相应规定。在此背景下，除学杂费的收取之外，义务教育经费投入由国家统一列支。因公用经费未单独剥离开来，由教育经费总体统筹，农村地区义务教育公用经费主要是以乡镇政府税收与农村教育经费附加为主。1950 年 3 月，政务院通过了《关于统一管理一九五〇年度财政收支的决定》，要求城镇、乡村中学经费均由政府统一筹划，乡村小学经费由县政府可随国家公粮征收地方附加公粮进行解决，但地方附加公粮不得超过国家公粮的 15%。[①] 随着 1953 年"一五计划"的开展，由于财政投入教育领域的有限性与教育现实需求发展间矛盾的，国家不得不通过中小学杂费的收取来扩大经费来源。如 1953 年 3 月，高等教育部、教育部、财政部颁布的《关于 1953 年度"教育支出"预算的联合通知》在经费范围要求中提到，小学教育事业费除一般列有文教部门领导的公立小学所需经费（主要是工资及公杂费）外，还包括干部子弟小学经费，此类学校应尽早逐步改为普通小学。而且在其注意事项中指出，对各级各类学校的教学行政费、一般设

---

① 政务院：《关于统一管理一九五〇年度财政收支的决定》，1950 年 3 月 24 日。

备费及教学设备费三项，各地区可以根据实际情况，在各项预算总额内加以适当调剂。[①] 1955 年 9 月，教育部、财政部颁发了《关于中小学杂费开支管理办法的几点意见的通知》，提出"合理地征收杂费并发挥杂费的作用与效能，以补助中、小学校教育经费之不足，保证中、小学校的教育工作及其发展的需要"[②]。

（二）以民办公助为主的前公用经费时期（1958—1982）

这一时期，政策语境中仍没有出现"公用经费"这一概念，公用经费依旧附属于教育经费，由教育经费行公用经费之实。农村义务教育公用经费在来源上主要偏重农村集体投入，或者学校自筹，政府只是对农村义务教育公用经费进行少量补助。虽然支付范围逐渐清晰，但关于其投入标准以及公用经费支付标准依然没有定论。

1958 年 8 月，中共中央、国务院下发了《关于教育事业管理权下放问题的规定》，提出下放教育事业管理权，加强地方对教育事业的领导，鼓励全党办学、全民办学，规定区域内中小学举办经费由地方负责投入。[③] 农村地区逐渐形成了"两条腿走路"的教育经费投入体制，公办与民办（集体办学与私人办学）并举。教育经费投入体制的变化促使农村义务教育公用经费来源重心向下转移。1959 年 11 月，《国务院批转教育部、财政部关于进一步加强教育经费管理的意见》要求中小学收取的杂费，应按照预算外特种资金管理，由教育部门掌握使用。[④] 1960 年 3 月，财政部、教育部发布的《关于人民公社社办中、小学经费补助的规定》提出，人民公社举办的中小学应力求自力更生，经费筹措办法可以多种多样，既可以从公益金中抽出一定比例用来发展中小学教育事业，也可以结合向学生收取杂费或分摊工分的办法来解决经费开支；对普通中学和农业中学及其他职业中学还可以由公社拨给学校一定的土地，用学生参加生产劳动的收入解

---

① 高等教育部、教育部、财政部：《关于 1953 年度"教育支出"预算的联合通知》，1953 年 3 月 20 日。

② 教育部、财政部：《关于中小学杂费开支管理办法的几点意见的通知》，1955 年 9 月 19 日。

③ 中共中央、国务院：《关于教育事业管理权力下放问题的规定》，1958 年 8 月 4 日。

④ 《国务院批转教育部、财政部关于进一步加强教育经费管理的意见》，1959 年 11 月 24 日。

决经费开支。[1] 1962 年 1 月，教育部、财政部联合发布的《关于进一步加强教育经费管理的补充意见》提到，为了保证地方各级举办的教育事业的正常发展，各省、市、自治区在农业税地方附加中划出一定的数额，作为农村公办小学的重点修缮和民办教育事业（包括农业中学）的补助之用。[2] 1963 年 2 月，财政部、教育部联合发出《关于教育事业财务管理若干问题的规定》，提出县镇和农村公办中小学必需的校舍维修和课桌椅补充费用，可从农业税附加中解决一部分，并规定对公办中小学的杂费收支应按专项资金进行管理，年终结余继续使用，不用上交财政。[3] 这一系列政策不仅规定了地方发展教育事业的责任，地方政府支持教育经费的来源，而且进一步明确了地方政府的税收用于教育经费的一定数额要求。

在 1966—1976 年"文化大革命"期间，农村中学多由县、社领导管理，农村小学普遍由大队管理，城镇小学交由工厂接办，大中型城市的小学领导管理权下放至街道办事处。地方办学经费主要由地方集体负责，国家给予少量帮助。1968 年 11 月，《人民日报》发表了山东两位小学教师侯振民、王庆余《建议所有公办小学下放到大队来办》的文章，该文提出要求将公办学校转为集体办，国家不再投资或少投资。[4] 1974 年 1 月，国务院科教组、卫生部、财政部共同印发了《关于中小学财务管理若干问题的意见》，规定农村地区办学经费主要由集体负担，国家给予少量补助，适当安排民办公助，并要求适当调整公用经费。[5]

改革开放后，农村义务教育公用经费依然呈现出低重心、多渠道来源的特点。1980 年 2 月，国务院下发了《关于实行"划分收支、分级包干"财政管理体制的通知》，要求自 1980 年起实行"划分收支、分级包干"的财政管理体制，按照经济管理体制规定的隶属关系，明确划分中央和地方

---

[1]　财政部、教育部：《关于人民公社社办中、小学经费补助的规定》，1960 年 3 月 21 日。

[2]　教育部、财政部：《关于进一步加强教育经费管理的补充意见》，1962 年 1 月 12 日。

[3]　财政部、教育部：《关于教育事业财务管理若干问题的规定》，1963 年 2 月 20 日。

[4]　侯振民、王庆余：《建议所有公办小学下放到大队来办》，《人民日报》1968 年 11 月 14 日第 1 版。

[5]　国务院科教组、卫生部、财政部：《关于中小学财务管理若干问题的意见》，1974 年 1 月 17 日。

财政的收支范围①，这也就规定了地方财政对于教育事业的投入责任。1980 年 12 月，中共中央、国务院出台的《关于普及小学教育若干问题的决定》重申，必须坚持"两条腿走路"的方针，鼓励群众自筹经费办学，在地方领导教育发展的基础上实现教育经费的自筹。②

（三）以乡为主的公用经费时期（1983—1999）

这一时期出现了相对明确的公用经费概念。农村教育经费主要来源于乡政府，辅之教育费附加、学费与杂费等多种收入来源。并对教育公用经费支出使用范围加以进一步规范，公用经费来源被单独剥离出来，专款专用初现雏形。但农村中小学公用经费基准定额与标准却一直没有明确，各地也没有统一。

1983 年 10 月，中共中央、国务院出台的《关于实行政社分开建立乡政府的通知》提出，当前首要任务是实行政社分开，建立乡政府，由乡政府代替人民公社存在，领导本乡的经济、文化和各项社会建设。③ 为解决办学经费不足等问题，1984 年 12 月，国务院出台的《关于筹措农村学校办学经费的通知》提出，在逐年增加国家对教育基本建设投资和教育事业费的同时，充分调动农村集体经济组织和其他各种社会力量办学的积极性。④ 1984 年 11 月，教育部在《关于发布〈中、小学公用经费参考定额〉的通知》中，指出各项定额是按一般地区的物价水平和开支因素，在正常情况下每个学生每年所需的公用经费核定的参考定额，不包括解决当前中小学普遍存在的校舍紧张，危房比例大，课桌凳、教学仪器设备严重缺乏等问题所需的费用。中小学公用经费参考定额项目分类有公务费、设备购置费、业务费、修缮费、其他费用，并包含新生开班费。按国家规定实施冬季取暖的地区，取暖费定额由各地自定。⑤ 实际上，该定额项目在规定中并非明确要求，只是在附录中给予了一个参考性的项目划分与定额支出比例，对项目范围没有做出清晰界定，但已经有了相对明确的公用经费概念、大体的项目分类与参考定额（见表 3 – 1）。

---

① 国务院：《关于实行"划分收支、分级包干"财政管理体制的通知》，1980 年 2 月 1 日。
② 中共中央、国务院：《关于普及小学教育若干问题的决定》，1980 年 12 月 3 日。
③ 中共中央、国务院：《关于实行政社分开建立乡政府的通知》，1983 年 10 月 12 日。
④ 国务院：《关于筹措农村学校办学经费的通知》，1984 年 12 月 13 日。
⑤ 教育部：《关于发布〈中、小学公用经费参考定额〉的通知》，1984 年 11 月 27 日。

表 3 - 1　　　　　　　　中小学公用经费参考定额　　　　　　　（元/生/年）

项目分类	小学	初中	高中
公务费	8.0	12.5	16.5
设备购置费	3.5	6.5	10.5
业务费	2.5	4.5	7.5
修缮费	5.0	6.5	7.5
其他费用	1.0	2.0	3.0
合计	20.0	32.0	45.0
新生开班费	45.0	70.0	100.0

说明：按国家规定发给冬季取暖费的地区，取暖费定额由各地自定。

资料来源：教育部：《关于发布〈中、小学公用经费参考定额〉的通知》，1984 年 11 月 27 日。

　　1985 年 5 月，中共中央《关于教育体制改革的决定》，要求基础教育管理权属于地方，为了保障地方发展教育事业，除了国家拨款以外，地方机动财力中应有适当比例用于教育，乡财政收入应主要用于教育。地方可以征收教育费附加，此项收入应用于改善基础教育的教学设施，不得挪作他用。地方要鼓励和指导国营企业、社会团体和个人办学，并在自愿的基础上鼓励单位、集体和个人捐资助学，但不得强迫摊派。① 并强调中央和地方政府教育拨款的增长要高于财政经常性收入的增长，并按在校学生人数平均的教育费用逐步增加。

　　1987 年 6 月，国家教委、财政部颁发《关于农村基础教育管理体制改革若干问题的意见》，要求认真贯彻落实国务院《关于筹措农村学校办学经费的通知》精神，搞好农村教育事业费附加的征收工作，多渠道筹措农村办学经费，是改革农村基础教育管理体制的一项重要任务。② 1993 年 2 月，中共中央、国务院印发《中国教育改革和发展纲要》，对教育经费来源进行了具体明确的规定：要求逐步建立起以国家财政拨款为主，辅之以征收用于教育的税费、收取非义务教育阶段学生学杂费、校办产业收入、

① 中共中央：《关于教育体制改革的决定》，1985 年 5 月 27 日。

② 国家教委、财政部：《关于农村基础教育管理体制改革若干问题的意见》，1987 年 6 月 15 日。

社会捐资集资和设立教育基金等多种渠道筹措教育经费的体制。进一步完善城乡教育费附加征收办法，城市地区凡缴纳产品税、增值税、营业税的单位和个人，按"三税"的百分之二到百分之三计征城市教育费附加；农村教育费附加征收办法和计征比例，由各省、自治区、直辖市政府制定。①

1994 年中国实行分税制改革，分税制改革使得中央财政收入高度集权，省以下财政体制也随之集权，但对包括基础教育在内的公共服务支出权责并未做相应调整，农村义务教育公用经费还是主要来源于乡政府。在财政供给有限的情况下，唯有以征收学杂费的方式进行补给。1994 年 9 月，国家教委发布《关于在九十年代基本普及九年义务教育和基本扫除青壮年文盲的实施意见》，要求各省、自治区、直辖市在编制年度财政预算时，应在确保"两个增长"的同时，切实保证中小学教师（包括民办教师）工资和生均公用经费逐年增长；省级人民政府应制定中小学生均公用经费标准；要逐步提高各级财政支出中教育经费所占的比例，省级和县级财政支出中教育经费的比例，由省级政府确定，乡财政主要用于义务教育。② 在税费改革基础上对教育事业费附加的具体比例进行了规定，农村教育费附加主要用于农村义务教育公用经费等。在分税制改革下，财政比例加大、教育事业费附加专款专用、杂费等规范化，将公用经费来源单独剥离出来的雏形初现。

在公用经费支出方面，这一时期逐步开始进一步对普通中小学公用经费消耗额度进行了相应的规定。如 1992 年 10 月国家教委印发的《普通中小学公用经费实物消耗定额》，此文件成为后来中小学公用经费支出方面的参照性标准。③ 在公用经费支付的范围方面开始进一步细化。1997 年 6 月，在财政部、国家教委发布的《关于印发〈中小学校财务制度〉的通知》中，对财政补助收入、上级补助收入、事业收入、经营收入、附属单位上缴收入、其他收入等进行了细致的规定。④ 中小学事业支出包括基本

---

① 中共中央、国务院：《中国教育改革和发展纲要》，1993 年 2 月 13 日。

② 国家教委：《关于在九十年代基本普及九年义务教育和基本扫除青壮年文盲的实施意见》，1994 年 9 月 1 日。

③ 国家教委：《普通中小学公用经费实物消耗定额》，人民教育出版社 1992 年版。转引自杜育红、梁文艳、杜屏《我国农村中小学公用经费充足性研究》，《北京师范大学学报》（社会科学版）2008 年第 6 期。

④ 财政部、国家教委：《关于印发〈中小学校财务制度〉的通知》，1997 年 6 月 23 日。

工资、补助工资、其他工资、职工福利费、社会保障费、助学金、公务费、业务费、设备购置费、修缮费和其他费用。将公用经费包含在事业性经费之中，农村中小学公用经费开支范围包括学校维持正常运转所需开支的业务费、公务费、设备购置费、修缮费和其他属于公用性质的费用等。[①]

（四）以县为主的公用经费时期（2000—2005）

进入 21 世纪，中国经济实力提升，以乡为主的教育投入体制显现出越来越多的弊端，国家进行教育投入体制改革。这一时期，教育公用经费的主要变化是来源重心上移，公用经费来源逐渐转移到县级政府，公用经费收入来源渠道变窄，逐渐形成了以县财政投入为主，学生杂费做补充的公用经费来源格局。

2000 年 3 月，中共中央、国务院发布的《关于进行农村税费改革试点工作的通知》提出，取消乡统筹费、农村教育集资等专门面向农民征收的行政事业性收费和政府性基金、集资等；在取消乡统筹费后，原由乡统筹费开支的乡村两级九年制义务教育支出，由各级政府通过财政预算安排。[②]在分税制改革下农村教育乱集资、乱收费现象开始得到扭转，教育财政经费来源逐步规范。2001 年 3 月，国务院颁发了《关于进一步做好农村税费改革试点工作的通知》，进一步提出保障农村义务教育经费投入的要求。要求各省级政府参照改革前农村中小学校的实际公用经费，核定本地区标准和定额，扣除学校适当收取的杂费，其余部分由县级地方财政在预算中予以安排。[③]在公用经费的收入和支出方面，2001 年 5 月，国务院出台的《关于基础教育改革与发展的决定》提出，实行在国务院领导下，由地方政府负责、分级管理、以县为主的农村义务教育管理体制，要求合理安排农村中小学正常运转所需经费。除从学校按规定收取的杂费中开支外，不足部分还可由县、乡两级人民政府予以安排。同时，在贫困地区实行"一费制"，杂费收入应全部用于补充学校公用经费的不足，不得用于教师工

---

① 杜育红、梁文艳、杜屏：《我国农村中小学公用经费充足性研究》，《北京师范大学学报》（社会科学版）2008 年第 6 期。

② 中共中央、国务院：《关于进行农村税费改革试点工作的通知》，2000 年 3 月 2 日。

③ 国务院：《关于进一步做好农村税费改革试点工作的通知》，2001 年 3 月 24 日。

资、津贴、福利、基建等开支。[①] 同年 11 月，国家计委、财政部、教育部
颁发的《关于坚决落实贫困地区农村义务教育阶段试行"一费制"收费制
度的通知》，重申收费资金只能用于课本和补助学校公用经费不足，严禁
用于发放教师工资、津贴、福利和基本建设等开支。[②] 教育公用经费来源
与支出进一步规范化。2001 年 7 月，财政部、教育部颁发《关于做好农村
中小学公用经费标准定额核定工作 确保学校正常运转有关问题的通知》，
要求明确公用经费具体开支范围，规定农村中小学公用经费开支范围包括
学校维持正常运转所需开支的业务费、公务费、设备购置费、修缮费和其
他属于公用性质的费用等方面（见表 3 - 2）。[③]

表 3 - 2 　　　　　　　　　　　中小学公用经费开支范围

项目类型	种类
业务费	教学业务费、实验实习费、文体维持费、宣传费等
公务费	办公费、水电费、取暖费、公用差旅费、会议费、邮电费、机动车辆燃料费等
设备购置费	仪器设备、文体设备、图书及其他设备
修缮费	教学和管理用房屋、建筑物和各类设备维修所发生的人工、材料费用，以及不够基建立项的零星土建工程费用
其他	指上述费用以外的有关支出，包括按规定提取的职工教育经费等

同时，综合考虑学校信息技术教育和农村基础教育发展的实际需要
等情况核定公用经费的标准和定额。贫困地区按照维持学校正常运转最
低需求核定公用经费的标准和定额。农村中小学公用经费的标准和定额
由省级财政部门会同省级教育行政部门根据本地各市（县、区、旗）不
同经济发展水平、财力情况，按通知规定逐一核定。[④] 不仅对农村中小

[①] 国务院：《关于基础教育改革与发展的决定》，2001 年 5 月 29 日。

[②] 国家计委、财政部、教育部：《关于坚决落实贫困地区农村义务教育阶段试行"一费制"收费制度的通知》，2001 年 11 月 16 日。

[③] 财政部、教育部：《关于做好农村中小学公用经费标准定额核定工作 确保学校正常运转有关问题的通知》，2001 年 7 月 9 日。

[④] 财政部、教育部：《关于做好农村中小学公用经费标准定额核定工作 确保学校正常运转有关问题的通知》，2001 年 7 月 9 日。

学公用经费的标准与定额进行了要求，而且提出了针对各地市发展水平的弹性化的核定标准，是义务教育公用经费规范化的一大进步。2002 年4 月，国务院办公厅颁发《关于完善农村义务教育管理体制的通知》，进一步明确县级人民政府对农村义务教育负有主要责任，经济和财力较好县的公用经费标准和定额可以适当提高。[①] 2003 年 9 月，国务院颁发的《关于进一步加强农村教育工作的决定》与 2004 年 3 月教育部、国家发改委、财政部下发的《关于在全国义务教育阶段学校推行"一费制"收费办法的意见》，都要求县级人民政府按照省级人民政府核定的农村中小学公用经费标准和定额，进行统筹安排，并予以保证，对不同地区的具体问题应具体分析。[②] 从 2004 年秋季新学年开始，在充分考虑地区间、城乡间经济发展水平、群众承受能力等差异的基础上，全国义务教育阶段学校统一推行"一费制"收费办法，所包含的杂费项目要适当考虑信息技术教育、北方地区冬季取暖的基本需要，为实施素质教育而按照教学计划开展的教育、教学活动的费用一律在公用经费中支出。[③] 这使得公用经费的收支范围更加具体化。

（五）以省级统筹为主的公用经费时期（2006—2015）

这一时期，教育公用经费的投入主体进一步上移，渐次免除学杂费，城乡改革进程与承担主体有别，并以专项资金补充农村公用经费；再到免除学杂费，义务教育阶段公用经费完全由各级政府按比例分担。在划分各级政府学校公用经费的投入责任，以及义务教育公用经费的使用范围上进一步具体化。

2005 年 12 月，国务院颁布《关于深化农村义务教育经费保障机制改革的通知》，建立了中央和地方分项目、按比例分担的农村义务教育经费保障机制，由省级人民政府负责统筹落实省以下各级人民政府应承担的经费。在公用经费方面，提出提高农村义务教育阶段中小学公用经费保障水

---

①　国务院办公厅：《关于完善农村义务教育管理体制的通知》，2002 年 4 月 14 日。

②　国务院：《关于进一步加强农村教育工作的决定》，2003 年 9 月 17 日；教育部、国家发改委、财政部：《关于在全国义务教育阶段学校推行"一费制"收费办法的意见》，2004 年 3 月17 日。

③　教育部、国家发改委、财政部：《关于在全国义务教育阶段学校推行"一费制"收费办法的意见》，2004 年 3 月 17 日。

平，在免除学杂费的同时，先落实各省（区、市）制定的本省（区、市）农村中小学预算内生均公用经费拨款标准，在此基础上由中央适时制定全国农村义务教育阶段中小学公用经费基准定额，中央适时对基准定额进行调整。① 新机制推动了农村义务教育公用经费来源变化，农村义务教育经费承担主体上移。2006 年 1 月，财政部、教育部发布《关于确保农村义务教育经费投入 加强财政预算管理的通知》，要求加强县级预算管理，建立健全农村中小学校预算编制制度，对农村中小学经费实行"校财局管"。农村中小学预算以学校为基本编制单位，村小（教学点）被纳入其所隶属的中心学校统一代编。要求每年新学期开学前，地方财政要视情况采取预拨资金等办法，确保学校运转资金及时到位。② 然而，自新机制实施以来，随着改革工作的进一步推进，各地陆续暴露出一些问题，如一些农村中小学校存在不同程度的乱收费、预算工作不够规范、补助寄宿生生活费政策落实情况不理想等问题。2006 年 1 月，财政部、教育部出台《农村中小学公用经费支出管理暂行办法》，在 2001 年 7 月财政部、教育部出台的《关于做好农村中小学公用经费标准定额核定工作 确保学校正常运转有关问题的通知》③ 基础上进行了重新调整，学校公用经费是指保障农村中小学正常运转、在教学活动和后勤服务等方面的费用开支，包含教学业务与管理、教师培训、实验实习、文体活动、水电、取暖、交通差旅费、邮电、仪器设备及图书资料购置、房屋、建筑物及仪器设备的日常维修与维护等的开支。④ 该暂行办法要求教师培训经费按照学校公用经费的5% 加以安排，用于教师按照年度计划参加培训所需差旅费、伙食补助费、资料费和住宿费等开支。

2007 年 7 月，教育部发布了《关于进一步做好农村义务教育经费保障机制改革有关工作的通知》，要求进一步严格规范农村义务教育阶段学校收费行为。农村中小学校除按"一费制"标准收取教科书费、作业本费和寄宿生住宿费外，严禁再向学生收取其他任何费用。在公用经费的使用上

---

① 国务院：《关于深化农村义务教育经费保障机制改革的通知》，2005 年 12 月 24 日。

② 财政部、教育部：《关于确保农村义务教育经费投入 加强财政预算管理的通知》，2006 年 1 月 19 日。

③ 财政部、教育部：《关于做好农村中小学公用经费标准定额核定工作 确保学校正常运转有关问题的通知》，2001 年 7 月 9 日。

④ 财政部、教育部：《农村中小学公用经费支出管理暂行办法》，2006 年 1 月 19 日。

规定得更加详细，并具体提出公用经费预算要更多地向提高教育教学质量方面倾斜。将办公费作为独立类目划为公用经费的开支范围，使得开支范围的界定更加细致化。① 规范农村义务教育的收费问题，实际上也进一步压缩了学生缴费进入公用经费来源的空间。针对这一情况，2007 年 11 月，财政部、教育部发布了《关于调整完善农村义务教育经费保障机制改革有关政策的通知》，要求通过调整完善省对下转移支付制度等方式，确保资金及时足额到位。提高中西部地区部分省份农村义务教育阶段中小学的生均公用经费基本标准，提前落实基准定额。从 2007 年开始，对中西部地区农村义务教育阶段中小学的生均公用经费基本标准，小学低于 150 元或初中低于 250 元的省份，分别提高到 150 元和 250 元（其县镇标准相应地达到 180 元和 280 元）。②

2008 年 8 月，国务院发布《关于做好免除城市义务教育阶段学生学杂费工作的通知》，要求从 2008 年秋季学期开始，全部免除城市义务教育阶段公办学校学生学杂费，所需资金由省级人民政府统筹落实，省和省以下各级财政予以安排。地方各级人民政府要按照预算内生均公用经费标准和实际接收人数，对接收进城务工人员随迁子女的公办学校足额拨付教育经费。③ 至此，作为义务教育阶段教育经费来源，尤其是作为公用经费来源的学生学杂费被彻底免除。城乡义务教育阶段学杂费的免除是中国教育事业发展史上的一座里程碑，但是这也加剧了教育公用经费的紧缺状况。为保障学校公用经费的充足性，中央出台农村义务教育阶段中小学公用经费基准定额，分两年将基准定额落实到位，2008 年和 2009 年，每年落实公用经费基本标准与基准定额差额的 50%，所需资金由中央财政和地方财政按照免学杂费的分担比例共同承担。④

2009 年 6 月，财政部出台《关于推进省直接管理县财政改革的意见》，

---

① 教育部：《关于进一步做好农村义务教育经费保障机制改革有关工作的通知》，2007 年 7 月 12 日。

② 财政部、教育部：《关于调整完善农村义务教育经费保障机制改革有关政策的通知》，2007 年 11 月 26 日。

③ 国务院：《关于做好免除城市义务教育阶段学生学杂费工作的通知》，2008 年 8 月 12 日。

④ 财政部、教育部：《关于调整完善农村义务教育经费保障机制改革有关政策的通知》，2007 年 11 月 26 日。

要求实行省直接管理县财政改革，进一步理顺教育经费投入关系。[①] 2010年7月，《国家中长期教育改革和发展规划纲要（2010—2020年)》要求进一步完善多级共担的义务教育投入体制，提出保证教师工资和学生人均公用经费逐步增长，按增值税、营业税、消费税的3%足额征收教育费附加，专项用于教育事业。[②] 2010年11月，财政部出台《关于统一地方教育附加政策有关问题的通知》，要求统一开征地方教育附加税。地方教育附加征收标准统一为单位和个人（包括外商投资企业、外国企业及外籍个人）实际缴纳的增值税、营业税和消费税税额的2%，并要求专款专用。[③]

2011年6月，国务院发布《关于进一步加大财政教育投入的意见》，要求拓宽经费来源渠道，多方筹集财政性教育经费，并具体提到教育费附加制度和教育费附加征收比例。教育费附加统一按增值税、消费税、营业税实际缴纳税额的3%征收；地方教育附加统一按增值税、消费税、营业税实际缴纳税额的2%征收，并从土地出让收益中按比例计提教育资金。[④] 2012年9月，国务院办公厅颁发《关于规范农村义务教育学校布局调整的意见》，标志着中国农村地区进入"后撤并时代"，该意见进一步规定了不同规模学校公用经费的标准，提出提高村小学和教学点的生均公用经费标准，对学生规模不足100人的村小学和教学点按100人核定公用经费，保证其正常运转。[⑤] 国家从政策文件上对公用经费的投入按照学校规模进行规定，体现出公用经费标准更加精细化。2012年12月，财政部、教育部发布《关于印发〈中小学校财务制度〉的通知》，在中小学校财务分析指标中规定公用经费的相关测算标准：公用支出比率＝公用支出÷事业支出×100%，生均公用支出＝公用支出÷实际在校生人数。[⑥]

（六）城乡统一的公用经费时期（2016年至今）

这一时期，国家统一了城乡义务教育阶段生均公用经费基准定额，

① 财政部：《关于推进省直接管理县财政改革的意见》，2009年6月22日。
② 国家中长期教育改革和发展规划纲要工作小组办公室：《国家中长期教育改革和发展规划纲要（2010—2020年)》，2010年7月29日。
③ 财政部：《关于统一地方教育附加政策有关问题的通知》，2010年11月7日。
④ 国务院：《关于进一步加大财政教育投入的意见》，2011年6月29日。
⑤ 国务院办公厅：《关于规范农村义务教育学校布局调整的意见》，2012年9月6日。
⑥ 财政部、教育部：《关于印发〈中小学校财务制度〉的通知》，2012年12月21日。

在公平取向下按照农村不同规模、不同群体公用经费具体需要，构建体现城乡积极差异的标准，进行价值关照，关注接收寄宿儿童、随迁子女、特殊需求学生等弱势群体学校公用经费的充分性。此外，这一时期还对公用经费支出项目做了更加细致化的规定，使得公用经费使用更加规范化。

自改革开放尤其是市场经济建立以来，中国城镇化快速推进，民工潮兴起，随迁子女异地就读需求迫切，中国先后于 2001 年出台了"两为主"政策，2014 年出台了"两纳入"政策。公用经费是保障这些政策执行的重要经费基础，在实践操作中经费难以携带、无法精确配置，阻碍着随迁子女异地入学政策的实施。2015 年 11 月，国务院颁发了《关于进一步完善城乡义务教育经费保障机制的通知》，要求统一城乡义务教育"两免一补"政策，实现"两免一补"和生均公用经费基准定额资金可随学生流动可携带。① 其生均公用经费基准定额所需资金由中央和地方按比例分担，西部地区及中部地区比照实施西部大开发政策的县（市、区）为 8∶2，中部其他地区为 6∶4，东部地区为 5∶5；并详细规定了 2016 年生均公用经费基准定额：中西部地区普通小学每生每年 600元、普通初中每生每年 800 元；东部地区普通小学每生每年 650 元、普通初中每生每年 850 元。在此基础上，对寄宿制学校按照寄宿生年生均200 元标准增加公用经费补助，继续落实好农村地区不足 100 人的、规模较小学校按 100 人核定公用经费和北方地区取暖费等政策；特殊教育学校和随班就读残疾学生按每生每年 6000 元标准补助公用经费。② 2016年 7 月，国务院印发的《关于统筹推进县域内城乡义务教育一体化改革发展的若干意见》提出，在实行"以县为主"管理体制的基础上，进一步加强省级政府统筹，完善乡村小规模学校办学机制和管理办法，将村小学和教学点纳入对乡村中心学校考核中，加强乡村中心学校对村小学、教学点的指导和管理。利用全国中小学生学籍信息管理系统数据，推动"两免一补"资金和生均公用经费基准定额资金随学生流动可携带。加快推进生均公用经费基准定额统一、基本装备配置标准统一和"两免一

---

① 国务院：《关于进一步完善城乡义务教育经费保障机制的通知》，2015 年 11 月 25 日。
② 国务院：《关于进一步完善城乡义务教育经费保障机制的通知》，2015 年 11 月 25 日。

补"政策城乡全覆盖。适当提高寄宿制学校、规模较小学校和北方取暖地区学校公用经费补助水平，切实保障学校的正常运转。[①]

2016年11月，在财政部、教育部发布的《关于印发〈城乡义务教育补助经费管理办法〉的通知》指出，公用经费是指保障义务教育学校正常运转、完成教育教学活动和其他日常工作任务等方面支出的费用，具体支出范围包括教学业务与管理、教师培训、实验实习、文体活动、水电、取暖、交通差旅、邮电、仪器设备及图书资料等购置、房屋、建筑物及仪器设备的日常维修维护等；同时，再次强调对城乡义务教育学校（含民办学校）按照不低于生均公用经费基准定额的标准补助公用经费，并适当提高寄宿制学校、规模较小学校、北方取暖地区学校、特殊教育学校和随班就读残疾学生的公用经费补助水平。[②]

2018年4月，国务院办公厅颁发《关于全面加强乡村小规模学校和乡镇寄宿制学校建设的指导意见》，提出了加大经费投入力度，切实落实对乡村小规模学校按100人拨付公用经费和对乡镇寄宿制学校按寄宿生年生均200元标准增加公用经费补助政策，中央财政继续给予支持。根据实际在小规模学校间合理统筹安排公用经费，实行账目单列、规范管理、合理统筹，确保足额用于小规模学校，不得滞留或挪用。[③] 2018年8月，国务院办公厅颁发了《关于进一步调整优化结构 提高教育经费使用效益的意见》，要求合理划分教育领域政府间财政事权和支出责任，进一步完善教育转移支付制度，建立健全国家教育标准体系，科学核定基本办学成本，全面建立生均拨款制度。[④] 2019年5月，国务院办公厅发布的《关于印发教育领域中央与地方财政事权和支出责任划分改革方案的通知》提出，将国家制定分地区生均公用经费基准定额调整为制定全国统一的基准定额，并按规定提高寄宿制学校等公用经费水平，单独

---

① 国务院：《关于统筹推进县域内城乡义务教育一体化改革发展的若干意见》，2016年7月2日。

② 财政部、教育部：《关于印发〈城乡义务教育补助经费管理办法〉的通知》，2016年11月11日。

③ 国务院办公厅：《关于全面加强乡村小规模学校和乡镇寄宿制学校建设的指导意见》，2018年4月25日。

④ 国务院办公厅：《关于进一步调整优化结构 提高教育经费使用效益的意见》，2018年8月17日。

核定义务教育阶段特殊教育学校和随班就读残疾学生等公用经费标准。所需经费由中央与地方财政分档按比例分担，其中，第一档中央财政分担80%；第二档中央财政分担60%；第三档、第四档、第五档中央财政分担50%。[1]

针对一些地方因重视不够、财力困难、学校管理基础薄弱等原因，在义务教育学校公用经费预算安排、资金拨付、使用管理等方面所暴露出的一些问题，2020年11月，财政部办公厅、教育部办公厅发布《关于进一步加强义务教育学校公用经费管理的通知》，进一步加强义务教育学校公用经费管理，保障学校正常运转。[2] 至此，中国基本上形成了中央与地方分项目、按比例承担公用经费来源与投入的体制机制，并具体强调了教育费附加专项投入与学生公用经费的流动性携带，使得教育公用经费的来源更加规范化、合理化。

二　充分性：农村学校一般公共预算公用经费支出水平

一般公共预算公用经费是中国农村学校运转的稳定经济来源，公用经费的支出水平在很大程度上决定着学校的运转质量。本节首先对《中国教育经费统计年鉴》（2002—2021年）和《全国教育经费执行情况统计公告》（2001—2020年）中2001—2020年小学和初中一般公共预算公用经费支出总量进行分析；其次分析全国及农村的小学和初中一般公共预算公用经费支出占一般公共预算教育经费支出[3]的比例变化；最后对《中国教育经费统计年鉴》（2002—2021年）中的生均一般公共预算公用经费支出与相应年份的公用经费基准定额进行比较。通过以上三个指标对中国小学和初中一般公共预算公用经费支出水平进行分析，借此考

---

① 国务院办公厅：《关于印发教育领域中央与地方财政事权和支出责任划分改革方案的通知》，2019年5月24日。

② 财政部办公厅、教育部办公厅：《关于进一步加强义务教育学校公用经费管理的通知》，2020年11月19日。

③ 一般公共预算教育经费包含一般公共预算教育公用经费、一般公共预算教育人员经费、一般公共预算教育基建经费三个方面。

察义务教育学校一般公共预算公用经费支出的充分性。

（一）一般公共预算公用经费支出总量变化

从一般公共预算公用经费支出总量上考察农村学校公用经费的充分性，具体而言需要对 2001—2020 年小学、初中的一般公共预算公用经费支出总量分别进行纵向时间上的变化分析与横向学段上的比较分析。

1. 小学一般公共预算公用经费支出

全国小学一般公共预算公用经费支出在 2001 年至 2020 年期间呈现出逐年上升的趋势，从 2001 年的 550934.9 万元增长到 2020 年的 28382707.7 万元；农村小学一般公共预算公用经费支出亦呈现出同样的态势，从 2001 年的 256297.9 万元增长到 2020 年的 16027922.4 万元（见表 3 - 3）。不论是全国还是农村，国家对小学一般公共预算公用经费的投入力度不断加大。从二者的绝对差距来看，全国小学一般公共预算公用经费支出与农村地区差距呈逐年扩大之势。从二者的增幅来看，全国小学一般公共预算公用经费支出的增幅总体上要大于农村地区。具体来看，在 2007 年以前，农村小学一般公共预算公用经费支出的增速总体上大于全国。除 2014 年以外，2008—2020 年，全国小学一般公共预算公用经费支出的增幅均大于农村地区（见表 3 - 3）。

从农村小学一般公共预算公用经费支出占全国小学一般公共预算公用经费支出的比例来看，该比例总体上表现得较为平缓，在波动变化中稍有增长。2001—2007 年，该比例从 46.52% 增长到 70.01%，2007—2020 年呈现出波动下滑状态，其间，从 2007 年的 70.01% 波动下降到 2020 年的 56.47%。结合同期农村小学学生数占全国小学学生数的比例来看，二者的比例呈现出差距逐渐缩小的趋势，由 2001 年相差近 40 个百分点下降至 2020 年相差 4 个百分点左右（见表 3 - 3）。虽然农村小学一般公共预算公用经费支出占全国小学一般公共预算公用经费支出的比例变化不是很明显，但结合农村小学学生数占全国小学学生数的比例来看，从相对差距中可以看出，国家财政对农村小学的投入巨大，农村小学一般公共预算公用经费的充分性不断提高。

表 3 - 3　　　　　　　　　小学一般公共预算公用经费支出

年份	全国小学一般公共预算公用经费支出（万元）	增幅（%）	农村小学一般公共预算公用经费支出（万元）	增幅（%）	农村支出占全国支出的比例（%）	农村学生数占全国学生数的比例（%）
2001	550934.9	—	256297.9	—	46.52	86.60
2002	706735.2	28.28	374281.3	46.03	52.96	85.84
2003	946187.8	33.88	513367.1	37.16	54.26	84.54
2004	1266393.2	33.84	763338.1	48.69	60.28	83.72
2005	1753263.7	38.45	1111640.0	45.63	63.40	84.07
2006	2786448.5	58.93	1859523.6	67.28	66.73	85.03
2007	4349299.8	56.09	3045053.3	63.75	70.01	83.33
2008	6167308.3	41.80	4227423.9	38.83	68.55	82.54
2009	7257122.0	17.67	4814787.0	13.89	66.35	82.34
2010	8882564.5	22.40	5798415.1	20.43	65.28	81.69
2011	12872076.5	44.91	8349390.3	43.99	64.86	73.74
2012	16977506.9	31.89	10938470.5	31.01	64.43	72.27
2013	18695110.4	10.12	11657330.8	6.57	62.35	70.38
2014	19770821.3	5.75	13176809.5	13.03	66.65	68.86
2015	21881400.1	10.68	14128040.0	7.22	64.57	68.32
2016	23925581.4	9.34	15129327.7	7.09	63.23	67.04
2017	25546660.5	6.78	15745292.3	4.07	61.63	65.70
2018	26668586.3	4.39	15971865.2	1.44	59.89	64.00
2019	27614382.5	3.55	15933277.4	-0.24	57.70	62.47
2020	28382707.7	2.78	16027922.4	0.59	56.47	60.81

资料来源：学生数据来源于《中国教育统计年鉴》（2001—2020 年），一般公共预算公用经费支出数据来源于《中国教育经费统计年鉴》（2002—2021 年）。增幅及占比数据由笔者计算所得。

2. 初中一般公共预算公用经费支出

全国初中一般公共预算公用经费支出总体上呈现出上升趋势，从 2001 年的 483009.5 万元上升到 2020 年的 17976140.8 万元；农村初中一般公共预算公用经费支出亦呈现出总体上升趋势，从 2001 年的 162041.3 万元上升到 2020 年的 9958930.1 万元（见表 3 - 4）。不论是全国还是农村，国家对初中一般公共预算公用经费的投入力度不断加大。从二者的绝对差距来看，全国初中一般公共预算公用经费支出与农村地区的差距总体上呈逐年扩大之势。从二者的增幅来看，全国初中一般公共预算公用经费支出的增速总体上大于农村地区。具体来看，在 2007 年以前，农村初中一般公共预算公用经费支出的增速总体上大于全国。除 2014 年以外，2008—2020 年全国初中一般公共预算公用经费支出的增速均大于农村地区（见表 3 - 4）。

表 3 - 4　　　　　　　　　初中一般公共预算公用经费支出

年份	全国初中一般公共预算公用经费支出（万元）	增幅（%）	农村初中一般公共预算公用经费支出（万元）	增幅（%）	农村支出占全国支出的比例（%）	农村学生数占全国学生数的比例（%）
2001	483009.5	—	162041.3	—	33.55	83.45
2002	630079.4	30.45	250812.5	54.78	39.81	83.07
2003	779902.4	23.78	326864.8	30.32	41.91	82.72
2004	998492.3	28.03	482457.6	47.60	48.32	82.71
2005	1367900.2	37.00	733916.9	52.12	53.65	83.22
2006	2135916.0	56.15	1227636.0	67.27	57.48	84.00
2007	3355853.0	57.12	2119780.5	72.67	63.17	81.69
2008	4937736.0	47.14	3109999.3	46.71	62.98	80.86
2009	5944167.1	20.38	3721053.1	19.65	62.60	80.51
2010	7039202.9	18.42	4280024.8	15.02	60.80	79.93
2011	9824975.3	39.58	5847650.3	36.63	59.52	71.65
2012	12291733.9	25.11	7186288.0	22.89	58.46	69.75
2013	12673470.8	3.11	7283205.3	1.35	57.47	67.79
2014	12517451.8	-1.23	8090041.7	11.08	64.63	66.50
2015	13241936.6	5.79	8365815.9	3.41	63.18	66.58
2016	13877106.4	4.80	8584664.7	2.62	61.86	65.60
2017	14881359.1	7.24	8915497.6	3.85	59.91	64.72
2018	15752853.3	5.86	9161586.7	2.76	58.16	63.64
2019	16791010.8	6.59	9528467.8	4.00	56.75	62.57
2020	17976140.8	7.06	9958930.1	4.52	55.40	61.28

资料来源：学生数据来源于《中国教育统计年鉴》（2001—2020 年），一般公共预算公用经费支出数据来源于《中国教育经费统计年鉴》（2002—2021 年）。增幅及占比数据由笔者计算所得。

2001—2020 年，农村初中一般公共预算公用经费支出占全国初中一般公共预算公用经费支出的比例，从总体上看在波动中有所上升，波动幅度大于农村小学一般公共预算公用经费支出占全国小学一般公共预算公用经费支出比例的变化幅度，但这是由于农村小学一般公共预算公用经费的总投入体量远大于农村初中，应以自身体量作为基准的相对变化进行比较。具体来看，农村初中一般公共预算公用经费支出占全国的比例在 2001—2007 年呈现出逐年上升的趋势，且增幅较大；2007—2013 年呈现出占比下降的状态，从 2007 年的 63.17% 下降至 2013 年的 57.47%；随后在 2013—2014 年出现短暂的上升，2014 年之后呈现出占比下降的状态，从 2014 年的 64.63% 下降至 2020 年的 55.4%。结合农村初中学生数占全国初中学生数的占比来看，随着农村初中学生数占比的不断下降，农村初中一般公共预算公用经费支出占比不断提高，总体来看，二者差距不断缩小。从 2001 年相差约 50 个百分点，缩小至 2014 年相差不到 2 个百分点，但随后在 2014—2020 年二者的差距稍有扩大，到 2020 年二者相差近 6 个百分点（见表 3 - 4）。从农村初中学生数占比与农村初中一般公共预算公用经费支出占比的相对差距不断缩小中可以看出，国家财政对农村初中投入的努力程度不断加强，农村初中一般公共预算公用经费的充分性不断提高。

（二）一般公共预算公用经费支出占一般公共预算教育经费支出的比例变化

在教育事业费中包含着两大类支出，即人员经费与公用经费。二者相比，人员经费更具备刚性特点，公用经费在具体的经费分配使用中往往易被人员经费所挤占。在这种情况下，公用经费在教育事业费中的比例高低反映了教育事业费的分配是否合理，也反映了教育经费的充裕程度。[1] 同时，根据教育发展阶段以及具体的分配比例可以进一步挖掘教育事业费分配标准背后的基本假设。

有研究指出，近十年来，国家不断加大农村教育经费投入，但公用经费占教育总支出的比例从 1993 年的 28.3% 下降到 2004 年的 25.4%，公用经费所占比例的下降说明中国农村义务教育经费尽管总量有所提高，但新

---

① 沈百福：《地方教育投资研究》，北京师范大学出版社 2003 年版，第 215 页。

增经费首先解决人员经费缺口，公用经费的保障堪忧。① 下面将从小学、初中两个层面分别对 2001—2020 年一般公共预算公用经费支出占一般公共预算教育经费支出比例的变化进行分析。

1. 小学一般公共预算公用经费支出占一般公共预算教育经费支出的比例

经过分析全国小学和农村小学一般公共预算公用经费支出占教育经费支出比例的情况，可以发现 2001—2020 年全国小学一般公共预算公用经费支出占教育经费支出比例整体上呈现出波动上升的状态。具体来看，2001—2008 年，全国小学一般公共预算公用经费支出占比增长速度较快，从 2001 年的 6.85% 增长到 2008 年的 22.18%，2009 年稍有回落后保持平稳态势，2011—2013 年，全国小学一般公共预算公用经费支出占比又快速增长，但在 2013 年的峰值（29.61%）之后开始回落，一直到 2020 年降低到 24.55%。农村小学一般公共预算公用经费支出占教育经费支出的比例总体上与全国小学一般公共预算公用经费支出占教育经费支出比例的变化趋势相同，呈现出波动上升的状态，从 2001 年的 5.04% 波动上升至 2020 年的 23.24%（见表 3-5）。不论是全国还是农村，一般公共预算公用经费占一般公共预算教育经费的比例整体上均有所提高，说明小学一般公共预算公用经费的充裕性有所提高。

将全国小学一般公共预算公用经费支出占全国一般公共预算教育经费支出的比例与农村小学一般公共预算公用经费支出占农村一般公共预算教育经费支出的比例两相比较，总体上，二者的差距在不断缩小后又稍有扩大。2001—2020 年，仅 2006 年和 2007 年农村小学一般公共预算公用经费支出占比分别高出全国地区 0.03 和 0.15 个百分点，其余年份全国小学一般公共预算公用经费支出占教育经费支出的比例都高于农村小学一般公共预算公用经费支出占教育经费支出的比例（见表 3-5）。通过以上数据可以看出，农村小学一般公共预算公用经费支出占教育经费支出的比例要小于全国小学一般公共预算公用经费支出占教育经费支出的比例，二者的差距在缩小后又呈现出增大的趋势。这反映出虽然农村小学一般公共预算公

① 杜育红、梁文艳、杜屏：《我国农村中小学公用经费充足性研究》，《北京师范大学学报》（社会科学版）2008 年第 6 期。

用经费投入占农村小学一般公共预算教育经费的比例提升了，而且投入力度不断加大，但农村小学一般公共预算公用经费投入占比的努力程度总体上低于全国小学水平，但二者的差距不大。

表3-5　　　　小学一般公共预算公用经费支出占一般
公共预算教育经费支出的比例

年份	全国小学一般公共预算公用经费支出（万元）	全国一般公共预算教育经费支出（万元）	全国公用经费占教育经费的比例（%）	农村小学一般公共预算公用经费支出（万元）	农村一般公共预算教育经费支出（万元）	农村公用经费占教育经费的比例（%）
2001	550934.9	8038220.4	6.85	256297.9	5088813.4	5.04
2002	706735.2	9807924.7	7.21	374281.3	6336622.8	5.91
2003	946187.8	10799559.9	8.76	513367.1	6938716.2	7.40
2004	1266393.2	12607649.4	10.04	763338.1	8307500.6	9.19
2005	1753263.7	14336162.4	12.23	1111640.0	9613859.5	11.56
2006	2786448.5	17195211.3	16.20	1859523.6	11456738.3	16.23
2007	4349299.8	22760928.9	19.11	3045053.3	15807240.7	19.26
2008	6167308.3	27801229.6	22.18	4227423.9	19130662.9	22.10
2009	7257122.0	33275011.9	21.81	4814787.0	22507686.5	21.39
2010	8882564.5	38947961.4	22.81	5798415.1	25986882.8	22.31
2011	12872076.5	47458732.6	27.12	8349390.3	31407236.5	26.58
2012	16977506.9	58059831.8	29.24	10938470.5	38522776.2	28.39
2013	18695110.4	63142165.2	29.61	11657330.8	41005314.4	28.43
2014	19770821.3	67314835.9	29.37	13176809.5	46125709.1	28.57
2015	21881400.1	78709956.7	27.80	14128040.0	53626682.2	26.35
2016	23925581.4	88020821.7	27.18	15129327.7	58504726.6	25.86
2017	25546660.5	95818996.9	26.66	15745292.3	61818589.9	25.47
2018	26668586.3	101036496.1	26.40	15971865.2	63501147.9	25.15
2019	27614382.5	109048456.0	25.32	15933277.4	66705773.1	23.89
2020	28382707.7	115592964.6	24.55	16027922.4	68956576.9	23.24

资料来源：《中国教育经费统计年鉴》（2002—2021年）。《中国教育经费统计年鉴》中2014年和2015年未统计一般公共预算教育基建经费支出。2014年和2015年的一般公共预算教育经费支出中仅包括一般公共预算教育人员经费支出和一般公共预算教育公用经费支出2项，其他年份一般公共预算教育经费支出包括一般公共预算教育人员经费支出、一般公共预算教育公用经费支出、一般公共预算教育基建经费支出3项。

2. 初中一般公共预算公用经费支出占一般公共预算教育经费支出的比例

2001—2020年，全国初中一般公共预算公用经费支出占一般公共预算教育经费支出的比例总体上呈上升趋势。具体来看，2001—2008年，全国初中一般公共预算公用经费支出占比处于增长的趋势，从2001年的9.89%增长至2008年的25.82%；2008—2010年，该占比基本保持平稳，2010—2012年处于上升状态，并于2012年达到峰值，为31.93%，此后总体上呈现下降趋势，并于2020年降低至25.14%。农村初中一般公共预算公用经费支出占一般公共预算教育经费支出的比例整体上与全国初中一般公共预算公用经费支出占一般公共预算教育经费支出比例的变化趋势相当，在波动中呈现出上升趋势，从2001年的6.74%波动上升至2020年的24.21%（见表3-6）。不论是全国还是农村，国家在初中一般公共预算公用经费的投入程度上有所提高，充分性不断提升。

表3-6　　　　　　初中一般公共预算公用经费支出
占一般公共预算教育经费支出的比例

年份	全国初中一般公共预算公用经费支出（万元）	全国一般公共预算教育经费支出（万元）	全国公用经费占教育经费的比例（%）	农村初中一般公共预算公用经费支出（万元）	农村一般公共预算教育经费支出（万元）	农村公用经费占教育经费的比例（%）
2001	483009.5	4884268.2	9.89	162041.3	2403378.5	6.74
2002	630079.4	6048315.3	10.42	250812.5	3073709.2	8.16
2003	779902.4	6729937.3	11.59	326864.8	3420726.7	9.56
2004	998492.3	7872043.4	12.68	482457.6	4233060.2	11.40
2005	1367900.2	9183637.5	14.89	733916.9	5160838.6	14.22
2006	2135916.0	11082190.3	19.27	1227636.0	6257223.1	19.62
2007	3355853.0	14855749.5	22.59	2119780.5	9097937.7	23.30
2008	4937736.0	19124103.1	25.82	3109999.3	11786213.7	26.39
2009	5944167.1	23123289.9	25.71	3721053.1	14139822.2	26.32
2010	7039202.9	26794032.6	26.27	4280024.8	16027499.4	26.70
2011	9824975.3	32215540.8	30.50	5847650.3	19015729.1	30.75
2012	12291733.9	38490971.4	31.93	7186288.0	22629590.2	31.76

年份	全国初中一般公共预算公用经费支出（万元）	全国一般公共预算教育经费支出（万元）	全国公用经费占教育经费的比例（%）	农村初中一般公共预算公用经费支出（万元）	农村一般公共预算教育经费支出（万元）	农村公用经费占教育经费的比例（%）
2013	12673470. 8	40335269. 7	31. 42	7283205. 3	23152406. 8	31. 46
2014	12517451. 8	41217287. 5	30. 37	8090041. 7	26731491. 2	30. 26
2015	13241936. 6	47265829. 9	28. 02	8365815. 9	30477717. 2	27. 45
2016	13877106. 4	52476128. 2	26. 44	8584664. 7	33042392. 9	25. 98
2017	14881359. 1	57440344. 0	25. 91	8915497. 1	35236897. 1	25. 30
2018	15752853. 3	61402812. 5	25. 65	9161586. 7	36805890. 7	24. 89
2019	16791010. 8	67167668. 9	25. 00	9528467. 8	39206516. 0	24. 30
2020	17976140. 8	71505409. 6	25. 14	9958930. 1	41143807. 0	24. 21

资料来源：《中国教育经费统计年鉴》（2002—2021 年）。《中国教育经费统计年鉴》中 2014 年和 2015 年未统计一般公共预算教育基建经费支出。2014 年和 2015 年的一般公共预算教育经费支出仅包括一般公共预算教育人员经费支出和一般公共预算教育公用经费支出 2 项，其他年份一般公共预算教育经费支出包括一般公共预算教育人员经费支出、一般公共预算教育公用经费支出、一般公共预算教育基建经费支出 3 项。

　　将全国初中一般公共预算公用经费支出占全国一般公共预算教育经费支出的比例与农村初中一般公共预算公用经费支出占农村一般公共预算教育经费支出的比例两相比较，农村初中一般公共预算公用经费支出占一般公共预算教育经费支出的比例先是远低于全国，再到稍高于全国，随后又稍低于全国。具体来看，2001—2005 年，农村初中一般公共预算公用经费支出占一般公共预算教育经费支出的比例低于全国初中一般公共预算公用经费支出占一般公共预算教育经费支出的比例，但这种差距逐渐缩小，从 2001 年的相差 3. 15% 到 2005 年的相差 0. 67%；除 2012 年全国一般公共预算公用经费支出占一般公共预算教育经费支出的比例稍微高于农村外，在 2006—2013 年的其余年份里，农村初中一般公共预算公用经费支出占一般公共预算教育经费支出的比例开始高于全国初中一般公共预算公用经费支出占一般公共预算教育经费支出的比例，从相差 0. 35% 到相差 0. 04%，基本持平。2014 年之后，农村初中一般公共预算公用经费支出占一般公共预算教育经费支出的比例开始低于全国初中一般公共预算公用经费支出占一般公共预算教育经费支出的比例，到 2020 年两者相差 0.93%（见表 3 - 6）。这反映出虽然农村初中一般公共预算公用经费投入占农村初中一般公共预算教育经费的比例提升了，投入力度不断加大，但农村初中一般公共预算公用经费投入占比的努力程度总体上低于全国初中水平，但二者差距不大。

（三）生均一般公共预算公用经费支出与基准定额对比

从最小单元的个体层面考察学校公用经费投入水平，最直观的指标就是生均一般公共预算公用经费支出。根据政策规定的生均公用经费基准定额划分，对 2001—2020 年全国、东部、中西部的生均一般公共预算公用经费支出数据进行整理，并通过比较《中国教育经费统计年鉴》中的生均一般公共预算公用经费支出与基准定额的生均公用经费，分析各地区公用经费投入的努力程度。

1. 小学生均一般公共预算公用经费支出与基准定额

参照国家小学生均公用经费基准定额，对历年来东部地区与中西部地区生均一般公共预算公用经费支出进行分析，可以发现，生均一般公共预算公用经费支出均能达到并远超基准定额。参照已有研究所整理出的 2006 年以来小学生均公用经费基准定额标准变化[①]数据（见表 3 - 7），下面将进行实际支出与基准定额的比较分析，其中未标注基准定额的年份参照上一次修改基准定额的年份。

表 3 - 7　　　　　　小学生均公用经费基准定额标准变化　　　　　　（元）

年份	东部	中西部
2007	—	150
2009	350	300
2010	450	400
2011	550	500
2013	610	560
2014	650	600

---

① 秦玉友、曾文婧：《农村中小学公用经费支出：发展判断与优化逻辑》，《中国教育学刊》2019 年第 7 期。

通过比较小学生均一般公共预算公用经费支出与基准定额，可以发现，东部地区和中西部地区的生均一般公共预算公用经费支出远超过国家基准定额，这说明以基准定额为参照，东部地区和中西部地区小学生均一般公共预算公用经费的投入比较充分，均达到并超过基准定额这一底线要求。具体来看，东部小学生均一般公共预算公用经费支出自 2009 年起即远超国家基准定额①，且实际支出与基准定额之比从 2009 年的 2.34 增加到 2020 年的 4.54，增加了 2.2。中西部地区小学生均一般公共预算公用经费支出自 2007 年起即远超国家基准定额②，且二者之比从 2007 年的 2.45 波动增加到 2020 年的 4.69，增加了 2.24。若以 2009 年为基准进行考察，东部地区实际支出与基准定额之比为 2.34，中西部地区实际支出与基准定额之比为 2.35，可以看出，2009 年中西部地区生均一般公共预算公用经费支出与基准定额之比稍大于东部地区，随后中西部地区生均一般公共预算公用经费支出增幅小于东部地区，2010 年与 2011 年生均公用经费支出与基准定额之比小于东部地区，但在 2012 年与 2013 年有所回升，又超过东部地区，后经 2014—2015 年的回落后，2016—2020 年又高于东部地区（见表 3-8）。从东部和中西部地区生均一般公共预算公用经费支出与各自基准定额标准的比较，即将实际支出与底线要求相比来看，东部和中西部地区生均一般公共预算公用经费支出的努力程度相当，也就是说，以基准定额为参照，东部地区小学生均一般公共预算公用经费支出与中西部地区小学生均一般公共预算公用经费充足性大致相当。

表 3-8　　　　　　　**小学生均一般公共预算公用经费支出**　　　　　　　（元）

年份	全国	东部	东部基准定额	东部实际支出/东部基准定额	中西部	中西部基准定额	中西部实际支出/中西部基准定额
2001	45.13	76.68	—	—	27.75	—	—
2002	60.10	96.74			40.30	—	—
2003	83.45	137.21	—	—	54.72		

① 2009 年之前无东部地区生均公用经费基准定额规定，故从 2009 年开始进行比较。
② 2007 年之前无中西部地区生均公用经费基准定额规定，故从 2007 年开始进行比较。

年份	全国	东部	东部基准定额	东部实际支出/东部基准定额	中西部	中西部基准定额	中西部实际支出/中西部基准定额
2004	116.44	184.28	—	—	80.14	—	—
2005	166.45	232.46	—	—	131.32	—	—
2006	270.85	332.31	—	—	238.57	—	—
2007	425.13	535.05	—	—	367.98	150	2.45
2008	615.44	698.17	—	—	573.05	150	3.82
2009	742.95	820.14	350	2.34	703.92	300	2.35
2010	928.94	1064.89	450	2.37	860.07	400	2.15
2011	1363.68	1565.72	550	2.85	1259.62	500	2.52
2012	1827.34	1890.94	550	3.44	1793.66	500	3.59
2013	2063.42	2171.95	610	3.56	2002.95	560	3.58
2014	2238.40	2385.69	650	3.67	2151.62	600	3.59
2015	2430.82	2565.99	650	3.95	2347.99	600	3.91
2016	2606.81	2720.45	650	4.19	2536.66	600	4.23
2017	2729.48	2813.56	650	4.33	2676.88	600	4.46
2018	2790.93	2883.14	650	4.44	2731.89	600	4.55
2019	2842.34	2930.34	650	4.51	2785.46	600	4.64
2020	2867.19	2949.91	650	4.54	2813.23	600	4.69

资料来源：《中国教育经费统计年鉴》（2002—2021年）。占比数据由笔者计算所得。

2. 初中生均一般公共预算公用经费支出与基准定额

通过生均一般公共预算公用经费支出指标对初中学校公用经费投入水平进行考察，将2001—2020年全国、东部地区、中西部地区生均一般公共预算公用经费支出与国家生均公用经费基准定额①进行比较，可以发现初中生均一般公共预算公用经费支出均能达到并远超基准定额。

---

① 秦玉友、曾文婧：《农村中小学公用经费支出：发展判断与优化逻辑》，《中国教育学刊》2019年第7期。

表 3 - 9　　　　　　　初中生均公用经费基准定额标准变化　　　　　　（元）

年份	东部	中西部
2007	—	250
2009	550	500
2010	650	600
2011	750	700
2013	810	760
2014	850	800

　　对初中生均一般公共预算公用经费支出与基准定额进行比较，结果表明，东部地区和中西部地区初中生均一般公共预算公用经费支出远超国家基准定额，这说明以基准定额为参照，东部地区和中西部地区初中生均一般公共预算公用经费的投入比较充分，均达到并超过基准定额这一底线要求。具体来看，东部地区初中生均一般公共预算公用经费支出自 2009 年起即远超国家基准定额[①]，且二者之比从 2009 年的 2.15 增加到 2020 年的 5.29，增加了 3.14。中西部地区初中生均一般公共预算公用经费支出自 2007 年起即远超国家基准定额[②]，且二者之比从 2007 年的 2.08 波动增加到 2020 年的 4.98，增加了 2.9。若以 2009 年为基准进行考察，东部地区实际支出与其基准定额之比为 2.15，中西部地区实际支出与其基准定额之比为 2.3，2009 年，中西部地区的生均一般公共预算公用经费支出与基准定额之比大于东部地区，随后因生均一般公共预算公用经费支出增幅小于东部地区，而在 2010 年与 2011 年其与基准定额之比小于东部地区，但在 2012 年与 2013 年又有所回升并超过东部地区，自 2014 年直到 2020 年则一直低于东部地区（见表 3 - 10）。从东部和中西部地区生均一般公共预算公用经费支出与各自基准定额标准的比较，即从实际支出与底线要求相比来看，东部地区初中生均一般公共预算公用经费支出的努力程度高于中西部，也就是说，以基准定额为参照，东部地区初中生均一般公共预算公用经费相比于中西部来说总体上更加充裕。

---

①　2009 年之前无东部地区生均公用经费基准定额规定，故从 2009 年开始进行比较。
②　2007 年之前无中西部地区生均公用经费基准定额规定，故从 2007 年开始进行比较。

表 3 - 10　　　　　　　　初中生均一般公共预算公用经费支出　　　　　　　　（元）

年份	全国	东部	东部基准定额	东部实际支出/东部基准定额	中西部	中西部基准定额	中西部实际支出/中部基准定额
2001	83.89	135.49	—	—	50.21		
2002	105.46	165.21	—	—	68.28	—	—
2003	128.61	206.19	—	—	82.17		
2004	165.71	267.18	—	—	107.16	—	—
2005	233.91	323.59	—	—	183.33		
2006	380.30	475.99	—	—	327.67	—	—
2007	614.29	783.30			521.17	250	2.08
2008	935.64	1014.57	—	—	892.14	250	3.57
2009	1160.30	1183.13	550	2.15	1147.78	500	2.30
2010	1412.71	1567.37	650	2.41	1328.41	600	2.21
2011	2041.81	2199.51	750	2.93	1956.90	700	2.80
2012	2691.14	2735.25	750	3.65	2667.45	700	3.81
2013	2978.41	3072.52	810	3.79	2926.76	760	3.85
2014	3115.51	3369.97	850	3.96	2970.17	800	3.71
2015	3358.81	3680.40	850	4.33	3174.43	800	3.97
2016	3556.00	3874.10	850	4.56	3374.97	800	4.22
2017	3785.02	4105.09	850	4.83	3601.50	800	4.50
2018	3901.83	4286.32	850	5.04	3675.96	800	4.59
2019	4006.78	4326.36	850	5.09	3816.95	800	4.77
2020	4176.03	4498.72	850	5.29	3981.30	800	4.98

资料来源：《中国教育经费统计年鉴》（2002—2021 年）。占比数据由笔者计算所得。《中国教育经费统计年鉴》未统计西藏 2002—2013 年农村初中生均一般公共预算公用经费数据。

　　通过上述分析可以发现，与国家的底线要求相比，小学东部和中西部地区生均一般公共预算公用经费支出的努力程度基本相当，初中东部地区生均一般公共预算公用经费支出的努力程度略高于中西部，即中西部地区初中的生均一般公共预算公用经费支出水平相对较低。有研究通过准实验设计分析得出了相似的结论，发现 2005 年农村义务教育经费保障机制改革的分配效应差强人意，它缩小了东中西部地区小学的生均公用经费差距，但对初中生均公用经费差距改善不大。①

三 合理性：农村学校一般公共预算公用经费支出结构

2012 年，中国财政性教育经费占 GDP 的比例达到 4%，进入后 4% 时代，财政性教育经费逐年稳健增长。但由于中国地域辽阔，各区域、省际政治、经济、文化发展水平不一，一般公共预算公用经费投入水平仍存在差异。2005 年，国务院发布的《关于深化农村义务教育经费保障机制改革的通知》开启了中国义务教育经费改革的新篇章，提出免除学杂费，建立中央和地方分项目、按比例分担的农村义务教育经费保障机制。2015 年，国务院发布的《关于进一步完善城乡义务教育经费保障机制的通知》统一了城乡义务教育经费并制定了全国公用经费基准定额。无论是 2005 年的"新机制"改革还是 2015 年的"新新机制"改革，均在一定程度上缓解了公用经费不足的局面，但在农村学校公用经费支出结构上仍存在"顽疾"，极大地稀释了经费改革的成效。有研究通过准实验设计分析了农村义务教育经费保障新机制改革的效果，提出新机制改革具有较强的水平效应，使农村中小学生均公用经费水平大幅度上升，但改革的分配效应差强人意，一方面对城乡中小学生均公用经费差距状况改善无显著影响，甚至可能扩大了差距，另一方面缩小了东中西部地区小学的生均公用经费差距，但对初中的生均公用经费差距状况则改善不大。②

在宏观视域下，中国义务教育可划分为由学段之维分割的小学教育与初中教育，由城乡二元分割形成的城市教育与农村教育，由区域地理位置主导的东部地区、中部地区、西部地区、东北地区的教育。生均一般公共预算公用经费支出的结构需从学段、城乡、区域三个维度进行分析。通过分析学段维度、城乡维度、农村各区域维度的生均一般公共预

---

① 黄斌、苗晶晶、金俊：《"新机制"改革对农村中小学公用经费的因果效应分析——基于准实验研究设计》，《中国教育学刊》2017 年第 11 期。

② 黄斌、苗晶晶、金俊：《"新机制"改革对农村中小学公用经费的因果效应分析——基于准实验研究设计》，《中国教育学刊》2017 年第 11 期。

算公用经费支出现状，透视国家公共财政对学校基本运转维持的投入努力与区域差异。具体来看，利用以省为单位的一般公共预算公用经费支出的宏观数据，通过生均一般公共预算公用经费支出、生均一般公共预算公用经费支出的标准差、生均一般公共预算公用经费支出的变异系数对全国与农村、农村各区域进行生均一般公共预算公用经费支出均衡情况的分析。

其一，标准差的计算公式为 $SD = \sqrt{\dfrac{\sum\limits_{i=1}^{N}(x_i - \bar{x})2}{n}}$，在计算全国生均一般公共预算公用经费支出标准差和农村生均一般公共预算公用经费支出标准差时，其中，x_i = 省份生均一般公共预算公用经费支出，$\bar{x}$ = 全国生均一般公共预算公用经费支出、农村生均一般公共预算公用经费支出，n = 省份数；在计算农村内部的东部地区、中部地区、西部地区、东北地区的生均一般公共预算公用经费支出标准差时，其中，x_i = 省份生均一般公共预算公用经费支出，$\bar{x}$ = 四大区域各自的生均一般公共预算公用经费支出，n = 省份数。四大区域各自的生均一般公共预算公用经费支出，是根据各省的一般公共预算总公用经费支出与各省的生均一般公共预算公用经费支出算出各省的学生数，再用区域一般公共预算总公用经费支出除以区域总学生数，得到区域生均一般公共预算公用经费支出。

其二，变异系数的计算公式为 $C.V = \dfrac{SD}{MN} \times 100\%$，即 $\dfrac{标准差}{平均值} \times 100\%$，其中，$MN$ = 全国生均一般公共预算公用经费支出，需要注意的是，为消除各省生均一般公共预算公用经费支出差异造成不均衡水平测算效果减弱，在计算全国生均一般公共预算公用经费支出变异系数与农村生均一般公共预算公用经费支出变异系数时，变异系数公式中的平均值，即 MN 统一采用全国生均公用经费支出；在计算东部地区、中部地区、西部地区、东北地区农村内部的生均一般公共预算公用经费支出标准差时，变异系数公式中的平均值，即 MN 统一采用农村生均一般公共预算公用经费支出。

生均一般公共预算公用经费支出结构状况既是教育实践的现状写照，也是政策修订的现实依据，具有重大的实践意义与理论意义。以学段、区域作为公用经费基准定额差异指标具有一定的合理性，但深入挖掘其背后的机理可以发现，还有一些问题需要深入分析。如各区域间农村内部的差异如何？中部地区与西部地区是否存在系统性差异？依据新的区域划分标准，东北地区又应如何对待？目前尚未考虑城乡差异是否受发展阶段所限？不同学段的基准定额标准是否充分考虑了小学与初中的差异性？这些问题尚需进一步探索。

（一）生均一般公共预算公用经费支出学段结构

目前的生均公用经费基准定额标准在学段之维进行了划分，2015 年，国务院发布《关于进一步完善城乡义务教育经费保障机制的通知》，明确提出"中央确定 2016 年生均公用经费基准定额为：中西部地区小学每生每年 600 元、初中每生每年 800 元；东部地区小学每生每年 650 元、初中每生每年 850 元"。在学段视角下对小学与初中生均一般公共预算公用经费支出进行比较与分析，可以更好地理解生均公用经费拨付标准并考察其标准的合理性。

1. 全国小学与初中生均一般公共预算公用经费支出比较

对全国小学与初中的生均一般公共预算公用经费支出进行比较，可以看出 2001—2020 年全国小学生均一般公共预算公用经费支出与全国初中生均一般公共预算公用经费支出之比整体上呈现出越来越大的趋势，2001 年全国小学生均一般公共预算公用经费支出与全国初中生均一般公共预算公用经费支出之比为 0.54，而 2020 年两者之比为 0.69。具体来看，2001—2005 年两者之比持续升高，2005 年与 2006 年两者之比达到 0.72，后降低又再提高，2016 年达到峰值 0.73，整体上呈现出 2005 年（2006 年）、2016 年的双高峰状态；2016 年之后二者之比逐渐下降，到 2020 年下降至 0.69（见表 3 - 11）。全国小学生均一般公共预算公用经费支出与全国初中生均一般公共预算公用经费支出的相对差距总体上呈缩小之势。从生均一般公共预算公用经费支出增长速度来看，除 2007—2009 年与 2017—2020 年外，其余年份全国小学生均一般公共预算公用经费支出的增长速度都快于全国初中生均一般公共预算公用经费支出的增速，国家对全国小学教育经费投入的努力程度不断加大（见图 3 - 1）。

结合全国小学生均公用经费基准定额与初中生均公用经费基准定额之

比来看，全国小学生均与全国初中生均一般公共预算公用经费支出之比在大部分年份均低于二者的基准定额之比，仅在 2007—2009 年的三年里高于或等于基准定额之比，2010—2020 年，两者之比均低于东部与中西部地区的小学与初中生均基准定额之比（见表 3 - 11）。2007—2020 年小学生均一般公共预算公用经费支出与初中的比值整体上由高于小学生均国家基准定额与初中的比值转为低于小学生均国家基准定额与初中的比值，即小学生均一般公共预算公用经费支出与初中相比的增速，由高于国家生均公用经费小学基准定额与初中之比的增速转为低于国家生均公用经费小学基准定额与初中之比的增速。

表 3 - 11　　　　全国小学与初中生均一般公共预算公用经费支出　　　　（元）

年份	全国小学生均一般公共预算公用经费支出	全国初中生均一般公共预算公用经费支出	全国小学/全国初中生均一般公共预算公用经费支出	全国小学/全国初中基准定额	
				东部	中西部
2001	45.13	82.95	0.54	—	—
2002	60.10	103.98	0.58	—	—
2003	83.45	127.12	0.66	—	—
2004	116.44	164.40	0.71	—	—
2005	166.46	232.61	0.72	—	—
2006	270.85	378.27	0.72	—	—
2007	424.89	614.23	0.69	—	0.60
2008	615.61	936.04	0.66	—	0.60
2009	743.42	1161.75	0.64	0.64	0.60
2010	929.46	1414.43	0.66	0.69	0.67
2011	1365.20	2045.55	0.67	0.73	0.71
2012	1828.71	2692.06	0.68	0.73	0.71
2013	2067.52	2983.79	0.69	0.75	0.74
2014	2241.52	3119.45	0.72	0.76	0.75
2015	2434.04	3360.60	0.72	0.76	0.75
2016	2610.34	3560.51	0.73	0.76	0.75

续表

年份	全国小学生均一般公共预算公用经费支出	全国初中生均一般公共预算公用经费支出	全国小学/全国初中生均一般预算公用经费支出	全国小学/全国初中基准定额	
				东部	中西部
2017	2731.84	3789.91	0.72	0.76	0.75
2018	2794.21	3906.21	0.72	0.76	0.75
2019	2843.25	4010.14	0.71	0.76	0.75
2020	2871.97	4182.30	0.69	0.76	0.75

资料来源：《中国教育经费统计年鉴》（2002—2021 年）。占比数据由笔者计算所得。

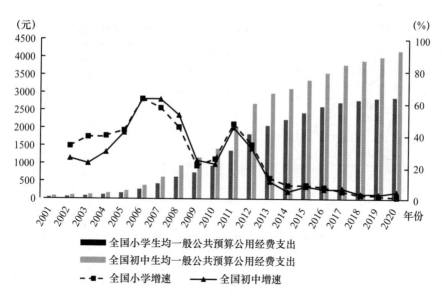

图 3-1　全国小学与初中生均一般公共预算公用经费支出情况

资料来源：《中国教育经费统计年鉴》（2002—2021 年）。增速数据由笔者计算所得。

　　从全国小学与全国初中生均一般公共预算公用经费支出变异系数来看，2001—2020 年，除 2007 年与 2016—2020 年全国小学生均一般预算公用经费支出变异系数低于全国初中生均一般公共预算公用经费支出变异系数外，其余年份全国小学生均一般公共预算公用经费支出变异系数均高于初中生均一般公共预算公用经费支出变异系数，说明全国小学生均一般公共预算公用经费支出的均衡水平总体上低于全国初中，值得注意的是，2016—2020 年，全国小学生均一般公共预算公用经费支出的均衡水平高于全国初中。从全国小学与全国初中生均一般公共预算公用经费支出各自的变异系数差距来看，不论是小学还是初中，其变异系数均在减小。具体而言，2020 年全国小学生均一般公共预算公用经费支出变异系数与 2001 年相比，降低了 288.82%；2020 年全国初中生均一般公共预算公用经费支出变异系数与 2001 年相比，降低了 194.51%，可以看出全国小学和全国初中生均一般公共预算公用经费支出的均衡水平不断提升，并且全国小学生均一般公共预算公用经费支出的均衡水平提升幅度大于初中（见表 3 - 12）。

表 3 - 12　　全国小学与初中生均一般公共预算公用经费支出变异系数　　（％）

年份	全国小学	全国初中
2001	342.98	256.39
2002	324.58	257.27
2003	306.31	261.32
2004	281.15	241.58
2005	225.14	196.65
2006	168.25	150.80
2007	150.05	153.28
2008	133.81	114.71
2009	120.56	102.60
2010	121.71	108.62
2011	116.96	97.22
2012	85.81	73.28
2013	84.30	78.66
2014	86.51	78.68
2015	82.60	78.37
2016	73.54	76.33

续表

年份	全国小学	全国初中
2017	70. 89	90. 23
2018	70. 30	92. 50
2019	60. 06	73. 19
2020	54. 16	61. 88

资料来源：根据《中国教育经费统计年鉴》（2002—2021 年）相关数据计算所得。

2. 农村小学与初中生均一般公共预算公用经费支出比较

对农村小学与初中生均一般公共预算公用经费支出进行比较分析，可以发现 2001—2020 年农村小学生均一般公共预算公用经费支出与农村初中生均一般公共预算公用经费支出之比整体上变化不大：2001 年农村小学生均一般公共预算公用经费支出与农村初中生均一般公共预算公用经费支出之比为 0.63，到 2020 年两者之比为 0.71。具体来看，农村小学生均一般公共预算公用经费支出与农村初中生均一般公共预算公用经费支出之比的最高值出现在 2004 年，为 0.76，最低值出现在 2009 年，为 0.62。自 2009 年之后，农村小学生均一般公共预算公用经费支出与农村初中生均一般公共预算公用经费支出之比总体上稳步提升，到 2020 年达到 0.71（见表 3 - 13）。农村小学生均一般公共预算公用经费支出与农村初中生均一般公共预算公用经费支出的相对差距总体上呈缩小之势。从生均一般公共预算公用经费支出的增长速度来看，农村小学和农村初中的增长趋势整体上是一致的。除 2005—2009 年、2013 年、2017 年以及 2019—2020 年外，其余年份农村小学生均一般公共预算公用经费支出的增长速度均高于农村初中生均一般公共预算公用经费支出的增长速度（见图 3 - 2）。

结合农村小学生均公用经费基准定额与农村初中生均公用经费基准定额之比来看，农村小学生均一般公共预算公用经费支出与农村初中生均一般公共预算公用经费支出之比在大部分年份均低于二者的基准定额之比，仅在 2007—2009 年高于中西部的基准定额之比。2001—2020 年，农村小学生均一般公共预算公用经费支出与初中的比值，整体上低于小学生均国家基准定额与初中的比值（见表 3 - 13）。从总体上看，义务教育阶段学校公用经费基准定额之比大于农村小学生均一般公共预算公用经费支出与农村初中生均一般公共预算公用经费支出之比，说明农村小学与初中的生均一般公共预算公用经费支出的差距大于全国水平，国家对农村小学的投入力度仍有待提高。

表 3 – 13　　农村小学与初中生均一般公共预算公用经费支出　　　　（元）

年份	农村小学生均一般公共预算公用经费支出	农村初中生均一般公共预算公用经费支出	农村小学/农村初中生均一般公共预算公用经费支出	全国小学/全国初中基准定额	
				东部	中西部
2001	28.12	44.95	0.63	—	—
2002	42.73	66.58	0.64	—	—
2003	60.91	85.01	0.72	—	—
2004	95.13	125.52	0.76	—	—
2005	142.25	192.75	0.74	—	—
2006	248.53	346.04	0.72	—	—
2007	403.76	573.44	0.70	—	0.60
2008	581.88	892.10	0.65	—	0.60
2009	690.56	1121.12	0.62	0.64	0.60
2010	862.08	1348.43	0.64	0.69	0.67
2011	1282.92	1956.68	0.66	0.73	0.71
2012	1743.47	2602.19	0.67	0.73	0.71
2013	1973.22	2969.51	0.66	0.75	0.74
2014	2102.20	2915.40	0.72	0.76	0.75
2015	2245.37	3093.89	0.73	0.76	0.75
2016	2402.29	3257.27	0.74	0.76	0.75
2017	2495.87	3406.77	0.73	0.76	0.75
2018	2545.53	3460.79	0.74	0.76	0.75
2019	2548.75	3513.98	0.73	0.76	0.75
2020	2586.75	3633.56	0.71	0.76	0.75

资料来源：《中国教育经费统计年鉴》（2002—2021 年）。占比数据由笔者计算所得。

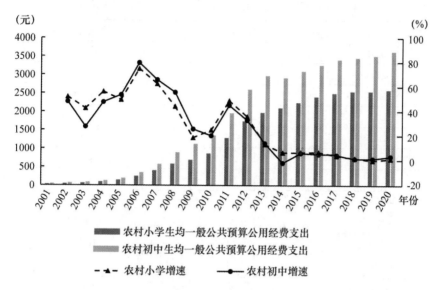

图 3 - 2　农村小学与初中生均一般公共预算公用经费支出情况

资料来源:《中国教育经费统计年鉴》(2002—2021 年)。增速数据由笔者计算所得。

　　从农村小学与农村初中生均一般公共预算公用经费支出的变异系数来看,2001—2020 年,除2001 年、2002 年、2004 年、2009 年、2014 年农村小学生均一般公共预算公用经费支出变异系数大于初中生均一般公共预算公用经费支出变异系数外,其余年份农村小学生均一般公共预算公用经费支出变异系数均低于初中生均一般公共预算公用经费支出变异系数,说明农村小学生均一般公共预算公用经费支出的均衡水平总体上高于农村初中。从农村小学与农村初中生均一般公共预算公用经费支出变异系数的差距来看,不论是农村小学还是农村初中,其变异系数都在持续减小。具体来看,2001 年农村小学生均一般公共预算公用经费支出变异系数为185.73%,2020 年其变异系数为74.04%,减小了111.69%;2001 年农村初中生均一般公共预算公用经费支出变异系数为185.61%,2020 年其变异系数为76.45%,减小了109.16%,说明农村小学和农村初中生均一般公共预算公用经费支出均衡水平均不断提升,且两者之间各自均衡水平的差距变化不大(见表3 - 14)。

表3-14　　农村小学与初中生均一般公共预算公用经费支出变异系数　　　（%）

年份	农村小学	农村初中
2001	185.73	185.61
2002	206.95	171.47
2003	183.71	195.08
2004	204.72	192.41
2005	184.73	193.86
2006	152.59	164.30
2007	159.59	197.72
2008	150.15	151.31
2009	119.74	117.11
2010	125.14	141.81
2011	117.54	143.02
2012	87.00	98.54
2013	87.56	122.88
2014	82.04	81.45
2015	75.34	120.61
2016	72.36	85.75
2017	83.56	147.03
2018	83.44	121.19
2019	75.94	105.50
2020	74.04	76.45

资料来源：根据《中国教育经费统计年鉴》（2002—2021年）相关数据计算所得。

综上所述，学段之维的一般公共预算公用经费支出存在差异。当前政策对小学与初中生均公用经费基准定额的规定是："中西部地区小学每生每年600元、初中每生每年800元；东部地区小学每生每年650元、初中每生每年850元。"这样的规定有其合理之处，但还需进一步挖掘初中与小学的差异以实现更好的经费配置。

第一，从公用经费来源上看，在教育实践中小学公用经费的来源比初中更为多元化。附设幼儿园的小学，在实际使用经费上，会使用幼儿园的收入来补充小学公用经费。第二，从公用经费规模效应来看，不同学段的学校与城乡学校形成规模效应的条件均存在系统差异。一方面，农村小学多设有中心校，中心校管理下属村小，可以统筹自身及所管辖村小的公用经费，可以化规模小的劣势为优势，形成规模效应。另一方面，2015 年中国义务教育的城镇化率为 73.8%，而同年中国城镇化率仅为 56.1%，义务教育城镇化率超出城镇化率 18 个百分点①，在教育城镇化速度远超城镇化速度的背景下，农村学生不断向城市流动，农村小学与初中尤其是农村小学学生流失严重，难以形成规模效应，而一些教育吸引型城镇面对大量涌入的学生亦难以形成规模效应。第三，从公用经费使用来看，小学与初中具体的公用经费支出项目存在学段差异。通过对东北地区 A 县农村义务教育阶段 12 所学校②的实地调研数据进行分析，发现无论是小学还是初中，维修费、办公费、设备购置费都是占公用经费总支出比例较高的支出项目。需要注意的是，小学与初中在印刷费、活动费和食堂花销上的支出比例存在较大差异，印刷费在初中公用经费支出中占 6.32%，比小学的占比（0.57%）高出近 6 个百分点，活动费在初中公用经费支出中占 1.96%，比小学的占比（4%）低了 2.04 个百分点，食堂花销在初中公用经费支出上占 6.77%，比小学的占比（1.34%）高出了 5.43 个百分点。这些数据表明，由于各学段的教学目标和教学内容不同，初中与小学的公用经费支出重点存在差异。初中阶段的升学压力大于小学阶段，初中阶段主科多、学习内容多，使得印刷大量试卷等学习资料成为必要，故印刷费高于小学阶段。同时，为了保障学习时长，初中阶段的课程学习多、学生活动少，因此活动费明显低于小学阶段。此外，初中学生多在校就餐，餐饮费的占比也因之更高。

　　在上述关于全国小学与初中生均一般公共预算公用经费支出分析的基础上，可以发现，目前需要对全国小学与初中的公用经费基准定额有一个科学研判。首先，需要从公用经费的概念出发，挖掘公用经费概念内涵，对公用经费进行操作性的概念界定，充分考虑区位、学校、班级、教师、学生等层面的基本信息及其内在的丰富类型，对生均公用经费基准定额进行准确定位。其次，统筹全国各县，在以县为主的投入体制下，从区位、

① 秦玉友：《中国城镇教育扩容压力传递机制与应对策略研究》，《教育研究》2017 年第 1 期。
② 课题组于 2018 年和 2019 年两次前往 A 县开展相关调研，12 所学校包括小学 5 所，初中 6 所，九年一贯制学校 1 所。

学校、班级、教师、学生等层面对全国各县、市的教育情况基本信息进行统计，并将其按教育发展水平与公用经费需求进行聚类，在科学聚类后按公用经费的各自实际需求制定出生均公用经费基准定额的区域划分标准。

(二) 生均一般公共预算公用经费支出城乡结构

基于纵向视角看公用经费的提高水平，中国城市与农村义务教育阶段生均一般公共预算公用经费支出水平在2001—2020年期间持续提升。从城乡维度比较一般公共预算公用经费支出水平，可以发现虽然国家对农村义务教育阶段生均一般公共预算公用经费投入力度不断加大，但城市的投入水平与均衡程度仍然高于农村，城乡间的一般公共预算公用经费投入存在不均衡现象。

1. 全国与农村小学生均一般公共预算公用经费支出

对小学生均一般公共预算公用经费支出提高的水平进行分析，可以发现2001—2020年全国生均一般公共预算公用经费支出与农村生均一般公共预算公用经费支出均处于增长状态，二者的增长趋势较为一致，且农村生均一般公共预算公用经费支出始终低于全国生均一般公共预算公用经费支出。2012年是全国生均一般公共预算公用经费支出与农村生均一般公共预算公用经费支出的变化节点，此前生均一般公共预算公用经费支出的增长速度均较快，此后增长速度有所放缓，但仍在增长（见表3-15）。不论是全国还是农村，国家对小学生均一般公共预算公用经费支出的努力程度不断提升。虽然农村生均一般公共预算公用经费支出在绝对数值上一直低于全国生均一般公共预算公用经费支出，但从历时变化来看，生均一般公共预算公用经费支出的增长速度，农村远高于全国，这意味着2001年以来国家对农村小学一般公共预算公用经费投入的努力程度不断加大。

对全国与农村的生均一般公共预算公用经费支出进行比较，发现全国小学生均一般公共预算公用经费支出远高于农村地区。具体来看，2001年，全国小学生均一般公共预算公用经费支出是农村地区的1.6倍，随后二者之比呈现出波动下降的状态，直到2020年，全国小学生均一般公共预算公用经费支出与农村小学生均一般公共预算公用经费支出之比下降到1.11。从整体上看，农村小学生均一般公共预算公用经费支出与全国小学生均一般公共预算公用经费支出的差距呈缩小之势，这进一步说明21世纪以来国家对农村小学一般公共预算公用经费投入的努力程度不断加大的事实（见表3-15）。

表3-15　　　　　　　　小学生均一般公共预算公用经费支出

年份	全国生均（元）	增幅（％）	农村生均（元）	增幅（％）	全国生均/农村生均
2001	45.13	—	28.12	—	1.60
2002	60.10	33.17	42.73	51.96	1.41
2003	83.45	38.85	60.91	42.55	1.37
2004	116.44	39.53	95.13	56.18	1.22
2005	166.46	42.96	142.25	49.53	1.17
2006	270.85	62.71	248.53	74.71	1.09
2007	424.89	56.87	403.76	62.46	1.05
2008	615.61	44.89	581.88	44.12	1.06
2009	743.42	20.76	690.56	18.68	1.08
2010	929.46	25.02	862.08	24.84	1.08
2011	1365.20	46.88	1282.92	48.82	1.06
2012	1828.71	33.95	1743.47	35.90	1.05
2013	2067.52	13.06	1973.22	13.18	1.05
2014	2241.52	8.42	2102.20	6.54	1.07
2015	2434.04	8.59	2245.37	6.81	1.08
2016	2610.34	7.24	2402.29	6.99	1.09
2017	2731.84	4.65	2495.87	3.90	1.09
2018	2794.21	2.28	2545.53	1.99	1.10
2019	2843.25	1.76	2548.75	0.13	1.12
2020	2871.97	1.01	2586.75	1.49	1.11

资料来源：《中国教育经费统计年鉴》（2002—2021年）。增幅及占比数据由笔者计算所得。

　　为对全国与农村小学生均一般公共预算公用经费支出均衡水平进行测算，本书选取了标准差与变异系数两个指标，分别从历时性的生均一般公共预算公用经费支出均衡变化与共时性的生均一般公共预算公用经费支出均衡变化进行比较分析。对历时性的均衡水平变化进行分析，从标准差来看，全国与农村小学生均一般公共预算公用经费支出的标准差处于一直增长的状态，但这是由于生均一般公共预算公用经费支出逐年提高，绝对值的增长并不意味着差异的增大；从变异系数来看，全国与农村小学生均一般公共预算公用经费支出的变异系数总体上呈现出不断变小的态势，全国生均一般公共预算公用经费支出的变异系数从 2001 年的 342.98% 降低到 2020 年的 54.16%，降低了 288.82%；农村生均一般公共预算公用经费支出的变异系数从 2001 年的 185.73% 降低到 2020 年的 74.04%，降低了 111.69%（见表 3-16）。这在一定程度上代表着全国小学生均一般公共预算公用经费支出与农村小学生均一般公共预算公用经费支出的均衡水平有所提升。

表 3-16　　全国与农村小学生均一般公共预算公用经费支出均衡水平

年份	标准差（元）		变异系数（%）	
	全国	农村	全国	农村
2001	154.79	83.82	342.98	185.73
2002	195.07	124.38	324.58	206.95
2003	255.61	153.31	306.31	183.71
2004	327.37	238.37	281.15	204.72
2005	374.77	307.51	225.14	184.73
2006	455.71	413.29	168.25	152.59
2007	637.54	678.10	150.05	159.59
2008	823.76	924.32	133.81	150.15
2009	896.28	890.20	120.56	119.74
2010	1131.24	1163.14	121.71	125.14
2011	1596.69	1604.63	116.96	117.54
2012	1569.15	1590.98	85.81	87.00
2013	1742.89	1810.26	84.30	87.56
2014	1939.04	1838.88	86.51	82.04
2015	2010.47	1833.85	82.60	75.34
2016	1919.71	1888.74	73.54	72.36
2017	1936.68	2282.64	70.89	83.56
2018	1964.32	2331.53	70.30	83.44
2019	1711.18	2159.29	60.06	75.94
2020	1555.46	2126.30	54.16	74.04

资料来源：根据《中国教育经费统计年鉴》（2002—2021 年）相关数据计算所得。

可以发现，小学生均一般公共预算公用经费支出在城乡方面存在着差异。全国小学生均一般公共预算公用经费支出高于农村小学，但仅就各自的增长速度来看，全国小学生均一般公共预算公用经费支出的增幅低于农村，国家财政对农村小学一般公共预算公用经费投入的努力程度较高。从均衡水平来看，从整体上讲，2001—2020 年，小学生均一般公共预算公用经费支出的均衡水平不断提高，全国均衡水平提高的速度高于农村，即城市的均衡水平提高速度高于农村。通过上述分析可以得出以下结论，2001—2020 年，农村小学生均一般公共预算公用经费支出与城市相比一直处于较为弱势的状态，但在这段时间内农村小学生均一般公共预算公用经费支出提高的速度高于城市，同时城市小学生均一般公共预算公用经费支出的均衡水平由低于农村慢慢转向高于农村，这需要引起警惕，应对城乡小学生均一般公共预算公用经费支出的总量提升与均衡水平提升这两个发展内涵给予同等重视。

2. 全国与农村初中生均一般公共预算公用经费支出

对 2001—2020 年初中生均一般公共预算公用经费支出进行分析，全国初中与农村初中生均一般公共预算公用经费支出均处于增长状态，二者呈现出一致的增长趋势，且农村生均一般公共预算公用经费支出始终低于全国。2012 年和 2014 年全国生均一般公共预算公用经费支出与农村生均一般公共预算公用经费支出均存在着一个变化节点，2012 年之前，生均一般公共预算公用经费支出的增长速度较快，2012 年之后，全国生均一般公共预算公用经费支出增长速度明显放缓，农村生均一般公共预算公用经费支出在 2014 年甚至出现负增长，自 2015 年开始，全国生均一般公共预算公用经费支出与农村生均一般公共预算公用经费支出又恢复了增长的趋势（见表 3－17）。不论是全国还是农村，国家对初中生均一般公共预算公用经费支出的努力程度不断提升。农村初中生均一般公共预算公用经费支出在绝对数值上虽然一直低于全国初中生均一般公共预算公用经费支出，亦即农村初中生均一般公共预算公用经费支出一直低于城市生均一般公共预算公用经费支出，但从历时变化上看初中生均一般公共预算公用经费支出的增长速度，农村初中生均一般公共预算公用经费支出的增长速度远高于全国初中生均一般公共预算公用经费支出的增长速度，亦即远高于城市生均一般公共预算公用经费支出的增长速度。

对全国初中生均一般公共预算公用经费支出与农村初中生均一般公共预算公用经费支出进行比较，发现全国初中生均一般公共预算公用经费支出远高于农村地区。具体来看，2001 年，全国初中生均一般公共预算公用经费支出是农村地区的 1.85 倍，随后二者之比呈现出波动下降的状态，直到 2020 年，全国初中生均一般公共预算公用经费支出与农村生均一般公共预算公用经费支出之比下降到 1.15（见表 3-17）。从整体上看，农村初中生均一般公共预算公用经费支出与全国初中生均一般公共预算公用经费支出的差距呈缩小之势，这进一步说明 21 世纪以来国家对农村初中一般公共预算公用经费投入的努力程度不断加大的事实。

表 3-17　　　　　　　初中生均一般公共预算公用经费支出

年份	全国生均（元）	增幅（%）	农村生均（元）	增幅（%）	全国生均/农村生均
2001	82.95	—	44.95	—	1.85
2002	103.98	25.35	66.58	48.12	1.56
2003	127.12	22.25	85.01	27.68	1.50
2004	164.40	29.33	125.52	47.65	1.31
2005	232.61	41.49	192.75	53.56	1.21
2006	378.27	62.62	346.04	79.53	1.09
2007	614.23	62.38	573.44	65.71	1.07
2008	936.04	52.39	892.10	55.57	1.05
2009	1161.75	24.11	1121.12	25.67	1.04
2010	1414.43	21.75	1348.43	20.28	1.05
2011	2045.55	44.62	1956.68	45.11	1.05
2012	2692.06	31.61	2602.19	32.99	1.03
2013	2983.79	10.84	2969.51	14.12	1.00
2014	3119.45	4.55	2915.40	-1.82	1.07
2015	3360.60	7.73	3093.89	6.12	1.09
2016	3560.51	5.95	3257.27	5.28	1.09
2017	3789.91	6.44	3406.77	4.59	1.11
2018	3906.21	3.07	3460.79	1.59	1.13
2019	4010.14	2.66	3513.98	1.54	1.14
2020	4182.30	4.29	3633.56	3.40	1.15

资料来源：《中国教育经费统计年鉴》（2002—2021 年）。增幅及占比数据由笔者计算所得。《中国教育经费统计年鉴》未统计西藏 2002—2013 年农村普通初中生均一般公共预算公用经费支出。

　　为对全国初中生均一般公共预算公用经费支出与农村初中生均一般公
共预算公用经费支出的均衡水平进行测算，本书选取标准差与变异系数两
个指标，分别从均衡水平的纵向变化与横向比较两个视角进行分析。在均
衡水平的历年变化上，通过标准差可以发现，全国与农村初中生均一般公
共预算公用经费支出的标准差总体上处于增长的状态，但这也受生均一般
公共预算公用经费支出逐年提高的影响，不能完全代表均衡水平的下降。
引入变异系数进行偏差的矫正可以发现，全国与农村初中生均一般公共预
算公用经费支出的变异系数总体上呈现出不断变小的态势，全国初中生均
一般公共预算公用经费支出的变异系数从 2001 年的 256.39% 降低到 2020
年的 61.88%，降低了 194.51%；农村初中生均一般公共预算公用经费
支出的变异系数从 2001 年的 185.61% 降低到 2020 年的 76.45%，降低
了 109.16%。这在一定程度上代表着全国初中生均一般公共预算公用经
费支出与农村初中生均一般公共预算公用经费支出的均衡水平有所提升
（见表 3 - 18）。

　　可以发现，初中生均一般公共预算公用经费支出在城乡上存在差异。
全国初中生均一般公共预算公用经费支出高于农村，但就二者的增长速度
来看，全国初中生均一般公共预算公用经费支出的增幅低于农村，即城市
初中生均一般公共预算公用经费支出的增幅低于农村，国家财政对农村初
中一般公共预算公用经费支出投入的努力程度高于城市。从均衡水平来
看，2001—2020 年，初中生均一般公共预算公用经费支出的均衡水平整体
上都在提高，全国均衡水平的提高度高于农村，即城市的均衡水平提高度
高于农村，二者的均衡水平排序存在一个变化，从 2001 年农村区域均衡水
平高于城市到 2020 年城市均衡水平高于农村，这一点和小学生均一般公共
预算公用经费支出均衡水平的发展趋势类似（见表 3 - 18）。通过上述分析
可以得出以下结论：2001—2020 年，农村初中生均一般公共预算公用经费
支出与城市相比一直处于较为弱势的状态，但在这期间，农村初中生均一
般公共预算公用经费支出的增速高于城市初中生均一般公共预算公用经费
支出。需要特别注意的是，农村初中生均一般公共预算公用经费支出的均
衡水平逐渐低于城市初中生均一般公共预算公用经费支出的均衡水平，应
对农村地区的均衡状况给予足够关注。

表3-18　全国与农村初中生均一般公共预算公用经费支出均衡水平

年份	标准差（元）		变异系数（%）	
	全国	农村	全国	农村
2001	212.67	153.97	256.39	185.61
2002	267.51	178.29	257.27	171.47
2003	332.19	247.98	261.32	195.08
2004	397.15	316.33	241.58	192.41
2005	457.43	450.94	196.65	193.86
2006	570.44	621.51	150.80	164.30
2007	941.48	1214.45	153.28	197.72
2008	1073.69	1416.31	114.71	151.31
2009	1191.93	1360.54	102.60	117.11
2010	1536.32	2005.79	108.62	141.81
2011	1988.67	2925.47	97.22	143.02
2012	1972.63	2652.87	73.28	98.54
2013	2347.11	3666.53	78.66	122.88
2014	2454.48	2540.87	78.68	81.45
2015	2633.75	4053.12	78.37	120.61
2016	2717.73	3053.06	76.33	85.75
2017	3419.50	5572.28	90.23	147.03
2018	3613.21	4733.81	92.50	121.19
2019	2935.20	4230.71	73.19	105.50
2020	2588.12	3197.57	61.88	76.45

资料来源：根据《中国教育经费统计年鉴》（2002—2021年）相关数据计算所得。《中国教育经费统计年鉴》未统计西藏2002—2013年农村普通初中生均一般公共预算公用经费支出。

（三）生均一般公共预算公用经费支出区域结构

从四大区域维度对农村内部一般公共预算公用经费投入结构进行横向的均衡水平分析，可以发现2001—2020年四大区域的义务教育阶段生均一般公共预算公用经费支出总体上均呈现出增长趋势，但存在区域间一般公共预算公用经费投入不均衡现象。

1. 农村各区域小学生均一般公共预算公用经费支出

对四大区域农村小学生均一般公共预算公用经费支出进行分析，从总体上讲，2001—2020 年，四大区域农村小学生均一般公共预算公用经费支出均呈现出增长趋势。东部地区从 2001 年的 40.28 元增长至 2020 年的 2500.3 元，并且在 2018 年达到峰值，为 2507.93 元，2019—2020 年略微下降；中部地区从 2001 年的 13.58 元增长至 2020 年的 2625.87 元，其间一直保持着增长态势；西部地区从 2001 年的 27.92 元增长至 2020 年的 2581.21 元，并且在 2017 年达到峰值，为 2671.62 元，2018 年和 2019 年出现负增长；东北地区在 2012 年以前增速较快，在 2012 年以后明显放缓，从 2001 年的 47.81 元增长至 2020 年的 2978.02 元，2018 年达到峰值，为 2861.13 元，2015 年和 2019 年出现负增长（见表 3 - 19）。

从比较的视域来看四大区域农村小学生均一般公共预算公用经费支出情况，2001 年，各区域农村小学生均一般公共预算公用经费支出高低呈现为东北地区 > 东部地区 > 西部地区 > 中部地区，2020 年，各区域农村小学生均一般公共预算公用经费支出高低呈现为东北地区 > 中部地区 > 西部地区 > 东部地区，2001—2020 年，东部地区、中部地区、西部地区的农村小学生均一般公共预算公用经费支出大小排序存在一定的变化，东北地区一直高于其他三个区域（见表 3 - 19）。东北地区小学生均一般公共预算公用经费支出较高的原因是多方面的，作为人口流出较严重的区域，东北地区的随迁子女数量少于东部地区，学生较少、投入较多的状态使得东北地区小学生均一般公共预算公用经费支出高于其他区域。

表 3 - 19　　　　农村小学生均一般公共预算公用经费支出

年份	东部地区（元）	增幅（%）	中部地区（元）	增幅（%）	西部地区（元）	增幅（%）	东北地区（元）	增幅（%）
2001	40.28	—	13.58	—	27.92	—	47.81	—
2002	59.34	47.32	23.02	69.51	41.29	47.89	80.66	68.71
2003	83.18	40.18	37.64	63.51	51.62	25.02	144.64	79.32
2004	125.79	51.23	55.27	46.84	85.56	65.75	228.77	58.17
2005	167.40	33.08	104.71	89.45	131.38	53.55	300.05	31.16
2006	258.36	54.34	159.91	52.72	292.38	122.55	452.83	50.92
2007	487.05	88.52	325.33	103.45	379.19	29.69	568.51	25.55
2008	614.13	26.09	505.97	55.53	597.00	57.44	768.78	35.23

续表

年份	东部地区（元）	增幅（%）	中部地区（元）	增幅（%）	西部地区（元）	增幅（%）	东北地区（元）	增幅（%）
2009	688.39	12.09	663.74	31.18	666.45	11.63	1067.23	38.82
2010	917.20	33.24	777.80	17.18	836.75	25.55	1305.18	22.30
2011	1348.63	47.04	1234.99	58.78	1165.38	39.27	2059.90	57.82
2012	1683.00	24.79	1722.99	39.51	1697.14	45.63	2618.62	27.12
2013	1941.65	15.37	2034.49	18.08	1846.37	8.79	2637.30	0.71
2014	2078.91	7.07	2110.21	3.72	2025.16	9.68	2801.66	6.23
2015	2255.13	8.48	2242.03	6.25	2195.57	8.41	2562.21	−8.55
2016	2353.74	4.37	2381.16	6.21	2419.27	10.19	2752.94	7.44
2017	2417.95	2.73	2448.88	2.84	2671.62	10.43	2787.58	1.26
2018	2507.93	3.72	2491.46	1.74	2585.26	−3.23	2861.13	2.64
2019	2500.67	−0.29	2556.36	2.60	2551.50	−1.31	2765.30	−3.35
2020	2500.30	−0.01	2625.87	2.72	2581.21	1.16	2978.02	7.69

资料来源：《中国教育经费统计年鉴》（2002—2021 年）。增幅数据由笔者计算所得。

对各区域农村小学生均一般公共预算公用经费支出的均衡水平进行分析，从标准差来看，除西部地区自 2016 年呈下降趋势以及东北地区 2012 年出现断崖式下降外，2001—2020 年，四大区域农村小学生均一般公共预算公用经费支出的标准差整体上呈现出逐年上升的趋势。考虑到小学生均一般公共预算公用经费支出逐年不断提高会带来偏差，标准差增大不能代表均衡水平下降，还需结合每年的小学生均一般公共预算公用经费支出进行具体分析，因此引入了变异系数进行考察。

从变异系数来看，从整体上讲，2001—2020 年东部地区农村小学生均一般公共预算公用经费支出变异系数远高于其他区域，西部地区农村小学生均一般公共预算公用经费支出变异系数居其次，再次为东北地区，中部地区农村小学生均一般公共预算公用经费支出的变异系数最小。具体来看，东部地区农村小学生均一般公共预算公用经费支出的变异系数整体上呈现出波动下降的态势，从 2001 年的 297.83% 波动下降至 2020 年的 119.13%，下降了 178.7%，其间，2015 年处于最低值，为 97.77%；西部地区的变异系数从 2001 年的 85.2% 波动下降至 2020 年的 47.08%，下降了38.12%，其间，2007年处于最低值，为35.66%；东北地区农村小学生均一般公共预算公用经费支出变异系数从2001年的16.53%波动上升至2020年的27.96%，上升了11.43%，其间，2002年最高，为53.64%，整体上远低于东部地区，稍低于西部地区；中部地区的变异系数属于四大区域中最小的，2001年，其变异系数仅为8.39%，此后虽波动上升但变化不大，2020年上升至18.4%，上升了10.01%，其间，2005年最高，为21.79%（见表3-20）。

从总体上看，东北地区农村小学生均一般公共预算公用经费支出最高，其均衡水平相对也比较高；东部地区农村小学生均一般公共预算公用经费支出虽然比较高，但其均衡水平较低；中部地区和西部地区的农村小学生均一般公共预算公用经费支出尚可，其均衡水平也尚可。受历史上各因素的累加作用，目前中部地区和西部地区的教育基础水平低于东部地区和东北地区，在教育公平的视角下，应向中部地区和西部地区投入更多的教育资源以实现教育公平。

表3-20　　　　　　　各区域农村内部小学生均一般公共
预算公用经费支出均衡水平

年份	标准差（元）				变异系数（%）			
	东部地区	中部地区	西部地区	东北地区	东部地区	中部地区	西部地区	东北地区
2001	134.41	3.79	38.45	7.46	297.83	8.39	85.20	16.53
2002	197.40	6.31	52.79	32.24	328.45	10.50	87.84	53.64
2003	241.98	15.56	62.79	23.66	289.97	18.64	75.25	28.35
2004	385.19	18.71	69.10	51.00	330.80	16.07	59.34	43.80
2005	490.91	36.27	140.28	35.13	294.91	21.79	84.27	21.10
2006	678.36	34.60	128.66	111.61	250.46	12.77	47.50	41.21
2007	1120.06	76.81	151.52	46.66	263.61	18.08	35.66	10.98
2008	1554.23	85.08	257.16	55.22	252.47	13.82	41.77	8.97
2009	1483.65	124.40	316.00	213.47	199.57	16.73	42.51	28.71
2010	1895.88	133.23	492.37	279.91	203.98	14.33	52.97	30.12
2011	2586.77	276.79	758.44	579.83	189.48	20.27	55.56	42.47
2012	2575.58	237.62	858.82	188.29	140.84	12.99	46.96	10.30

续表

年份	标准差（元）				变异系数（%）			
	东部地区	中部地区	西部地区	东北地区	东部地区	中部地区	西部地区	东北地区
2013	2990.02	395.74	831.65	195.98	144.62	19.14	40.22	9.48
2014	2716.83	316.13	1591.97	231.57	121.20	14.10	71.02	10.33
2015	2379.80	341.10	1954.21	680.02	97.77	14.01	80.29	27.94
2016	2740.04	431.52	1667.05	701.73	104.97	16.53	63.86	26.88
2017	3534.92	488.25	1653.76	771.45	129.40	17.87	60.54	28.24
2018	3716.58	560.96	1498.01	796.36	133.01	20.08	53.61	28.50
2019	3543.72	577.34	1191.99	628.56	124.64	20.31	41.92	22.11
2020	3421.44	528.43	1351.99	827.13	119.13	18.40	47.08	27.96

资料来源：根据《中国教育经费统计年鉴》（2002—2021 年）相关数据计算所得。

2. 各区域农村内部初中生均一般公共预算公用经费支出

分析四大区域农村内部初中生均一般公共预算公用经费支出，可以发现，从总体上讲，2001—2020 年，四大区域生均一般公共预算公用经费支出均呈现出波动上升趋势，在 2013 年之后增速明显放缓。具体来看，2001—2020 年东部地区农村初中生均一般公共预算公用经费支出整体上处于上升状态，从 2001 年的 63.22 元增长至 2020 年的 3790.07 元，并且在 2020 年达到峰值，2019 年出现负增长；中部地区从 2001 年的 25.66 元增长至 2020 年的 3898.19 元，并且在 2020 年达到峰值，2014 年出现负增长；西部地区从 2001 年的 41.43 元增长至 2020 年的 3223.21 元，并且在 2020 年达到峰值，在 2014 年和 2018 年出现负增长；东北地区在 2012—2020 年期间波动较大，从 2001 年的 65.57 元增长至 2020 年的 3774.78 元，2012 年达到峰值，为 3913.86 元，2013—2015 年、2019 年呈现负增长（见表 3 - 21）。

对四大区域农村初中生均一般公共预算公用经费支出进行比较，2001 年，各区域生均一般公共预算公用经费支出高低状况呈现为东北地区 > 东部地区 > 西部地区 > 中部地区，2020 年，各区域生均一般公共预算公用经费支出高低排序存在变化，呈现为中部地区 > 东部地区 > 东北地区 > 西部地区，这与各区域农村小学生均一般公共预算公用经费支出变化趋势不同。2001—2020 年，东部地区、中部地区、西部地区的生均一般公共预算公用经费支出大小排序存在一定的变化，但在这期间，除了 2007 年、2015 年和 2018—2020 年东部地区生均一般公共预算公用经费支出稍高于东北地区外，其他年份东北地区生均一般公共预算公用经费支出都高于其他三个区域（见表 3-21）。作为人口流出较严重的区域，东北地区的随迁子女数量少于东部地区，学生较少、投入较多的状态客观上使得东北地区农村初中生均一般公共预算公用经费支出高于其他区域。

表 3-21　　　　　农村初中生均一般公共预算公用经费支出

年份	东部地区（元）	增幅（%）	中部地区（元）	增幅（%）	西部地区（元）	增幅（%）	东北地区（元）	增幅（%）
2001	63.22	—	25.66	—	41.43	—	65.57	—
2002	82.02	29.74	38.09	48.44	77.27	86.51	99.33	51.49
2003	109.17	33.10	49.96	31.16	85.85	11.10	161.03	62.12
2004	170.84	56.49	75.56	51.24	112.72	31.30	244.09	51.58
2005	213.43	24.93	138.50	83.30	199.46	76.95	372.78	52.72
2006	365.73	71.36	224.30	61.95	428.25	114.70	557.49	49.55
2007	687.89	88.09	488.65	117.86	523.58	22.26	686.58	23.16
2008	883.45	28.43	846.47	73.23	916.31	75.01	1054.69	53.62
2009	1015.44	14.94	1154.36	36.37	1111.34	21.28	1605.42	52.22
2010	1409.53	38.81	1300.24	12.64	1258.81	13.27	1830.39	14.01
2011	1956.81	38.83	2009.51	54.55	1771.21	40.71	2868.87	56.74
2012	2424.31	23.89	2779.88	38.34	2425.83	36.96	3913.86	36.43
2013	2904.47	19.81	3264.53	17.43	2656.27	9.50	3819.00	-2.42
2014	3034.81	4.49	3126.05	-4.24	2547.38	-4.10	3800.46	-0.49
2015	3441.39	13.40	3239.84	3.64	2670.59	4.84	3400.45	-10.53
2016	3526.90	2.48	3402.86	5.03	2886.73	8.09	3583.48	5.38
2017	3643.86	3.32	3510.81	3.17	3089.32	7.02	3667.23	2.34
2018	3746.87	2.83	3621.20	3.14	3040.79	-1.57	3709.82	1.16
2019	3714.51	-0.86	3738.45	3.24	3115.57	2.46	3593.50	-3.14
2020	3790.07	2.03	3898.19	4.27	3223.21	3.45	3774.78	5.04

资料来源：《中国教育经费统计年鉴》（2002—2021 年）。增幅数据由笔者计算所得。《中国教育经费统计年鉴》未统计西藏 2002—2013 年农村普通初中生均一般公共预算公用经费支出；亦未统计西藏 2001—2013 年农村普通初中一般公共预算公用经费支出。

分析四大区域农村内部初中生均一般公共预算公用经费支出的均衡水平，从标准差来看，2001—2020 年，四大区域农村内部的标准差总体上呈现出逐年上升的趋势，受生均一般公共预算公用经费支出不断提高的影响，标准差变大不能等同于均衡水平下降，还需结合各年份的生均一般公共预算公用经费支出做进一步分析，再次引入变异系数来考察各区域农村内部初中生均一般公共预算公用经费支出的均衡水平。

从变异系数来看，从整体上讲，2001—2020 年东部地区农村初中生均一般公共预算公用经费支出变异系数远高于其他区域，西部地区农村初中生均一般公共预算公用经费支出变异系数居其次，东北地区再次之，中部地区的变异系数最小，这和农村小学生均一般公共预算公用经费支出变异系数的分布情况相同。具体来看，东部地区农村初中生均一般公共预算公用经费支出的变异系数整体上呈现出波动下降的状态，从 2001 年的301.97% 下降到 2020 年的 127.77%，下降了 174.2%，其间，最低变异系数为 2020 年的 127.77%；西部地区的变异系数从 2001 年的 34.87% 波动下降至 2020 年的 29.96%，下降了 4.91%，其间，最低变异系数为 2014 年的 12.76%；东北地区农村初中生均一般公共预算公用经费支出变异系数从 2001 年的 11.2% 波动上升至 2020 年的 28.8%，上升了 17.6%，其间，变异系数最低为 2014 年的 3.55%；中部地区变异系数属于四大区域中最小的，2001 年，其变异系数仅为 7.53%，此后虽波动上升但变化不大，2020 年上升至 18.47%，其间，变异系数最低为 2001 年的 7.53%（见表 3 - 22）。

总体来看，东北地区农村初中生均一般公共预算公用经费支出最高，其均衡水平相对也比较高，东部地区农村初中生均一般公共预算公用经费支出虽然比较高，但其均衡水平较低；中部地区农村初中生均一般公共预算公用经费支出目前尚可，其均衡水平也尚可；西部地区农村初中生均一般公共预算公用经费支出在四大区域中处于较低水平，其内部均衡性有待提高。受历史遗留因素以及现实经济因素的影响，当下西部地区教育基础水平低于东部地区和东北地区，基于教育公平理念，国家已开展多项专项计划支持西部教育，在取得显著成效的同时，目前西部地区农村初中生均一般公共预算公用经费支出状况表明，还需继续加强对西部地区教育的投入。

表 3 - 22　　　　　　　　　各区域农村内部初中生均一般公共
预算公用经费支出均衡水平

年份	标准差（元）				变异系数（%）			
	东部地区	中部地区	西部地区	东北地区	东部地区	中部地区	西部地区	东北地区
2001	250.48	6.24	28.92	9.29	301.97	7.53	34.87	11.20
2002	293.54	9.37	51.22	21.87	282.30	9.01	49.26	21.03
2003	410.11	20.39	57.43	17.38	322.61	16.04	45.18	13.67
2004	516.58	34.82	57.14	58.16	314.22	21.18	34.75	35.37
2005	740.64	48.61	171.32	50.63	318.40	20.90	73.65	21.76
2006	1040.89	53.70	122.19	158.72	275.17	14.20	32.30	41.96
2007	2045.02	108.14	165.17	95.54	332.94	17.61	26.89	15.55
2008	2386.72	168.41	522.17	52.11	254.98	17.99	55.79	5.57
2009	2254.50	257.92	693.14	283.63	194.06	22.20	59.66	24.41
2010	3324.31	167.78	838.00	441.18	235.03	11.86	59.25	31.19
2011	4852.31	315.25	1303.93	793.18	237.21	15.41	63.74	38.78
2012	4411.72	360.14	1295.44	479.77	163.88	13.38	48.12	17.82
2013	6071.06	552.05	1252.45	195.68	203.47	18.50	41.98	6.56
2014	4240.80	446.43	398.18	110.85	135.95	14.31	12.76	3.55
2015	6896.86	559.08	460.01	917.20	205.23	16.64	13.69	27.29
2016	5147.61	577.25	467.27	985.24	144.58	16.21	13.12	27.67
2017	9653.81	665.26	873.84	1108.55	254.72	17.55	23.06	29.25
2018	8115.94	789.27	950.44	1259.44	207.77	20.21	24.33	32.24
2019	7249.25	900.81	976.56	993.55	180.77	22.46	24.35	24.78
2020	5343.93	772.29	1253.09	1204.56	127.77	18.47	29.96	28.80

资料来源：根据《中国教育经费统计年鉴》（2002—2021 年）相关数据计算所得。《中国教育经费统计年鉴》未统计西藏 2002—2013 年农村普通初中生均公用经费支出，亦未统计西藏 2001—2013 年农村普通初中一般公共预算公用经费支出。

通过上述对农村小学与初中生均一般公共预算公用经费支出的区域差异与农村内部区域差异的分析，可以看出，目前以东部地区和中西部地区二元区分的生均公用经费划拨标准与方式较为机械，不足以应对复杂的教育实际。关于生均公用经费基准定额的区域划分标准还需要充分考虑以下几点：其一，中部地区与西部地区的教育情况存在较大差异，中部地区的学校规模偏大，西部地区的学校规模偏小，在不同学校规模下相同的生均公用经费所能带来的规模效益是不同的；其二，考虑到东北地区的特殊性，是否应将东北地区单独列出，目前区域划分多将行政、经济因素作为重要指标，从教育实际情况出发是否可以进行更为适切的教育状况区域划分；其三，城市与农村的小学生均公用经费基准定额相同，是由于城乡教育情况与需求的差异不大，还是受限于其他因素如资源不足，因而未进行城乡区分。面对当下城乡间教育质量不均衡、区域间教育情况差异大的现状，公用经费划拨标准需要考虑多维因素进行调适。

四　高效性：农村学校公用经费使用情况

作为一项投资，教育的收益周期较长，再加之义务教育经费全面纳入财政保障范围，在财政有限的情况下，义务教育办学更要注重效率。2005年国务院印发的《关于深化农村义务教育经费保障机制改革的通知》中的"新机制"教育经费机制改革与2015年国务院印发的《关于进一步完善城乡义务教育经费保障机制的通知》中的"新新机制"教育经费机制改革，均是为应对义务教育学校公用经费不足的问题而形成的应对策略与措施。经过多轮经费保障机制改革，义务教育阶段学校公用经费投入水平与分配水平有所提高，投入水平提高在一定程度上缓解了公用经费严重不足的状况，公平取向下分配水平的均衡使得薄弱学校公用经费得到了倾斜性照顾。

但目前公用经费仍存在使用不足的现实问题，在宏观层面的投入充足与分配合理的基础上，微观层面公用经费的合理使用需要被重点关注。目前对公用经费总量充足性的关注较多，微观层面学校使用公用经费的高效性常常被忽略，急需从公用经费使用者视角考察经费具体支出的规范性与合理性。政策制定逻辑与实践使用逻辑可能会存在矛盾，当政策逻辑与实践逻辑的矛盾过大阻碍学校发展时，应透视现实问题背后隐匿的原因，根据教育实践需要对相关政策进行调适。本书将对东北地区 A 县的 12 所农村义务教育学校①进行实地调研，将前文宏观层面数据分析与微观层面义务教育学校公用经费支出现状分析相结合，对农村学校公用经费使用的高效性进行系统研究。

（一）均衡性：省域与县域的公用经费分配实践审视

从投入视角审视公用经费的均衡水平，通过分析《教育经费统计年鉴》中的数据可以发现，在省域层面，2001—2020 年，义务教育阶段一般公共预算公用经费支出在城乡维度上的投入均衡水平均有所提高。在县域层面，通过对东北地区 A 县的 12 所农村义务教育学校的实地调研可以发现，县域内公用经费投入根据学校规模进行了优化分配，不同规模学校校际公用经费水平更加均衡。

1. 省域数据层面：城乡及农村内部均衡水平提高

对 2001—2020 年省域生均一般公共预算公用经费支出数据进行分析可以发现，小学、初中的生均一般公共预算公用经费支出的均衡水平在城乡之维与四大区域农村内部之维上均在不断提高。

全国与农村小学生均一般公共预算公用经费支出的变异系数总体上呈现出不断变小的态势，全国小学生均一般公共预算公用经费支出的变异系数从 2001 年的 342.98% 降低到 2020 年的 54.16%，降低了 288.82%；农村小学生均一般公共预算公用经费支出的变异系数从 2001 年的 185.73% 降低到 2020 年的 74.04%，降低了 111.69%。通过变异系数分析城乡小学公用经费支出的均衡水平，从整体上看，小学生均一般公共预算公用经费支出的均衡水平都在提高，全国的均衡水平提高度以及内部的均衡水平均高于农村。城市小学生均一般公共预算公用经费支出的均衡水平低于农村，需要引起警惕。从四大区域农村内部的变异系数来看，从整体上看，2001—2020 年，东部地区农村小学生均一般公共预算公用经费支出变异系数远高于其他区域，西部地区农村小学生均一般公共预算公用经费支出变异系数居其次，东北地区随后，中部地区的变异系数最小，需要对东部地区农村小学生均一般公共预算公用经费支出的均衡水平进行重点关注。

---

① 本书课题组于 2018 年和 2019 年两次前往 A 县开展相关调研，12 所学校包括小学 5 所，初中 6 所，九年一贯制学校 1 所。

对全国与农村初中生均一般公共预算公用经费支出的均衡水平进行测算，从历时性的均衡变化来看，全国与农村初中生均一般公共预算公用经费支出的变异系数总体上呈现出不断变小的态势。全国初中生均一般公共预算公用经费支出的变异系数从 2001 年的 256.39% 降低到 2020 年的 61.88%，降低了 194.51%；农村初中生均一般公共预算公用经费支出的变异系数从 2001 年的 185.61% 降低到 2020 年的 76.45%，降低了 109.16%。初中生均一般公共预算公用经费支出的均衡水平整体上在提高，全国的均衡水平提高度高于农村，二者的均衡水平排序存在某种变化情况，从 2001 年的农村区域均衡水平高于全国到 2020 年全国的均衡水平高于农村，这一点和小学生均一般公共预算公用经费支出的均衡水平相类似。而农村初中生均一般公共预算公用经费支出的均衡水平逐渐变得低于全国这一事实表明，应对农村地区初中公用经费投入给予足够的关注。对各区域农村初中生均一般公共预算公用经费支出的均衡水平进行分析，从变异系数来看，从整体上讲，2001—2020 年，东部地区农村初中生均一般公共预算公用经费支出的变异系数远高于其他区域，西部地区农村初中生均一般公共预算公用经费支出的变异系数居其次，东北地区随后，中部地区的变异系数最小，这和农村小学生均一般公共预算公用经费支出的变异系数的分布情况相同，需要对东部地区农村初中公用经费投入的均衡水平进行重点关注。

综上所述，从整体上而言，2001—2020 年城乡小学与初中生均一般公共预算公用经费支出的均衡水平都在不断提高，并且无论是小学还是初中，全国的均衡水平提高速度都高于农村，这说明城市学校生均一般公共预算公用经费支出的均衡水平也在不断提高。从均衡水平上看，小学与初中变化趋势大致相同，农村小学与全国小学、农村初中与全国初中生均一般公共预算公用经费支出的均衡水平排序均存在着变化：2001 年农村区域均衡水平高于全国，到 2020 年全国的均衡水平高于农村。从四大区域农村内部来看，无论是小学还是初中，均需要对东部地区投入的均衡水平进行重点关注。此外，对农村小学和初中公用经费投入均衡水平也应给予足够关注。

2. 县域数据层面：规模效益下的分配优化与举措创新

在县域层面学校公用经费的使用情况方面，本书通过调研东北地区 A

县获取了 12 所不同学段与规模学校公用经费使用的具体情况。A 县依据东部地区公用经费拨付标准进行经费划拨，小学按照每生每年 600 元、初中按照每生每年 800 元的标准拨付公用经费；不足 100 人规模的较小学校按照 100 人核定公用经费；特殊教育学校和随班就读残疾学生按照每生每年 6000 元标准核定公用经费；取暖费补助标准为生均 185 元/年。学校公用经费所需资金由中央、省级和县级按照 60∶24∶16 比例进行分担，保证了学校公用经费有稳定的来源。此外，为满足不同规模学校和不同取暖方式学校公用经费的实际使用需求，A 县对公用经费拨付进行了优化与创新，同时县财政投入了额外取暖补助以满足学校的实际供暖需求。

　　A 县在公用经费划拨与采暖费两个方面均通过创新举措来实现分配优化。一方面，A 县按照学校规模进行了县域内不同规模学校间的公用经费二次统筹分配与均衡化处理。从整个县的学生数来看，县域内所有学校的公用经费总量固定，但因当前按学生数核拨的原则，不符合公用经费实际使用涉及学校、班级、教师、学生等诸多层面的情况，不同规模学校的公用经费使用效益存在差异，由于经费划拨与实际使用二者的标准不同，因而产生了矛盾。在考虑到公用经费规模效益差异的基础上，A 县设定公用经费调整系数，将公用经费分学段按照在校学生数量进行二次统筹分配与均衡化处理，学生多的学校设定稍低的系数，学生少的学校设定稍高的系数。A 县的具体做法如下：学生数 1000 人以上规模学校的差异系数为90%，300—1000 人规模学校的差异系数为 100%，100—300 人规模学校的差异系数为 120%，即 1000 人以上规模学校按照生均公用经费基准定额的 90%拨付，300—1000 人学校按照生均公用经费基准定额足额拨付，100人以上 300 人以下规模学校按照生均公用经费基准定额的 120%拨付。需要注意的是，不足 100 人规模学校亦进行了二次调整，实有人数按照生均公用经费基准定额进行足额拨付，不足 100 人的虚有人数按照生均公用经费基准定额的 90%拨付。另一方面，A 县的农村中小学取暖费用按照集中供热 35 元/平方米、锅炉供暖 31 元/平方米、电供暖 25 元/平方米、火炉供暖 22 元/平方米的成本计算，具体的取暖费用划拨方式如下：先由学校上报集中供热、锅炉取暖、电供暖、火炉供暖面积数，然后由财政按照采暖面积计算的采暖费统一拨款到学校账户，再由学校账户集中支付取暖费用。学校取暖费用主要来源于两部分，包括省域政策规定的每生每年 185

元的取暖补助以及县财政额外划拨的取暖专项经费。

为提高学校的公用经费使用效益，县域层面进行了公用经费分配优化与举措创新。A县在规模效益理论下开展的公用经费分配方案，在教育实践中取得了较好的成效，这也说明了规模效益视角下公用经费微观分配的均衡水平尚存提升空间。

（二）可达性：延迟划拨与报销滞后的公用经费存量稀释

从实地调研情况来看，经费可达性是一个现实问题，由于经费划拨与报销的不及时，公用经费的存量在客观上被稀释。虽然绝大多数学校能够通过赊账等形式保证学校运转，但受公用经费拨付时间滞后的影响，导致经费使用需求不能被及时满足，学校公用经费存量在不同程度上被稀释，同时赊账这种解决方式进一步导致公用经费使用的不经济。

1. 公用经费延迟拨付与学校现实需求产生矛盾

公用经费预算和拨付时间通常采用预算年度。《中华人民共和国预算法》第十八条规定，中国预算年度实行历年制，"预算年度自公历一月一日起，至十二月三十一日止"。而学校运转和教育教学活动的开展通常遵循教育年度，即所谓的学年，一般从9月1日至次年的8月31日，暑假是学年分界线，一学年分为两个学期，寒假是学期分界线。预算年度与教育年度的无法衔接，给中小学公用经费拨付与使用造成了一定的不便。[①] 按照国家规定，A县实行公用经费二级预算，由财政局直接拨付公用经费到学校的基本账户上，原则上一年拨付两次，即上半年和下半年各拨付一次。除了大宗物品、服务、工程需要通过政府采购的方式外，其他涉及需要采用公用经费支出的项目，均由学校按照相关规定进行使用并规范记账。

为保证学校正常运转，中小学公用经费必须及时拨付。但在调查中发现，中小学公用经费拨付存在滞后现象，中小学公用经费一般是上半年拨付一次，下半年拨付一次，即一学年拨付两次，甚至存在因实际情况而分更多批次划拨的情况。与之形成反差的是，学校公用经费的实际使用具有

---

① 秦玉友、曾文婧：《农村中小学公用经费支出：发展判断与优化逻辑》，《中国教育学刊》2019年第7期。

周期性特点，公用经费支出存在较为集中的时间段，学期的开学初与期末较多，春季学期一般多于秋季学期，故学校公用经费的使用多集中在上半年。学校在开学之初需要准备好一些刚需物品如教学用品，期末则面临着学期的总结，也需要开展一些相应的收尾活动，故学期初与学期末尤其是学期初会有一些固定开支。目前公用经费的拨付时间与实际使用时间存在断档问题，难以及时满足学校的正常教学需求。对此，有研究提出，公用经费不仅要注意按规定年内到位问题，而且要注意按学校使用情况在使用前到位的问题[1]，针对目前公用经费的拨付时间与实际使用时间不契合的问题，应充分考虑各地区学校的实际需求，改革公用经费拨付制度。

2. 公用经费报销滞后导致赊账的不经济后果

公用经费拨付时间与学校实际使用时间二者的不匹配影响着学校校务的正常运转，而基于实践逻辑学校只能靠赊账来维持运转，以避免影响教育教学工作的正常开展与教育教学质量。正如有研究所指出的，学校、校长、教师垫付费用或拖欠卖方款额的情况普遍存在，导致中小学公用经费报销不及时，或者引起不必要的矛盾。[2] 而赊账也很可能会引起新的债务，既不符合公用经费的使用初衷，同时也带来了更不经济的后果。

一个很典型的现实例子就是东北地区的校园建设。受地理位置与气候因素的影响，东北地区的建设多在上半年进行，学校亦是如此。学校小型修缮与活动（如维修改造、校园绿化等）的实施时间与季节密切相关，一般多集中在春季学期进行，故学校普遍将公用经费集中安排在上半年使用，即使经费拨付不能及时到位，也要赊账维持上半年支出。比如说，北方地区的门窗更换，如果等到秋季学期公用经费拨付下来，就会由于天气变冷而无法施工更换。在中小学公用经费拨付时间滞后的情况下，为保障教学活动与后勤服务的正常进行，校长和教师往往不得不赊账以解燃眉之急。在现实中，赊账很难凭空让商家损失利益，普遍存在通过人情与高价购买两种方式赊账，高价获取显然会产生额外的费用，此外还可能包括利息支出等其他额外支出，这种隐匿支出稀释了公用经费的使用效益，导致

①　秦玉友、曾文婧：《农村中小学公用经费支出：发展判断与优化逻辑》，《中国教育学刊》2019 年第 7 期。

②　秦玉友、曾文婧：《农村中小学公用经费支出：发展判断与优化逻辑》，《中国教育学刊》2019 年第 7 期。

公用经费使用不经济的后果。

（三）合规性：公用经费实际支出项目的考察

公用经费实际支出范围与结构是否合乎规定，可以说明公用经费的使用与政策目标的符合度，在一定程度上也代表着公用经费的使用效益。对 A 县农村义务教育学校公用经费支出范围与结构进行调查，可以通过支出范围审视公用经费的使用底线，通过支出结构反映公用经费使用中的重点项目与效益取向。

1. 公用经费实际支出项目基本符合政策规定

在国家颁布的一系列农村义务教育公用经费相关政策的引导下，为进一步规范和加强义务教育中小学公用经费管理，2017 年，A 县教育局和财政局联合印发了《A 县义务教育中小学公用经费管理办法》，这为基层学校提供了公用经费创新管理与使用的依据。《A 县义务教育中小学公用经费管理办法》明确要求中小学校依据本校实际情况制定符合自身特点的公用经费内部管理办法。但在实地调研中发现，学校普遍未针对本校实际情况制定本校的公用经费内部管理办法，各学校在公用经费实际使用中遵循着县级公用经费管理办法。从国家层面来看，相关政策对公用经费支出范围做出了规定。有研究全面总结了公用经费支出范围的政策变化，对 2001 年财政部、教育部发布的《关于做好农村中小学公用经费标准定额核定工作 确保学校正常运转有关问题的通知》、2006 年《农村中小学公用经费支出管理暂行办法》、2007 年教育部发布的《关于进一步做好农村义务教育经费保障机制改革有关工作的通知》、2016 年《城乡义务教育补助经费管理办法》等政策的相关内容进行了系统梳理，指出中小学公用经费支出基本类别从五大类（含 18 项主要具体费用）到取消大类划分而采用直接列出具体项目的方式（修改了项目内容），这期间在水电、差旅等项目上仍然可能存在与其他项目交叉以及并列项目内容反复的问题，这说明公用经费具体项目的设置非常复杂，公用经费支出结构有待完善。[1] 再从县域层面来看公用经费支出范围规定，县教育局和财政局联合印发了《县义务教

---

① 秦玉友、曾文婧：《农村中小学公用经费支出：发展判断与优化逻辑》，《中国教育学刊》2019 年第 7 期。

育中小学公用经费管理办法》，规定公用经费的开支范围包括教学业务与管理、教师培训、实习实验、文体活动、办公、水电、取暖、邮电、交通差旅、公务接待、专用材料、劳务、仪器设备及图书资料等购置，房屋、建筑物及仪器设备的日常维修维护等，并且规定不得将其用于人员经费、基本建设投资、偿还债务等方面的开支。总体来看，无论是国家层面还是 A 县层面的公用经费政策，关于公用经费支出范围的规定均较为宽泛且存在交叉。

具体来看 A 县学校公用经费的具体运作情况。学校公用经费支出的具体记账主要反映在纸质事业账套和网上财务记账平台两个方面。纸质事业账套以流水形式详细地记录了学校支出的每一笔金额、事由、发票粘贴、明细、审批书等原始材料，记录内容虽详细但十分烦琐复杂，在事业费支出中无法准确地剥离出学校公用经费支出的部分。网上财务记账平台上的账目内容经过财会专业人员的分类记录，从中可以直接获得学校公用经费支出的准确的基本数据。从网上财务记账平台上可以看到，学校的实际公用支出包括两个部分：一部分是商品服务支出，包括办公费、水电费、取暖费、专用材料费、维修费、其他交通费等；另一部分是其他资本性支出，包括大型设备、大型维修费用等。为分析学校层面公用经费的具体使用情况，对公用经费二级支出项目进行归类分析，可以发现网上财务记账平台所记录的支出信息较为粗糙。一方面，各学校对相同支出项目存在不同归类，如购买花卉树苗支出存在纳入物业管理支出或办公费支出两种情况，购买灭火器材支出存在纳入其他资本性支出或专用材料费支出两种情况，购买五金材料存在归入维修费支出或办公费支出两种情况，购买打印机及其耗材类支出存在归入设备购置支出或办公费支出两种情况，等等。另一方面，同一学校支出项目也存在着差异化归类，如零星维修费存在归入办公费或维修费两种情况，购买矿泉水费存在归入水费或办公费两种情况，学生活动费存在归入办公费或会议费两种情况，等等。这说明在网上财务记账平台上做记录时，各学校的记录人员都可以按自己的理解进行归类，这一点在与相关人员的访谈中也得到了进一步的证实。在学校层面公用经费的实际使用上，财务人员通过记账系统按照部门预算经济分类科目进行记录，虽然实际上公用经费支出项目纷繁复杂，但在记账系统中体现不出这一实际情况，因此经过财务人员二次归类的网上财务记账平台数据难以呈现出公用经费真实的支出情况。

通过分析实地调研中对学校管理人员的访谈与公用经费实际使用的学校纸质事业账套，本书对学校公用经费实际支出按照统一的分类标准进行归纳，进一步揭示学校层面公用经费的实际使用情况。对 A 县 12 所学校最近一学年的每一笔公用经费支出进行细致的记录与归纳后，按每笔支出所指向的教育功能可以分为办公费、印刷费、水费、电费、邮电费、取暖费、差旅费、活动费、交通费、培训费、接待费、专用材料费、公务用车运行维护费、维修费、劳务费、长期工支出、学校保险费、福利支出、困难补助、慰问支出、意外事故支出、保健卫生支出、食堂花销、设备购置费、校车支出 25 个主要类别，由此可以看出，绝大多数项目都符合公用经费政策规定的支出范围，公用经费实际支出基本符合政策规定。

2. 存在部分违规支出挤占学校公用经费的问题

对 A 县学校公用经费的实地调研发现，各学校公用经费存在部分项目超范围支出的现象。将学校实际支出的公用经费项目与政策文件中所规定的公用经费支出范围做对比后发现，超过规定范围的支出主要是人员经费和外部摊派经费。人员经费与外部摊派费用的支出实际上挤占了公用经费，属于违规使用公用经费。学校公用经费支出中用于人员的经费主要包括两部分：一部分是其他工资福利支出，包括代课教师和后勤人员（保安、保洁、值宿、食堂员工等）的工资支出，还有教师伙食补助、教师体检费、教师义务献血补助等教师福利支出；另一部分是对个人和家庭的补助支出，包括给贫困学生、困难教师的生活补助，以及教职工节假日慰问支出。

具体考察公用经费用于其他工资福利支出部分，一是关于工资支出，以代课教师的工资支出为例。一方面，农村学校尤其是村小学现实中仍需要一定的代课教师来满足教学需求，尤其是音体美学科缺少专业教师，加之农村教师队伍老龄化严重，老教师无法承担满额工作的情况加剧了农村学校教师短缺问题。另一方面，教师编制的补充时间滞后与有编不补等地方行为使得教师短缺程度进一步加剧，包括省级层面多年未核定编制导致编制数量与实际需求脱节，以及受县财政不足的影响，教师工资支出的压力被转移给基层学校，通过招聘代课教师的方式来实现教师招聘的经济性，而代课教师工资由学校的公用经费给付，有些小学甚至每年都要拿出近一半的公用经费雇代课教师，这极大地加剧了公用经费支出的紧张状况。此外，为保证教学活动的有序开展，学校需要保洁、保卫、食堂服务等后勤保障，但当前的中小学教职工编制标准对后勤人员需求估算不准，学校只能自聘后勤人员或教师兼职后勤工作。鉴于当前教师数量不足且教学任务较重的现实情况，12 所学校中除 3 所学校的保安、值宿人员由教师兼职担任外，其他学校的后勤人员普遍采用自聘的形式，除食堂从业人员工资由师生缴纳的伙食补助费支付以外，其他后勤人员工资均从公用经费中支出，依据学校偏远程度的不同，这些后勤人员的工资在 800—2000 元/月不等，这些费用显然严重挤占了公用经费的正常使用。

二是关于教师福利支出与个人家庭补助支出，其性质为挪用公用经费。在农村义务教育经费保障机制中明确规定公用经费支出范围不能包括人员福利，但在教育实践中这一政策并未得到严格执行。12 所学校福利支出占公用经费总支出的比例平均达到 5.28%，其中，最高的一所中学甚至达到 12.19%。这一部分支出主要用于教师伙食补助费、教师义务献血补助费和教师体检费三个方面。其一，教师伙食补助费，主要是为解决教师中午吃饭难题，县城学校补助标准高，乡镇学校补助标准低，补助金额由每餐 2 元至每餐 9 元，12 所学校中最高的一年补助达 20 多万元，最低的一年也有近 2.4 万元。其二，教师义务献血补助，根据县人民政府关于加强无偿献血工作的要求，学校作为事业单位的义务献血指标为职工总人数的 15%，并规定相关单位可以做出适当补贴，献血量在 200 毫升至 300 毫升的补助 200 元到 500 元，献血量在 400 毫升以上的补助 400 元到 800 元。学校为激励教师无偿献血，从公用经费中对献血教师进行补助，12 所学校中教师数量最少的学校 2017 年支出 4600 元的教师义务献血补助，教师数量最多的学校 2017 年支出 7500 元的教师义务献血补助。其三，教师体检费每年需要交一次，体检对象包括在职教职工、在岗教师和离退休教师，学校公用经费按每人 310 元的标准支出教师体检费。

具体考察公用经费用于对个人和家庭的补助支出部分，包括用于个人和家庭的经济帮助和生活照顾方面的困难补助，以及看望在职教师、离退休教师、学生以及学校以外人员的慰问支出等方面。以上这些公用经费违规使用的出发点是好的，但专项经费的缺少使得公用经费被严重挤占。

关于外部摊派占用，学校作为农村社会的重要文化组织，不仅肩负着教书育人的职责，还需要与其他部门通力合作构建更好的农村社区环境。同时，学校与卫生、工商、人事、公安等部门的良好协作关系与共同努力也能为学校运转营造良好的外部环境，但在这个过程中出现了强行摊派的现象，这些被强行摊派的活动在一定程度上挤占了学校的公用经费。在实地调研中发现，学校的公用经费存在用于清雪费、卫生费、残疾人就业保障金等若干外部摊派开支，这些显然不是维持学校日常运转的必要支出项目。例如清雪费，县城所有学校都要按每人 360 元的标准缴纳，甚至是直接从学校公用经费中划拨给县综合治理部门。但在调研中也发现了例外情况，有校长坚决拒绝缴纳垃圾回收的卫生费 500 元，并且最终未缴纳该费用，这说明外部摊派支出在某种程度上是可以拒绝的不必要支出。

当前公用经费政策文件是判断公用经费使用合规性的依据，代课教师工资、后勤人员工资等费用不应从公用经费中支出。此外，从另一个视角来看，也有应当纳入公用经费保障范畴的部分项目而未列入公用经费保障范围。在农村义务教育学校实际运转中，校园责任险、党建经费等作为重要的支出项目也十分必要，但公用经费支出范围并未将其明确纳入，从政策规范上看这部分经费也处于挤占学校公用经费的状态。

3. 不合理变相使用降低了公用经费的充足性

在实地调研中发现，部分支出虽然属于公用经费支出范围，但是学校利用政策漏洞使其在表面上符合规定，这种对公用经费不合理变相使用的做法客观上降低了公用经费的使用效益。在调研中发现，学校不合理使用公用经费的支出项目主要包括大型维修费用和专项经费配套费用两种变相使用的情况，这些虽然在公用经费中支出，但从一般意义上被普遍认为是不合理的公用经费支出。

关于大型维修费，地方财力有限的现实情况使得现有资金被集中用于学校的危房改造和翻建，在此背景下日常维护和修缮较少受到关注，大型维修项目获得审批立项的难度较大。在大型维修项目难以获得专项支持的现实情况下，公用经费中关于小型修缮费的规定被变相用于大型维修项目。迫于现实需求的紧迫性，学校会采取将大型维修拆分为小型维修的方式来达到目的，分年维修，每年维修的部分不超过小型修缮费的 10 万元标准，如某学校刮大白所需的 20 多万元费用就是分摊在公用经费中开支的，这种分摊支出方式变相挤占了公用经费，降低了公用经费在其他方面保障的充分性。

关于专项经费的配套费用，是学校为了专项经费顺利使用而额外用公用经费支出的费用。学校从相关部门申请的专项经费主要用于解决发展过程中的特殊事项，且专项经费不得随意用在他处，甚至不能用于前期费用，这使得配套资金成为一大难题。在学校标准化建设的过程中，如校园维修与改造、信息化建设、设备购置等方面的专项经费都需要一定的配套费用。以校舍建设为例，单就前期费用而言，就包括图纸设计、环评、工程监理等环节，由于县财政财力的有限性，这部分本应由县财政负担的费用被转嫁至学校，学校只能使用公用经费进行支出，12 所学校中有 3 所学校在维修操场时为配套省级专项经费，使用公用经费支出了前期工程施工费。在特殊情况下公用经费被支出作为专项经费的配套费用，这在一定程度上降低了公用经费的充足性。

（四）效益性：教育质量导向下的公用经费管理与使用

学校的运转质量在一定程度上代表着公用经费的使用效益，作为维持学校正常运转的公用经费，在实际使用中对其定义的弹性较大，学校基本上会按照公用经费总额来安排支出项目与额度。"正常运转"这个概念的界限较为模糊，学校基本上都处于"有多少钱就办多少事"的状态。在什么水平上运转才具有质量意义，这是公用经费使用效益的一个基本标准。目前经费获得能力强、具备规模效益的学校在提供优质教育服务的水平上运转，经费获得能力弱、难以形成规模效益的学校则在维持学校低质量的水平上运转。

1. 中心校统筹村小学经费，高使用效益与低质量运转并存

目前村小学的经费管理存在着一种普遍做法，即中心校统筹并管理所辖村小学的经费。这种管理体制利弊共存，一方面，中心校统筹并管理所辖村小的经费有利于解决村小学受规模影响而导致的公用经费规模效益缺失问题，这可以增强公用经费的使用效益。另一方面，村小学尤其是教学点因经费大权旁落，其自身很难进行自主建设，在中心校管理体制下，中心校将所管辖的村小学经费统筹到一起，形成中心校优先支出、村小学与教学点公用经费隐性减少的局面，这损害了村小学与教学点的经费使用效益。

在教育实践中，村小学和教学点没有会计与出纳等专业财务人员，不是独立的预算单位，归属于中心校管辖，即中心校作为村小学和教学点的法人。在这种管理体制下，村小学与教学点的公用经费由中心校统筹，村小学与教学点需上报中心校审核要用于保证学校日常运转的经费需求。但需要注意的是，与中心校管理体制相矛盾的是，村小学作为独立运营的事业单位，与其他更大规模学校的日常运转所需要的支出是相同的，可以说是"麻雀虽小，五脏俱全"，即使一个班级只有几个学生，水电费与取暖费也不能按学生数量规模进行经费缩减。考虑到这种实际需求，2012年国务院办公厅发布的《关于规范农村义务教育学校布局调整的意见》提出，提高村小学和教学点的生均公用经费标准，对学生规模不足100人的村小学和教学点按100人核定公用经费，保证其正常运转。但在实际操作中，这种兼顾规模并向小规模学校倾斜的公用经费拨付方式，受管理体制的限制未能很好地实现政策的预期目标。

在A县的实地调查中发现，中心校出于自利性与公用经费规模效益最大化的考量，在使用公用经费时往往会优先保障中心校的需求，以覆盖更多的学生，提高经费的使用效益，而其所附属的村小学与教学点在经费减少的情况下维持着低质量的运转。同时，在城镇化与低生育意愿的背景下，近年来小规模学校的在校生逐渐减少，中心校更加倾向于将经费集中投入中心校本部以实现更长远的发展。现实的学龄人口变化使得中心校校长不得不对发展前景进行预估，以避免对小规模学校进行大投入后因小规模学校被撤并而导致更不经济的后果。现实情况表明，经费获得能力低的小规模学校更容易陷入低水平运转困境。在基本运转满足底线保障的基础上，小规模学校的低水平运转状态需要引起学校与教育行政部门的警惕。

2. 公用经费使用效率不高，存在低效与浪费支出现象

在经费充足、拨付及时、支出正当的前提下，公用经费的使用效率决定其产出效益的高低。若公用经费支出未被最大限度地利用，导致低产出效益，即未对学校运转和教育质量提升带来促进作用，那么这样的公用经费使用是低效的。通过实地调查发现，存在着政府采购的质量难以得到保证、资源教室的利用效率不高、固定资产的处置不合理、教师培训的效果不理想等问题，这些客观上都使得公用经费的使用低效，造成了一定的公用经费浪费。

其一，政府采购质量难以得到保证。经实地调查发现，学校要购买超过一定限额的办公用品、仪器设备以及一些大宗物品，按照要求需由政府统一采购，统一采购是一个拿公家钱办公家事的低效事件，往往容易出现一些隐患。在这种政府统一采购的模式下，在公开招标下价低者会竞标成功，但采购物品的质量难以得到保证，会出现采购商品质量不佳的问题，商品使用周期短，短时间内又需要重新采购。如统一采购的足球质量很差，踢几次就坏了，还需要重新采购，造成公用经费的浪费。同时，一些具有特定需求的采购（如图书购买等），在政府统一采购的模式下实际购买与现实需求存在出入，经费虽已使用但特定需求未被满足，这直接造成了公用经费的浪费，降低了公用经费使用效益。

其二，资源教室使用频率低。2015年国务院发布的《关于进一步完善城乡义务教育经费保障机制的通知》提出特殊教育学校和随班就读残疾学生按每生每年6000元标准补助公用经费。2016年教育部颁布的《学校特殊教育资源教室建设指南》提出学校招收5人以上残疾学生应设资源教室。在国家层面，为了能够让特殊儿童接受良好的教育，按正常学生六倍的标准给随班就读残疾学生拨付公用经费，学校为满足特殊学生的教育需求，随班就读残疾生较多的学校建立了资源教室。但在实地调查中发现，这些资源教室的使用效率并不高，学生平时多在班级里学习与活动。资源教室的长期闲置使得公用经费的投入未能产生应有的效益，同时资源教室还需要定期维护维修，这增加了额外的成本，使得公用经费进一步被浪费。

其三，固定资产处置不合理。固定资产采购时一般会耗费较多公用经费，并且因其价值较高的特点，固定资产在报废与处理时要经过一些规范性流程。报废大宗固定资产须由相关部门实施、学校配合、经过第三部门评估，采取集体定价或招标处理的方法。然而，在实地调研中发现，固定资产的报废流程还需要一笔额外支出，在报废后向教育局申请的过程中，还会被扣除一部分管理费，而且只有在剩下的报废资金返回学校账户才可以进行使用。烦琐的流程与额外的支出使得学校一般会将固定资产闲置起来，固定资产无法得到合理处置，这也造成了公用经费的浪费。

其四，教师培训效果不理想。早在2006年，《农村中小学公用经费支出管理暂行办法》就规定，按照学校年度公用经费预算总额的5%安排教师培训费，公用经费中这5%成为教师培训经费最稳定的来源。A县将这5%中的2%直接划拨给教师进修学校，由教师进修学校通过集中安排该笔经费，对教师进行培训。该做法的本意是提高教师培训效果、提升教师队伍整体素质，但实际上教师培训成效问题成为一个广受诟病的顽疾。调研中校长与教师普遍反映培训的内容针对性不强，培训的形式尤其是网络培训不契合实际需求，导致培训流于形式，以及培训时间的安排与教学工作的冲突，这些都导致培训效果差。在该部分培训公用经费的集中安排下，教师培训效果不佳，公用经费用于培训的部分被浪费、使用效益大打折扣。

3. 质量指向的支出项目受重视度较低，学校对发展重点把握不足

在不同的教育发展阶段，受不同的教育目标引导，公用经费使用的侧重点有所不同。在完成全面改善贫困地区义务教育薄弱学校基本办学条件后，农村学校逐渐从硬件指向的发展转向软件指向的发展，公用经费从保证学校基本运转向提高学校高质量运转转变。在质量指向项目的规定方面，仅2006年《农村中小学公用经费支出管理暂行办法》规定按照学校年度公用经费预算总额的5%安排教师培训费，这对于引导中小学合理使用教师培训经费具有一定的指导意义。而在学校公用经费的使用实践中，本书调研组2018年在18个省（自治区）35个县（区）的调查中发现，农村学校在公用经费使用中教师培训经费的占比普遍不足5%。此外，除了教师培训费以外，该暂行办法并没有对其他重要科目支出的要求和标准做出明确说明，缺少指向提高教育教学质量的指标。公用经费的政策规定对于教学质量指向的项目规定不足，加之在公用经费操作性概念下存在着较大的使用空间，在学校规划不当或执行力不强的情况下，就会导致公用经费往往被用于"救急"而非用于"重点项目"。

对目前教育实践中的公用经费使用情况进行实地考察，可以发现，农村学校公用经费的支出水平仍仅限于低质量运转，用于发展项目上的占比低，在保运转的底线上努力维持，学校办学活力提升与有质量的发展被忽视。通过分析学校具体的公用经费支出结构可以发现，学校公用经费用于维持日常办公和维修护理的比例较大，办公费、维修费和办公设备购置费的支出占公用经费总支出的平均比例超过了62%。虽然除了培训经费外，公用经费政策对各项目支出没有规定具体的比例要求，但在公用经费总量

固定的前提下，用于维持层面的经费多了，能够用于发展层面的经费就必然会减少。

　　教师培训是教师质量提升的重要一环，公用经费政策中也将其单独列支并明确规定不低于5%的比例对教师培训经费进行保障，教师培训经费包括教师按照学校年度培训计划参加培训所需的差旅费、伙食费、资料费和住宿费等开支。A县将教师培训费按照年度公用经费预算总额的2%由教师进修学校集中安排使用，用于校长及教师的常规培训、聘请专家集中辅导和集中组织的各种培训活动、组织教师参加省市专项学习、教研员组织教师开展课题立项研究等。与城市学校相比，农村教师参加市培、省培、国培等异地培训，需要耗费更大的成本，包括因距离远而产生的更高的交通成本、住宿成本等。在公用经费总量一定的情况下，按照城乡一致的比例列支教师培训经费，受不同培训成本的影响，农村学校参加异地培训的教师人数和次数会低于城市学校。目前在农村义务教育教师素质亟须提升的现状下，要想满足日益增长的教师培训需求，公用经费预算总额5%的培训经费比例受农村教师培训成本高的影响，难以满足农村义务教育教师培训的实际需求。

　　国家层面的政策往往是基于统筹全局的顶层设计，具有基本导向性，同时考虑到地方差异会给予地方一定的操作空间。在公用经费支出范围上，国家政策规定未详细到具体条目，这种概念性定义缺乏可操作性，基层学校的自主权限较大。在这种情况下，学校管理层对于学校的发展方向决定着公用经费的支出重点。虽然优先保障与教育教学直接相关的支出是公用经费使用的普遍共识，然而在实践操作中，不同人对于教育的理解不同，对公用经费使用的重点也会不同。以学生活动经费支出为例，A县学校普遍将学生活动经费作为发展性支出，学生活动经费的空间较大，随着可支配公用经费总量变动而进行增减，当可支配总量充足时，学生活动支出较多；当可支配总量不充足时，学生活动支出就会减少甚至为零。按照目前的公用经费水平，农村义务教育学校的公用经费支出能够维持学校运转，但难以高效地提升学校的教育质量，公用经费的使用效益还需要进一步提高。

第四章

农村学校基本建设经费投入水平与效益

本章导读

国家历来重视农村学校基本建设，随着经济发展水平的不断提升，中国农村学校基本建设政策得到调整，中国农村学校基本建设政策经历了学校数量扩张时期、学校达标建设时期、学校标准化建设时期，目前进入学校优质化建设时期。在国家大力推进义务教育优质均衡发展的背景下，本章从充分性、合理性和高效性出发考察农村教育经费效益问题，主要从基本建设经费总量上考察农村学校基本建设经费投入的充分性；从学段、城乡、区域之维分析农村学校的基本建设水平差异，研究农村学校生均基本建设经费支出结构的合理性。与事业经费不同，农村学校基本建设关涉师生的安全，从使用高效性来看，首先关注基本建设的安全性，然后关注基本建设的底线用房达标情况和提升性用房配备情况。

一 中华人民共和国成立以来农村学校基本建设经费投入政策的历史回顾

良好的学校基本建设状况是教育活动开展的前提，是办好农村教育的基础。[①] 中华人民共和国成立 70 多年以来，中国农村学校基本建设经费投

---

① Hong Kai, Ron Zimmer, "Does Investing in School Capital Infrastructure Improve Student Achievement?," *Economics of Education Review*, Vol. 53, August 2016.

入相关政策历经从无到有再到系统性完善的阶段；基本建设经费投入体量规模历经从小到大的变化；投入标准历经从低到高的过程；生均占有量历经从少到多的发展，这为中国农村学校基本建设实现量与质的发展提供了保障，也为农村学校教育教学活动顺利开展奠定了物质基础。回溯中华人民共和国成立70多年以来中国农村学校基本建设经费投入相关政策，辩证、理性地总结历史经验，立足当下，前瞻未来，才能更好地建立起适合中国农村各地区教情、社情的学校基本建设标准，从而更好地助力农村义务教育事业发展。

（一）学校数量扩张时期（1949—1979）

自中华人民共和国成立到改革开放初期，中国农村学校基本建设是低水平的。这一时期，按照《中国人民政治协商会议共同纲领》落实"中华人民共和国的文化教育为新民主主义的，即民族的、科学的、大众的文化教育"的政策。[①] 在奉行"教育为工农服务，为生产建设服务"方针的同时，由于中国经济发展水平有限，农村学校基本建设面临着经费政策滞后、学校基本建设简陋等问题。基于这样的现实情况，国家对农村学校的基本建设投入具有以下三个方面的表现。

一是从学校数量上进行改造、新建与扩建，并鼓励多种力量、多种形式办学，保障受教育的权利与机会。一方面，国家对已有学校进行了改造与改建。在中华人民共和国成立初期，为了收回教育主权，根据《中国人民政治协商会议共同纲领》（1949）[②]、《关于处理接受美国津贴的文化教育救济机关及宗教团体的方针的决定》（1950）[③]《关于接办私立中小学的指示》（1952）[④] 等文件要求，遵循建设"新民主主义教育"的教育改革方针，对各种旧教育进行接管与改造，以保障受教育的权利。另一方面，国家将办学权力下放，并鼓励多种力量办学。《十二年国民教育

---

① 《中国人民政治协商会议共同纲领》，1949年9月29日。

② 《中国人民政治协商会议共同纲领》，1949年9月29日。

③ 政务院：《关于处理接受美国津贴的文化教育救济机关及宗教团体的方针的决定》，1950年12月29日。

④ 教育部：《关于接办私立中小学的指示》，1952年9月1日。

事业规划纲要（草稿）》（1956）①，《关于教育事业管理权力下放问题的规定》（1958）②，中共中央、国务院《关于教育工作的指示》（1958）③ 等文件均强调，为了在农村地区尽快扫除文盲、普及小学教育，将办教育的权力下放，农村办学实行公办与民办并举，鼓励农村采取多种办学形式，兴办业余中小学以及简单学校。在"文化大革命"期间，农村学校大量被下放，要求小学不出村，初中不出队，高中不出社，鼓励采取多种形式办学，保障能上学者的需求。

二是国家在空间上实行城乡有别的基本建设经费投入政策。为了尽快普及小学，在扫除文盲的同时能够多出人才、快出人才，受制于经济发展水平，中国对城镇学校实行了重点校政策。如《关于有重点地办好一些中学和师范学校的意见》（1952）④、《关于有重点地办好一批全日制中、小学校的通知》（1962）⑤、《关于办好一批重点中小学的试行方案的通知》（1978）⑥，以及在其他非专门性文件中也多次强调加强重点学校建设。⑦ 这些政策映射出国家在基本建设经费投入等办学条件上的城乡非均衡性倾向，外加农村和城市办学投入主体来源不同，形成了城市办学靠国家，农村办学靠集体和群众的局面，在城乡学校基本建设方面差距显著。

三是在农村学校基本建设经费聚焦上，主要关注学校成功开设与保底运行，缺乏相应的农村办学指导标准。1962 年，教育部、财政部共同颁发了《关于进一步加强教育经费管理的补充意见》，规定为了保障农村公办学校的运转，要求各地在农业税地方附加中划出一定的数额，作为农村公办小学的重点修缮和民办教育事业（包括农业中学）的补助之用，以改善办学条件。⑧ 国家在《关于讨论试行全日制中小学工作条例草案和对当前

---

① 教育部：《十二年国民教育事业规划纲要（草稿）》，1956 年 1 月 11 日。

② 中共中央、国务院：《关于教育事业管理权力下放问题的规定》，1958 年 8 月 4 日。

③ 中共中央、国务院：《关于教育工作的指示》，1958 年 9 月 19 日。

④ 教育部：《关于有重点地办好一些中学和师范学校的意见》；转引自王善迈《"重点校"政策影响了教育的公平》，《中国教育报》2007 年 3 月 8 日第 9 版。

⑤ 教育部：《关于有重点地办好一批全日制中、小学校的通知》，1962 年 12 月 21 日。

⑥ 教育部：《关于办好一批重点中小学的试行方案的通知》，1978 年 1 月 11 日。

⑦ 范涌峰、宋乃庆：《从重点化到特色化：改革开放 40 年义务教育的战略走向——公平与效率的视角》，《中国教育学刊》2018 年第 11 期。

⑧ 教育部、财政部：《关于进一步加强教育经费管理的补充意见》，1962 年 1 月 12 日。

中小学教育工作几个问题的指示》（1963）① 和《全国教育工作会议纪要》（1971）两份文件中均要求各地采取多种形式办学，将维持学校运行的基本事宜放在重要位置，优先保证学校能够成功开设。② 可见，农村学校基本建设简陋，办学方式众多，基本办学条件没有得到有效保障。

（二）学校达标建设时期（1980—1996）

党的十一届三中全会后中国进入对外实行开放、对内实行改革、以经济建设为主的新时期。这一时期办学的默认逻辑是"教育是生产力"，教育事业也迎来了发展的机遇期，国家对提高民族素质，多出人才，出好人才尤为重视，"普小"和"两基"等目标逐渐被提上日程。但面对穷国办大教育的现实——教育事业规模大、底子薄，不仅校舍紧缺、陈旧、简陋，因校舍倒塌而造成的师生伤亡恶性事故时有发生，而且不少农村中小学缺少必要的课桌凳、教材等，难以保障师生教学的正常秩序。这一时期，政策主要聚焦在"校校无危房、班班有教室、学生人人有课桌凳"（简称"一无两有"）等硬件方面，其中，前二者都是强调学校基本建设。该时期农村学校基本建设相关政策定位于达标建设，秉持效率优先，适当兼顾公平取向，这主要体现在三个方面。

一是农村学校基本建设经费投入相关政策制定与出台的默认逻辑是教育是生产力，教育的经济发展和社会服务功能备受重视。这一时期追求义务教育基本普及，追求政治性验收达标，学校办学必须满足基本的办学条件。1980 年 12 月，中共中央、国务院下发了《关于普及小学教育若干问题的决定》，强调基于中国国情，必须坚持"两条腿走路"的方针，希望用两三年或稍长一些时间，实现"一无两有"，并在 80 年代末基本普及小学教育。③ 随后，在《关于加强和改革农村学校教育若干问题的通知》（1983）④、《关于教育体制改革的决定》（1985）⑤、《中国教育改革和发展

---

① 中共中央：《关于讨论试行全日制中小学工作条例草案和对当前中小学教育工作几个问题的指示》，1963 年 3 月 23 日。

② 张乐天：《新中国成立以来农村教育政策的回顾与反思》，北京师范大学出版社 2016 年版，第 29—30 页。

③ 中共中央、国务院：《关于普及小学教育若干问题的决定》，1980 年 12 月 3 日。

④ 中共中央、国务院：《关于加强和改革农村学校教育若干问题的通知》，1983 年 5 月 6 日。

⑤ 中共中央：《关于教育体制改革的决定》，1985 年 5 月 27 日。

纲要》（1993）① 等多份政策文件中，反复强调为了适应经济体制改革和科技体制改革，培养大批人才，更好地建设社会主义现代化的需要，必须实现"一无两有"。国家教委《关于在九十年代基本普及九年义务教育和基本扫除青壮年文盲的实施意见》和《关于颁发〈普及义务教育评估验收暂行办法〉的通知（1994 修订）》两份文件都详细规定了基本完成"双基"的验收标准、阶段任务，催促农村办学条件改善与验收性达标。②

二是国家为了"多出人才，出好人才"，坚持效率优先，适当兼顾公平，继续实施有差异的城乡学校基本建设经费投入政策。一方面，城乡基本建设经费投入主体来源不同。这一时期，农村学校办学实行"乡村自给"投入体制，基本建设经费投入由乡镇负责，鼓励多渠道筹集。1985 年5 月，中共中央颁发了《关于教育体制改革的决定》，明确提出把发展基础教育的责任交给地方，并规定乡镇财政收入应主要用于教育，地方可以征收教育附加费，首先作为改善基础教育教学设施使用。③《关于进一步加强中小学危房修缮和改造的通知》（1986）④、《关于〈中华人民共和国义务教育法实施细则〉的批复》（1992）⑤ 等文件，均强调乡（镇）、村两级负责本地中小学办学、修缮与修建等，国家给予少量补助。另一方面，城镇地区继续执行重点校政策。如《关于分期分批办好重点中学的决定》（1980）⑥、《关于当前中小学教育几个问题的通知》（1982）⑦、《关于进一步提高普通中学教育质量的几点意见》（1983）⑧ 和《关于教育体制改革的决定》（1985）⑨，以及各地出台的省级示范校、重点校认定办法。虽然这一时期国家在乡镇实施了"希望工程"与"国家贫困地区义务教育工

---

① 国务院：《中国教育改革和发展纲要》，1993 年 2 月 13 日。

② 国家教委：《关于在九十年代基本普及九年义务教育和基本扫除青壮年文盲的实施意见》，1994 年 9 月 1 日；《关于颁发〈普及义务教育评估验收暂行办法〉的通知（1994 修订）》，1994 年 9 月 24 日。

③ 中共中央：《关于教育体制改革的决定》，1985 年 5 月 27 日。

④ 中共中央办公厅、国务院办公厅：《关于进一步加强中小学危房修缮和改造的通知》，1986 年 6 月 18 日。

⑤ 国务院：《关于〈中华人民共和国义务教育法实施细则〉的批复》，1992 年 2 月 29 日。

⑥ 教育部：《关于分期分批办好重点中学的决定》，1980 年 10 月 14 日。

⑦ 教育部：《关于当前中小学教育几个问题的通知》，1982 年 1 月 21 日。

⑧ 教育部：《关于进一步提高普通中学教育质量的几点意见》，1983 年 8 月 10 日。

⑨ 中共中央：《关于教育体制改革的决定》，1985 年 5 月 27 日。

程"，但在义务教育阶段城乡学校基本建设经费投入上的差距仍然显著。

三是学校基本建设标准方面的政策开始产生，在内容方面主要以硬件为主，虽然全国统一标准，农村学校没有被单列出来，但给农村基本建设标准化建设进一步指明了方向。1982 年 4 月，教育部发布了《中等师范学校及城市一般中、小学校舍规划面积定额（试行）（摘要）》，这是中华人民共和国成立以来第一个用以指导学校基本建设规划的专门文件①，自此，中国中小学校舍建设才有纲可依。1986 年 12 月，国家计委批准了《关于发布中小学校建筑设计规范的通知》，对学校的选址和布局，学校各类用房面积指标、层数、净高和建筑构造，交通与疏散，室内环境，建筑设备都进行了明确规定。②

（三）学校标准化建设时期（1997—2011）

随着"双基"目标初步实现，素质教育全面深入推进的需要，党的十五大面向新世纪规划了教育发展蓝图，明确指出要落实科教兴国战略，全面普及义务教育，培养出数以亿计的高素质劳动者和数以千万计的专门人才，发挥出中国巨大的人力资源优势。但中国义务教育发展总体水平不高，发展不平衡问题凸显。随着社会主义市场经济深入发展，中国城镇化加速推进，受计划生育等政策的影响，农村学龄人口减少，农村地区小班微校成为普遍现象，办学难具规模效益。为了充分利用有限资源，在经济理性和规模效益的影响下，中国进行资源集中优化配置，以提升办学效益。这一时期，中国农村教育基本建设开始在学校标准化层面上进行探索，这主要体现在以下三个方面。

一是农村教育基本建设经费投入政策受"规模效益"的影响，基于"经济理性"驱动。农村学龄人口减少，小班微校难具规模效益，为了充分合理利用有限的资源，改善农村学校基本建设状况，提升农村整体教育质量，对农村学校进行了布局调整。1997 年 6 月，国家教委施行了《农村普通中小学建设标准（试行）》，自此，农村学校基本建设有了操作性指标

---

① 教育部：《中等师范学校及城市一般中、小学校舍规划面积定额（试行）（摘要）》，1982 年 4 月 16 日。

② 国家计委：《关于发布中小学校建筑设计规范的通知》，1986 年 12 月 25 日。

与验收评估标准。① 1998 年 8 月，教育部颁发了《关于认真做好"两基"验收后巩固提高工作的若干意见》，要求进一步提高农村中小学办学条件与办学效益，对中小学进行合理布局调整。② 随后出台的《关于基础教育改革与发展的决定》（2001）③、《关于进一步加强农村地区"两基"巩固提高工作的意见》（2004）④、《关于进一步推进义务教育均衡发展的若干意见》（2005）⑤ 均提出按照小学就近入学、初中相对集中、优化教育资源配置的原则，合理规划和调整学校布局，以便优化农村办学条件，提高教育质量。

二是农村基本建设经费投入相关政策内容从城乡有别逐步转向城乡统一。一方面，学校基本建设经费来源责任重心上移，从投入主体城乡分离到城乡统一。2002 年 4 月，国务院发布了《关于完善农村义务教育管理体制的通知》，将农村办学投入责任重心由乡镇上移到县级，农村教育国家办的局面开始形成。⑥ 2005 年 12 月，国务院发布了《关于深化农村义务教育经费保障机制改革的通知》，要求农村地区教育投入实行省级统筹，中央地方共担，建立分项目、按比例分担的新机制，即"多级共担的责任体制"⑦。新机制的实施为农村学校基本建设标准化推进，缩小城乡基本建设差距提供了相对稳定和充裕的财力。另一方面，政府从实际行动上提升农村学校基本建设水平，缩小城乡差距。2005 年 5 月，教育部颁布了《关于进一步推进义务教育均衡发展的若干意见》，进一步细化城乡义务教育办学条件均衡发展战略，要求采取积极措施，逐步缩小学校办学条件方面的差距。⑧ 2006 年 6 月，全国人大常委会新修订的《中华人民共和国义务教育法（2006 年修订）》明确要求，为了缩小学校之间办学条件差距，不得设重点学校和非重点学校，学校不得分设重点班和非重点班，这是国家推进城乡

---

① 国家教委：《农村普通中小学建设标准（试行）》，1997 年 6 月 1 日。
② 教育部：《关于认真做好"两基"验收后巩固提高工作的若干意见》，1998 年 8 月 3 日。
③ 国务院：《关于基础教育改革与发展的决定》，2001 年 5 月 29 日。
④ 教育部、财政部：《关于进一步加强农村地区"两基"巩固提高工作的意见》，2004 年 2 月 12 日。
⑤ 教育部：《关于进一步推进义务教育均衡发展的若干意见》，2005 年 5 月 25 日。
⑥ 国务院办公厅：《关于完善农村义务教育管理体制的通知》，2002 年 4 月 14 日。
⑦ 国务院：《关于深化农村义务教育经费保障机制改革的通知》，2005 年 12 月 24 日。
⑧ 教育部：《关于进一步推进义务教育均衡发展的若干意见》，2005 年 5 月 25 日。

义务教育办学条件均衡化的新举措。同时，继续实施系列工程改善农村学校基本建设状况，如"农村中小学危房改造工程""农村中小学现代远程教育工程""全国中小学校舍安全工程"，为城乡办学条件均衡发展奠定了基础。①

三是农村学校基本建设相关标准进一步细化与完善。1997年6月，国家教委发布《农村普通中小学校建设标准（试行）》，对农村初中、完小、初小的规模与生均建筑面积进行了修订，并将农村完全寄宿制学校纳入中小学建设标准中。② 在办学标准方面仍然关注校舍质量安全，中国连续出台了《关于进一步加强中西部农村初中校舍改造工程质量管理的通知》（2008）③、《关于印发全国中小学校舍安全工程实施方案的通知》（2009）④等文件，要求全国中小学实施校舍安全工程。

（四）学校优质化建设时期（2012年至今）

2011年底中国全面实现义务教育普及⑤，站在新的历史起点上，义务教育阶段学校办学迈向了新征程，对农村义务教育办学的公平与质量提出了新要求。2012年，中国财政性教育经费投入进入"后4%时代"，"多级共担"的农村义务教育经费投入体制，为农村办学条件的改善提供了相对稳定与充足的经费来源。2012年9月，国务院办公厅下发《关于规范农村义务教育学校布局调整的意见》，农村地区学校布局调整步入"后撤并时代"⑥。在这一背景下，关于改善农村义务教育办学条件，相关政策价值理念导向从"巩固"转向了"均衡"，基本建设经费投入更加精准地支持农村学校特别是农村薄弱学校，倡导学校优质均衡建设，这主要体现在以下三个方面。

一是这一时期农村学校基本建设经费投入受到义务教育均衡发展甚至是优质均衡发展的目标影响，表现出对均衡、优质发展的要求。2012年1

---

① 全国人大常委会：《中华人民共和国义务教育法（2006年修订）》，2006年6月29日。
② 国家教委：《农村普通中小学建设标准（试行）》，1997年6月1日。
③ 教育部办公厅、国家发展改革委办公厅：《关于进一步加强中西部农村初中校舍改造工程质量管理的通知》，2008年5月30日。
④ 国务院办公厅：《关于印发全国中小学校舍安全工程实施方案的通知》，2009年4月8日。
⑤ 廖其发：《新中国70年义务教育的发展历程与成就——兼及普及教育》，《西南大学学报》（社会科学版）2019年第5期。
⑥ 国务院办公厅：《关于规范农村义务教育学校布局调整的意见》，2012年9月6日。

月,《关于印发〈县域义务教育均衡发展督导评估暂行办法〉的通知》提出对义务教育校际均衡状况的评估要求。① 为了实现城乡义务教育办学条件均衡,中国先后出台了系列政策,如《关于推进中小学教育质量综合评价改革的意见》(2013)②、《关于印发〈中国教育监测与评价统计指标体系〉的通知》(2015)③、《关于印发〈县域义务教育优质均衡发展督导评估办法〉的通知》(2017)④,这些政策以均衡评估方式,推进城乡义务教育办学条件均衡达标建设。2019 年 2 月,国务院颁发了《中国教育现代化 2035》,要求提升县域内义务教育均衡化水平,建立办学条件标准动态调整机制,实现基本公共教育服务均等化⑤,保障农村每一位学生都能在家门口享受到优质的教育。

二是农村学校基本建设经费投入相关政策在内容标准方面逐渐走向城乡统一,并实施向农倾斜政策,对农村学校办学的现实需求、特征进行尊重与关照。2010 年 12 月,住建部制定、出台了《关于发布国家标准〈中小学校设计规范〉的公告》,表明了城乡学校建设标准逐步走向一体化。⑥ 2016 年 7 月,国务院颁发了《关于统筹推进县域内城乡义务教育一体化改革发展的若干意见》,要求县域内学校建设、教师编制、生均公用经费、基本装备配置等实行统一标准,并适当对农村小规模学校给予倾斜。⑦ 2018 年 4 月,国务院办公厅进一步颁发《关于全面加强乡村小规模学校和乡镇寄宿制学校建设的指导意见》,提出要补齐薄弱学校办学条件上的短板,系统性地改善办学条件,切实解决两类学校发展滞后问题,努力办好公平优质的农村义务教育。⑧ 国家开始关注农村教育中的

---

① 教育部:《关于印发〈县域义务教育均衡发展督导评估暂行办法〉的通知》,2012 年 1 月 20 日。

② 教育部:《关于推进中小学教育质量综合评价改革的意见》,2013 年 6 月 3 日。

③ 教育部:《关于印发〈中国教育监测与评价统计指标体系〉的通知(2015 年修订)》,2015 年 8 月 10 日。

④ 教育部:《关于印发〈县域义务教育优质均衡发展督导评估办法〉的通知》,2017 年 4 月 19 日。

⑤ 中共中央、国务院:《中国教育现代化 2035》,2019 年 2 月 23 日。

⑥ 住建部:《关于发布国家标准〈中小学校设计规范〉的公告》,2010 年 12 月 24 日。

⑦ 国务院:《关于统筹推进县域内城乡义务教育一体化改革发展的若干意见》,2016 年 7 月 2 日。

⑧ 国务院办公厅:《关于全面加强乡村小规模学校和乡镇寄宿制学校建设的指导意见》,2018 年 4 月 25 日。

短板问题，通过解决农村学校基本建设上的短板以妥善处理学生就近上学与接受良好义务教育的关系。

三是农村学校基本建设在硬件环境完善的基础上，提出了对学校教育信息化建设的标准要求。一方面，伴随着国家对贫困地区义务教育薄弱学校基本办学条件的重视，国家陆续出台了一系列政策意见，具体包括《关于全面改善贫困地区义务教育薄弱学校基本办学条件的意见》（2013）①、《关于制定全面改善贫困地区义务教育薄弱学校基本办学条件实施方案的通知》（2014）②、《关于印发全面改善贫困地区义务教育薄弱学校基本办学条件底线要求的通知》（2014）③、《关于切实做好义务教育薄弱环节改善与能力提升工作的意见》（2019）④、《关于编制义务教育薄弱环节改善与能力提升工作项目规划（2019—2020 年）的通知》（2019）⑤，以及《关于深入推进义务教育薄弱环节改善与能力提升工作的意见》（2021）⑥、《关于编制义务教育薄弱环节改善与能力提升项目规划（2021—2025 年）的通知》（2021）⑦。另一方面，农村学校教育信息化建设提上日程。2012年 6 月，教育部印发《国家教育事业发展第十二个五年规划》，提到要在建设和应用中小学校舍安全工程信息化管理系统的基础上，建立教育基本建设信息化管理系统，提高农村中小学多媒体远程教学水平，为农村中小学 75% 的班级配备多媒体远程教学设备，中西部农村地区有计算机教室的中小学达到 50% 以上，积极推进数字化校园建设。⑧ 2016 年 6 月，教育部

---

① 教育部、国家发展改革委、财政部：《关于全面改善贫困地区义务教育薄弱学校基本办学条件的意见》，2013 年 12 月 31 日。

② 教育部办公厅、国家发展改革委办公厅、财政部办公厅：《关于制定全面改善贫困地区义务教育薄弱学校基本办学条件实施方案的通知》，2014 年 4 月 23 日。

③ 教育部办公厅、国家发展改革委办公厅、财政部办公厅：《关于印发全面改善贫困地区义务教育薄弱学校基本办学条件底线要求的通知》，2014 年 7 月 18 日。

④ 教育部、国家发展改革委、财政部：《关于切实做好义务教育薄弱环节改善与能力提升工作的意见》，2019 年 7 月 8 日。

⑤ 教育部办公厅、国家发展改革委办公厅、财政部办公厅：《关于编制义务教育薄弱环节改善与能力提升工作项目规划（2019—2020 年）的通知》，2019 年 8 月 13 日。

⑥ 教育部、国家发展改革委、财政部：《关于深入推进义务教育薄弱环节改善与能力提升工作的意见》，2021 年 6 月 23 日。

⑦ 教育部办公厅、国家发展改革委办公厅、财政部办公厅：《关于编制义务教育薄弱环节改善与能力提升项目规划（2021—2025 年）的通知》，2021 年 9 月 13 日。

⑧ 教育部：《国家教育事业发展第十二个五年规划》，2012 年 6 月 14 日。

印发《教育信息化"十三五"规划》，提出要将教育信息化作为学校基本办学条件，纳入学校建设基本标准和区域、学校评价指标体系，其中，在提升各类学校和教学点出口带宽方面，城镇学校班出口带宽均不低于10M，有条件的农村学校班出口带宽均不低于5M，有条件的教学点接入带宽达4M以上；推进"无线校园"建设，东部和具备条件的城镇各类学校应实现无线网络全覆盖。[①] 2018年4月，教育部《关于印发〈教育信息化2.0行动计划〉的通知》，提出将网络教学环境纳入学校办学条件建设标准，将数字教育资源列入中小学教材配备要求范围。[②] 农村学校基本建设不断现代化，促进了教育优质均衡发展。

纵观农村学校基本建设经费投入政策发展的四个历史时期，农村学校基本建设改善呈现出以下特点：一是从外延式到内涵式转变，国家在经济条件限制下，对基本建设的关注经历了从没有标准到标准化，从机会保障、校舍安全再逐步到标准化、信息化。二是从效率到公平，再到有质量的公平转变。从重点校政策，城乡有别的办学与建设标准，再到城乡统一的标准，最后在公平与质量理念的引导下，构建体现具有积极差异的学校基本建设标准，注重农村小规模学校和寄宿制学校实际需求。三是从工具理性向价值理性转变，办学条件人本化凸显，学校基本建设任务指向教学质量的提升与学生的全面发展。一方面，紧随时代的步伐，注重发展信息化教育，借助互联网教育资源和信息化设备，引进优质教育资源，更新教育教学方式。另一方面，学校在设计理念和运行上更加注重优质化与现代化，注重教育的优质均衡发展。

二　充分性：农村学校基本建设经费支出水平

总体而言，21世纪以来农村学校基本建设经费支出水平与全国基本建设经费支出水平密切相关，呈现出波动增长的发展趋势，特别是2007年之后，农村学校基本建设经费支出水平大幅提高。在农村学校基本建设经费

---

① 教育部：《教育信息化"十三五"规划》，2016年6月7日。
② 教育部：《关于印发〈教育信息化2.0行动计划〉的通知》，2018年4月13日。

支出总量有所增长的背景下，农村学校基本建设经费支出占全国基本建设经费支出的比例不断提升，农村学校基本建设经费的充分性得到体现与保证。

（一）农村学校基本建设经费支出总量水平

1. 农村小学基本建设经费支出水平

根据 2001—2020 年（不包括 2014 年和 2015 年）全国和农村小学基本建设经费支出数据，可以发现农村小学基本建设经费支出呈波动增长的变化趋势（见图 4-1）。从全国来看，2001 年全国小学基本建设经费支出为161262.1 万元，2002 年增长至 248480.7 万元，增幅为 54.08%。2003 年基本建设经费支出略有下降，与前一年相比降幅为 4.08%，降至 238338.2万元。从 2003 年至 2006 年，基本建设经费支出逐年增长，达到 391066.3万元，与 2003 年相比增长了 64.08%。2007 年基本建设经费支出为245200.6 万元，再次出现下降，与 2006 年相比下降了 37.3%，但仍高于2001 年全国小学基本建设经费支出的最低水平。随后基本建设经费支出逐年增长，2012 年达到 1393081.1 万元，与 2007 年相比增幅高达 468.14%。2013 年基本建设经费支出 1113655.2 万元，与 2012 年相比有所下降，降幅为 20.06%。2016—2020 年，全国小学基本建设经费支出稳步增长。2016 年全国小学基本建设经费支出为 1160995.8 万元，与 2013 年相比增长了 4.25%。2020 年全国小学基本建设经费支出达到 1791958.5 万元，是2001 年的 11.11 倍，是 21 世纪以来全国小学基本建设经费支出的最高水平。总体来看，21 世纪以来全国小学基本建设经费支出不断提升，特别是2007 年后增长迅速，全国小学基本建设经费支出整体上呈现出波动增长的发展趋势。

从农村来看，农村小学基本建设经费支出与全国小学基本建设经费支出的发展趋势基本相同（见图 4-1）。2001 年农村小学基本建设经费支出为 67416.6 万元，2002 年增长至 131107.4 万元，增幅达到 94.47%。2003年下降至 110813.9 万元，降幅为 15.48%。在之后两年里，农村小学基本建设经费支出连续增长，2005 年增长至 198304.2 万元，与 2003 年相比增长了 78.95%。2006—2007 年，农村小学基本建设经费支出出现连续下降，到 2007 年已降至 115648 万元，与 2005 年相比下降了 41.68%。随后农村

小学基本建设经费支出逐年增长，2012 年增长至 865753.6 万元，与 2007
年相比增长了 648.61%，远超同期全国小学基本建设经费支出的增长幅
度。2013—2016 年（不包括 2014 年和 2015 年），农村小学基本建设经费
支出下降，2016 年下降至 633320 万元，降幅为 26.85%。2017 年农村小
学基本建设经费支出增长至 687110.5 万元。至 2020 年，农村小学基本建
设经费支出出现连续下降趋势，到 2020 年已降至 561257.1 万元，与 2017
年相比下降了 18.31%。总体来看，与全国相同，农村小学基本建设经费
支出呈现出波动增长的发展趋势，2020 年农村小学基本建设经费支出是
2001 年的 8.33 倍，略低于同期全国小学基本建设经费支出。2007 年后，
农村小学基本建设经费支出增长迅速，2012 年达到 21 世纪以来农村小学
基本建设经费支出的最高水平，并在此后年份呈现出降低趋势。这表明农
村小学基本建设经费支出呈现出波动式增长趋势，但仍需得到重视，国家
需要进一步保证农村小学基本建设经费的充分性。

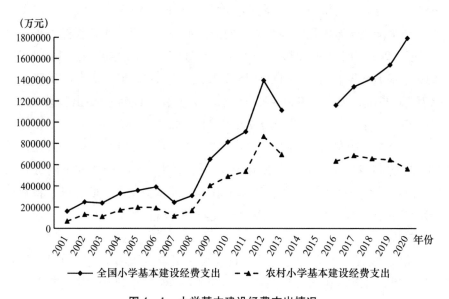

图 4 - 1　小学基本建设经费支出情况

资料来源：《中国教育经费统计年鉴》（2002—2021 年）。

通过计算农村小学基本建设经费支出占全国小学基本建设经费支出的
比例，可以进一步考察农村小学基本建设经费支出水平在全国小学基本建

设经费支出水平中的相对位置（见表4－1）。2001年、2003年、2006年、2007年、2018年、2019年、2020年农村小学基本建设经费支出占比分别为41.81%、46.49%、49.21%、47.16%、46.62%、42.02%、31.32%，除此之外，在其余有相关统计数据的年份，农村小学基本建设经费支出的占比均大于50%。其中，2020年农村小学基本建设经费支出的占比最小，为31.32%；2013年农村小学基本建设经费支出的占比达到62.43%，是21世纪以来农村小学基本建设经费支出的最大占比。可以看出，21世纪以来，大部分年份农村小学的基本建设经费支出占全国小学基本建设经费支出的相对比例较为稳定，但近年来略有下降。这表明农村小学基本建设经费的相对充分性仍需得到进一步保障。

表4－1　　　　　　　　　小学基本建设经费支出及占比

年份	全国小学基本建设经费支出（万元）	农村小学基本建设经费支出（万元）	占比（%）
2001	161262.1	67416.6	41.81
2002	248480.7	131107.4	52.76
2003	238338.2	110813.9	46.49
2004	328762.2	172355.9	52.43
2005	357340.4	198304.2	55.49
2006	391066.3	192447.7	49.21
2007	245200.6	115648.0	47.16
2008	308407.2	167800.5	54.41
2009	651442.0	403710.3	61.97
2010	812858.0	490509.8	60.34
2011	910455.7	537174.4	59.00
2012	1393081.1	865753.6	62.15
2013	1113655.2	695260.1	62.43
2014	—	—	—
2015	—	—	—
2016	1160995.8	633320.0	54.55
2017	1334543.1	687110.5	51.49
2018	1411534.5	658013.4	46.62

续表

年份	全国小学基本建设 经费支出（万元）	农村小学基本建设 经费支出（万元）	占比（%）
2019	1539198.8	646725.4	42.02
2020	1791958.5	561257.1	31.32

　　资料来源：《中国教育经费统计年鉴》（2002—2021年）。占比数据由笔者计算所得。2015年和2016年《中国教育经费统计年鉴》未统计公共财政预算基本建设经费支出，因而缺失2014年和2015年的数据。

2. 农村初中基本建设经费支出水平

　　通过2001—2020年（不包括2014年和2015年）全国和农村初中基本建设经费支出数据，可以发现农村初中基本建设经费支出的变化趋势（见图4-2）。从全国来看，2001年全国初中基本建设经费支出为130477.4万元，随后逐年增长，到2005年增长至374993.1万元，与2001年相比增长了187.4%。在之后两年里，全国基本建设经费支出连续下降，2007年下降至282802.5万元，与2005年相比下降幅度为24.58%。之后全国初中基本建设经费支出出现大幅上涨，2009年达到1049881.1万元，与2007年相比增长了271.24%。在连续两年全国初中基本建设经费支出略有下降之后，2011年达到953040.8万元，与2009年相比下降了9.22%。2012年全国初中基本建设经费支出为1590364万元，与2011年相比有所增长，增幅为66.87%。2012年后，全国初中基本建设经费支出不断下降（不包括2014年和2015年），2017年下降至840678.1万元，与2012年相比下降了47.14%。2017—2019年，全国初中基本建设经费支出连续两年迅速增长，2019年达到1342924.5万元，较2017年增幅达59.74%。2020年，全国初中基本建设经费支出略有下降，为1336827.7万元。总体来看，21世纪以来，全国初中基本建设经费支出不断提升，2020年全国初中基本建设经费支出是2001年的10.25倍，特别是2007年后增长迅速，在2012年达到21世纪以来全国初中基本建设经费支出的最高水平，整体上呈现出波动式增长。

　　21世纪以来，农村初中基本建设经费支出呈现出与全国初中大致相同的发展趋势。（见图4-2）2001年，农村初中基本建设经费支出为37926.6万元，2002年增长至75756.2万元，增幅为99.74%。2003年农村初中基本建设经费支出为 68839 万元,与前一年相比下降了 9.13%。之后农村初中基本建设经费支出逐年增长,到 2006 年增长至 165054.4 万元,与 2003 年相比增长了 139.77%。2007 年农村初中基本建设经费支出出现下降,为 118561.9 万元,降幅为 28.17%。至 2009 年,基本建设经费支出连续两年增长,2009 年增长至 667692.8 万元,与 2007 年相比增长幅度高达 463.16%。在连续两年农村初中基本建设经费支出略有下降之后,2011 年降至 503795.6 万元,与 2009 年相比下降了 24.55%。2012 年农村初中基本建设经费支出增长至 904616.5 万元,与前一年相比增幅为 79.56%。之后农村初中基本建设经费支出连续下降(不包括 2014 年和 2015 年),2017 年下降至 397448.5 万元,降幅为 56.06%。2018 年,农村初中基本建设经费支出略有增长,达到 398916.4 万元,2019 年再次降至 319443.5 万元,降幅达 19.92%,2020 年农村初中基本建设经费支出再次增至 394624.7 万元,增幅达 23.54%。总体来看,与全国相同,农村初中基本建设经费支出呈现出波动增长态势,2020 年农村初中基本建设经费支出是 2001 年的 10.4 倍,增长幅度超过同期全国初中基本建设经费支出,特别是 2007 年后增长迅速,2012 年达到 21 世纪以来农村初中基本建设经费支

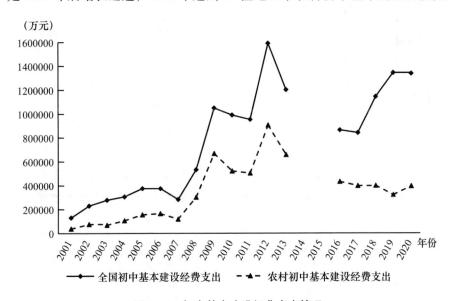

图 4 - 2　初中基本建设经费支出情况

资料来源:《中国教育经费统计年鉴》(2002—2021 年)。

出的最高水平，虽然农村初中基本建设经费支出水平呈现波动式增长趋势，但农村初中基本建设经费近年来略有回落，国家仍需进一步重视农村初中基本建设经费支出的充分性问题。

根据 21 世纪以来全国初中、农村初中基本建设经费支出及农村初中基本建设经费支出占比可以发现（见表 4-2），2001—2007 年，农村初中基本建设经费支出的占比呈现波动增长但始终没有超过 50%，2008—2016 年（不包括 2014 年和 2015 年），农村初中基本建设经费支出占比均高于50%，而 2017—2020 年，农村初中基本建设经费支出占比再次降至 50%以下。其中，2019 年农村初中基本建设经费支出的占比最小，为 23.79%；2009 年农村初中基本建设经费支出占比最高，达到 63.6%。总体来看，21世纪以来，农村初中基本建设经费支出呈现出波动式增长，占比呈提高趋势，但近年来相对占比有所降低，这表明农村初中基本建设经费支出水平的相对充分性仍需得到进一步的关注。

表 4-2　　　　　　　　　初中基本建设经费支出及占比

年份	全国初中基本建设 经费支出（万元）	农村初中基本建设 经费支出（万元）	占比（%）
2001	130477.4	37926.6	29.07
2002	229720.0	75756.2	32.98
2003	277653.0	68839.0	24.79
2004	305457.0	106244.7	34.78
2005	374993.1	155218.5	41.39
2006	374782.4	165054.4	44.04
2007	282802.5	118561.9	41.92
2008	532797.5	301409.9	56.57
2009	1049881.1	667692.8	63.60
2010	990956.1	521111.4	52.59
2011	953040.8	503795.6	52.86
2012	1590364.0	904616.5	56.88
2013	1201933.8	656705.5	54.64
2014	—	—	—

续表

年份	全国初中基本建设 经费支出（万元）	农村初中基本建设 经费支出（万元）	占比（%）
2015	—	—	—
2016	863271.0	432042.2	50.05
2017	840678.1	397448.5	47.28
2018	1144146.5	398916.4	34.87
2019	1342924.5	319443.5	23.79
2020	1336827.7	394624.7	29.52

　　资料来源：《中国教育经费统计年鉴》（2002—2021年）。占比数据由笔者计算所得。2015年和2016年《中国教育经费统计年鉴》未统计公共财政预算基本建设经费支出，因而缺失2014年和2015年数据。2002—2007年《中国教育经费统计年鉴》所统计的全国初中基本建设经费与各省初中基本建设经费实际加总之和相差较大，为避免其他不可知的情况造成误差，本节与《中国教育经费统计年鉴》中的统计数据保持一致，即2001—2006年全国初中基本建设经费采用的是2002—2007年《中国教育经费统计年鉴》中的相关数据。

（二）农村学校基本建设经费支出占农村一般公共预算教育经费支出的比例

　　1. 农村小学基本建设经费支出占农村小学一般公共预算教育经费支出的比例

　　从2001—2020年（不包括2014年和2015年）全国和农村小学基本建设经费支出占全国和农村小学一般公共预算教育经费支出的比例中，可以发现一些变化趋势（见图4-3）。从全国来看，2001年全国小学基本建设经费支出为161262.1万元，占全国小学一般公共预算教育经费支出的比例为2.01%，经历2002年、2003年的波动之后，2004年达到21世纪以来的峰值，占比为2.61%。之后基本建设经费支出占一般公共预算教育经费支出的比例开始下降，2007年达到21世纪以来的最低值，占比为1.08%。随后于2009年大幅提升，由2008年的1.11%陡然上升至1.96%，并伴随着波动增长，至2012年达到2.4%。之后，全国小学基本建设经费支出占全国小学一般公共预算教育经费支出的比例不断下降，至2016年降至1.32%。2016—2020年，全国小学基本建设经费支出占全国小学一般公共预算教育经费支出的比例呈现出平稳增长趋势，至2020年占比达1.55%

（见表4-3）。

表4-3　　　　　**小学基本建设经费支出占一般公共**
预算教育经费支出的比例

年份	全国小学一般公共预算教育经费支出（万元）	全国小学基本建设经费支出（万元）	全国小学占比（%）	农村小学一般公共预算教育经费支出总计（万元）	农村小学基本建设经费支出（万元）	农村小学占比（%）
2001	8038220.4	161262.1	2.01	5088813.4	67416.6	1.32
2002	9807924.7	248480.7	2.53	6336622.8	131107.4	2.07
2003	10799559.9	238338.2	2.21	6938716.2	110813.9	1.60
2004	12607649.4	328762.2	2.61	8307500.6	172355.9	2.07
2005	14336162.4	357340.4	2.49	9613859.5	198304.2	2.06
2006	17195211.3	391066.3	2.27	11456738.3	192447.7	1.68
2007	22760928.9	245200.6	1.08	15807240.7	115648.0	0.73
2008	27801229.6	308407.2	1.11	19130662.9	167800.5	0.88
2009	33275011.9	651442.0	1.96	22507686.5	403710.3	1.79
2010	38947961.4	812858.0	2.09	25986882.8	490509.8	1.89
2011	47458732.6	910455.7	1.92	31407236.5	537174.4	1.71
2012	58059831.8	1393081.1	2.40	38522776.2	865753.6	2.25
2013	63142165.2	1113655.2	1.76	41005314.4	695260.1	1.70
2014	67314835.9	—	—	46125709.1	—	—
2015	78709956.7	—	—	53626682.2	—	—
2016	88020821.7	1160995.8	1.32	58504726.6	633320.0	1.08
2017	95818996.9	1334543.1	1.39	61818589.9	687110.5	1.11
2018	101036496.1	1411534.1	1.40	63501147.9	658013.4	1.04
2019	109048456.0	1539198.8	1.41	66705773.1	646725.4	0.97
2020	115592964.6	1791948.5	1.55	68956576.9	561257.1	0.81

资料来源：《中国教育经费统计年鉴》（2002—2021年）。占比数据由笔者计算所得。由于2015年和2016年《中国教育经费统计年鉴》只统计了地方生均基本建设经费支出，并未统计财政预算内地方基本建设经费支出，因此无法计算出2014年和2015年农村小学基本建设经费支出占农村小学一般公共预算教育经费支出的比例。

　　从农村来看，21 世纪以来农村小学基本建设经费支出水平占农村小学一般公共预算教育经费支出比例的发展趋势与全国小学的趋势一致（见图4－3）。2001 年农村小学基本建设经费支出占农村小学一般公共预算教育经费支出比例为 1.32%，经历 2002 年、2003 年的波动之后，于 2004 年达到 21 世纪以来的次高峰，占比为 2.07%。之后基本建设经费支出占一般公共预算教育经费支出的比例开始下降，2007 年达到 21 世纪以来的最低值，为 0.73%。随后于 2009 年大幅提升，由 2008 年的 0.88% 陡然上升至 1.79%，并伴随着波动增长，至 2012 年达到峰值 2.25%。之后，农村小学基本建设经费支出占农村小学一般公共预算教育经费支出的比例不断下降，只在 2017 年出现轻微增长，占比达到 1.11%。近两年的比例甚至低于 1%（见表 4－3）。

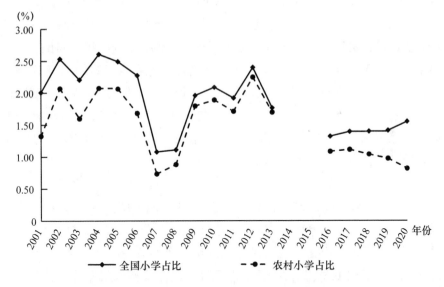

图 4－3　农村小学基本建设经费支出占农村

小学一般公共预算教育经费支出的比例

资料来源：根据《中国教育经费统计年鉴》（2002—2021 年）相关数据计算所得。

　　与全国相同，农村小学基本建设经费支出占农村小学一般公共预算教育经费支出的比例呈现出波动变化的状态，2001 年至 2007 年，全国小学基本建设经费支出占比与农村小学基本建设经费支出占比的差异较大，

2008—2013 年，全国小学基本建设经费支出占比与农村小学基本建设经费支出占比的差异较小，而自 2016 年开始，全国小学基本建设经费支出占比与农村小学基本建设经费支出占比的差异开始有轻微扩大的趋势。2020年，全国占比与农村占比的差异为 0.74%，说明近年来农村小学基本建设经费支出的充分性需要得到进一步关注。

2. 农村初中基本建设经费支出占农村初中一般公共预算教育经费支出的比例

从 2001—2020 年（不包括 2014 年和 2015 年）全国和农村初中基本建设经费支出占全国和农村初中一般公共预算教育经费支出的比例中，可以发现一些变化趋势（见图 4-4）。从全国来看，2001 年全国初中基本建设经费支出为 130477.4 万元，占全国初中一般公共预算教育经费支出的比例为 2.67%，之后两年连续上升，在 2003 年达到 4.13%，2004 年、2005 年有所波动，随后全国初中基本建设经费支出占全国初中一般公共预算教育经费支出的比例迅速下降，2007 年为 1.9%。随后至 2009 年大幅提升，陡然上升至 4.54%，为 21 世纪以来的最高占比。此后至 2011 年，该比例迅速下降，降至 2.96%，2012 年则上升为 4.13%。此后至 2017 年，全国初中基本建设经费支出占全国初中一般公共预算教育经费支出的比例持续下降，2017 年降至 1.46%，之后几年略有增长，到 2019 年为 2%，2020 年有轻微下降，占比为 1.87%（见表 4-4）。

从农村来看，21 世纪以来农村初中基本建设经费支出占农村初中一般公共预算教育经费支出比例的发展趋势与全国初中的趋势一致，甚至偶有反超（见图 4-4）。2001 年农村初中基本建设经费支出占农村初中一般公共预算教育经费支出比例为 1.58%，经历三年的波动之后，于 2005 年达到 3.01%，这时农村初中占比与全国初中占比还有较大的差距。随后农村初中基本建设经费支出占农村初中一般公共预算教育经费支出的比例开始下降，2007 年为 1.3%，与全国初中基本建设经费支出占全国初中一般公共预算教育经费支出的比例变化趋势相同。随后其占比大幅提升，于 2009年达到 21 世纪以来的最高占比，为 4.72%，同时这也是第一次超过全国初中基本建设经费占全国初中一般公共预算教育经费支出的比例，彼时全国比例为 4.54%，比农村比例低 0.18%。此后至 2011 年，农村初中基本建设经费支出占农村初中一般公共预算教育经费支出的比例不断下降，

2011年降至2.65%。2012年农村初中基本建设经费支出占农村初中一般公共预算教育经费支出的比例再次上升至4%，之后几年连续下降，2019年降至0.81%，为21世纪以来的最低占比。2020年该比值略有上升，为0.96%（见表4-4）。

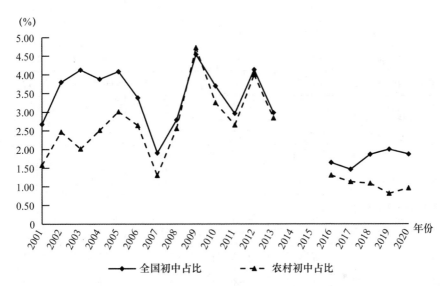

图4-4　农村初中基本建设经费支出占农村初中

一般公共预算教育经费支出的比例

资料来源：根据《中国教育经费统计年鉴》（2002—2021年）相关数据计算所得。

表4-4　　　　初中基本建设经费支出占一般公共预算

教育经费支出的比例

年份	全国初中一般公共预算教育经费支出（万元）	全国初中基本建设经费支出（万元）	全国初中占比（%）	农村初中一般公共预算教育经费支出（万元）	农村初中基本建设经费支出（万元）	农村初中占比（%）
2001	4884268.2	130477.4	2.67	2403378.5	37926.6	1.58
2002	6048315.3	229720.0	3.80	3073709.2	75756.2	2.46
2003	6729937.3	277653.0	4.13	3420726.7	68839.0	2.01
2004	7872043.4	305457.0	3.88	4233060.2	106244.7	2.51
2005	9183637.5	374993.1	4.08	5160838.6	155218.5	3.01

续表

年份	全国初中一般公共预算教育经费支出（万元）	全国初中基本建设经费支出（万元）	全国初中占比（%）	农村初中一般公共预算教育经费支出（万元）	农村初中基本建设经费支出（万元）	农村初中占比（%）
2006	11082190.3	374782.4	3.38	6257223.1	165054.4	2.64
2007	14855749.5	282802.5	1.90	9097937.7	118561.9	1.30
2008	19124103.1	532797.5	2.79	11786213.7	301409.9	2.56
2009	23123289.9	1049881.1	4.54	14139822.2	667692.8	4.72
2010	26794032.6	990956.1	3.70	16027499.4	521111.4	3.25
2011	32215540.8	953040.8	2.96	19015729.1	503795.6	2.65
2012	38490971.4	1590364.0	4.13	22629590.2	904616.5	4.00
2013	40335269.7	1201933.8	2.98	23152406.8	656705.5	2.84
2014	41217287.5	—	—	26731491.2	—	—
2015	47265829.9	—	—	30477717.2	—	—
2016	52476128.2	863271.0	1.65	33042392.9	432042.2	1.31
2017	57440344.0	840678.1	1.46	35236897.2	397448.5	1.13
2018	61402812.5	1144146.5	1.86	36805890.7	398916.4	1.08
2019	67167668.9	1342924.5	2.00	39206516.0	319443.5	0.81
2020	71505409.6	1336827.7	1.87	41143807.0	394624.7	0.96

资料来源：《中国教育经费统计年鉴》（2002—2021年）。占比数据由笔者计算所得。与小学占比分析一致，无法计算出2014年和2015年农村初中基本建设经费支出占农村初中一般公共预算教育经费支出的比例。

与全国相同，农村初中基本建设经费支出占农村初中一般公共预算教育经费支出的比例变化呈现出先波动后平稳的状态，2001年至2007年，全国初中基本建设经费支出占比与农村初中基本建设经费支出占比的差异较大，2008年至2013年的差异较小，尤其是2009年农村占比为4.72%，高于全国占比的4.54%。2016—2020年的占比变化较为平稳，两者占比差异略有扩大趋势，说明近年来农村基本建设经费支出相对平稳，但经费的充分性问题仍值得重视。

（三）农村学校生均基本建设经费支出水平

1. 农村小学生均基本建设经费支出水平

从 2001—2020 年全国和农村小学生均基本建设经费支出数据中，可以发现一些变化趋势（见图 4 - 5）。从全国来看，2001 年全国小学生均基本建设经费支出为 13.21 元，2002 年增长至 21.13 元，增幅为 59.95%。2003 年全国小学生均基本建设经费支出略有下降，为 21.02 元。之后全国小学生均基本建设经费支出持续提高，2006 年达到 38.01 元，与 2003 年相比增长了 80.83%。2007 年全国小学生均基本建设经费支出再次出现下降，下降至 24.07 元，相较前一年降幅为 36.67%。此后全国小学生均基本建设经费支出大幅提高，2012 年达到 151.36 元，与 2007 年相比增长幅度为 528.83%。之后至 2015 年，全国小学生均基本建设经费支出连续降低，2015 年下降至 89.97 元，与 2012 年相比下降了 40.56%。2015—2020年，全国小学生均基本建设经费支出大幅提高，2020 年达到 185.84 元。总体来看，2001 年全国小学生均基本建设经费支出最少，在经过波动上涨后，特别是在 2007—2012 年以及 2015—2020 年，全国小学生均基本建设经费支出大幅增加，并在 2020 年达到 21 世纪以来全国小学生均基本建设经费支出的最高水平。2020 年全国小学生均基本建设经费支出是 2001 年的 14.07 倍，表明 21 世纪以来全国小学生均基本建设经费支出水平不断提高，呈现出波动上涨的发展趋势。

从农村来看，21 世纪以来，农村小学生均基本建设经费支出的发展趋势与全国小学基本一致，但近年来与全国小学生均基本建设经费支出的差距略有扩大趋势（见图 4 - 5）。2001 年农村小学生均基本建设经费支出为 7.4 元，2002 年增长至 14.97 元，增幅为 102.3%。2003 年略有下降，之后至 2006 年，农村小学生均基本建设经费支出持续提高，达到 25.72 元，与 2003 年的 13.15 元相比增长了 95.59%。2007 年农村小学生均基本建设经费支出再次出现下降，下降至 15.37 元，与前一年相比降幅为 40.24%。之后，农村小学生均基本建设经费支出水平大幅提高，至 2012 年达到 138.7 元，与 2007 年相比增长了 802.41%，增幅远超同期全国小学生均基本建设经费支出增长水平。2012—2015 年，农村小学生均基本建设经费支出连续下降，2015 年下降至 75.85 元，与 2012 年相比下降了 45.31%。

2017 年农村小学生均基本建设经费支出为 110.56 元，与 2015 年相比有所提高，增幅为 45.76%。之后农村小学生均基本建设经费支出呈现出下降趋势，至 2020 年降至 92.44 元，与全国小学生均基本建设经费支出差距逐渐扩大。2020 年农村小学生均基本建设经费支出是 2001 年的 12.49 倍，增长幅度低于同期全国小学生均基本建设经费支出，2007 年后，农村小学生均基本建设经费支出增长迅速，2012 年达到 21 世纪以来农村小学生均基本建设经费支出的最高水平，但 2012 年之后呈现出迅速下降的趋势，农村基本建设经费的充分性尚未得以体现，仍需进一步缩小与全国小学生均基本建设经费支出之间的增长差距。

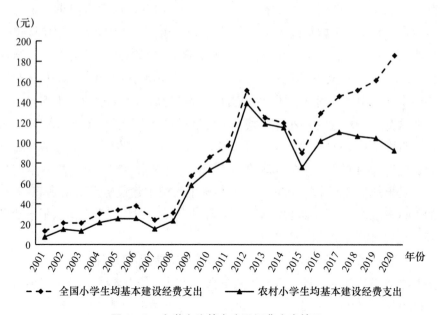

图 4-5　小学生均基本建设经费支出情况

资料来源：《中国教育经费统计年鉴》（2002—2021 年）。

2. 农村初中生均基本建设经费支出水平

从 2001—2020 年全国和农村初中生均基本建设经费支出数据中，可以发现一些发展趋势（见图 4-6）。从全国来看，2001 年全国初中生均基本建设经费支出为 22.41 元，至 2006 年一直保持着逐年上涨的发展趋势，2006 年全国初中生均基本建设经费支出为 66.37 元，增幅为 196.16%。在经历 2007 年的短暂下降后，全国初中生均基本建设经费支出快速增长，2009 年增长至 207. 32 元，与 2007 年的 52. 23 元相比增长了 296. 94%。到 2011 年，全国初中生均基本建设经费支出略微降低，2011 年下降至 200. 86 元，与 2009 年相比下降了 3. 12%。2012 年全国初中生均基本建设经费支出大幅提高，达到 354. 01 元，与前一年相比增长了 76. 25%。之后全国初中生均基本建设经费支出持续降低，2017 年下降至 220. 21 元，与 2012 年相比降幅为 37. 8%。在之后两年里，全国初中生均基本建设经费支出迅速增长，至 2019 年达到 329. 95 元，而 2020 年又稍有回落，降至 320. 86 元，降幅为 2. 75%。总体来看，2001 年全国初中生均基本建设经费支出最少，在经过波动上涨后，特别是在 2007 年后，全国初中生均基本建设经费支出大幅提高，在 2012 年达到 21 世纪以来全国初中生均基本建设经费支出的最高水平。总体来看，2020 年全国初中生均基本建设经费支出是 2001 年的 14. 32 倍，表明 21 世纪以来全国初中生均基本建设经费支出水平不断提高，整体上呈现出波动上涨的趋势。

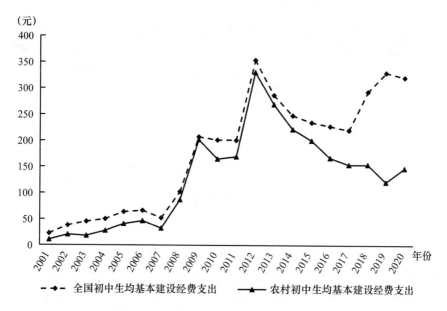

图 4 - 6　初中生均基本建设经费支出情况

资料来源：《中国教育经费统计年鉴》（2002—2021 年）。

从农村来看，21 世纪以来农村初中生均基本建设经费支出水平的发展趋势与全国初中大致相同（见图 4 - 6）。2001 年农村初中生均基本建设经费支出为 10.52 元，2002 年增长至 20.11 元，增幅为 91.16%。在 2003 年略有下降之后，农村初中生均基本建设经费支出持续提高，至 2006 年达到 46.52 元，与 2003 年的 17.9 元相比增长了 159.89%。2007 年农村初中生均基本建设经费支出再次出现下降，下降至 32.19 元，与前一年相比降幅为 30.8%。之后，农村初中生均基本建设经费支出水平大幅提高，2009 年达到 202.05 元，与 2007 年相比增长了 527.68%，增幅远超同期全国初中。2010 年农村初中生均基本建设经费支出下降至 164.93 元，与前一年相比下降了 18.37%。到 2012 年，农村初中生均基本建设经费支出大幅提高，达到 330.69 元，与 2010 年相比增长了 100.5%。之后农村初中生均基本建设经费支出持续降低，2019 年下降至 121.07 元，与 2012 年相比降幅为 63.39%。2020 年，农村初中生均基本建设经费支出略有增长，达到 147.3 元，与前一年相比增幅为 21.67%。与全国相同，农村初中生均基本建设经费支出呈现出波动增长的趋势。2020 年农村初中生均基本建设经费支出是 2001 年的 14 倍，增长幅度低于同期全国初中生均基本建设经费支出，虽然 2007 年后农村初中生均基本建设经费支出增长迅速，并于 2012 年达到 21 世纪以来农村初中生均基本建设经费支出的最高水平，但在 2012 年后，农村初中生均基本建设经费支出呈现出持续下降的趋势，基本建设经费的充分性仍值得关注。

三　合理性：农村学校生均基本建设经费支出结构

生均基本建设经费支出通过基本建设经费支出总量与学生总数之比获得，使学段间、城乡间、区域间基本建设经费的使用情况具有一定的可比性。通过分析农村生均基本建设经费的学段差异、城乡差异和区域差异，可以进一步探究农村学校生均基本建设经费支出的结构合理性，明晰农村学校生均基本建设经费的使用去向。

（一）生均基本建设经费支出的学段差异

通过比较小学和初中生均基本建设经费的比例关系，可以进一步明晰全国及农村学校生均基本建设经费的学段差异，探讨生均基本建设经费支出的学段结构及其合理性（见表4-5）。

表4-5　　　　　　学段间生均基本建设经费支出比例

年份	全国小学：全国初中	农村小学：农村初中
2001	0.59：1	0.70：1
2002	0.56：1	0.74：1
2003	0.46：1	0.73：1
2004	0.60：1	0.78：1
2005	0.53：1	0.62：1
2006	0.57：1	0.55：1
2007	0.46：1	0.48：1
2008	0.30：1	0.27：1
2009	0.32：1	0.29：1
2010	0.43：1	0.44：1
2011	0.49：1	0.49：1
2012	0.43：1	0.42：1
2013	0.43：1	0.44：1
2014	0.48：1	0.52：1
2015	0.38：1	0.38：1
2016	0.57：1	0.61：1
2017	0.66：1	0.72：1
2018	0.52：1	0.69：1
2019	0.49：1	0.86：1
2020	0.58：1	0.63：1

资料来源：根据《中国教育经费统计年鉴》（2002—2021年）相关数据计算所得。

从全国来看，2001—2007年，全国小学和初中生均基本建设经费支出比例范围在0.46∶1至0.60∶1，全国小学生均基本建设经费支出约占全国初中生均基本建设经费支出的一半；2008年全国小学和初中生均基本建设经费支出水平的差距拉大，比例为0.30∶1；之后，全国小学和初中生均基本建设经费支出水平的差距在波动中逐渐缩小，2020年全国小学和初中生均基本建设经费支出的比例达到0.58∶1。全国小学和初中生均基本建设经费支出水平的差距基本保持在较为平稳的水平上。

从农村来看，2001—2007年，农村小学和初中生均基本建设经费支出比例范围在0.48∶1至0.78∶1，基本上超过农村初中生均基本建设经费支出的一半；到2008年，农村小学和初中生均基本建设经费支出比例达到0.27∶1，农村小学生均基本建设经费支出水平远低于初中；之后，农村小学和初中生均基本建设经费支出的差距在波动中逐渐缩小，2020年农村小学和初中生均基本建设经费支出比例达到0.63∶1。其中，2019年农村小学和初中生均基本建设经费支出比例达到最高，为0.86∶1。这表明，农村小学和初中生均基本建设经费支出水平的差距基本保持在较为平稳的水平上，且农村学段间基本建设经费的投入水平不断均衡化。总体而言，不论从全国生均基本建设经费支出水平还是从农村生均基本建设经费支出水平来看，初中生均基本建设经费支出水平始终要高于小学生均基本建设经费支出水平。在学段差异中，生均基本建设经费支出的比例经历了从差异较小到较大再到逐渐缩小的发展过程。由上可知，近年来，国家注重生均基本建设经费投入的学段均衡，特别是在对农村小学和农村初中生均基本建设经费的投入上，学段间基本建设经费的合理性水平不断提升。

（二）生均基本建设经费支出的城乡差异

总体而言，无论是小学阶段还是初中阶段，21世纪以来农村生均基本建设经费支出均呈现出波动增长的发展趋势。但是从城乡维度来看，农村小学、初中生均基本建设经费的支出水平始终低于全国平均水平，表明农村小学、初中生均基本建设经费的支出水平与城市小学和初中相比仍有一定的差距。

1. 小学生均基本建设经费支出的城乡差异

通过2001—2020年全国和农村小学生均基本建设经费支出的历年数值与农村和全国的小学生均公用经费比值，分析全国小学和农村小学生均基本建设经费支出的提高水平，可以发现国家对农村小学基本建设经费投入的努力程度不断加大（见表4－6）。

表4－6　　全国小学、农村小学生均基本建设经费支出及比例

年份	全国生均基本建设 经费支出（元）	农村生均基本建设 经费支出（元）	农村生均： 全国生均
2001	13.21	7.40	0.56：1
2002	21.13	14.97	0.71：1
2003	21.02	13.15	0.63：1
2004	30.23	21.48	0.71：1
2005	33.93	25.38	0.75：1
2006	38.01	25.72	0.68：1
2007	24.07	15.37	0.64：1
2008	31.03	23.20	0.75：1
2009	67.30	58.18	0.86：1
2010	85.85	73.32	0.85：1
2011	97.51	83.15	0.85：1
2012	151.36	138.70	0.92：1
2013	124.61	118.60	0.95：1
2014	119.58	114.93	0.96：1
2015	89.97	75.85	0.84：1
2016	128.96	101.79	0.79：1
2017	145.67	110.56	0.76：1
2018	151.60	106.58	0.70：1
2019	161.49	104.63	0.65：1
2020	185.84	92.44	0.50：1

资料来源：《中国教育经费统计年鉴》（2002—2021年）。占比数据由笔者计算所得。

2001年全国小学生均基本建设经费支出为13.21元，到2003年全国小学生均基本建设经费支出略有下降，此后到2006年始终保持缓慢提升，2006年为38.01元。2007年略有回落，此后直到2012年，全国小学生均基本建设经费支出又有大幅提高，为151.36元。2012—2015年连续下降，

2016 年再次提升，2020 年为 21 世纪以来最高峰值，达 185.84 元。农村小学生均基本建设经费支出水平也经历了相同的发展态势，2001—2006 年，由 7.4 元缓慢提升至 25.72 元，随后 2007 年有所下降，2008—2012 年又经历大幅上涨，2012 年达到 21 世纪以来最高峰值，为 138.7 元。随后缓慢下降，2015 年降至 75.85 元，之后有所提升，至 2017 年达到 110.56 元，2018—2020 年继续下降，2020 年降至 92.44 元。由此可见，农村小学生均基本建设经费支出水平的发展趋势与全国小学一致。从增长幅度来看，2020 年全国小学生均基本建设经费支出为 185.84 元，与 2001 年 13.21 元相比增长了 14.07 倍；2020 年农村小学生均基本建设经费支出为 92.44 元，与 2001 年 7.4 元相比增长了 12.49 倍。可以看出，农村小学生均基本建设经费支出无论是在绝对数值还是在增长幅度上一直低于全国小学生均基本建设经费支出，这意味着自 2001 年以来，虽然国家对农村小学基本建设经费投入的努力程度不断加大，但农村小学基本建设经费投入水平仍需得到进一步关注。

对农村小学与全国小学生均基本建设经费进行比较可以发现，全国普通小学生均基本建设经费高于农村地区。具体来看，2001 年，农村小学生均基本建设经费支出与全国的比值为 0.56∶1，随后二者之比呈现出波动增长的状态，直到 2014 年，农村小学生均基本建设经费支出与全国生均基本建设经费支出之比增至 0.96∶1，达到 21 世纪以来农村小学生均基本建设经费支出占全国生均基本建设经费支出的最高比值，农村小学生均基本建设经费支出与全国生均基本建设经费支出的差异达到最小。随后农村小学生均基本建设经费支出与全国生均基本建设经费支出的比值持续下降，至 2020 年降至 0.50∶1，为 21 世纪以来农村小学生均基本建设经费支出占全国生均基本建设经费支出的最低比值，农村小学生均基本建设经费支出仅是全国生均基本建设经费支出的一半水平，两者的差异达到最大。由此可知，农村小学生均基本建设经费支出水平得到显著提高，但是与全国小学生均基本建设经费支出水平相比，仍有较大差距。这说明 21 世纪以来国家对农村小学基本建设经费投入的努力程度虽然不断加大，但是仍有投入的空间。

2. 初中生均基本建设经费支出的城乡差异

通过 2001—2020 年全国和农村初中生均基本建设经费支出历年数值与

农村和全国初中生均基本建设经费支出比值，分析全国和农村初中生均基本建设经费支出的提高水平，可以发现初中生均基本建设经费支出的城乡差异变化情况（见表4-7）。

表4-7　　**全国初中、农村初中生均基本建设经费支出及比例**

年份	全国初中生均基本建设经费支出（元）	农村初中生均基本建设经费支出（元）	农村初中生均：全国初中生均
2001	22.41	10.52	0.47
2002	37.91	20.11	0.53
2003	45.26	17.90	0.40
2004	50.29	27.64	0.55
2005	63.77	40.77	0.64
2006	66.37	46.52	0.70
2007	52.23	32.19	0.62
2008	102.26	86.91	0.85
2009	207.32	202.05	0.97
2010	201.46	164.93	0.82
2011	200.86	169.31	0.84
2012	354.01	330.69	0.93
2013	286.68	269.31	0.94
2014	248.11	221.95	0.89
2015	234.94	200.57	0.85
2016	227.70	167.11	0.73
2017	220.21	154.06	0.70
2018	293.55	154.39	0.53
2019	329.95	121.07	0.37
2020	320.86	147.30	0.46

资料来源：《中国教育经费统计年鉴》（2002—2021年）。占比数据由笔者计算所得。

2001年全国初中生均基本建设经费支出为22.41元，直到2006年始终保持缓慢提升，为66.37元。2007年略有回落，降至52.23元，2007—2009年增幅较大，2009—2011年再次缓慢回落，2012年达到峰值，为

354.01元。此后持续下降，直至2017年降到220.21元。2017年后缓慢上升，2020年达到320.86元。农村初中生均公用经费支出水平也经历了相同的发展态势，2001—2006年，从10.52元缓慢提升至46.52元，随后2007年有所下降，降至32.19元，2008—2009年经历大幅上涨，于2012年达到21世纪以来最高峰值，为330.69元。随后缓慢下降，至2020年降到147.3元。从增长幅度来看，2020年全国初中生均基本建设经费支出为320.86元，与2001年22.41元相比增长了14.32倍；2020年农村初中生均基本建设经费支出为147.3元，与2001年10.52元相比增长了14倍。可以看出，农村初中生均基本建设经费支出在绝对数值与增幅上都一直低于全国初中生均基本建设经费支出。这意味着自2001年以来，虽然国家对农村初中基本建设经费投入的努力程度不断加大，但农村初中生均基本建设经费支出水平与全国初中生均基本建设经费支出水平相比仍有一定的差距，还需关注农村初中生均基本建设经费支出的合理性问题。

对农村初中与全国初中生均基本建设经费进行比较可以发现，全国普通初中生均基本建设经费高于农村地区。具体来看，2001年，农村初中生均基本建设经费支出与全国的比值为0.47∶1，随后二者之比呈现出波动增长的状态，直到2009年，农村初中生均基本建设经费支出与全国生均基本建设经费支出之比增至0.97∶1，达到21世纪以来农村初中生均基本建设经费支出占全国生均基本建设经费支出的最高比值，农村初中生均基本建设经费支出与全国生均基本建设经费支出的差异达到最小。随后直至2017年，农村初中生均基本建设经费支出与全国生均基本建设经费支出的比值始终保持在0.70∶1以上。之后这一比值持续下降，2019年，农村初中生均基本建设经费支出与全国初中生均基本建设经费支出之比降至0.37∶1，达到21世纪以来农村初中生均基本建设经费支出占全国生均基本建设经费支出的最低比值，两者的差异达到最大。由此可知，近年来，农村初中生均基本建设经费支出水平有所下降，且与全国初中生均基本建设经费支出水平相比，差距有扩大趋势。这说明国家需要进一步关注农村初中基本建设经费投入的合理性问题，进一步加强对农村初中基本建设经费投入的努力程度。

（三）生均基本建设经费的区域差异

从区域维度①来看，21 世纪以来各地区农村小学和初中的生均基本建设经费支出水平得到了显著提升，国家对农村学校生均基本建设经费投入的区域结构有所侧重，加大了对西部地区农村学校生均基本建设经费的投入力度，具有一定的现实合理性。但是从区域内部来看，西部地区和东部地区仍然存在着生均基本建设经费投入水平省际差异较大的问题，需要给予进一步的关注。同时，也要采取措施防止中部塌陷现象的发生。

1. 小学生均基本建设经费支出的区域差异

将地方农村小学基本建设经费支出与地方农村小学生数量按照地区进一步划分，可以计算出各地区农村小学生均基本建设经费的支出情况（见表 4－8）。2001 年，东部地区农村小学生均基本建设经费支出最少，仅为 4.85 元；中部地区稍高于东部地区，为 5.31 元；东北地区农村小学生均基本建设经费支出最多，为 12.49 元；西部地区农村小学生均基本建设经费支出略低于东北地区，为 11.08 元。到 2020 年，各地区农村小学生均基本建设经费支出均有所增长，东部地区农村小学生均基本建设经费支出为 73.19 元，是 2001 年的 15.08 倍；中部地区农村小学生均基本建设经费支出为 55.22 元，是 2001 年的 10.4 倍，低于东部地区，成为支出最少的地区；西部地区农村小学生均基本建设经费支出最多，达到 160.92 元，是 2001 年的 14.53 倍；东北地区农村小学生均基本建设经费支出为 77.84 元，是 2001 年的 6.23 倍。总体而言，21 世纪以来各地区农村小学生均基本建设经费支出水平均显著提高。尽管各地区某一年份的农村小学生均基本建设经费支出要高于 2020 年，但是就整体的增长幅度而言，东北地区农村小学生均基本建设经费支出的增长幅度最小，东部地区农村小学生均基本建设经费支出的增长幅度最大，具体表现为东部地区 > 西部地区 > 中部

① 目前，《中国教育经费统计年鉴》统计了财政预算内地方基本建设经费支出以及生均基本建设经费支出，并未统计相对应的学生数量。在计算各地区农村学校生均基本建设经费支出时，若按照《中国教育统计年鉴》中的学生数量进行计算，最终得到的生均基本建设经费支出与《中国教育经费统计年鉴》中的数据出入较大。为了避免由于学生数量不同所带来的误差，我们通过《中国教育经费统计年鉴》中财政预算内地方基本建设经费支出与生均基本建设经费支出计算出地方学生数量，在得到各地区基本建设经费支出和各地区学生数量之后，计算出各地区生均基本建设经费支出，以此考察 21 世纪以来农村义务教育学校生均基本建设经费的区域差异。

地区 > 东北地区。

表4-8		各地区农村小学生均基本建设经费支出		（元）
年份	东部地区	中部地区	西部地区	东北地区
2001	4.85	5.31	11.08	12.49
2002	15.61	9.06	19.32	20.79
2003	18.92	7.23	14.26	12.19
2004	31.18	11.98	22.80	16.75
2005	41.11	12.42	24.34	18.45
2006	41.85	13.47	23.01	24.98
2007	31.57	7.70	9.77	3.38
2008	25.97	16.23	28.79	14.06
2009	45.51	22.50	108.27	17.94
2010	60.01	38.29	120.78	60.02
2011	53.69	55.03	133.45	115.56
2012	68.31	80.59	241.96	415.49
2013	43.89	87.96	227.99	144.23
2014	—	—	—	—
2015	—	—	—	—
2016	47.82	64.98	193.51	101.76
2017	62.41	59.26	209.65	65.15
2018	69.82	56.53	198.75	64.15
2019	104.84	53.98	163.99	62.00
2020	73.19	55.22	160.92	77.84

资料来源：根据《中国教育经费统计年鉴》（2002—2021年）相关数据计算所得。

根据公式，即变异系数 = $\dfrac{标准差}{平均值} \times 100\%$，可以计算出各地区生均基本建设经费支出的变异程度并进行相对比较。其中，标准差根据各地区相应省份的生均基本建设经费支出与各地区生均基本建设经费计算得出，平均值为全国生均基本建设经费支出。

根据21世纪以来（不包括2014年和2015年）各地区农村小学生均基

本建设经费支出的变异系数可以看出（见表4-9），2001年东部地区农村小学生均基本建设经费支出的变异系数为66.19%，是21世纪以来东部地区农村小学生均基本建设经费支出省际变异程度的最低水平。2019年东部地区农村小学生均基本建设经费支出的变异系数达到2787.74%，是21世纪以来东部地区农村小学生均基本建设经费支出省际变异程度的最高水平。2020年，东部地区农村小学生均基本建设经费支出的变异系数为1012.63%，是2001年的15.35倍。总体而言，21世纪以来东部地区农村小学生均基本建设经费支出的变异系数经历了波动增大的变化过程，尤其是近年来变异系数波动较大，区域内省际变异程度相对较高的。

表4-9　　　　各地区农村小学生均基本建设经费支出的变异系数　　　（%）

年份	东部地区	中部地区	西部地区	东北地区
2001	66.19	72.97	755.76	151.82
2002	111.21	56.54	408.70	187.01
2003	129.47	39.00	1063.29	81.38
2004	107.76	35.85	679.82	75.65
2005	121.86	25.68	313.51	79.17
2006	217.29	50.81	371.97	94.43
2007	976.31	34.21	187.11	25.50
2008	387.93	40.38	1487.04	44.51
2009	531.02	19.55	465.78	21.18
2010	854.88	35.19	255.06	19.38
2011	379.63	38.99	737.35	129.11
2012	234.19	34.76	451.41	332.44
2013	156.52	63.37	820.93	47.42
2014	—			
2015	—			
2016	479.76	36.24	730.02	64.71
2017	358.11	29.81	702.21	23.98
2018	356.23	24.92	435.19	33.06
2019	2787.74	25.02	398.79	26.92
2020	1012.63	42.45	372.13	26.85

资料来源：根据《中国教育经费统计年鉴》（2002—2021年）相关数据计算所得。

2001 年中部地区农村小学生均基本建设经费支出的变异系数为
72.97%，是 21 世纪以来中部地区农村小学生均基本建设经费支出省际变
异程度的最高水平。2009 年中部地区农村小学生均基本建设经费支出的变
异系数仅为 19.55%，是 21 世纪以来中部地区农村小学生均基本建设经费
支出省际变异程度的最低水平。到 2020 年，中部地区农村小学生均基本建
设经费支出的变异系数达到 42.45%，与 2001 年的最高水平相比下降了
41.82%。总体而言，21 世纪以来中部地区农村小学生均基本建设经费支
出的变异系数经历了波动减小的变化过程，区域内省际变异程度相对
较低。

2001 年西部地区农村小学生均基本建设经费支出的变异系数为
755.76%，到 2007 年变异系数波动减小至 187.11%，是 21 世纪以来西部
地区农村小学生均基本建设经费支出省际变异程度的最低水平。而 2008 年
西部地区农村小学生均基本建设经费支出的变异系数猛然增大 1487.04%，
达到 21 世纪以来西部地区农村小学生均基本建设经费支出省际变异程度的
最高水平。到 2020 年，西部地区农村小学生均基本建设经费支出的变异系
数为 372.13%，与 2001 年相比有所减小，减小了 50.76%。总体而言，21
世纪以来西部地区农村小学生均基本建设经费支出的变异系数经历了先波
动增大后波动减小的变化过程，区域内省际变异程度相对较高。

2001 年东北地区农村小学生均基本建设经费支出的变异系数为
151.82%，到 2010 年变异系数波动减小至 19.38%，是 21 世纪以来东北地
区农村小学生均基本建设经费支出省际变异程度的最低水平。2012 年东北
地区农村小学生均基本建设经费支出的变异系数增至 332.44%，达到 21
世纪以来东北地区农村小学生均基本建设经费支出省际变异程度的最高水
平。到 2020 年，东北地区农村小学生均基本建设经费支出的变异系数为
26.85%，与 2001 年相比减小了 82.31%。总体而言，21 世纪以来东北地
区农村小学生均基本建设经费支出的变异系数经历了波动减小的变化过
程，区域内省际变异程度相对较低。

将各地区农村小学生均基本建设经费支出的变异系数进行区域间比较
分析可以发现，除了 2007 年、2009 年、2010 年、2019 年、2020 年东部地
区农村小学生均基本建设经费支出的变异系数最大以外，在其余年份中变
异系数最大的均为西部地区，表明在大多数情况下，西部地区农村小学生

均基本建设经费支出的省际变异程度要大于其他地区。近年来，东部地区农村小学生均基本建设经费支出的变异系数呈现出迅速增大的趋势，表明东部地区农村小学生均基本建设经费支出的省际变异程度在迅速扩大。除了 2001 年东部地区以及 2007 年、2010 年、2013 年、2017 年、2020 年东北地区农村小学生均基本建设经费支出的变异系数最小以外，在其余年份中变异系数最小的均为中部地区，表明在大多数情况下，中部地区农村小学生均基本建设经费支出的省际变异程度要小于其他地区。总体来看，各地区农村小学生均基本建设经费支出的省际变异程度从小到大基本上表现为中部地区＜东北地区＜东部地区＜西部地区，且近年来东部地区农村小学生均基本建设经费支出的省际变异程度有急剧扩大趋势。

21 世纪以来，各地区农村小学生均基本建设经费支出水平得到显著提升，特别是近年来西部地区农村小学生均基本建设经费的投入力度加大，从区域结构来看，这体现了国家对西部地区农村学校的经费倾斜，具有一定的现实合理性。但是从区域内部来看，西部地区农村小学生均基本建设经费支出的省际变异程度要高于其他地区，表明西部地区农村小学生均基本建设经费的投入水平在省际存在着较大差异。此外，中部地区在农村小学生均基本建设经费投入方面整体上处于劣势地位，需要给予进一步关注。

2. 初中生均基本建设经费支出的区域差异

将地方农村初中基本建设经费支出与地方农村初中学生数量按照地区进一步划分，可以计算出各地区农村初中生均基本建设经费的支出情况（见表 4 - 10）。2001 年，中部地区农村初中生均基本建设经费支出最少，仅为 8 元；东北地区、东部地区稍高于中部地区，分别为 8.54 元、9.82元；西部地区农村初中生均基本建设经费支出最多，为 15.64 元。到 2020年，各地区农村初中生均基本建设经费支出均有所增长，东部地区农村初中生均基本建设经费支出为 138.3 元，是 2001 年的 14.09 倍，中部地区和东北地区农村初中生均基本建设经费支出水平相近，分别为 91.71 元、119.99 元，是 2001 年的 11.47 倍、14.05 倍，中部地区成为支出最少的地区；西部地区农村初中生均基本建设经费支出最多，为 216.76 元，是2001 年的 13.86 倍。总体而言，21 世纪以来各地区农村初中生均基本建设经费支出水平均显著提高。尽管各地区在某一年份的农村初中生均基本建设经费支出上要高于 2020 年，但是就整体的增长幅度而言，中部地区农村初中生均基本建设经费支出的增长幅度最小，东部地区农村初中生均基本建设经费支出的增长幅度最大，具体表现为东部地区 > 东北地区 > 西部地区 > 中部地区。

表 4 - 10　　　　　各地区农村初中生均基本建设经费支出　　　　（元）

年份	东部地区	中部地区	西部地区	东北地区
2001	9.82	8.00	15.64	8.54
2002	17.55	11.92	36.44	11.73
2003	15.57	9.87	32.81	14.31
2004	27.81	18.00	43.20	18.46
2005	42.85	18.67	68.38	25.99
2006	59.11	23.27	61.76	44.20
2007	56.26	18.13	25.61	11.75
2008	70.16	96.94	99.28	63.63
2009	116.62	175.48	319.00	155.27
2010	110.53	112.25	257.35	221.34
2011	102.90	142.05	236.05	305.16
2012	132.32	283.07	432.10	1215.01
2013	141.86	288.38	350.65	417.24
2014	—	—	—	—
2015	—	—	—	—
2016	111.14	145.78	242.45	149.86
2017	108.26	111.20	243.90	105.47
2018	147.28	98.34	227.50	96.72
2019	107.01	95.35	173.74	64.76
2020	138.30	91.71	216.76	119.99

资料来源：根据《中国教育经费统计年鉴》（2002—2021 年）相关数据计算所得。

通过计算 21 世纪以来（不包括 2014 年和 2015 年）各地区农村初中生均基本建设经费支出的变异系数可以发现（见表 4 - 11），2001 年，东部地区农村初中生均基本建设经费支出的变异系数为 171.81%，到 2003 年变异系数波动减小至 125.93%，是 21 世纪以来东部地区农村初中生均基本建设经费省际变异程度的最低水平。2020 年，东部地区农村初中生均基本建设经费支出的变异系数增至 1427.43%，达到 21 世纪以来东部地区农村初中生均基本建设经费支出省际变异程度的最高水平，是 2001 年的8.31 倍。总体而言，21 世纪以来东部地区农村初中生均基本建设经费支出的变异系数经历了先猛然增大后缓慢减小再到逐渐增大的变化过程，东部地区农村初中生均基本建设经费支出的省际变异程度相对较高。

表 4-11　　**各地区农村初中生均基本建设经费支出的变异系数**　　　（%）

年份	东部地区	中部地区	西部地区	东北地区
2001	171.81	63.54	129.54	64.45
2002	153.43	43.53	269.87	43.33
2003	125.93	30.43	286.12	50.71
2004	145.73	47.89	191.59	42.76
2005	639.74	39.02	111.53	54.33
2006	1224.29	41.56	97.30	68.46
2007	1408.34	24.20	68.73	17.94
2008	605.47	55.94	236.35	37.74
2009	359.90	33.67	217.63	48.16
2010	563.75	29.09	285.45	25.86
2011	609.80	33.04	620.75	84.31
2012	327.22	27.95	316.92	230.90
2013	442.05	48.38	197.17	39.96
2014	—	—	—	—
2015	—	—	—	—
2016	764.17	48.30	391.70	67.01
2017	414.41	19.67	230.88	28.15
2018	313.15	11.90	524.16	46.16
2019	683.13	24.36	221.59	9.59
2020	1427.43	15.94	280.33	77.88

资料来源：根据《中国教育经费统计年鉴》（2002—2021 年）相关数据计算所得。

2001 年，中部地区农村初中生均基本建设经费支出的变异系数为
63.54%，是 21 世纪以来中部地区农村初中生均基本建设经费支出省际
变异程度的最高水平。2018 年，中部地区农村初中生均基本建设经费支
出的变异系数为 11.9%，是 21 世纪以来中部地区农村初中生均基本建
设经费支出省际变异程度的最低水平。到 2020 年，中部地区农村初中生
均基本建设经费支出的变异系数达到 15.94%，与 2001 年的最高水平相
比下降了 74.91%。总体而言，21 世纪以来中部地区农村初中生均基本
建设经费支出的变异系数经历了波动减小的变化过程，省际变异程度相
对较低。

2001 年，西部地区农村初中生均基本建设经费支出的变异系数为
129.54%，到 2007 年变异系数波动减小至 68.73%，是 21 世纪以来西部地
区农村初中生均基本建设经费支出省际变异程度的最低水平。2011 年，西
部地区农村初中生均基本建设经费支出的变异系数增至 620.75%，达到 21
世纪以来西部地区农村初中生均基本建设经费支出省际变异程度的最高水
平。到 2020 年，西部地区农村初中生均基本建设经费支出的变异系数为
280.33%，是 2001 年的 2.16 倍。总体而言，21 世纪以来西部地区农村初
中生均基本建设经费支出的变异系数经历了波动增大的变化过程。与 2001
年相比明显增大，省际变异程度相对略高。

2001 年，东北地区农村初中生均基本建设经费支出的变异系数为
64.45%，到 2019 年变异系数波动减小至 9.59%，是 21 世纪以来东北地区
农村初中生均基本建设经费支出省际变异程度的最低水平。2012 年，东北
地区农村初中生均基本建设经费支出的变异系数增至 230.9%，达到 21 世
纪以来东北地区农村初中生均基本建设经费支出省际变异程度的最高水
平。到 2020 年，东北地区农村初中生均基本建设经费支出的变异系数为
77.88%，与 2001 年相比略有增大，增幅为 20.83%。近年来，其变异系
数波动较大。总体而言，21 世纪以来东北地区农村初中生均基本建设经费
支出的变异系数经历了先波动增大后波动减小再到急剧增大的变化过程，
省际变异程度相对较低。

将各地区农村初中生均基本建设经费支出的变异系数进行区域间的比
较分析可以发现，除了 2002—2004 年、2011 年、2018 年西部地区农村初
中生均基本建设经费支出的变异系数最大以外，在其余年份中变异系数最

大的均为东部地区，表明在大多数情况下，东部地区农村初中生均基本建设经费支出的省际变异程度要大于其他地区。21世纪以来，农村初中生均基本建设经费支出变异系数最小的地区在中部地区和东北地区之间轮换，表明中部地区和东北地区农村初中生均基本建设经费支出的省际变异程度要小于其他地区。

通过分析发现，21世纪以来各地区农村初中生均基本建设经费支出水平显著提升，国家对农村初中生均基本建设经费投入的区域结构有所侧重，特别是近年来重视对西部地区和东北地区农村初中生均基本建设经费的投入，具有一定的区域合理性。然而，近年来，东部地区农村初中生均基本建设经费支出的省际变异程度相比于其他地区偏高，需要给予进一步的关注。此外，中部地区始终处于相对劣势地位。国家需要进一步加强对中部地区农村初中生均基本建设经费的投入，均衡地区间、区域内生均基本建设经费投入，防止中部地区成为发展短板。

四　高效性：农村学校办学条件现实状况

为改善义务教育学校办学条件，缩小办学条件城乡差距，近年来，国家先后实施了贫困地区义务教育工程、农村中小学危房改造工程、西部地区农村寄宿制学校建设工程、农村义务教育薄弱学校改造计划等一系列改善措施，2013年启动全国义务教育均衡发展督导评估认定工作，2014年启动实施全面改善贫困地区义务教育薄弱学校基本办学条件工作。

此外，国家及地方陆续出台了相关政策文件，对义务教育学校办学条件进行了详细说明与规定。2002年，建设部、国家计委、教育部批准发布了由教育部主导编制的《城市普通中小学校校舍建设标准》，对中国城市普通中小学的建设标准进行了详细说明与规定。[①] 2008年，住建部、国家发改委批准发布了由教育部主导编制的《农村普通中小学校

---

① 建设部、国家计委、教育部：《城市普通中小学校校舍建设标准》，2002年4月17日。

建设标准》，对中国农村普通中小学的建设标准进行了详细说明与规定①，原《农村普通中小学校建设标准（试行）》同时废止。2010 年，住建部主导编制并批准发布了《中小学校设计规范》，并规定此国家标准于 2012 年实施。② 2015 年，教育部颁布《关于印发〈中国教育监测与评价统计指标体系〉的通知（2015 修订）》，修订后的指标体系可用于指导各级教育行政部门和学校科学开展教育事业发展监测与评价工作。③

除国家层面的政策文件之外，各省市也根据自身的实际，陆续出台了各地的义务教育学校办学条件标准。如 2004 年北京市率先出台《〈北京市中小学办学条件标准〉编制和实施的原则》，其编制小组有关人员指出，办学条件标准是中央或地方政府部门对学校的各项基本办学条件所做的规定，是就全国或地方在一段时间内办学条件所提出的最低要求。④ 2008 年，内蒙古自治区制定了《内蒙古自治区中小学校办学条件标准（试行）》，并于 2014 年予以重新印发（内容未变）。吉林省于 2013 年出台《吉林省义务教育学校办学标准（试行）》，湖南省于 2016 年出台《湖南省义务教育学校办学标准》。各省市颁布的办学条件标准虽然内容不尽相同，但对当地义务教育的均衡发展，学校标准化建设具有重要作用。

依据满足办学条件指标的基础性原则和数据可获得性原则，在与《中国教育统计年鉴》中的统计数据对比后发现，虽然《中国教育统计年鉴》统计了如学生宿舍、食堂等用房的使用面积，但是这些指标并不是所有类型学校都必须具备的，即不能满足办学条件指标的基础性原则，并且无法对指标数据进行学校类型的分离，如无法对安排学生宿舍的学校进行寄宿制学校与非寄宿制学校的区分。因此，本节依据《中国教育统计年鉴》中的可得数据以及《城市普通中小学校校舍建设标准》《农村普通中小学校建设标准》《中小学校设计规范》等政策的相关标准，参照《中国教育监测与评价统计指标体系》对学校办学条件的指标设置，注重学校办学条件作为物质资源对于学生和教师的意义价值，最大程度地体现基本建设经费

①　住建部、国家发改委：《农村普通中小学校建设标准》，2008 年 9 月 3 日。

②　住建部：《中小学校设计规范》，2010 年 12 月 24 日。

③　教育部：《关于印发〈中国教育监测与评价统计指标体系〉的通知（2015 修订）》，2015 年 8 月 10 日。

④　《北京市中小学办学条件标准》编制小组：《〈北京市中小学办学条件标准〉编制和实施的原则》，《教育科学研究》2004 年第 2 期。

的投入效益，以保障学生和教师的在校安全为前提，从开展教学活动的角度出发，最终将义务教育学校办学条件指标确定为安全用房、底线用房、提升性用房三个维度，共 10 项办学条件指标。基于 2001—2020 年《中国教育统计年鉴》中关于各项办学条件指标的统计数据，对选取的 10 项办学条件指标以生均拥有量的形式进行处理与分析，各项办学条件指标的生均拥有量通过各项指标总量与学生数之比获得，如生均普通教室面积 = 普通教室面积总量÷学生数。本节以城市为对比对象考察农村义务教育学校办学条件，其中城市与城区相对应；农村与镇区、乡村相对应。城市义务教育学校办学条件指标总量为城区小学、初中对应指标数据，学生数为城区小学、初中学生数；农村义务教育学校办学条件指标总量为镇区和乡村小学、初中办学条件对应指标数据之和，学生数为镇区和乡村小学、初中在校学生数之和。通过计算得出 2001—2020 年城市和农村义务教育学校办学条件指标的生均拥有量，为进一步分析中国农村义务教育学校办学条件的总体状况及达标状况提供数据支撑。

本节基于已有研究成果和相关政策标准，依据基础性、数据可得性、相关性原则，从安全用房、底线用房、提升性用房三个维度出发，其中，通过生均危房面积（平方米）考察学校安全用房情况，通过生均校舍建筑面积（平方米）、生均普通教室面积（平方米）、生均教师办公室面积（平方米）、生均运动场地面积（平方米）考察学校底线用房情况，通过生均实验室面积（平方米）、生均图书室面积（平方米）、生均微机室面积（平方米）、生均语音室面积（平方米）、生均体育馆面积（平方米）考察学校提升性用房情况。

需要说明的是，2001—2010 年《中国教育统计年鉴》只统计了体育运动场（馆）面积，未对运动场地面积和体育馆面积进行分别统计。通过对比 2010 年前后的统计数据发现，与运动场地面积相比，体育馆面积在体育运动场（馆）面积中所占的比例较小，因此将 2001—2010 年的体育运动场（馆）面积归入底线用房维度中。此外，本节主要考察义务教育阶段的办学条件，但是 2001 年和 2002 年《中国教育统计年鉴》只统计了普通中学的相关数据，未对初中和高中进行分别统计，因而初中学校办学条件只考察 2003—2020 年的状况。

（一）农村义务教育学校办学条件安全保障审视

学校校舍危房情况事关师生的生命安全，减少学校校舍危房，保障师生生命安全是国家基本建设经费投入的主要目的。受 2008 年汶川地震的影响，2009 年，全国义务教育学校危房率和生均危房面积猛增。此后，国家对学校校舍安全的重视程度不断提高，对学校校舍安全的要求不断提高。经过国家长期的努力，到 2020 年，中国义务教育学校校舍危房情况得到显著改善，危房率和生均危房面积大幅下降，师生安全得到保障。21 世纪以来，农村义务教育学校校舍危房情况得到显著改善，虽然国家十分重视农村义务教育学校校舍危房情况的改善，但是农村义务教育学校的危房率和生均危房面积仍大于城市义务教育学校，存在着进一步改善的空间。

1. 农村小学层面：危房率降幅显著但仍有较大的改善空间

根据城市和农村小学危房率与生均危房面积状况，可以考察城市和农村小学危房的相对状况，生均危房面积则从绝对量的角度考察城市和农村小学的危房状况（见表 4 - 12）。

表 4 - 12 小学危房率与生均危房面积状况

年份	城市		农村		全国	
	危房率（%）	生均危房面积（平方米）	危房率（%）	生均危房面积（平方米）	危房率（%）	生均危房面积（平方米）
2001	2.32	0.11	7.42	0.33	6.69	0.30
2002	1.86	0.09	6.84	0.32	6.10	0.29
2003	1.86	0.10	7.61	0.37	6.68	0.33
2004	1.25	0.07	6.45	0.33	5.59	0.29
2005	0.98	0.05	5.10	0.27	4.46	0.24
2006	0.76	0.04	5.69	0.31	4.97	0.27
2007	0.57	0.03	4.13	0.23	3.57	0.20
2008	1.19	0.06	4.97	0.28	4.36	0.24
2009	5.32	0.29	18.54	1.08	16.36	0.94
2010	4.04	0.22	16.24	0.97	14.14	0.83
2011	3.74	0.20	12.02	0.71	10.04	0.58

续表

年份	城市		农村		全国	
	危房率（%）	生均危房面积（平方米）	危房率（%）	生均危房面积（平方米）	危房率（%）	生均危房面积（平方米）
2012	2.54	0.14	8.22	0.52	6.82	0.42
2013	1.52	0.09	5.86	0.41	4.75	0.32
2014	1.02	0.06	3.90	0.29	3.14	0.22
2015	0.83	0.05	2.26	0.17	1.88	0.13
2016	0.62	0.04	1.39	0.11	1.18	0.08
2017	0.45	0.03	0.87	0.07	0.75	0.06
2018	0.29	0.02	0.48	0.04	0.42	0.03
2019	0.21	0.01	0.38	0.03	0.33	0.03
2020	0.20	0.01	0.29	0.03	0.26	0.02

资料来源：《中国教育统计年鉴》（2001—2020 年）。危房率表示危房面积在学校总建筑面积中的比例，通过危房面积总量与建筑面积总量之比获得。

21 世纪以来，中国小学危房率在经历 2009 年的猛增后有了显著下降。从城市来看，2001—2007 年，城市小学危房率呈现出逐年下降的趋势，从 2001 年的 2.32% 下降至 2007 年的 0.57%。同一时期，农村小学危房率呈现出波动下降的态势，并且与城市小学相比，农村小学危房率的波动更频繁，从 2001 年的 7.42% 下降至 2007 年的 4.13%。经过 2008 年的波动上涨后，2009 年，小学特别是农村小学的危房率猛增，城市小学危房率达到 5.32%，农村小学危房率达到 18.54%。此后，城市和农村小学的危房率逐年下降，到 2020 年，城市小学危房率下降至 0.2%，农村小学危房率下降至 0.29%。与 2001 年相比，2020 年城市小学和农村小学危房率的降幅分别为 91.27% 和 96.04%，农村小学危房率的降幅大于城市小学。

城市小学和农村小学生均危房面积的发展趋势与危房率的发展趋势相似（见表 4-12）。从城市来看，2001—2007 年城市小学生均危房面积仅在 2003 年出现过波动，除此之外，基本上呈现出逐年下降的趋势，生均危房面积从 2001 年的 0.11 平方米下降至 2007 年的 0.03 平方米。同一时期，农村小学生均危房面积呈现出波动下降的态势，并且与城市小学相比，农村小学生均危房面积的波动更频繁，生均危房面积从 2001 年的 0.33 平方米下降至 2007 年的 0.23 平方米。2008 年，城市和农村小学的生均危房面积均有所增长，分别为 0.06 平方米、0.28 平方米。受汶川地震的影响，2008 年后，全国学校生均危房面积猛增，2009 年，城市小学生均危房面积增长至 0.29 平方米，农村小学增幅更大，达到 1.08 平方米。此后，国家对校舍安全十分重视，对校舍安全要求提高，加大对校舍新建、改建的经费投入以改善学校危房情况，保障师生的生命安全，全国学校生均危房面积逐年减少，2020 年，城市小学生均危房面积减少至 0.01 平方米，农村小学减少至 0.03 平方米。总体来看，与 2001 年相比，2020 年，城市小学和农村小学生均危房面积的降幅分别为 88.41% 和 92.21%，农村小学生均危房面积的降幅大于城市小学。

从城乡维度来看，21 世纪以来，不管是危房率还是生均危房面积，农村小学的绝对量与降幅始终要大于城市小学，接近并且略高于全国平均水平。特别是在 2009 年，危房率和生均危房面积猛增，危房率和生均危房面积的城乡差距较大，农村小学的危房率和生均危房面积远超城市小学。为保障师生的生命安全，让师生能够在安全的校舍中工作与学习，近年来国家加大对校舍危房改造的投入力度并获得了显著成效，目前城市小学和农村小学的危房率和生均危房面积要远低于 2001 年的水平，这表明经过国家长期的努力与经费投入，全国小学特别是农村小学的危房状况获得显著改善，小学阶段校舍危房的城乡差距逐年缩小，师生安全得到保障。然而，现阶段农村小学的危房率和生均危房面积仍然大于城市小学，仍有继续改善的空间。

2. 农村初中层面：城乡危房状况差距逐年下降

从危房率（见表 4-13）来看，2003—2007 年，城市初中危房率逐年下降，从 2003 年的 1.69% 下降至 2007 年的 0.59%。同一时期，农村初中危房率在经历了 2006 年的反弹后，从 2003 年的 5.33% 下降至 2007 年的 2.9%。2008 年，城市和农村初中危房率有所提升，并在 2009 年分别激增至 4.78%、13.92%。此后，城市和农村初中危房率逐年下降，2020 年城市初中危房率为 0.17%，农村初中危房率为 0.28%，均低于 2003 年的水平。总体来看，与 2003 年相比，2020 年城市初中和农村初中危房率的降幅分别为 90.14% 和 94.78%，农村初中危房率的降幅大于城市初中。

表4-13   初中危房率与生均危房面积状况

年份	城市		农村		全国	
	危房率（%）	生均危房面积（平方米）	危房率（%）	生均危房面积（平方米）	危房率（%）	生均危房面积（平方米）
2003	1.69	0.09	5.33	0.27	4.67	0.24
2004	1.08	0.06	4.32	0.23	3.73	0.20
2005	0.88	0.05	3.30	0.19	2.88	0.17
2006	0.75	0.05	3.71	0.24	3.24	0.21
2007	0.59	0.04	2.90	0.20	2.49	0.17
2008	1.29	0.09	3.71	0.27	3.27	0.24
2009	4.78	0.35	13.92	1.08	12.24	0.94
2010	3.52	0.27	11.89	0.99	10.33	0.85
2011	2.98	0.25	8.65	0.80	7.16	0.64
2012	1.89	0.17	5.90	0.61	4.80	0.48
2013	1.18	0.12	4.19	0.50	3.35	0.38
2014	0.78	0.08	2.79	0.36	2.20	0.26
2015	0.58	0.07	1.75	0.24	1.41	0.18
2016	0.45	0.05	1.17	0.17	0.95	0.13
2017	0.36	0.04	0.77	0.11	0.64	0.09
2018	0.22	0.03	0.47	0.07	0.39	0.05
2019	0.15	0.02	0.35	0.05	0.28	0.04

资料来源：《中国教育统计年鉴》（2003—2020年）。危房率表示危房面积在学校总建筑面积中的比例，通过危房面积总量与建筑面积总量之比获得。

初中生均危房面积的发展趋势与危房率的发展趋势相似（见表4-13）。2003—2007年，城市初中生均危房面积逐年减少，从2003年的0.09平方米减少至2007年的0.04平方米。相比城市初中，农村初中在同一时期呈现出波动减少的发展趋势，从2003年的0.27平方米减少至2007年的0.2平方米。2008年，城市和农村初中的生均危房面积有所增长，2009年分别激增至0.35平方米、1.08平方米，且农村初中生均危房面积的增幅大于城市初中。此后，城市和农村初中的生均危房面积逐年下降，2020年城市初中生均危房面积减少至0.02平方米，农村初中减少至0.04平方米，与

2003 年相比，2020 年城市初中和农村初中生均危房面积的降幅分别为 75.66% 和 83.78%，农村初中生均危房面积的降幅大于城市初中。

从城乡维度来看，21 世纪以来，不管是危房率还是生均危房面积，农村初中的绝对量和降幅始终要大于城市初中，接近并且略高于全国平均水平。尽管在 2009 年农村初中危房率和生均危房面积的激增幅度要大于城市初中，但是此后经过国家长期的努力，基本建设经费投入的收益明显，至 2020 年农村初中危房率和生均危房面积的降幅大于城市初中，表明国家对农村初中的校舍危房情况十分重视，校舍危房的城乡差距逐年缩小。但总体来看，农村初中危房率和生均危房面积仍高于全国和城市水平，表明农村初中校舍危房情况在得到显著改善的同时仍有进步的空间。

（二）农村义务教育学校底线用房高效性验证

在学生与教师的生命安全得到保障后，学校才能够开展正常的教育教学活动，发挥育人的功能。底线用房是学生学习和教师工作的重要物质前提，对保障学校基本教学工作的开展具有意义。本节从校舍底线性的角度，通过生均校舍建筑面积、生均普通教室面积、生均教师办公室面积、生均运动场地面积四个办学条件指标[①]考察农村义务教育学校底线用房的实际使用状况与达标状况，以探究基本建设经费投入在农村学校底线用房方面的效益。

1. 农村小学层面：底线用房的浪费与紧缺并存

（1）需求与可利用土地资源的矛盾

根据 2001—2020 年城市和农村小学底线用房实际生均面积数据，可以发现城市和农村小学底线用房的发展状况（见表 4 - 14）。从城市来看，2001 年，城市小学生均校舍建筑面积、生均普通教室面积、生均教师办公

---

① 此处有几点需要说明：1.《城市普通中小学校校舍建设标准》对普通教室使用面积的规定并未包含机动教室，而《农村普通中小学校建设标准》中包含机动教室。2. 城市中小学教师办公室与《城市普通中小学校校舍建设标准》中的教学办公室对应；农村中小学运动场地与《农村普通中小学校建设标准》中的体育活动场地对应。3. 体育运动场地只在《农村普通中小学校建设标准》中有相关规定，《城市普通中小学校校舍建设标准》并未涉及。因此，生均运动场地面积的达标状况只考察农村学校。

室面积、生均运动场地面积分别为 4.82 平方米、2.2 平方米、0.38 平方米、4.65 平方米。到 2020 年，生均校舍建筑面积和生均普通教室面积增长到 6.4 平方米、2.71 平方米，为 21 世纪以来的最高值，总体上呈现出波动增长的发展趋势；生均教师办公室面积在经历了一段时间的增长之后又降至 0.37 平方米，甚至低于 2001 年的水平，而在 2010 年达到 21 世纪以来的最高值，为 0.41 平方米；生均运动场地面积经过波动后略微降低，2020 年降至 4.69 平方米，其中，2002 年达到 21 世纪以来的最高值，为 4.77 平方米，可见 21 世纪以来生均运动场地面积呈现出波动减少的发展趋势。

表 4-14　　　　　　　城市和农村小学底线用房的总体状况　　　　　（平方米）

年份	生均校舍建筑面积			生均普通教室面积			生均教师办公室面积			生均运动场地面积		
	城市	农村	全国	城市	农村	全国	城市	农村	全国	城市	农村	全国
2001	4.82	4.49	4.53	2.20	2.48	2.44	0.38	0.40	0.40	4.65	10.20	9.45
2002	4.99	4.67	4.72	2.22	2.54	2.50	0.38	0.41	0.41	4.77	7.94	7.49
2003	5.13	4.90	4.94	2.23	2.64	2.57	0.38	0.43	0.42	4.73	8.25	7.70
2004	5.18	5.14	5.15	2.22	2.73	2.64	0.39	0.44	0.44	4.69	8.47	7.86
2005	5.22	5.37	5.34	2.19	2.80	2.70	0.39	0.46	0.45	4.54	8.51	7.88
2006	5.30	5.51	5.47	2.17	2.79	2.70	0.39	0.46	0.44	4.24	8.28	7.68
2007	5.30	5.60	5.55	2.15	2.81	2.70	0.39	0.45	0.44	4.01	8.19	7.49
2008	5.23	5.67	5.60	2.11	2.82	2.70	0.38	0.45	0.44	3.83	7.92	7.21
2009	5.37	5.85	5.76	2.12	2.86	2.73	0.40	0.45	0.44	3.77	7.66	6.97
2010	5.54	5.98	5.90	2.15	2.88	2.74	0.41	0.45	0.45	3.75	7.59	6.88
2011	5.22	5.92	5.73	2.27	2.96	2.78	0.39	0.44	0.42	4.05	7.47	6.57
2012	5.44	6.34	6.09	2.40	3.13	2.93	0.39	0.45	0.44	4.26	7.74	6.78
2013	5.70	7.02	6.63	2.56	3.39	3.14	0.40	0.48	0.46	4.49	8.38	7.23
2014	5.81	7.32	6.85	2.59	3.43	3.17	0.39	0.47	0.45	4.59	8.34	7.17
2015	5.87	7.45	6.95	2.61	3.42	3.16	0.38	0.45	0.43	4.56	8.24	7.08
2016	5.97	7.74	7.16	2.60	3.43	3.15	0.38	0.46	0.44	4.56	8.30	7.07
2017	6.11	8.14	7.44	2.64	3.51	3.21	0.38	0.46	0.44	4.64	8.59	7.23
2018	6.17	8.41	7.60	2.65	3.58	3.25	0.37	0.47	0.43	4.65	8.70	7.25
2019	6.23	8.63	7.73	2.66	3.63	3.26	0.37	0.47	0.43	4.65	8.66	7.15
2020	6.40	8.84	7.89	2.71	3.69	3.30	0.37	0.47	0.43	4.69	8.72	7.14

资料来源：《中国教育统计年鉴》（2001—2020 年）。

从农村来看，2001 年，农村小学生均校舍建筑面积、生均普通教室面积、生均教师办公室面积、生均运动场地面积分别为 4.49 平方米、2.48 平方米、0.4 平方米、10.2 平方米。到 2020 年，生均校舍建筑面积、生均普通教室面积、生均教师办公室面积增长至 8.84 平方米、3.69 平方米、0.47 平方米，总体上呈现出波动增长的趋势；生均运动场地面积降至 8.72 平方米，但是近年来有增长的趋势。其中，农村小学生均校舍建筑面积、生均普通教室面积在 2020 年达到 21 世纪以来的最高值；生均教师办公室面积在 2013 年达到 0.48 平方米，为 21 世纪以来的最高值；生均运动场地面积的最高值出现在 2001 年，为 10.2 平方米。

在城乡小学底线用房实际生均面积的增长幅度方面，与 2001 年相比，2020 年，城市小学底线用房的实际生均面积增长幅度最大的指标是生均校舍建筑面积，增幅为 32.74%；其次是生均普通教室面积，增幅为 23.41%；生均运动场地面积增长极小，增幅为 0.85%；生均教师办公室面积经过波动发展后出现减少，降幅为 3%。农村小学底线用房的实际生均面积增长幅度最大的指标是生均校舍建筑面积，增幅为 97.01%；其次是生均普通教室面积和生均教师办公室面积，增幅分别为 48.78% 和 17.3%；生均运动场地面积出现减少，降幅为 14.47%。可以看出，无论是城市小学还是农村小学，底线用房各项指标的发展趋势大致相同，较大的两项依次为生均校舍建筑面积、生均普通教室面积，而城市生均教师办公室面积、生均运动场地面积的增减稍有波动。并且农村小学生均校舍建筑面积、生均普通教室面积、生均教师办公室面积的增长幅度均大于城市小学，但农村小学生均运动场地面积的降幅大于城市小学。

普通教室、教师办公室是学校的主要底线用房，通过国家基本建设经费投入的增加，学校校舍新建、改扩建成效显著，城市、农村生均普通教室面积不断增加；生均教师办公室面积的增长趋势存在城乡差异，农村生均教师办公室面积呈现出波动增长趋势，而城市生均教师办公室面积则呈现出降低的趋势，这表明城市生均教师办公室面积受到了近年来城镇化、大班额等问题的影响。另外，受到影响的还有生均运动场地面积，生均运动场地面积的增加不仅依赖于基本建设经费的投入，同时还受限于各地区土地可利用状况，随着城镇化的不断发展以及农村撤点并校工作的进行，各地区学校可利用土地资源减少，学生逐渐聚集，影响生均运动场地面积。

将农村小学底线用房的实际生均面积与城市小学底线用房的实际生均面积相减可以看出小学底线用房城乡差距的变化趋势（见表 4 - 15）。2001—2004 年，小学生均校舍建筑面积表现为城市大于农村，城乡差距逐渐缩小；之后，小学生均校舍建筑面积逐渐变为农村大于城市，从 2005 年的 0.15 平方米增至 2020 年的 2.44 平方米，城乡差距基本上呈现出逐年增大的趋势。小学生均普通教室面积表现为农村始终大于城市，城乡差距从 2001 年的 0.28 平方米增至 2020 年的 0.98 平方米，基本上呈现出逐年增大的趋势。小学生均教师办公室面积和生均运动场地面积的城乡差距有所波动，生均教师办公室面积的城乡差距从 2001 年的 0.02 平方米增至 2020 年的 0.1 平方米，城乡差距表现为农村始终大于城市，总体上呈现出波动增大的趋势；生均运动场地面积的城乡差距从 2001 年的 5.55 平方米降至 2020 年的 4.03 平方米，城乡差距表现为农村始终大于城市，总体上呈现出波动减小的趋势。总体来看，21 世纪以来，除了 2001—2004 年农村小学生均校舍建筑面积小于城市小学以外，在其余情况下农村小学底线用房的实际生均面积均大于城市小学，并且一些指标的城乡差距仍有扩大的趋势，表明国家对农村小学基本建设经费投入的成效明显，但是，同时也反映出城乡差距的扩大受学生向城性流动的影响较大，农村小学底线用房在一定程度上会有资源浪费的情况出现。

表 4 - 15 小学底线用房的城乡差距（农村 - 城市） （平方米）

年份	生均校舍建筑面积	生均普通教室面积	生均教师办公室面积	生均运动场地面积
2001	- 0.33	0.28	0.02	5.55
2002	- 0.32	0.33	0.03	3.17
2003	- 0.23	0.40	0.05	3.52
2004	- 0.04	0.51	0.06	3.78
2005	0.15	0.61	0.07	3.97
2006	0.21	0.62	0.05	4.04
2007	0.30	0.66	0.06	4.18
2008	0.44	0.72	0.07	4.09
2009	0.47	0.74	0.05	3.90

续表

年份	生均校舍建筑面积	生均普通教室面积	生均教师办公室面积	生均运动场地面积
2010	0.44	0.73	0.05	3.84
2011	0.70	0.69	0.05	3.42
2012	0.91	0.73	0.06	3.48
2013	1.32	0.84	0.08	3.88
2014	1.51	0.84	0.08	3.75
2015	1.59	0.82	0.07	3.68
2016	1.77	0.83	0.07	3.75
2017	2.03	0.87	0.08	3.95
2018	2.23	0.93	0.09	4.05
2019	2.40	0.97	0.10	4.00
2020	2.44	0.98	0.10	4.03

资料来源：根据《中国教育统计年鉴》（2001—2020 年）相关数据计算所得。

（2）在生均学习场所面积达标现状下运动场所面积提升的无力

2002 年实施的《城市普通中小学校校舍建设标准》与 2008 年实施的《农村普通中小学校建设标准》分别对城市与农村的中小学校舍建设做出标准规定，各项办学条件指标的标准值随着学校类别与规模的不同而变化，不同类别的学校班额也不同。2012 年实施的《中小学校设计规范》对主要教学用房的使用面积指标做出适用于城乡中小学校的规定，但这些指标是以班额为单位规定每间用房的使用面积，并未规定依据学校规模应配置多少间用房等。因此，本节以《城市普通中小学校校舍建设标准》《农村普通中小学校建设标准》中的相关标准作为办学条件指标的标准值。其中，城市和农村普通中小学校校舍建筑面积指标分规划指标和基本指标。规划指标是指根据学校规模和办学需要应配置校舍的面积指标，新建学校应按规划指标进行校园总体规划，编制和批准学校建设总体可行性研究报告与总体规划不应低于本指标。基本指标是指学校在分期建设时首期应建成校舍的面积指标。本节采用规划指标为标准，具体而言，城市学校以城市普通完全小学和普通初级中学的校舍建筑面积、各类用房使用面积规划指标为标准，农村学校以农村普通完全小学和普通初级中学的校舍建筑面积、各类用房使用面积规划指标为标准（见表 4 – 16）。

表 4 - 16　　　　　城乡小学办学条件指标标准值（底线用房）　　　（平方米）

办学条件指标	地区	6 班 270 人	12 班 540 人	18 班 810 人	24 班 1080 人	30 班 1350 人
生均校舍建筑面积	城市	—	10.00	8.30	7.90	7.20
	农村	8.25	7.81	6.75	6.54	—
生均普通教室面积	城市	—	1.36	1.36	1.36	1.36
	农村	1.40	1.30	1.33	1.30	—
生均教师办公室面积	城市	—	0.15	0.15	0.15	0.15
	农村	0.18	0.18	0.18	0.18	—
生均运动场地面积	城市	—	—	—	—	—
	农村	16.03	11.92	8.43	6.93	

随着城镇化以及教育城镇化的深入推进，大量学生离开农村生源地，逐渐形成城市巨班大校、农村学校小规模化的基本学校样态，对义务教育学校办学条件的资源配置与利用产生了重要影响。相关研究显示，2016年，镇区和乡村不足 100 人小学和教学点的占比分别为 22.32%、56.07%①，农村（镇区 + 乡村）有 48.63% 的小学和教学点不足 100 人（见表 4 - 17）。因此，本节将指标所具有的最小学校规模的相关标准作为衡量农村学校办学条件指标是否达标的参考依据，将最大学校规模的相关标准作为衡量城市学校办学条件指标是否达标的参考依据。

表 4 - 17　　2016 年城乡小学、教学点及不足 100 人小学、教学点情况

	城区	镇区	乡村	农村（镇区 + 乡村）
小学（所）	26649	44581	106403	150984
教学点（所）	1531	10106	86800	96906
小学和教学点（所；个）	28180	54687	193203	247890
不足 100 人小学（所）	1504	4166	30849	35015
不足 100 人教学点（个）	1101	8042	77481	85523
不足 100 人小学和教学点（所；个）	2605	12208	108330	120538
不足 100 人小学和教学点占比（%）	9.24	22.32	56.07	48.63

资料来源：秦玉友、曾文婧《新时代我国农村教育主要矛盾与战略抉择》，《中国教育学刊》2018 年第 8 期。

---

① 秦玉友、曾文婧：《新时代我国农村教育主要矛盾与战略抉择》，《中国教育学刊》2018 年第 8 期。

在城市小学底线用房的达标情况方面，根据相关标准（缺少城市小学生均运动场地面积的相关标准）（见表4-18），城市小学生均校舍建筑面积、生均普通教室面积、生均教师办公室面积30班1350人学校规模的标准值分别为7.2平方米、1.36平方米、0.15平方米。通过比对可以发现，尽管21世纪以来城市小学生均校舍建筑面积不断增长，但是到2020年（6.4平方米）为止，与7.2平方米的标准仍有一定的差距。21世纪以来，城市小学生均普通教室面积、生均教师办公室面积一直高于标准值，表明城市小学的普通教室和教师办公室使用相对充足。

表4-18　　　　　城乡小学底线用房指标标准值　　　　（平方米）

指标	城市小学（30班1350人）	农村小学（6班270人）
生均校舍建筑面积	7.20	8.25
生均普通教室面积	1.36	1.40
生均教师办公室面积	0.15	0.18
生均运动场地面积	—	16.03

在农村小学底线用房的达标情况方面，根据相关标准，农村小学生均校舍建筑面积、生均普通教室面积、生均教师办公室面积、生均运动场地面积6班270人学校规模的标准值分别为8.25平方米、1.4平方米、0.18平方米、16.03平方米。通过比对可以发现，农村小学生均校舍建筑面积不断增长，最大值为2020年的8.84平方米，于2018年超过了标准值。21世纪以来，与城市小学相同，农村小学生均普通教室面积、生均教师办公室面积一直高于标准值，表明农村小学的普通教室和教师办公室使用相对充足。相比之下，到2020年为止，农村小学生均运动场地面积始终与标准值具有较大差距。总体看来，农村小学底线用房面积增长整体良好，但结合城镇化等发展大势，国家仍需关注农村小学底线用房面积增长趋势下底线用房的浪费与紧缺问题。

2. 农村初中层面：城乡差距呈现出波动增大态势

（1）基本建设经费投入取得一定成效

根据2003—2020年城市和农村初中底线用房实际生均面积数据，可以

发现城市和农村初中底线用房的发展状况（见表 4 - 19）。从城市来看，
2003 年，城市初中生均校舍建筑面积、生均普通教室面积、生均教师办公
室面积、生均运动场地面积分别为 5.34 平方米、1.67 平方米、0.44 平方
米、4.98 平方米。到 2020 年，生均校舍建筑面积和生均普通教室面积增
长到 13.15 平方米、3.83 平方米，达到 21 世纪以来的最高值，呈现出逐
年增长的趋势；生均教师办公室面积在经历了一段时间的持续增长之后，
在 2016 年达到 21 世纪以来的最高值（0.73 平方米），随后在 2017 年出现
略微下降，至 2020 年为 0.72 平方米；生均运动场地面积经过波动增长，
2020 年增至 8.49 平方米，是 21 世纪以来的最高值。

表 4 - 19　　　　　　城市和农村初中底线用房的总体状况　　　　　（平方米）

年份	生均校舍建筑面积			生均普通教室面积			生均教师办公室面积			生均运动场地面积		
	城市	农村	全国	城市	农村	全国	城市	农村	全国	城市	农村	全国
2003	5.34	5.00	5.06	1.67	1.65	1.66	0.44	0.38	0.39	4.98	6.28	6.05
2004	5.70	5.34	5.41	1.78	1.75	1.76	0.46	0.40	0.41	5.16	6.51	6.27
2005	6.13	5.83	5.88	1.89	1.88	1.88	0.49	0.43	0.44	5.35	6.80	6.56
2006	6.35	6.40	6.40	1.91	2.00	1.98	0.50	0.43	0.44	4.99	7.14	6.80
2007	6.59	6.88	6.82	1.98	2.12	2.10	0.51	0.45	0.46	4.95	7.32	6.88
2008	6.93	7.29	7.22	2.04	2.23	2.19	0.53	0.47	0.49	5.01	7.42	6.96
2009	7.24	7.77	7.67	2.14	2.28	2.26	0.56	0.50	0.51	4.94	7.53	7.02
2010	7.62	8.36	8.21	2.21	2.42	2.38	0.58	0.53	0.54	5.11	7.76	7.23
2011	8.37	9.24	8.99	2.64	2.75	2.72	0.62	0.55	0.57	5.95	8.37	7.68
2012	9.05	10.40	9.99	2.89	3.10	3.03	0.65	0.60	0.61	6.33	9.10	8.26
2013	9.86	11.95	11.28	3.15	3.50	3.39	0.68	0.66	0.67	6.88	10.16	9.11
2014	10.52	12.73	11.99	3.29	3.65	3.53	0.69	0.67	0.68	7.30	10.47	9.41
2015	11.19	13.56	12.77	3.50	3.82	3.71	0.72	0.69	0.70	7.67	10.84	9.78
2016	11.74	14.20	13.36	3.51	3.85	3.79	0.73	0.70	0.71	7.92	11.13	10.03
2017	12.09	14.63	13.73	3.62	3.89	3.79	0.73	0.70	0.71	8.12	11.32	10.19
2018	12.26	14.73	13.84	3.63	3.90	3.80	0.72	0.69	0.70	8.17	11.27	10.14
2019	12.55	15.00	14.08	3.71	3.96	3.87	0.71	0.68	0.69	8.27	11.13	10.06
2020	13.15	15.55	14.62	3.83	4.10	4.00	0.72	0.70	0.71	8.49	11.37	10.26

资料来源：《中国教育统计年鉴》（2003—2020 年）。

从农村来看，2003年，农村初中生均校舍建筑面积、生均普通教室面积、生均教师办公室面积、生均运动场地面积分别为5平方米、1.65平方米、0.38平方米、6.28平方米。到2020年，生均校舍建筑面积、生均普通教室面积、生均教师办公室面积、生均运动场地面积增长至15.55平方米、4.1平方米、0.7平方米、11.37平方米，呈现出逐年增长的趋势，并且在2020年达到21世纪以来的最高值。

在城乡初中底线用房实际生均面积的增长幅度方面，与2003年相比，2020年，城市初中底线用房的实际生均面积增长幅度最大的指标是生均校舍建筑面积，增幅为146.38%，之后依次为生均普通教室面积、生均运动场地面积、生均教师办公室面积，增幅分别为129.59%、70.66%、64.09%。农村初中底线用房的实际生均面积增长幅度最大的指标是生均校舍建筑面积，增幅为211.03%，之后依次为生均普通教室面积、生均教师办公室面积、生均运动场地面积，增幅分别为147.81%、84.93%、81.24%。可以看出，无论是城市初中还是农村初中，底线用房各项指标的发展趋势基本一致，增长幅度从大到小前两项分别为生均校舍建筑面积、生均普通教室面积。而城市生均教师办公室面积增幅低于生均运动场地面积，农村生均教师办公室面积增幅略高于生均运动场地面积。此外，农村初中底线用房实际生均面积的增长幅度均大于城市初中，表明自2003年以来，农村初中底线用房的实际生均面积获得大幅增长，农村学校基本建设经费投入取得了一定的成效。

将农村初中底线用房的实际生均面积与城市初中底线用房的实际生均面积相减，可以看出初中底线用房城乡差距的变化趋势（见表4-20）。总体来看，生均校舍建筑面积和生均普通教室面积的城乡差距从城市大于农村逐渐变为农村大于城市；生均教师办公室面积始终表现为城市大于农村，但城乡差距波动缩小；生均运动场地面积始终表现为农村大于城市，城乡差距波动增大。具体而言，2003—2005年，初中生均校舍建筑面积和生均普通教室面积表现为城市大于农村，城乡差距呈现出波动缩小的态势；之后，初中生均校舍建筑面积和生均普通教室面积逐渐变为农村大于城市，分别从2006年的0.05平方米、0.09平方米增至2017年的2.54平方米、0.28平方米，至2020年又略有回落，分别为2.4平方米和0.27平方米，城乡差距呈现出波动增大的态势。

表4-20	初中底线用房的城乡差距（农村-城市）			（平方米）
年份	生均校舍建筑面积	生均普通教室面积	生均教师办公室面积	生均运动场地面积
2003	-0.34	-0.02	-0.06	1.30
2004	-0.36	-0.03	-0.06	1.35
2005	-0.30	-0.01	-0.06	1.46
2006	0.05	0.09	-0.07	2.16
2007	0.29	0.15	-0.06	2.37
2008	0.36	0.18	-0.06	2.41
2009	0.54	0.14	-0.07	2.59
2010	0.74	0.20	-0.05	2.65
2011	0.87	0.12	-0.07	2.42
2012	1.35	0.20	-0.05	2.77
2013	2.10	0.35	-0.02	3.28
2014	2.21	0.36	-0.02	3.18
2015	2.37	0.32	-0.03	3.16
2016	2.46	0.34	-0.04	3.21
2017	2.54	0.28	-0.03	3.20
2018	2.47	0.27	-0.03	3.10
2019	2.45	0.26	-0.02	2.86
2020	2.40	0.27	-0.01	2.88

资料来源：根据《中国教育统计年鉴》（2003—2020年）相关数据计算所得。

初中生均教师办公室面积和生均运动场地面积的城乡差距有所波动，城市初中生均教师办公室面积始终大于农村初中，城乡差距从2003年的0.06平方米降至2020年的0.01平方米，经历了城乡差距波动减小的过程；农村初中生均运动场地面积始终大于城市初中，城乡差距从2003年的1.3平方米增至2017年的3.2平方米，呈现出波动增大的趋势，至2020年略有回落，为2.88平方米。总体来看，国家对农村初中基本建设经费投入取得了一定的成效，但是伴随着城镇化的不断发展，出现了农村学生生源锐减问题，在加大农村基本建设经费投入的同时，更要注意农村学校的资源浪费问题。

（2）教师办公室面积相对充足，运动场地面积于标准附近上下浮动

与农村小学底线用房的达标状况相同，本节以《城市普通中小学校校

舍建设标准》《农村普通中小学校建设标准》中的相关标准作为办学条件
指标的标准值。具体而言，城市初中以城市普通初级中学的校舍建筑面
积、各类用房使用面积规划指标为标准，农村初中以普通初级中学的校舍
建筑面积、各类用房使用面积规划指标为标准（见表4-21）。

表4-21　　　　　　城乡初中办学条件指标标准值（底线用房）　　　　（平方米）

办学条件指标	地区	12班600人	18班900人	24班1200人	30班1500人
生均校舍建筑面积	城市	11.40	10.10	9.80	9.00
	农村	10.00	8.92	8.56	—
生均普通教室面积	城市	1.34	1.34	1.34	1.34
	农村	1.32	1.36	1.32	—
生均教师办公室面积	城市	0.20	0.20	0.20	0.20
	农村	0.23	0.23	0.23	—
生均运动场地面积	城市	—	—	—	—
	农村	11.21	12.38	9.28	

在城市初中底线用房的达标情况方面，根据相关标准（缺少城市初中
生均运动场地面积的相关标准），城市初中生均校舍建筑面积、生均普通
教室面积、生均教师办公室面积30班1500人学校规模的标准值分别为9
平方米、1.34平方米、0.2平方米。通过比对可以发现，2003年以来，城
市初中生均校舍建筑面积不断增长，在2012年达到9.05平方米，略超过
生均校舍建筑面积标准值，之后生均校舍建筑面积逐年增长，到2020年增
至13.15平方米，超过生均校舍建筑面积标准值4.15平方米。2003年以
来，城市初中生均普通教室面积、生均教师办公室面积一直高于标准值，
表明城市初中的普通教室和教师办公室使用相对充足。

在农村初中底线用房的达标情况方面，根据相关标准，农村初中生均
校舍建筑面积、生均普通教室面积、生均教师办公室面积、生均运动场地
面积12班600人学校规模的标准值分别为10平方米、1.32平方米、0.23
平方米、11.21平方米。通过比对可以发现，农村初中生均校舍建筑面积
不断增长，在2012年达到10.4平方米，略超过生均校舍建筑面积标准值，
之后生均校舍建筑面积逐年增长，到2020年增至15.55平方米，超过生均

校舍建筑面积标准值 5.55 平方米。2003 年以来，与城市初中相同，农村初中生均普通教室面积、生均教师办公室面积一直高于标准值，表明农村初中的普通教室和教师办公室使用相对充足。农村初中生均运动场地面积在 2017 年达到 11.32 平方米，略超过生均运动场地面积的标准值。2018 年农村初中生均运动场地面积略有下降，至 2019 年为 11.13 平方米，再次低于标准值。2020 年，农村初中生均运动场地面积增至 11.37 平方米，再次超过生均运动场地面积的标准值，表明近年来国家进一步加大了对农村初中运动场地的投入关注。

表 4 - 22　　　　　　**城乡初中底线用房指标标准值**　　　　　　（平方米）

指标	城市初中（30 班 1500 人）	农村初中（12 班 600 人）
生均校舍建筑面积	9.00	10.00
生均普通教室面积	1.34	1.32
生均教师办公室面积	0.20	0.23
生均运动场地面积	—	11.21

（三）农村义务教育学校提升性用房建设高效性勘验

在学校基本教学工作的开展得到保障之后，如何提升农村义务教育学校的办学质量和现代化水平是农村学校基本建设经费投入需要考量的重要方面。与传统的普通教室相比，提升性教学用房的设置具有一定的特殊标准与需求，体现了教育现代化发展的基本要求。从校舍提升性的角度来看，共有生均实验室面积、生均语音室面积、生均图书室面积、生均微机室面积、生均体育馆面积[①]五个办学条件指标。本节在梳理以往研究的基

---

① 此处有几点需要说明：1. 对城乡小学实验室的考察分别以《城市普通中小学校校舍建设标准》中的自然教室与《农村普通中小学校建设标准》中的科技教室为标准；对城乡初中实验室的考察分别以《城市普通中小学校校舍建设标准》与《农村普通中小学校建设标准》中的实验室（理、化、生）为标准。2. 城乡中小学微机室与《城市普通中小学校校舍建设标准》与《农村普通中小学校建设标准》中的计算机教室相对应。3. 城乡中小学体育馆与《城市普通中小学校校舍建设标准》与《农村普通中小学校建设标准》中的体育活动室相对应。4. 城市中小学语音室与《城市普通中小学校校舍建设标准》中的语言教室相对应。5. 语言教室只在《城市普通中小学校校舍建设标准》中有相关规定，《农村普通中小学校建设标准》并未涉及，因此生均语音室面积的达标状况只考察城市学校。

础上，考察农村学校提升性用房的实际使用状况与达标状况，以探究基本建设经费投入在农村学校提升性用房方面的高效性。

1. 农村小学层面：提升性用房面积逐年增长，达标状况整体良好

（1）农村小学提升性用房面积增长幅度大于城市小学

根据21世纪以来城市小学和农村小学提升性用房实际生均面积数据，可以考察城市和农村小学提升性用房的发展情况（见表4-23）。从城市来看，21世纪以来，城市小学生均实验室面积、生均图书室面积、生均微机室面积、生均语音室面积总体上呈现出波动增长的态势，生均体育馆面积呈现出逐年增长的态势。2001年，城市小学生均实验室面积、生均图书室面积、生均微机室面积、生均语音室面积分别为0.14平方米、0.11平方米、0.08平方米、0.03平方米。到2020年，城市小学生均实验室面积、生均图书室面积分别增长至0.21平方米、0.18平方米，分别达到21世纪以来的最高值；生均微机室面积和生均语音室面积一直呈波动增长趋势。城市小学生均体育馆面积自2011年有数据记录以来一直保持着逐年增长的态势，从2011年的0.12平方米增至2020年的0.27平方米。

从农村来看，21世纪以来，农村小学生均实验室面积、生均图书室面积总体上呈现出波动增长的态势，生均微机室面积、生均语音室面积、生均体育馆面积基本上呈现出逐年增长的态势。2001年，农村小学生均实验室面积、生均图书室面积、生均微机室面积、生均语音室面积分别为0.12平方米、0.11平方米、0.02平方米、0.01平方米。到2020年，分别增长至0.31平方米、0.27平方米、0.21平方米、0.06平方米，均为21世纪以来的最高值。农村小学生均体育馆面积自2011年有数据记录以来基本保持逐年增长的态势，从2011年的0.02平方米增至2020年的0.08平方米。

在城乡小学提升性用房实际生均面积的增长幅度方面，与2001年相比，2020年城市小学提升性用房的实际生均面积增长幅度最大的指标是生均微机室面积，增幅为70.76%，之后依次为生均图书室面积、生均实验室面积、生均语音室面积，增幅分别为67.92%、50.16%和34.17%；2020年，城市小学生均体育馆面积与2011年相比增幅为121.73%。农村小学提升性用房的实际生均面积增长幅度最大的指标是生均微机室面积，增幅为795.09%，之后依次为生均语音室面积、生均实验室面积、生均图

表 4－23　城市和农村小学提升性用房的总体状况

（平方米）

年份	生均实验室面积			生均图书室面积			生均微机室面积			生均语音室面积			生均体育馆面积		
	城市	农村	全国	城市	农村	全国	城市	农村	全国	城市	农村	全国	城市	农村	全国
2001	0.14	0.12	0.12	0.11	0.11	0.11	0.08	0.02	0.03	0.03	0.01	0.01	—	—	—
2002	0.14	0.13	0.13	0.11	0.11	0.11	0.09	0.03	0.04	0.04	0.01	0.01	—	—	—
2003	0.15	0.13	0.13	0.11	0.12	0.12	0.09	0.04	0.05	0.04	0.01	0.02	—	—	—
2004	0.15	0.14	0.14	0.11	0.12	0.12	0.10	0.05	0.06	0.04	0.01	0.02	—	—	—
2005	0.15	0.14	0.14	0.12	0.13	0.12	0.11	0.06	0.07	0.04	0.02	0.02	—	—	—
2006	0.15	0.14	0.15	0.12	0.13	0.13	0.11	0.08	0.08	0.05	0.02	0.02	—	—	—
2007	0.15	0.15	0.15	0.11	0.13	0.13	0.11	0.08	0.09	0.04	0.02	0.02	—	—	—
2008	0.14	0.15	0.15	0.11	0.13	0.13	0.11	0.09	0.09	0.04	0.02	0.03	—	—	—
2009	0.14	0.14	0.14	0.12	0.13	0.13	0.11	0.10	0.10	0.04	0.03	0.03	—	—	—
2010	0.14	0.14	0.14	0.12	0.13	0.13	0.12	0.10	0.11	0.04	0.03	0.03	—	—	—
2011	0.14	0.15	0.15	0.12	0.14	0.13	0.11	0.11	0.11	0.04	0.03	0.03	0.12	0.02	0.05
2012	0.16	0.17	0.17	0.13	0.15	0.15	0.12	0.12	0.12	0.04	0.03	0.03	0.14	0.02	0.06
2013	0.17	0.20	0.19	0.14	0.17	0.16	0.12	0.13	0.13	0.04	0.04	0.04	0.15	0.03	0.07
2014	0.17	0.21	0.20	0.15	0.19	0.17	0.12	0.14	0.14	0.04	0.04	0.04	0.16	0.04	0.08
2015	0.18	0.23	0.21	0.15	0.20	0.18	0.13	0.15	0.14	0.04	0.04	0.04	0.17	0.04	0.08
2016	0.19	0.26	0.23	0.16	0.22	0.20	0.13	0.17	0.16	0.04	0.05	0.05	0.18	0.05	0.09

年份	生均实验室面积			生均图书室面积			生均微机室面积			生均语音室面积			生均体育馆面积		
	城市	农村	全国	城市	农村	全国	城市	农村	全国	城市	农村	全国	城市	农村	全国
2017	0.20	0.28	0.25	0.17	0.24	0.22	0.13	0.19	0.17	0.04	0.05	0.05	0.20	0.05	0.10
2018	0.21	0.29	0.26	0.17	0.25	0.22	0.13	0.20	0.18	0.04	0.05	0.05	0.21	0.06	0.12
2019	0.20	0.30	0.27	0.18	0.26	0.23	0.13	0.21	0.18	0.04	0.06	0.06	0.23	0.07	0.13
2020	0.21	0.31	0.27	0.18	0.27	0.23	0.13	0.21	0.18	0.04	0.06	0.05	0.27	0.08	0.15

资料来源：《中国教育统计年鉴》（2001—2020年）。

书室面积，增幅分别为 656.55%、157.96% 和 144.45%；2020 年农村小学生均体育馆面积与 2011 年相比增幅为 229.02%。可以看出，无论是城市小学还是农村小学，提升性用房各项指标均得到不同程度的增长，特别是农村小学提升性用房实际生均面积的增长幅度远大于城市小学，表明 21 世纪以来基本建设经费在农村小学提升性用房方面取得了显著成效。

　　将农村小学提升性用房的实际生均面积与城市小学提升性用房的实际生均面积相减可以看出小学提升性用房城乡差距变化趋势（见表 4-24）。总体来看，生均实验室面积、生均微机室面积、生均语音室面积的城乡差距从城市大于农村逐渐变为农村大于城市；生均图书室面积始终表现为农村大于城市，城乡差距波动增大；生均体育馆面积始终表现为城市大于农村，城乡差距波动增大。具体而言，2001—2004 年，小学生均实验室面积表现为城市大于农村，城乡差距逐年缩小；之后，小学生均实验室面积逐渐变为农村大于城市，城乡差距从 2005 年的基本持平增至 2020 年的 0.10 平方米，呈现出波动增大的态势。2001—2011 年，生均微机室面积表现为城市大于农村，城乡差距波动缩小；之后逐渐变为农村大于城市，城乡差距从 2012 年的基本持平增至 2020 年的 0.08 平方米，呈现出城乡差距持续增大的态势。2001—2014 年，生均语音室面积表现为城市大于农村，城乡差距逐渐缩小；之后逐渐变为农村大于城市，城乡差距从 2015 年的基本持平增至 2020 年的 0.02 平方米，呈现出城乡差距持续增大的态势。自 2001 年以来，农村小学生均图书室面积始终大于城市小学，并且城乡差距持续增大，到 2020 年，农村小学生均图书室面积的城乡差距为 0.09 平方米。2011 年城市小学生均体育馆面积大于农村小学，城乡差距为 0.1 平方米，此后一直保持着城市大于农村的态势，城乡差距逐年增大，到 2020 年，农村小学生均体育馆面积的城乡差距为 0.19 平方米。从各项指标的实际情况来看，提升性用房的城乡差距均持续增大，农村小学一些提升性用房指标的实际生均面积近年来逐渐赶超城市小学，只有生均体育馆面积这一指标农村小学始终小于城市小学。

表4-24 小学提升性用房的城乡差距（农村-城市） （平方米）

年份	生均实验室面积	生均图书室面积	生均微机室面积	生均语音室面积	生均体育馆面积
2001	-0.02	0.00	-0.05	-0.02	—
2002	-0.02	0.00	-0.06	-0.03	—
2003	-0.01	0.01	-0.05	-0.03	—
2004	-0.01	0.01	-0.05	-0.03	—
2005	0.00	0.01	-0.05	-0.03	—
2006	0.00	0.01	-0.04	-0.03	—
2007	0.00	0.02	-0.03	-0.02	—
2008	0.01	0.02	-0.02	-0.02	—
2009	0.00	0.01	-0.01	-0.02	—
2010	0.00	0.01	-0.01	-0.01	—
2011	0.01	0.02	-0.01	-0.01	-0.10
2012	0.02	0.02	0.00	-0.01	-0.11
2013	0.03	0.03	0.01	-0.01	-0.12
2014	0.04	0.04	0.02	0.00	-0.12
2015	0.05	0.05	0.03	0.00	-0.13
2016	0.07	0.06	0.04	0.01	-0.13
2017	0.08	0.08	0.06	0.01	-0.14
2018	0.09	0.08	0.07	0.01	-0.15
2019	0.10	0.09	0.08	0.02	-0.16
2020	0.10	0.09	0.08	0.02	-0.19

资料来源：根据《中国教育统计年鉴》（2001—2020年）相关数据计算所得。

（2）提升性用房建筑面积基本达标，体育馆面积与标准距离较大

城乡小学提升性用房的标准与底线性用房同样采用《城市普通中小学校校舍建设标准》《农村普通中小学校建设标准》中的相关标准作为办学条件指标的标准值。具体而言，城市学校以城市普通完全小学和普通初级中学的校舍建筑面积、各类用房使用面积规划指标为标准，农村学校以农村普通完全小学和普通初级中学的校舍建筑面积、各类用房使用面积规划指标为标准（见表4-25）。

表 4 - 25　　　　　　　城乡小学办学条件指标标准值（提升性用房）　　　　（平方米）

办学条件指标	地区	6 班 270 人	12 班 540 人	18 班 810 人	24 班 1080 人	30 班 1350 人
生均实验室面积	城市	—	0.16	0.11	0.16	0.13
	农村	0.30	0.15	0.10	0.15	—
生均图书室面积	城市	—	0.22	0.21	0.20	0.20
	农村	0.30	0.22	0.20	0.19	—
生均微机室面积	城市	—	0.16	0.11	0.16	0.13
	农村	0.30	0.15	0.10	0.15	—
生均语音室面积	城市	—	0.16	0.11	0.08	0.06
	农村	—	—	—	—	—
生均体育馆面积	城市	—	1.24	0.83	0.62	0.50
	农村	—	0.56	0.37	0.28	—

　　根据城乡小学提升性用房指标标准值可知，在城市小学提升性用房的达标情况方面，根据相关标准，城市小学生均实验室面积、生均图书室面积、生均微机室面积、生均语音室面积、生均体育馆面积 30 班 1350 人学校规模的标准值分别为 0.13 平方米、0.2 平方米、0.13 平方米、0.06 平方米、0.5 平方米。通过比对可以发现，21 世纪以来，城市小学生均实验室面积在 2002 年达到标准值后，不断增长并始终高于标准值，表明城市小学生均实验室面积使用相对充足。生均微机室面积在 2015 年达到 0.13 平方米的标准值，此后保持着稳健的发展态势。尽管 21 世纪以来城市小学生均图书室面积、生均语音室面积、生均体育馆面积不断增长，但是到 2020 年仍与 0.2 平方米、0.06 平方米、0.5 平方米的标准值有一定的差距。

　　在农村小学提升性用房的达标情况方面，根据相关标准（缺少农村小学生均语音室面积的相关标准），农村小学生均实验室面积、生均图书室面积、生均微机室面积 6 班 270 人学校规模的标准值均为 0.3 平方米；生均体育馆面积 12 班 540 人学校规模的标准值为 0.56 平方米。通过比对可以发现，农村小学生均实验室面积不断增长，于 2020 年达到了 0.31 平方米，略高于标准值，尽管 21 世纪以来农村小学生均图书室面积、生均微机室面积同样不断增长，到 2020 年分别达到 0.27 平方米、0.21 平方米的最大值，但是仍未达到标准值。其中，生均图书室面积与标准值较为接近，生均微机室面积与标准值的差距较大。相比之下，按照 12 班 540 人学校规模的标准值，农村小学生均体育馆面积始终与标准值具有较大差距，这与农村小学多为小规模学校，相关标准缺乏对小规模学校体育馆建设的合理判断有关。

表 4-26　　　　　　　　　城乡小学提升性用房指标标准值　　　　　　（平方米）

指标	城市小学（30 班 1350 人）	农村小学（6 班 270 人）
生均实验室面积	0.13	0.30
生均图书室面积	0.20	0.30
生均微机室面积	0.13	0.30
生均语音室面积	0.06	—
生均体育馆面积	0.50	0.56（12 班 540 人）

2. 农村初中层面：提升性用房面积逐年增长，达标状况整体良好

（1）农村初中提升性用房生均面积增幅显著大于城市初中

根据 21 世纪以来城市和农村初中提升性用房实际生均面积数据，可以发现城市初中和农村初中提升性用房的发展情况（见表 4-27）。从城市来看，21 世纪以来，城市初中生均实验室面积、生均图书室面积、生均微机室面积、生均体育馆面积呈现出逐年增长的态势；生均语音室面积总体上呈现出波动增长的态势。2003 年，城市初中生均实验室面积、生均图书室面积、生均微机室面积、生均语音室面积分别为 0.37 平方米、0.13 平方米、0.1 平方米、0.05 平方米。到 2020 年，城市初中生均实验室面积、生均图书室面积、生均微机室面积、生均语音室面积分别增长至 0.87 平方米、0.39 平方米、0.23 平方米、0.08 平方米，为 21 世纪以来的最高值。城市初中生均体育馆面积自 2011 年有数据记录以来一直保持着逐年增长的态势，从 2011 年的 0.26 平方米增至 2020 年的 0.57 平方米。

从农村来看，21 世纪以来，农村初中生均实验室面积、生均图书室面积、生均微机室面积、生均语音室面积、生均体育馆面积基本上呈现出逐年增长的态势。2003 年，农村初中生均实验室面积、生均图书室面积、生均微机室面积、生均语音室面积分别为 0.28 平方米、0.09 平方米、0.07 平方米、0.03 平方米。到 2020 年，分别增长至 0.93 平方米、0.37 平方米、

表4-27　城市和农村初中提升性用房的总体状况　　　　　　　　　　　　　　　　　　（平方米）

年份	生均实验室面积			生均图书室面积			生均微机室面积			生均语音室面积			生均体育馆面积		
	城市	农村	全国	城市	农村	全国	城市	农村	全国	城市	农村	全国	城市	农村	全国
2003	0.37	0.28	0.30	0.13	0.09	0.10	0.10	0.07	0.07	0.05	0.03	0.03	—	—	—
2004	0.39	0.30	0.31	0.14	0.10	0.11	0.11	0.08	0.08	0.05	0.03	0.03	—	—	—
2005	0.42	0.32	0.34	0.15	0.11	0.11	0.12	0.09	0.09	0.06	0.03	0.04	—	—	—
2006	0.43	0.34	0.36	0.16	0.12	0.12	0.13	0.11	0.11	0.06	0.04	0.04	—	—	—
2007	0.44	0.37	0.38	0.17	0.12	0.13	0.13	0.12	0.12	0.06	0.04	0.05	—	—	—
2008	0.46	0.39	0.40	0.18	0.13	0.14	0.14	0.13	0.13	0.06	0.05	0.05	—	—	—
2009	0.48	0.41	0.43	0.19	0.14	0.15	0.14	0.14	0.14	0.06	0.05	0.05	—	—	—
2010	0.52	0.44	0.46	0.20	0.15	0.16	0.15	0.15	0.15	0.06	0.05	0.05	—	—	—
2011	0.56	0.50	0.51	0.22	0.17	0.18	0.17	0.17	0.17	0.07	0.06	0.06	0.26	0.06	0.11
2012	0.61	0.57	0.58	0.24	0.19	0.21	0.18	0.19	0.19	0.07	0.06	0.07	0.27	0.06	0.12
2013	0.68	0.67	0.67	0.27	0.23	0.24	0.19	0.22	0.21	0.07	0.07	0.07	0.32	0.08	0.16
2014	0.72	0.72	0.72	0.30	0.26	0.27	0.20	0.23	0.22	0.07	0.08	0.07	0.35	0.10	0.19
2015	0.77	0.78	0.77	0.32	0.28	0.30	0.21	0.24	0.23	0.07	0.08	0.08	0.39	0.11	0.21
2016	0.80	0.85	0.83	0.34	0.32	0.33	0.23	0.26	0.25	0.08	0.09	0.09	0.42	0.13	0.23
2017	0.83	0.89	0.87	0.36	0.33	0.34	0.23	0.26	0.25	0.08	0.09	0.09	0.45	0.14	0.25
2018	0.85	0.90	0.88	0.37	0.34	0.35	0.23	0.27	0.25	0.08	0.09	0.08	0.47	0.16	0.27
2019	0.85	0.91	0.89	0.37	0.35	0.36	0.23	0.27	0.25	0.08	0.09	0.09	0.51	0.17	0.30
2020	0.87	0.93	0.91	0.39	0.37	0.38	0.23	0.28	0.26	0.08	0.10	0.09	0.57	0.20	0.34

资料来源：《中国教育统计年鉴》（2003—2020年）。

0.28 平方米、0.1 平方米，均为 21 世纪以来的最高值。农村初中生均体育馆面积自 2011 年有数据记录以来保持着逐年增长的态势，从 2011 年的 0.06 平方米增至 2020 年的 0.2 平方米。

在城乡初中提升性用房实际生均面积的增长幅度方面，与 2003 年相比，2020 年，城市初中底线用房的实际生均面积增长幅度最大的指标是生均图书室面积，增幅为 198.17%，之后依次为生均微机室面积、生均实验室面积、生均语音室面积，增幅分别为 137.81%、133.69% 和 66.42%。农村初中提升性用房的实际生均面积增长幅度最大的指标是生均微机室面积，增幅为 323.14%，之后依次为生均图书室面积、生均语音室面积、生均实验室面积，增幅分别为 297.29%、266.06% 和 234.34%。可以看出，无论是城市初中还是农村初中，提升性用房各项指标均得到不同程度的增长，特别是农村初中提升性用房实际生均面积的增长幅度远大于城市初中，表明 21 世纪以来基本建设经费在改善农村初中提升性用房方面取得了显著成效。

将农村初中提升性用房的实际生均面积与城市初中提升性用房的实际生均面积相减，可以看出初中提升性用房城乡差距的变化趋势（见表 4－28）。总体来看，生均实验室面积、生均微机室面积、生均语音室面积的城乡差距从城市大于农村逐渐变为农村大于城市；生均图书室面积始终表现为城市大于农村，城乡差距呈现出先增大后缩小的态势；生均体育馆面积始终表现为城市大于农村，城乡差距逐年增大。具体而言，2003—2014 年，初中生均实验室面积表现为城市大于农村，城乡差距波动缩小，之后，初中生均实验室面积表现为农村大于城市，城乡差距从 2015 年的 0.01 平方米增至 2020 年的 0.06 平方米，呈现出逐年增大的态势。2003—2008 年，生均微机室面积表现为城市大于农村，城乡差距逐年缩小；之后逐渐变为农村大于城市，城乡差距从 2009 年的基本持平增至 2020 年的 0.04 平方米，呈现出波动增大的态势。2003—2012 年，生均语音室面积表现为城市大于农村，城乡差距波动缩小，之后表现为农村大于城市，城乡差距从 2013 年的基本持平增至 2020 年的 0.01 平方米，经历了城乡差距波动缩小的态势。生均图书室面积始终表现为城市大于农村，城乡差距从 2003 年的 0.04 平方米增至 2009 年、2011 年的 0.06 平方米，之后降至 2020 年的 0.02 平方米，呈现出先增大后缩小的态势。生均体育馆面积始终表现为城市大于农村的状态，城乡差距从 2011 年的 0.2 平方米增至 2020 年的 0.37 平方米，呈现出逐年增大的趋势。总体来看，初中阶段提升性用房的城乡差距均持续增大，农村初中一些提升性用房指标的实际生均面积近年来逐渐赶超城市初中，只有在生均图书室面积和生均体育馆面积指标上农村初中始终小于城市初中，且农村初中生均体育馆面积与城市生均体育馆面积的差距逐渐拉大。

表 4 - 28　　　　　初中提升性用房的城乡差距（农村 - 城市）　　　　（平方米）

年份	生均实验室面积	生均图书室面积	生均微机室面积	生均语音室面积	生均体育馆面积
2003	- 0.09	- 0.04	- 0.03	- 0.02	—
2004	- 0.09	- 0.04	- 0.03	- 0.02	—
2005	- 0.10	- 0.05	- 0.03	- 0.02	—
2006	- 0.09	- 0.05	- 0.02	- 0.02	—
2007	- 0.07	- 0.05	- 0.01	- 0.02	—
2008	- 0.07	- 0.05	- 0.01	- 0.01	—
2009	- 0.07	- 0.06	0.00	- 0.01	—
2010	- 0.07	- 0.05	0.00	- 0.01	—
2011	- 0.06	- 0.05	0.00	- 0.01	- 0.20
2012	- 0.04	- 0.05	0.01	- 0.01	- 0.21
2013	- 0.02	- 0.04	0.02	0.00	- 0.24
2014	- 0.01	- 0.04	0.02	0.00	- 0.25
2015	0.01	- 0.04	0.03	0.01	- 0.27
2016	0.05	- 0.03	0.04	0.01	- 0.29
2017	0.06	- 0.03	0.03	0.01	- 0.31
2018	0.05	- 0.03	0.04	0.01	- 0.32
2019	0.06	- 0.02	0.04	0.01	- 0.34
2020	0.06	- 0.02	0.04	0.01	- 0.37

资料来源：根据《中国教育统计年鉴》（2003—2020 年）相关数据计算所得。

（2）三项指标高于标准值，生均体育馆面积仍有较大差距

城乡初中提升性用房的标准与底线性用房同样采用《城市普通中小学校校舍建设标准》《农村普通中小学校建设标准》中的相关标准作为办学

条件指标的标准值。具体而言，城市学校以城市普通完全小学和普通初级中学的校舍建筑面积、各类用房使用面积规划指标为标准，农村学校以农村普通完全小学和普通初级中学的校舍建筑面积、各类用房使用面积规划指标为标准（见表4-29）。

表4-29　　　　城乡初中办学条件指标标准值（提升性用房）　　　（平方米）

办学条件指标	地区	12班600人	18班900人	24班1200人	30班1500人
生均实验室面积	城市	0.32	0.32	0.32	0.32
	农村	0.47	0.31	0.31	—
生均图书室面积	城市	0.30	0.29	0.28	0.28
	农村	0.26	0.24	0.23	—
生均微机室面积	城市	0.16	0.11	0.08	0.06
	农村	0.16	0.10	0.16	—
生均语音室面积	城市	0.16	0.11	0.16	0.13
	农村	—	—	—	—
生均体育馆面积	城市	1.17	1.11	1.08	0.87
	农村	0.50	0.50	0.51	—

根据城乡初中提升性用房指标标准值可知，在城市初中提升性用房的达标情况方面，根据相关标准，城市初中生均实验室面积、生均图书室面积、生均微机室面积、生均语音室面积、生均体育馆面积30班1500人学校规模的标准值分别为0.32平方米、0.28平方米、0.06平方米、0.13平方米、0.87平方米。通过比对可以发现，21世纪以来，城市初中生均实验室面积、生均微机室面积不断增长，并始终高于标准值，表明城市初中生均实验室面积、生均微机室面积使用相对充足。生均图书室面积在2014年达到0.3平方米，此前一直未达到标准，之后一直超过0.28平方米的标准值。尽管21世纪以来城市初中生均语音室面积、生均体育馆面积不断增长，但是到2020年与0.13平方米、0.87平方米的标准值仍有一定的差距。

在农村初中提升性用房的达标情况方面，根据相关标准（缺少农村初中生均语音室面积的相关标准），农村初中生均实验室面积、生均图书室面积、生均微机室面积、生均体育馆面积 12 班 600 人学校规模的标准值分别为 0.47 平方米、0.26 平方米、0.16 平方米、0.5 平方米。通过比对可以发现，农村初中生均实验室面积、生均微机室面积在 2011 年分别达到 0.5 平方米、0.17 平方米，超过各自标准值；生均图书室面积在 2014 年达到 0.26 平方米的标准值，并且这三项指标到 2020 年始终高于标准值。尽管 21 世纪以来农村初中生均体育馆面积不断增长，到 2020 年达到 0.2 平方米的最大值，但是仍未达到标准值且具有较大差距。这表明农村初中提升性用房面积增长状况整体良好，但是生均体育馆面积仍需得到更多关注。

表 4-30　城乡初中提升性用房指标标准值　（平方米）

指标	城市初中（30 班 1500 人）	农村初中（12 班 600 人）
生均实验室面积	0.32	0.47
生均图书室面积	0.28	0.26
生均微机室面积	0.06	0.16
生均语音室面积	0.13	—
生均体育馆面积	0.87	0.50

第五章

结论与建议

本章导读

　　本书的主要任务是对农村教育经费投入体量的充分性、支出结构的合理性和使用的高效性进行分析与评价。从理论上讲，在分析与评价完农村教育经费投入效益，研究的主体任务就完成了。从这个意义上讲，前几章就完成了本书的主要任务。但是作为一项研究，特别是政策取向比较强的研究，又必须有政策性完善建议。本章主要基于前几章的研究结论，适当借鉴其他研究者的相关研究成果，补充性地整合本课题其他研究成果。本章归纳与总结了前几章的研究内容，发现农村教育投入逐年提升且城乡投入差距稳步缩小，农村教育发展不平衡不充分的矛盾依然突出，农村教育投入面临着财权与事权不匹配的困境，教育投入条块分割与实际统筹使用张力明显，多级教育投入体制下的"挤出效应"日益凸显。为进一步巩固农村教育经费投入效益，应对农村教育经费投入效益提升所面临的挑战，要进一步推进体制机制改革，构建具有积极城乡差异的教育投入经费标准，优化农村教育经费投入的分级分担机制，提升农村教育经费投入的分配使用效能，推进农村教育经费投入体制机制的进一步完善。

一　研究发现

（一）农村教育投入逐年提升且城乡投入差距稳步缩小

　　自 21 世纪以来，中国公共财政用于支持教育发展的力度明显加大，财政性教育经费从 2000 年的 2562.61 亿元,增加到 2020 年的 42908.15 亿元,增长了 15.74 倍,教育经费投入充裕程度不断增强。从国家财政性教育经费占 GDP 的比例来看,2000 年占比为 2.56%,经过多年努力,于 2012 年达到 4.3%,首次超过 4%,之后持续保持在 4% 以上,2020 年国家财政性教育经费占 GDP 的比例为 4.22%。按照世界银行的报告,2020 年,世界平均水平约为 4.3%,其中,高收入国家达到 5.2% 左右,中国财政性教育经费投入依然有较大的上升空间。[①] 但不可否认的是,在国家经济社会快速发展的强力推动下,教育经费投入呈现出稳步上升态势,为中国教育迈向更高质量的发展提供了较为充裕的经费支持。从城乡角度来看,在经历教育投入的体制机制改革后,近年来,中国城乡义务教育财政性教育经费投入的差距在稳步缩小。从总量上看,2000—2020 年,全国义务教育财政性教育经费投入总量从 1476.89 亿元提高到 22244.11 亿元,增长 14.06 倍。其中,农村义务教育经费投入从 2000 年的 866.68 亿元增长到 2020 年的 12777.33 亿元,增长 13.74 倍;从占比角度来看,农村义务教育财政性教育经费投入占全国义务教育财政性教育经费投入的比例从 2000 年的 58.68% 增长到 2015 年的 64.83%,增长超过 6 个百分点。2015 年及之后农村义务教育财政性教育经费占全国义务教育财政性教育经费的比例虽略有下降,但仍维持在较高水平,2020 年这一比例为 57.44%。

义务教育阶段教育经费支出水平体现出更为明显的增长趋势。首先,就公共财政预算教育经费支出来看,农村小学公共财政预算教育经费支出从 2001 年的 5088813.4 万元,增长至 2020 年的 68956576.9 万元,增长了 12.55 倍。农村初中公共财政预算教育经费支出由 2001 年的 2403378.5 万元,增长至 2020 年的 41143807 万元,增长了 16.12 倍。从城乡对比来看,2001—2014 年,农村初中公共财政预算教育经费支出占全国的比例持续提高,2014 年达到 64.86%;尽管 2015 年后这一比例略有降低,但 2020 年这一比例为 57.54%,仍比 2001 年高出 8 个百分点。其次,就生均一般公共预算教育事业费支出来看,2001 年,农村小学生均一般公共预算教育事业费支出为 550.96 元,2020 年增长至 11178.71 元,增长了 19.29 倍;农

---

① UNESCO Institute for Statistics (UIS), https://data.worldbank.org.cn/indicator/SE.XPD.TOTL.GD.ZS, 2022 – 10 – 24.

村小学生均一般公共预算教育事业费支出占全国的比例从 2001 年的 85.38% 升至 2013 年 99.32%，之后虽逐年下降，但 2020 年这一比例为 95.92%，仍比 2001 年高出 10 个百分点，城乡差距明显缩小。初中生均一般公共预算教育事业费支出也呈相似的趋势，2001 年，农村初中生均一般公共预算教育事业费支出为 656.18 元，2020 年增长至 15112.1 元，增长了 22.03 倍；农村初中生均一般公共预算教育事业费支出占全国的比例从 2001 年的 80.31% 升至 2013 年 99.32%，之后虽逐年下降，但 2020 年这一比例为 90.85%，仍高出 2001 年 10 个百分点。最后，就生均一般公共预算公用经费支出来看，2001 年，农村小学生均一般公共预算公用经费支出为 28.12 元，2020 年增长至 2586.72 元，增长了 90.99 倍；农村小学生均一般公共预算公用经费支出占全国的比例从 2001 年的 62.24% 升至 2013 年的 95.41%，之后虽略有下降，但到 2020 年这一比例为 90.02%，仍远高于 2001 年的 62.24%。在初中阶段，农村初中生均一般公共预算公用经费支出从 2001 年的 44.95 元，增长至 2020 年的 3633.56 元，增长了 79.84 倍。农村初中生均一般公共预算公用经费支出占全国的比例从 2001 年的 53.9% 上升至 2013 年的 99.48%，之后虽逐年下降，但到 2020 年，这一比例为 86.85%，仍远高于 2001 年的 53.9%。可见，无论是小学还是初中，农村公共财政预算教育经费支出、生均一般公共预算教育事业费支出和生均一般公共预算公用经费支出均呈增长趋势，且农村公共财政预算教育经费支出、生均一般公共预算教育事业费支出和生均一般公共预算公用经费支出占全国的比例明显提高，这意味着城乡之间的差距逐渐缩小。近年来城乡义务教育经费投入差距稳步缩小，为中国义务教育的全面、优质、均衡发展提供了保障。

（二）农村教育发展不平衡不充分的矛盾依然突出

党的十九大报告指出，中国社会主要矛盾已经转化为人民日益增长的美好生活需要和不平衡不充分发展之间的矛盾。党的二十大报告再次指出，要紧紧围绕这个社会主要矛盾推进各项工作。随着社会主要矛盾的变化，农村教育主要矛盾也发生了变化。当前，中国农村教育主要矛盾已经转化为人民日益增长的优质教育需求与不平衡不充分的教育发展之间的矛盾。① 中国农村教育发展不平衡的挑战体现在三个方面：首先，区域间教育发展不平衡。长期以来，中央与地方政府对农村义务教育经费保障的责任侧重以东、中、西区域为标准来划定。本书从东、中、西、东北地区划分角度进行的研究发现，农村教育经费在投入充分性和支出合理性上都表现出不平衡。其次，县域教育发展不平衡。目前，县域教育发展基本均衡局面尚未全面实现，到 2019 年底，全国尚有 9 个省份 136 个县（市、区）未通过义务教育发展基本均衡县（市、区）督导评估认定，占总数的 4.68%。② 最后，群体间教育发展失衡。在快速城镇化时期和社会转型时期，尚有部分进城务工人员随迁子女，特别是人口流入主导型城镇进城务工人员随迁子女面临着就学条件门槛高，难以进入公办学校就读，异地升学困难等问题。

中国农村教育发展不充分的挑战表现在三个方面：首先，中国对农村地区和中西部欠发达地区教育投入水平不高。近年来，虽然国家对农村教育投入经费持续增加，但一些农村地区，特别是贫困地区农村教育财政投入仍然持续低于全国平均水平，难以为当地农村教育发展提供有力支撑。其次，农村教师素质水平不高。在教师队伍建设方面，农村社会环境与农村学校环境对教师缺乏吸引力，农村教师素质与城镇教师相比整体上还有较大差距，农村教育投入需要着力突破人才瓶颈。最后，农村教育内涵式发展水平不高。教育投入在追求规模、数量向质量和效益转型方面的发展还不够充分，中国教育发展与产业结构调整升级、市场对人才需求没有完全实现对接，在一定程度上存在着失序问题。中国农村教育发展不平衡、不充分的矛盾亟待解决。

（三）农村教育投入面临财权与事权不匹配的困境

2006 年以来，中国实行多级共担、省级统筹的农村教育投入体制。自分税制改革后，财权逐步向上集中，农村义务教育投入体制从"以县为主"转向"多级共担"。随着财力更为充裕的中央和省级政府的制度性介入，农村教育经费投入更有保障、农民直接负担减轻。但农村地区中小学

---

① 秦玉友、曾文婧：《新时代我国农村教育主要矛盾与战略抉择》，《中国教育学刊》2018年第 8 期。

② 教育部：《2019 年全国义务教育均衡发展督导评估工作报告》，2020 年 5 月 19 日。

分布范围广，基层政府具有明显的地缘、信息优势，上级政府尤其是中央和省级政府难以掌握全面与详细的决策信息。如果上级管得过严、过具体，就会拉长管理线，导致信息收集困难，不仅增加管理成本，而且会束缚基层政府的手脚，甚至将基层政府移出管理主体。如果管得过于笼统，就缺乏可操作性，根本无法适应差别巨大且处于动态变化中的基层情况[1]，甚至会滋生地方政府为了自己的利益而钻政策空子，进行政策替换、政策过度诠释等问题。

中华人民共和国成立以来，在农村教育投入体制变迁中，各级政府基于自身财权与财力，对应该承担什么样的责任一直莫衷一是，也导致农村教育投入事权与财权失衡。如 2020 年中央财政收入为 82771 亿元，占全国财政收入的比例为 45.26%，地方财政收入为 100124 亿元，占全国财政收入的比例为 54.74%。[2] 在教育投入方面，2020 年全国一般公共预算教育经费为 36310.47 亿元，其中，中央财政教育经费为 5413.71 亿元，占总额的 14.91%。[3] 这一数据折射出财权与所要承担的事权不统一、失衡的问题，农村教育投入责任主体重心是否应该继续上移，形成"以省为主、中央统筹"的教育投入机制？管理成本和决策信息细节问题的掌握事宜该怎么解决？在中国行政集权框架下，财政分权的合理边界是什么？在多级共担的责任体制下，各级政府承担义务教育经费的比例该如何设定？中央转移支付的比例该如何确定？这些都是亟待解决的问题。

（四）农村教育投入条块分割与实际统筹使用张力明显

中国目前存在着教育投入条块分割与实际统筹使用需求之间的矛盾，这主要体现在三个方面。首先，农村教育投入专项资金之间缺乏协调性。目前，各级政府的教育专项拨款名目繁多，造成资金分散使用、浪费巨大。各种专项资金主要涵盖三个方面：教师工资、公用经费、校舍维修改造费用。为了防止经费挪用与另作他用，相关部门出台了严苛、细致的管

---

[1] 宗晓华：《从乡村自给到公共财政保障——我国农村义务教育投入体制演变分析》，《教育发展研究》2008 年第 23 期。

[2] 财政部调研小组：《2020 年中国财政政策执行情况报告》，2021 年 3 月 6 日。

[3] 教育部、国家统计局、财政部：《关于 2020 年全国教育经费执行情况统计公告》，2021 年 11 月 16 日。

理规定，导致公用经费和校舍维修改造费用之间处于相互独立状态。经费投入的条块分割增加了统筹使用的难度，不能根据实际需求进行灵活调整。如不少农村地区学校修建了新的图书馆，里面却没有书架和书；学校食堂修缮一新，里面却没有像样的饭桌和基本炊具；新建的教学大楼宽敞明亮，里面的书桌却依然破旧不堪。

其次，各级政府投入之间协调性不佳。中国各级政府之间是一种层级性的委托代理关系，在教育投入上往往都是上传下达，各级政府间执行的是以东、中、西为标准进行的分项目、按比例分担投入的责任划分。长期以来我们是先有上级下达的教育经费总额，然后按照下达的总额进行经费项目支出预算，农村教育投入是一种逻辑颠倒性的预算。地方实际需求难以高效地下传上达，自下而上的反馈路径遇阻，在多级共担时期，甚至出现了对农村教育某些领域的投入一拥而上，而对其他领域置若罔闻的现象，导致教育投入分配与实际需求在不同项目上存在着供大于求和供小于求，甚至有求无供并存的窘态。

最后，教育经费投入缺乏统筹、衔接不当。教育投入是一个周期性较长的投入，不是一蹴而就的，而中国教育经费是以年度进行拨付，每一年都会重新制定预算。但是，现实是某些农村教育投入需要持续性和延续性，如不少农村学校的教室里面安装了多媒体、互联网设备，但因缺乏专职培训人员而不会使用这些设备，或维护服务跟不上，造成教育设备闲置浪费。这一系列现象的存在折射出农村教育经费投入缺乏统筹，未发挥出应有的作用，甚至是高成本投入，低效、无效运行。

（五）多级教育投入体制下的"挤出效应"日益凸显

"挤出效应"含有两个方面的意思：一是指上级财政转移支付或上级政府财政投入的增加，挤出了地方财政用于教育的经费，使地方政府降低了对教育投入的努力程度，最终造成了教育经费的供给不足。[①] 二是指政府投入增多，第三方或民间资本对教育投入就相对减少。中国现阶段实行

---

① 付卫东、崔民初：《"新机制"实施后农村义务教育经费"挤出效应"研究》，《现代教育管理》2010 年第 10 期。

的是多级共担的农村教育投入体制，自 2005 年"新机制"实施以来，中国农村义务教育责任主体虽然还是以县级财政负担为主，各级政府按比例分摊，中央和省级政府进行转移支付，但中央和省级财政所承担的责任越来越大，并且支付比例越来越高，呈现出不断增长的趋势。"新机制"建立后，随着中央和省级政府政策性介入农村教育投入，中国在教育经费投入上出现了"挤出效应"，助长了基层地方政府（县级政府）的"等、靠、要"思想，降低了其经费供给的主动性和积极性。如有学者对 109 个农业县（市）农村税费改革前后教育经费和县级财政统计数据进行实证研究发现，各地主要通过上级财政转移支付来确保农村义务教育经费，而当县级财政获得的上级转移支付大幅增加时，教育经费占全县财政支出的比例反而下降了。①

政府对教育投入做出了巨大努力，在实施税费改革、"两免一补"政策后，财政性教育经费投入越来越成为农村教育经费投入的主要来源；与此同时，民间资本或第三方投入作为农村教育投入经费来源的非财政性教育经费投入成为重要补充，但是非财政性教育经费投入所占比例持续降低。2020 年，全国教育经费总投入为 53033.87 亿元，其中国家财政性教育经费投入为 42908.15 亿元，占全国教育经费总投入的 80.9%；全国非财政性教育经费占全国教育经费总投入的比例仅为 20%。② 与 20 世纪 80 年代非财政性教育经费投入占半壁江山的局面相比，这一比例呈现出下降趋势，隐性地呈现出"挤出效应"。在外围财政增量改革空间有限的情况下，很多问题只有触及深层次体制矛盾，多种改革措施才能奏效。如何在不增加农民负担的情况下，扩大教育经费来源，鼓励、引导非财政性教育经费投入、第三方教育经费投入投向农村教育，以及让各级政府基于自身财力、结合区域内与区域之间差异，合理承担自己应有的投入职责，避免"挤出效应"的发生是农村教育投入体制建设不可回避的问题。

---

① 张欢、张强、朱琴：《农村义务教育经费"挤出效应"研究》，《清华大学教育研究》2004 年第 5 期。

② 教育部、国家统计局、财政部：《关于 2020 年全国教育经费执行情况统计公告》，2021 年 11 月 16 日。

二 政策建议

中华人民共和国成立以来，农村义务教育投入体制经历了不断调整和完善的过程，支持中国农村义务教育发展取得了伟大的成就。在中国农村义务教育由"有学上"向"上好学"的转型阶段，考察当前的教育经费投入体制，依然存在一些亟待改进的问题。为了准确地观照现实和科学地规划未来，保障农村义务教育稳定、有序、充分的发展，打通农村义务教育优质均衡发展的"最后一公里"，需要在科学判断农村义务教育投入方面所取得的成绩与主要问题的基础上，高位、系统、科学地谋划农村义务教育投入的优化思路，促进义务教育投入公平配置、高效使用，从而促进农村义务教育高质量发展。

（一）构建具有积极城乡差异的教育经费投入标准

一般公共预算教育经费投入是国家财政性教育经费投入的主体构成，包括教育事业费、基本建设经费和教育费附加三部分。一般公共预算教育经费的列支项统计，包括了个人部分、公用部分和基本建设支出三部分。个人部分主要包括教师的工资福利支出及对个人和家庭的补助支出，本书统一称其作人员经费，其中教师的工资福利支出占绝大部分比例；公用部分包括商品和服务支出、专项公用支出和专项项目支出，本书统一称其作公用经费。在中国义务教育经费投入由普遍的均衡向更高质量均衡发展的背景下，挖掘城乡教育的差异，构建具有积极城乡差异的教育投入经费标准，对提升教育投入效用，促进农村教育优质均衡发展具有重要的积极意义。

1. 合理设计人员经费投入上的城乡标准差异

人员经费主要包括对中小学教师的工资福利支出，是教育事业费的最重要构成，同时也是某一时段内教师资源供给的总量约束。一般而言，教师的资源供给总量是教师平均收入和教师数量的函数，受资源（教育经费）总量限制，一个国家或地区的教师供给能力一定会被限制在某个区间内，要增加教师数量，就要降低教师平均工资水平；反之，要提升教师平均工资水平，便要减少教师数量。但一般而言，限于中小学开齐开足课程的需要和教师事业编制的相对稳定性，教师数量并不能随意大幅增减。此外，还需要考虑教师供给的可达性问题，个体对教师职业的兴趣、教师职业的制度性特征，以及教师生活工作条件等均会成为影响个体选择教师职业的重要因素。由于城乡之间的系统性差异，农村地区公共服务水平和经济发展水平与城市相比处于较为弱势的地位，对教师供给的可达性有显著的消极影响。因此，应构建具有积极城乡差异的教师工资收入标准，使得城乡中小学教育的均衡化发展得到持续推进。[1]

（1）基于校际师均工作量均等原则，核定农村学校的师资需求

从一个国家或地区来看，理想的师资供给状况是教师数量充足且素质较高。但是，如前所述，一个国家或地区的教师供给能力是有限的，教师平均工资收入水平与教师数量成反比。因此，合理确定教师编制标准（操作性指标是师生比，在校生数量确定的情况下计算所需教师数量）与教师工资收入标准成为教师制度供给中一个最核心的问题。一个国家或地区的教师数量底线是要保证课程能够开齐开足，比较理想的底线是教师数量达到使教师工作量不超过教师法定劳动时间和课时规定。在一定时期内，各国都有法定师生比与现实师生比两套数据。2014 年，中央编办、教育部、财政部《关于统一城乡中小学教职工编制标准的通知》规定城乡小学师生比为 1∶19、初中为 1∶13.5、高中为 1∶12.5[2]，实现了教师编制的城乡统一。2021 年，中国现实的师生比分别为小学 1∶16.33，初中 1∶12.64，高中 1∶12.84。[3] 从编制标准来看，现实的师生比大于教师编制政策规定的师生比，教师供给相对充足。出现这种情况，至少可以从两方面进行解释。一方面，没有达到教师编制标准的地区和学校会努力补足编制，至少会以代课教师的方式补足教师；另一方面，学生数量变少，超编的地区和学校不能随意解聘教师。实际情况是，学生数量变少但班级数量没有等比例地变少，完成班级层面的工作仍然需要原来数量的教师。因此，从实际教育教学需求来看，据粗略估计，合理的教师数量是当前正式在编教师和

① 秦玉友：《农村义务教育师资供给与供给侧改革》，《教育研究》2020 年第 4 期。

② 中央编办、教育部、财政部：《关于统一城乡中小学教职工编制标准的通知》，2014 年 11 月 13 日。

③ 教育部：《2021 年全国教育事业发展统计公报》，2022 年 9 月 14 日。

代课教师之和。当然，这个数量也可以根据学生数量、班级数量、课时要求、教师工作时间等进行相对精确的计算。

学校是教育活动的基本场所，班级是课堂教学的基本单位，学生（个体的学生）是学习发生的基本单位。在区域教师供给方面，一个基本的原则是不同学校教师的工作量基本相等。这是教师同工同酬的一个前提性条件。在充分研究"一节课"在教师、班级与学生层面工作量的基础上，基于教师的课堂教学时间与课后工作时间，以校际师均工作量均等为原则，进行校际教师供给。在校际教师工作量不能达到完全相等的情况下，或在没有实现校际教师工作量相等的过渡阶段，我们可以改绩效工资校内分配模式为绩效工资跨校分配模式，以体现不同学校教师多劳多得的原则。但是，从长远来看，教师不应超过法定工作时间进行劳动，否则，他们会没有时间进行教学反思、同侪交流、专业培训与读书自学。而如果没有必要的学习与反思，将教育教学变成了一个"力气活"，教师素质会随着教龄增加而逐渐降低，进而影响教育教学质量。从教师持续发展的角度来看，不同学校教师的工作量要基本相等，个体教师的工作量不能过大是教师持续发展的"刚需"。

（2）建立工资收入杠杆机制，促进农村学校师资校际质量公平

在教师供给层面，当体现校际教师工作量相等原则进行教师数量分配的方案被广泛认同和普遍实践之后，农村学校师资的校际质量公平成为一个重要问题。需要充分发挥教师工资收入的杠杆机制，促进师资的校际质量公平。在市场经济深入推进的背景下，可以通过工资收入杠杆建立促进校际质量公平的教师供给市场，为教师个体没有经济利益障碍地在不同学校间流动创造必要条件。教师工资标准是调节教师整体素质的重要政策工具。从工资政策有效影响教师供给来看，一个国家或地区的教师工资收入水平不能高到、不应该高到、实际也无法高到吸引一个对教师职业毫无兴趣的人来当教师。理想的教师工资收入底线是让教师过上相对体面的生活。研究教师工资收入定价机制的最终目标，不是让所有人都因为教师工资收入可观而选择教师职业，而是让教师工资收入不再成为大多数人选择教师职业的阻碍因素，让能胜任教师岗位、对教师职业感兴趣的人不会因为工资收入低而不选择教师职业。早在 20 世纪 50 年代，罗伊（Roy）模型所描述的职业选择理论就对工人收入有偏分布给出了解释，即不同职业

之间工人能力的报酬是不同的，工人会选择从事在给定工作能力的条件下，能够使报酬最大化的某项工作。[①] 后来，也有大量研究表明，如果教师的工资相对于其他职业更高，愿意教书的人就会更多。[②] 当然，要想使教师素质达到比较高的水平，从教师经济诉求来看，教师工资收入必须达到比较高的水平。[③]

用工资收入杠杆建立体现校际质量公平的教师供给市场，就是要改变教师的"单位人"假设，切实建立区域内教师流动机制，真正实现教师由"单位人"到"系统人"的转变。用工资收入杠杆建立体现校际质量公平的教师供给市场，要发挥工资收入杠杆的调节作用，根据学校边远艰苦程度、学校薄弱程度、处境不利人群集中程度等设计体现积极差异的教师工资收入梯度。当教师流动常态化后，在到边远艰苦学校、薄弱学校、处境不利人群集中学校教学仍然需要教师额外的交通支出与精力支出的情况下，应该根据具体情况，在新增工资或绩效工资跨校分配中拿出一定比例的工资进行额外支出补齐、逆向流动激励。通过这种市场调节方式，调动教师无经济利益障碍地在边远学校、薄弱学校、处境不利人群集中学校与其他学校之间进行主动流动的积极性。

（3）完善绩效工资分配制度，最大化地调动农村教师工作的积极性

在区域层面完成了体现校际质量公平的教师供给后，区域内每个学校都分得了与其他学校素质基本相当的教师，从理论上讲，此时区域内校际教育均衡成为可能。推进区域层面体现校际质量公平的教师要素供给并不是为追求区域内平庸的校际师资质量均衡，而是要追求区域内高质量校际师资质量均衡，学校层面需要建立最大化地调动工作积极性的教师服务供给机制，为学生提供高质量的教育服务。在教师服务供给层面，要建立基于教师工作量与学生素质增值的校内教师个体绩效工资分配制度，最大化地调动每个教师的工作积极性。绩效工资作为调动教师个体工作积极性的重要工具，在使用过程中，一方面，要纳入教师工作量（上课节数、上课

① ［美］戴尔·莫滕森：《工资差异理论——为什么相似的工人薪酬却不同》，王远林译，商务印书馆2013年版，第61页。

② ［美］多米尼克·J. 布鲁维尔、帕崔克·J. 近克伊万：《教育经济学》，刘泽云等译，北京师范大学出版社2017年版，第427、452页。

③ Mary McKillip and Danielle Farrie, *Starting from the Bottom*: *First Steps to Improve School Funding in Arizona. Fair School Funding*: *A Resource Equity Report*, Education Law Center, 2020.

时间）这一指标：另一方面，要纳入教师教育教学对学生素质的提高（增值评价教育教学质量）这一指标。

必须指出的是，除了建立教师个体绩效工资分配制度外，还应建立基于学生素质增值的教师群体绩效工资分配制度，调动教师群体的积极性。年级之维，是指同一年级教师构成一个影响本年级学生成绩的教师群体。每个年级会有一个教师群体的教学领导——年级组长。学科之维，是指同一学科教师构成一个影响学生本学科成绩的教师群体。每个学科都会有一个教师群体的教学领导——学科组长。这些年级教师群体、学科教师群体以群体的形式影响一个年级的学生学习，或以群体的形式影响全校学生某个学科的学习。可设定奖励性绩效工资的一定比例（比如50%），基于学生素质增值在教师群体层面对教师和教学领导进行绩效工资分配，从学校层面最大化地调动教师的工作积极性，实现教师整体贡献最大化。

2. 科学确定公用经费投入上的城乡标准差异

中小学公用经费是指保证中小学正常运转，在教学活动和后勤服务等方面开支的费用。具体开支范围包括教学业务与管理、教师培训、实验实习、文体活动、水电、取暖、交通差旅、邮电、仪器设备及图书资料等的购置，房屋、建筑物及仪器设备的日常维修维护等。[①] 数量充足、配置合理、拨付及时的公用经费对学校教育日常运行与提高教育质量具有重要意义。研究显示，随着近年来中国教育投入的持续增加，中小学公用经费的投入不足问题得到有效缓解，如何使公用经费投入的效用最大化成为当前重点关注的议题。这就要求公用经费投入关注城乡中小学的特征和差异，在普遍性的公用经费投入机制下，充分考虑农村教育的特殊性，构建具有积极差异的城乡中小学公用经费投入标准。相对于城市而言，农村教育的鲜明特点是农村小规模学校、寄宿制学校数量大、占比高。从统计数据来看，2020年，全国共有小学和教学点24.83万所，其中农村（镇区、乡村）有21.75万所，占比为87.6%。全国共有教学点9.03万所，其中农村（镇区、乡村）地区教学点为8.87万所，占比高达98.23%。[②] 研究指出，随着城镇化和城乡教育发展不均衡的持续推动，农村地区的小规模学

---

① 财政部、教育部：《农村中小学公用经费支出管理暂行办法》，2006年1月19日。
② 教育部发展规划司：《中国教育统计年鉴2020》，中国统计出版社2021年版，第148页。

校将长期并大量存在。[①] 教育公用经费投入如何满足农村小规模学校、寄宿制学校的实际需求，是需要重点关注的问题。

(1) 深度推进教育公平，强化多维公平的公用经费配置取向

深度推进教育公平，让每个孩子都享有公平而有质量的教育，是当前中国教育发展的战略任务。2017 年党的十九大提出了"努力让每个孩子都能享有公平而有质量的教育"的教育发展目标定位，2018 年《政府工作报告》把"发展公平而有质量的教育"作为年度工作任务，2019 年《政府工作报告》把"发展更加公平更有质量的教育"作为年度工作任务，2022 年党的二十大报告提出要"加快义务教育优质均衡发展和城乡一体化"。农村教育是推进教育公平的短板，农村小规模学校是农村教育的短板，农村小规模学校发展是推进教育公平发展的重中之重、难中之难。[②] 在深度推进教育公平的背景下，要不断强化与加强体现多维公平的公用经费配置取向。体现多维公平的公用经费配置取向，一方面，要认识到长期以来农村中小学公用经费低于城市、农村小规模学校低于其他农村学校的不合理性，坚决摒弃农村学校可以简陋运行、农村小规模学校可以小而简陋的错误认识。另一方面，要以城乡基本公共教育服务均等化为依据配置农村中小学公用经费，以校际基本公共教育服务均等化为依据配置农村小规模学校公用经费，坚定在城乡之维中小学公用经费要保证城乡基本公共教育服务均等化、在校际之维中小学公用经费要保证不同学校基本公共教育服务均等化的认识与立场。

(2) 多维考量公用经费支出，科学核算农村公用经费投入

当前中小学公用经费的核算，主要以学生数量为依据，学生数量的多寡决定了中小学所能获得的公用经费投入的多寡。针对农村小规模学校的实际，公用经费投入总体上按照"学生规模不足 100 人的村小或教学点按 100 人核定"，这对农村小规模学校的总体发展具有积极意义。但从教育自身来看，单维地按生均指标核拨资源，会使城乡教育资源配置出现均衡化陷阱现象。因此，应充分考虑到中小学的规模特征、功能特征和地理特征，科学核算公用经费投入。

① 秦玉友:《农村小规模学校发展的基本判断与治理思路》,《教育研究》2018 年第 12 期。
② 秦玉友:《不让农村教育成为中国未来发展的短板》,《教育与经济》2018 年第 1 期。

首先,从规模特征来看,小规模学校并不是什么都小,什么都少的。一个小规模学校接受上级例行检查的次数不会少也不应该少,小规模学校中一个学生数量很少的班级的用电量、取暖费不会少。因此,应从学校层面、班级层面、教师层面、学生层面等多层面科学核算中小学公用经费。从学校层面核算以学校为单位产生的教学活动与后勤服务费用,如接待费、电话费、报刊费。从班级层面核算以班级为单位产生的教学活动与后勤服务费用,如班级课堂教学教师使用的粉笔等耗材。从教师层面核算以教师为单位产生的教学活动、后勤服务与教师培训费用,如教师参加培训的费用一般与教师数量成正比。从学生层面核算以学生为单位产生的费用,如学生上计算机课产生的电费。其次,从功能特征来看,具有不同功能特征的学校需要的公用经费是不同的。提供校车服务的学校、寄宿制学校比走读学校需要更多的公用经费,必须根据学校提供的额外教学与后勤服务补齐公用经费。最后,从地理特征来看,处于不同地理位置的学校需要的公用经费也是不同的。以教师培训为例,县城学校教师参加在县城组织的培训活动,不会产生差旅费;而地处偏远地区学校的教师参加在县城组织的培训活动就会产生交通费或住宿费。

（3）重视节点临近弱化效应,梯度设计公用经费投入标准

对于不足100人的农村小规模学校来说,面临着明显的100人节点临近弱化效应,即学校规模越接近100人,学校实际生均公用经费就越接近国家生均公用经费基准定额。以中西部普通小学生均公用经费标准为例,规模10人的学校实际生均公用经费达到每人6000元,而随着学校规模的逐渐扩大,实际生均公用经费迅速下降,并逐渐趋近国家生均公用经费基准定额。因此,从理论上说,在1—100人这个规模区间内,这一政策对于规模越小的学校实际收益越大,对于规模越大的学校实际收益越小。因此,应在定量研究的基础上,对"学生规模不足100人的村小或教学点按100人核定公用经费"的政策进行适当的梯度调整,以使其更适合小规模学校的发展需求。如东北某县规定了不同规模学校的公用经费拨付标准,对1000人以上的学校,按照学生人数×生均公用经费基准定额×0.9拨付;对301—1000人的学校,按照学生人数×生均公用经费基准定额全额拨付;对100—300人的学校,按照学生人数×生均公用经费基准定额×1.2拨付;对100人以下的学校,按照学生人数×生均公用经费基准定额+

（100－学生人数）×生均公用经费基准定额×0.9拨付。如此梯度化设计的公用经费投入标准，能够有效消除节点临近的弱化效应，一方面能够有效提升中小学公用经费的利用效率，另一方面也可以消除村小和教学点等小规模学校的公用经费被乡镇中心校"统筹截留"的制度漏洞，确保相关公用经费能用于小规模学校的发展。

3. 合理规划基本建设经费上的城乡标准差异

以基本建设为核心的学校办学条件对学生成绩和行为具有直接和间接的影响，办学条件较好学校学生的学业能力测试分数普遍高于条件较差学校的学生，而且条件较好学校学生的违纪行为也相对要少。[1]尽管当学校的办学条件达到一定水平后，其对学习活动质量的影响并不明显，但办学条件的象征意义远远大于其实质意义。办学条件及其象征意义会影响优秀教师在农村学校任教，影响优质生源在农村学校就学。为此，必须加大支持力度，多种举措并重，加强农村学校基本建设，切实改善农村学校办学条件。

（1）严谨评估农村学校基本建设经费投入的决策风险

在城镇化背景下，许多农村学龄人口跟随外出打工的父母到城镇学校就读；区域内教育发展不均衡，部分农村学龄人口受城乡学校间质量差异的吸引，选择进城镇学校就读。农村义务教育学龄人口持续向城镇集中，使得农村学校，尤其是位处村屯的村小和教学点（小规模学校）生源流失严重。尽管目前农村学生进城就读的增长速度趋缓，但城镇化不断推进、区域内教育发展不均衡问题依然突出，未来仍有较大规模的农村学生可能会选择进城读书。生源的大量流失使得农村学校日趋小规模化，许多农村小规模学校面临着随时关闭或被撤并的风险。农村地区义务教育阶段生源的"弃乡入县"选择，提升了农村学校办学经费投入的决策风险。

近年来，农村地区尤其是中西部农村地区义务教育阶段生源的"弃乡入县"情况愈演愈烈，村小或教学点等农村小规模学校的生源持续减少，一些乡镇中心校的生源也呈加速向县城学校流出态势。在当前农村学校

---

[1] Carol S. Cash, *Building Condition and Student Achievement and Behavior*, Doctoral Dissertation, Virginia Polytechnic and State University, Blacksburg, 1993, p. 4; Bruce D. Baker, Matthew Di Carlo, Kayla Reist, et al., *The Adequacy and Fairness of State School Finance Systems*, *School Year 2018 – 19*, Albert Shanker Institute, 2021.

里，一面是持续改善的办学条件，很多农村中心校甚至村小（教学点）都修建了崭新的、宽敞明亮的校舍，配备了相对完善的教学设施设备；而另一面则是在读学生和生源的持续减少。在城镇化持续推进的背景下，农村学校生源减少的趋势似乎不可避免。因此，在农村基本建设经费的核拨中，需要进行严谨和科学的评估。一方面，通过科学评估，因地制宜地制定农村学校基本建设经费投入的合理范围，满足农村学校的正常办学需求；另一方面，综合本地学校布局、学龄人口分布、城镇化发展趋势等多种因素，科学计算并预测本地农村学校未来的生源情况，据此制定合理的办学条件基本建设经费投入机制，使得基本建设经费的投入实现效用最大化。

（2）制定符合农村学校实际的基本建设经费投入模式

农村学校尤其是农村小规模学校教育资源规模效益低下，使得按生均标准配置的教育资源配置模式难以适应当前农村学校的实际需要，影响农村学校基本建设状况的改善。为此，应制定符合农村学校实际的基本建设投入模式，按照农村学校基本建设标准，充分考虑学校实际需要、现有条件、建筑竣工（投入使用）时间、设备配备时间和设施设备的使用年限，合理核算和规划农村学校基本建设经费投入。应依据农村学校基本建设标准要求，系统评估本地农村学校基本建设情况，依据现有基本建设情况与相关标准要求的差距，分类别、分等级、分优先度地划定农村学校的基本建设投入秩序。

分类别是指依据《中国教育统计年鉴》《城市普通中小学校校舍建设标准》（建标〔2002〕102 号）、《农村普通中小学校建设标准》（建标〔2008〕159 号）、《中小学校设计规范》（GB 50099 – 2011）、《中国教育监测与评价统计指标体系》（教发〔2015〕6 号）等的指标设置，分基础硬件情况［包括校舍（教室）、运动场地］、教学设备情况（教学仪器、实验设备）、发展性硬件情况（图书馆、计算机）三个类别，对本地农村学校基本建设条件进行核准。

分等级是指在分类别核查的基础上，对农村学校基本建设分类别地进行等级评估，评估以农村中小学基本建设标准为依据，依据农村学校当前办学条件与标准之间的差距情况，可将农村学校基本建设情况分不同类别，划分为"优、中、差"或更为细分的等级，进行一定的量化处理。此等级划分可作为对农村学校进行基本建设经费投入的基础性依据，但并非唯一依据，还需要结合不同学校所处场域以及未来发展预期等情况进行综合判断。

分优先度即是指在前期分类别和分等级评估的基础上，再结合本地教育发展规划、不同学校的场域影响，以及未来发展预期等，对学校基本建设经费投入进行优先度设置，优先度高的学校，优先进行基本建设经费投入，优先度低的学校，则可适当延缓或减少基本建设经费投入。如此设计的好处是，可以有效结合本地农村学校的基本建设情况，以及本地的教育规划和学校所在社区发展情况，有力、有序、科学地进行基本建设经费投入，并使得投入效用实现最大化效益，从而可以避免因过于集中的基本建设经费投入而造成资源浪费，以及后续的集中维修难题。

（二）优化农村教育经费投入的分级分担机制

中华人民共和国成立后，中国农村教育的投入体制总体上经历了1949—1957年的"统一列支时期"、1958—1984年的"两条腿走路时期"、1985—2000年的"乡村自给时期"、2001—2005年的"以县为主时期"、2006—2013年的"省级统筹时期"以及2014年至今的"城乡一体化时期"六个阶段。在此发展过程中，农村教育的投入主体逐渐上移，教育经费投入得到更大程度的保障。在"多级共担"和"城乡一体化时期"，国家规定了多项农村义务教育经费的中央和地方分担比例，有效缓解了农村地区教育经费投入不足问题。但研究发现，当前依然存在着农村教育投入能力与投入责任间的平衡机制不完善、农村教育经费投入总量不足、教育投入相关制度落实存在一定偏差等问题，导致农村教育投入呈现出波动状态，难以满足农村教育实际发展需要。需要进一步优化农村教育经费投入的分级分担机制，确保农村教育投入能够有效促进农村教育实现优质均衡发展。

1. 加大投入力度促进农村教育高位均衡发展

国家财政性教育经费占 GDP 的比例代表着一个国家或地区教育投入的努力程度。从这个指标上看，2012 年，中国教育投入进入后 4% 时代。①

---

① 教育部、国家统计局、财政部：《关于 2019 年全国教育经费执行情况统计公告》，2020 年10 月 28 日。

按照世界银行的报告，2020 年，世界平均水平约为 4.3%，其中高收入国家达到 5.2% 左右。① 中国财政性教育经费占 GDP 的比例低于世界平均水平，仍有上涨空间。在中国经济快速发展，财政收入快速增长的同时，既要把财政蛋糕做大，又要把财政蛋糕分好，确保农村教育投入占有应有的份额。在城乡投入分配比例上，需要兼顾城乡间、区域间、区域内差异，对区域内农村薄弱地区加大倾斜力度，进行精准投入，确保农村教育投入不低于财政性教育投入增幅，不低于甚至高于城市教育投入增幅，不能因效率取向而有损公平。为了保障政策的执行力度，可以把农村教育投入纳入地方主要领导与主管领导政绩考核和晋升的"一票否决"指标中。

2. 完善规制，保障教育投入的稳定性与充分性

当前，地方教育投入的主动性与积极性有待激发，农村义务教育投入保障机制需要进一步健全。其一，要进一步完善政策与可行性政策运行机制，从规制走向赋能。既要规划好教育投入在财政性收入中的应有比例，满足农村教育发展的实际需求；又要利用政府作为"经济人"的特性，改革教育投入绩效评估方式。重新厘定评估内容，将显性易于量化的内容留给下级，将隐性难以量化的内容由上级负责。其二，要清晰地认识到第三方教育投入的价值。目前，在各级政府对农村教育投入不足的情况下，通过社会力量来扩大教育投入来源不失为一个选择。因此要建立多元主体参与的农村教育投入模式，政府是农村教育投入的"头羊"，但同时也要肯定并充分发挥第三方、私人企业及民间组织等社会力量对教育投入的作用。其三，完善教育立法，加强督查与问责力度。从强制性和诱制性两个方面出发，建立起教育投入问责与激励制度。制止地方政府懈怠职责、消极执行、做表面文章敷衍上级，使地方政府不因中央和省级介入，上级投入增长而产生"挤出效应"；同时，完善"以奖代补"教育投入考核激励机制。针对社会力量投入办教育的问题，要制定或完善相关法律，禁止一切民办教育以各种名义侵蚀国家财产的行为，加强对民办学校的公益性和质量标准要求，引导民办教育在高端与低端中寻找发展空间，限制民办教育在中端或中高端通过量上的优势无序牟利，扰乱办学秩序。

---

① UNESCO Institute for Statistics （ UIS ）, https://data. worldbank. org. cn/indicator/SE. XPD. TOTL. GD. ZS, 2022 – 10 – 24.

3. 建立财权事权匹配的农村教育投入分担机制

2015年《国务院关于进一步完善城乡义务教育经费保障机制的通知》规定，中央和地方应承担多项教育经费的分担比例，家庭经济困难寄宿生生活费补助资金由中央和地方按照5∶5比例分担；统一城乡义务教育学校生均公用经费基准定额，所需资金在西部地区及中部地区比照实施西部大开发政策的县（市、区），中央和地方分担比例为8∶2，中部其他地区为6∶4，东部地区为5∶5；中西部农村地区公办义务教育学校校舍安全保障机制所需资金由中央和地方按照5∶5比例分担；对东部农村地区，中央继续采取"以奖代补"的方式。在地方教育经费投入过程中，各省根据省情做出适当安排，存在一定的省际差异。研究发现，在"省级统筹，多级共担"时期，省级和中央财政以"分项目、按比例"方式承担了农村教育经费投入责任，同时也相应分享管理权。多级投入有效缓解了农村教育办学经费短缺与基本建设落后等问题。但是，多级管理、管理链过长产生了信息不对称、行政效率低等问题，进而引发了多级投入与多级管理之间的矛盾。

为了处理好多级投入与多级管理之间的矛盾，需要清晰地认识到投入事权责任与教育行政管理责任范围并不是简单匹配的。首先，要坚持并进一步完善多级投入体制。目前，中国形成了"省级统筹，多级共担"的义务教育投入体制。在教育投入体制上，要进一步完善多级共担机制，推进省级承担更多责任，中央加强对贫困地区的转移支付，基于各级政府财力建立相匹配的教育投入责任，让各级政府能够有财力为之。并根据信息与管理优势进一步理顺府际专项投入的事权边界，只有明确合理的职责范围，分项目、按比例分担的投入运作才能取得良好效果。

其次，在义务教育具体投入的承担上，根据各级财政能力与承担具体任务的优势，优化多级财政共担的分项目、按比例的义务教育投入体制。如将不需要太多决策信息的教师基本工资、免教科书费用、寄宿制费用、营养餐费用，借助现代发达的信息网络、网银系统，中央直接根据教师电子档案、学生学籍或学校信息加以对口支付，从而避免信息链过长，地方各级政府进行"截留"。对那些需要部分或较多决策信息的绩效工资、校舍维修、公用经费等，主要由县级财政负担，贫困地区由中央打包给省级，由省级做出灵活调整，因地制宜地使用。这样可以提高行政效率，缩短信息链，适应多样化、动态化的基层情况。

最后，要加强教育立法与教育投入督查，构建农村教育投入问责制度，规范各级政府投入责任，建立健全农村教育投入经费保障机制，确保经费能够按时、足额到位。县级政府应承担起管理义务教育学校的责任，并调动乡镇和村承担学校周边环境治安与环保责任。县级政府定期检查乡镇和村完成学校周边环境治安与环保责任的情况，省级政府通过定期、专项、随机等方式检查县级政府教育管理情况。

（三）提升农村教育经费投入的支出使用效能

1. 化解教育投入条块分割与实际统筹使用的矛盾

中国目前存在着教育投入条块分割与实际统筹使用需求之间的矛盾，这主要体现在三个方面：其一，农村教育投入专项资金之间缺乏协调性；其二，多级政府投入之间协调性不佳；其三，各种经费投入衔接性存在问题。

解决中国教育经费投入条块分割与实际统筹使用之间的矛盾，需要从关系性思维出发，认识到专项投入针对性与实际需求整体性之间的矛盾，认识到"上有千条线，下有一根针"的执行困境，以探索破解之道。首先，完善各级政府及时互动式沟通机制。在农村教育经费投入方面需要做到各级政府之间信息沟通既及时上传，又及时反馈，形成自上而下和自下而上双向互动机制。在这个机制中，中央、省级和县级投入可以有效协调，有效避免因政府层级过多，沟通信息不畅而协调失灵。其次，做好需求分析，使专项教育投入真正到位。为避免出现一些方面投入"扎堆"供大于求，而另一些方面投入"空白"，有求无供的现象，专项教育投入必须基于合理的现实需求，根据财力按批、分类进行有针对性的投入。因此中国农村教育投入需要厘清上一年投入所取得的成绩、存在的问题和需要改进的地方，确定合理的现实需求，制定更加有效的专项教育投入标准与方案。再次，整合专项教育投入确保资金统筹使用。根据实际需求的关联性、衔接性，对同类专项拨款进行整合，避免区分管理同类资金增加不必要的管理成本；整合功能相依资金，避免资金不配套，造成浪费，如教学设备购买费与维修服务费等，防止在某些项目的投入上出现"断头桥""最后一公里"问题。最后，在专项教育投入中要划出一定比例的机动资金。国家可以出台相关政策，如果确定了需要，就可以在专项资金中预留一定比例的机动资金，让地方和学校按实际需求进行相应的调整，增加专项资金的灵活性。

2. 平衡教育投入经费使用的经济社会效益追求

在农村教育投入中，教育经费使用可以实现多重效益，我们需要不断提高各种效益。教育经费使用必须考虑经济效益，不考虑经济效益地使用教育经费是不负责任的。经济效益的核心是节约，用更少的钱办更多的事，用有限的钱办需要办的事。教育经费作为一种有限的资源，必须有效避免使用上的随意性、盲目性。为此，要改变现行教育经费投入体制的经费预算逻辑。长期以来，我们是先有上级下达的教育经费总额，然后按照下达的总额进行经费项目支出预算，其实质是支出计划。① 而真正的义务教育经费预算，是按照教育发展实际对经费需求进行预算。在大数据时代，可以利用"互联网＋"方式，收集农村教育经费需求信息，然后根据实际需求做出预算，将有限的教育经费用到实际需要的地方。

当然，教育是公益性事业，要注重教育经费使用的社会效益，在教育经费使用中要关注公平，这要求我们处理好公平与效率的关系。在政策上需要突出公平取向与"兜底"思维，在农村教育投入上不能因效率而损坏公平，不能把公平简单地执行为城乡教育经费投入标准上的统一。需要具体问题具体分析，对不同类型的经费需要分级分类建立积极差异标准。以目前农村义务教育公用经费为例，长期以来，农村义务教育公用经费主要实行按在校学生人数拨付的线性分配模式，这种僵化的拨付方式没有考虑到学校的特点和差异性，造成部分学校公用经费不足，而有的学校则经费过剩。在此基础上，未来可以探索基于学校数量、班级数量、学生数量的区域教育经费配置政策。

3. 搭建农村教育经费使用效能的监察监测机制

（1）搭建科学评价机制，优化农村地区人员经费支出结构

教师是农村教育发展的核心，要优化农村教师人员发展支出的投入绩效，激发教师生产力。其一，要将有限的教育投入有效地转化为高质量的

---

① 王世忠、王一涛：《转型时期的农村教育发展研究》，华中科技大学出版社 2017 年版，第117—120 页。

教师发展机会，将教师所需与所学相结合，保证教师的培训质量，促进其专业成长，增强农村义务教育质量提升的造血功能。其二，建立科学、具有公信力的教师绩效考核评价标准与方式，让教师津贴与绩效投入成为促进教学质量提升最活跃的因素。禁止将绩效工资简单平均化，实行同工同酬、能者多劳、多劳多得、优劳优酬分配机制，形成差序激励格局，联动增长机制，激发农村教师教学工作的热情，保障农村教师能够"教得好"。

（2）建立公示与监察机制，完善公用经费预算和使用制度

首先，完善农村中小学公用经费预算制度。每个学校都要根据教学活动与后勤服务实际需要进行公用经费预算。要对有比例与额度规定的具体项目（如教师培训）的公用经费预算安排做出预留，要严格定额、定量预算与管理办公费、印刷费、水费、电费、取暖费等日常公用支出，要按照不超过一定数额（比例）的规定预算进行日常维修维护项目支出。要按有关规定申报大宗设备物资（超过一定数额的仪器设备、房屋建筑物等）的购买事宜。在科学预算的基础上，为确保学校可以随时支付公用经费开支，可以借鉴信用卡制度，尝试建立与推行学校公务卡制度。每个学校（教学点）都要在指定银行开一个公务卡（号），有效规避中心校截留村小与教学点公用经费的风险。考虑到农村结算的方便性，学校法人（负责人）或财政人员（办事员）的微信、支付宝可绑定学校公务卡，学校购买相关物品可以直接通过与学校公务卡关联的微信、支付宝等相关平台支付。这样不仅方便支付和不用学校、校长、教师垫付，而且留下了购买痕迹，便于物品购买的痕迹管理。根据各地实际情况，学校公务卡的还款周期可设定为三个月、半年或一年。

其次，要设定质量取向的公用经费使用底线，引导经费预算向提高质量倾斜。公用经费的底线是保证中小学教学与后勤服务方面的正常运转。按照2005年《国务院关于深化农村义务教育经费保障机制改革的通知》要求，公用经费预算要更多地向提高教育教学质量方面倾斜，开始考虑公用经费的质量与发展功能。在农村中小学公用经费投入上要加大提高教育教学质量方面的经费预算。具体来讲，可以加大公用经费在教师培训、教研等方面的预算，设置公用经费在这些方面的底线规定。随着学校公用经费的增加，应该逐渐提高教师培训费在学校年度公用经费预算总额中的比例，设定教研费在学校年度公用经费预算总额中的比例并逐渐提高。另

外，在提高教育教学质量方面的经费预算上，应该以教师为单位提出教师培训与专业发展费在公用经费中的额度底线要求或参与培训要求。

再次，要谨慎制定与严格执行否定性规定，使公用经费用于公用范畴。目前中小学公用经费被经常用但在政策上属于否定性规定的项目有两项。第一项否定性规定是不得用于人员经费，但在广大农村地区学校公用经费用于支付代课人员工资现象比较普遍。这就要求地方教育行政部门为农村中小学，特别是小规模学校按教学工作量配齐教师，至少按照校际教师平均工作量相等原则在区域内对教师进行校际分配，最大限度地减少农村学校特别是农村小规模学校聘用的代课人员和聘用代课人员的实际需求。第二项否定性规定是不得用于基本建设投资。在一些农村地区，为了避开额度限制，一些学校会把需要较大额度费用的基本建设项目分散在几年里进行，以日常维修维护的投资方式完成。通过调查与研究，我们认为日常维修维护费用不仅要控制额度（比如2万元），而且要控制其在学校公用经费预算中的占比（比如控制在学校年度公用经费预算总额的10%以下）。

最后，要建立公示制度与督导检查制度，增加公用经费使用透明度。要建立规范化的学校公用经费支出公示制度。按公示主体的不同，公示可以分为教育部门学校公用经费支出情况公示和各学校公用经费支出情况公示。县教育行政部门公示，接受跨学校、跨部门对教育部门和每个学校公用经费使用的监督，满足全社会对学校公用经费的知情需要。县教育行政部门应该以学校（教学点）为单位进行公示，以保障学校公用经费落实到每个学校（教学点），杜绝中心校及所管辖几个学校一起公示导致分不清不同学校实际公用经费支出数额的情况。学校要对公用经费使用具体情况进行公示，接受全校师生对公用经费使用情况的监督，满足全校师生对公用经费使用的知情需要。公示内容应该包括具体的有效信息。例如，如果是物品，则包括物品购买品牌、数量、价格、运费（购物差旅费）。公示要在一个相对固定的时间里进行（如每个月的最后一周，学期末后两周），并且要保证公示的时间长度。另外，要逐步建立学校年度公用经费预算公示制度。在学期结束后，校长要对照预算对学校公用经费支出情况进行报告。通过公示制度，学校和教育部门可以有效接受师生对学校公用经费到位与效果的监督，接受社会对公用经费在学校层面到位情况的监督，倒逼学校公用经费支出不断规范化。

（3）建立动态监测系统，提高农村学校设施设备的使用效能

积极使用是充分发挥设施设备作用的前提，科学使用和维护是避免设施设备功能弱化的保障。许多农村学校中设施设备由于长时间不用，致使设备性能下降甚至损坏。为此，应提高农村小规模学校设施设备的使用和维修水平。首先，加强对农村小规模学校教师的专项培训，让教师尤其是年龄偏大的教师接受相对系统的数字教育资源、多媒体设备、音乐、体育及美术器材和教学仪器使用的培训和学习，鼓励和引导他们转变观念，积极、科学地使用相应的设施设备；其次，学校应安排专人负责管理和维护学校的设施设备，及时发现和维修设施设备故障，同时进行预防性维护以延长设施设备的使用寿命。如果确实有必要，可由中心校或上级教育行政部门指派专人负责区域内各学校设施设备的看护和维修工作。

不同学校的基础设施建设、设备配备时间不同，而且使用和更新周期不同，实行同步化的办学条件改善会造成部分学校改善的不及时，部分学校出现浪费现象。为此，应建立农村学校办学条件动态监测系统，加强监管和评估。一方面，教育部门应协同建筑、督导等其他相关部门，定期对农村学校现有办学条件进行普查，掌握不同学校建筑、设施设备的配备时间和更新周期等信息，建立动态监测系统，加强对办学条件的监管；另一方面，在充分考虑学校设施设备更新周期的基础上，相关部门要合理制定不同学校办学条件建设和改善计划，为上级部门安排专项资金提供依据；同时制定全面的设施设备维护和更新计划，坚持适度原则，进行学校设施设备的维护和更新，既要避免更新不及时，又要避免更新频率过度，造成资源浪费。

参考文献

一 中文文献

（一）著作类

范先佐：《筹资兴教——教育投资体制改革的理论与实践问题研究》，华中师范大学出版社 1999 年版。

胡平平、张守祥：《农村义务教育投入保障机制及管理体制问题研究》，科学出版社 2007 年版。

金太军、张劲松：《乡村改革与发展》，广东人民出版社 2008 年版。

刘建发：《教育财政投入的法制保障研究》，经济管理出版社 2006 年版。

马云：《新中国农村扫盲教育研究》，上海教育出版社 2014 年版。

宁本涛：《教育财政政策》，上海教育出版社 2010 年版。

沈百福：《地方教育投资研究》，北京师范大学出版社 2003 年版。

王世忠、王一涛：《转型时期的农村教育发展研究》，华中科技大学出版社 2017 年版。

王肃元：《当代中国农村教育发展研究》，兰州大学出版社 2006 年版。

邬志辉、于胜刚：《农村义务教育经费保障新机制》，北京大学出版社 2008 年版。

徐文彬、吴红梅：《教育统计学：思想、方法与应用》，南京师范大学出版社 2012 年版。

张乐天：《新中国成立以来农村教育政策的回顾与反思》，北京师范大学出版社 2016 年版。

朱钢：《聚焦中国农村财政格局机理与政策选择》，山西经济出版社 2000 年版。

［美］戴尔·莫滕森：《工资差异理论——为什么相似的工人薪酬却不同》，

王远林译，商务印书馆 2013 年版。

［美］多米尼克·J. 布鲁维尔、帕崔克·J. 近克伊万：《教育经济学》，刘
　　泽云等译，北京师范大学出版社 2017 年版。

　　（二）中文期刊论文类

"完善农村义务教育财政保障机制"课题组、张少春、吕炜、王斌斌：《农
　　村义务教育普及水平对城乡收入差距的影响》，《教育研究》2005 年第
　　9 期。

《北京市中小学办学条件标准》编制小组：《〈北京市中小学办学条件标
　　准〉编制和实施的原则》，《教育科学研究》2004 年第 2 期。

《第四次全国教育行政会议的成果》，《人民教育》1958 年第 5 期。

《为建立系统的教师进修制度而奋斗》，《人民教育》1952 年第 9 期。

安晓敏、曹学敏：《谁更愿意留在农村学校任教——基于农村教师流动意
　　愿的调查分析》，《湖南师范大学教育科学学报》2017 年第 4 期。

蔡红英：《农村义务教育经费政府分担机制研究》，《财政研究》2005 年第
　　3 期。

陈纯槿、郅庭瑾：《教育财政投入能否有效降低教育结果不平等——基于
　　中国教育追踪调查数据的分析》，《教育研究》2017 年第 7 期。

陈坤、秦玉友：《农村义务教育投入体制 70 年：价值路向与前瞻——基于
　　新中国成立以来政策文本的分析》，《教育学报》2019 年第 1 期。

陈晓宇：《我国教育经费结构：回顾与展望》，《教育与经济》2012 年第
　　1 期。

陈星、张学敏：《新中国的教育投入：评价的标准、方法和指标及其嬗
　　变》，《清华大学教育研究》2019 年第 2 期。

戴平生：《基于基尼系数的我国教育经费配置区域与结构公平性分析》，
　　《系统工程理论与实践》2014 年第 6 期。

丁维莉、陆铭：《教育的公平与效率是鱼和熊掌吗——基础教育财政的一
　　般均衡分析》，《中国社会科学》2005 年第 6 期。

丁小浩、李锋亮、孙毓泽：《我国高等教育投资体制改革 30 年——成就与
　　经验、挑战与完善》，《中国高教研究》2008 年第 6 期。

杜屏：《完善中小学教师工资制度和保障机制，推进高素质教师队伍建
　　设》，《华东师范大学学报》（教育科学版）2018 年第 4 期。

杜育红：《关于农村义务教育投入保障机制的思考》，《华南师范大学学报》（社会科学版）2006 年第 1 期。

杜育红：《农村基础教育投入：渐进发展与技术难题》，《人民教育》2005 年第 Z1 期。

杜育红、梁文艳、杜屏：《我国农村中小学公用经费充足性研究》，《北京师范大学学报》（社会科学版）2008 年第 6 期。

范先佐、彭湃：《农民工子女义务教育经费保障机制构想》，《中国教育学刊》2009 年第 3 期。

范涌峰、宋乃庆：《从重点化到特色化：改革开放 40 年义务教育的战略走向——公平与效率的视角》，《中国教育学刊》2018 年第 11 期。

冯裕强：《工分制以及工分的稀释化——以广西华杨大队第十生产队为例》，《现代哲学》2018 年第 6 期。

付昌奎：《县城教师为什么不愿到乡村学校交流？——基于对全国 18 省 35 县的调查分析》，《中国教育学刊》2022 年第 2 期。

付卫东：《县域义务教育教师工资待遇不平衡不充分：难题及破解——基于中西部 6 省 16 个县（区）160 余所中小学的调查》，《河北师范大学学报》（教育科学版）2019 年第 4 期。

付卫东、崔民初：《"新机制"实施后农村义务教育经费"挤出效应"研究》，《现代教育管理》2010 年第 10 期。

高跃光、张蓉：《义务教育财政资金管理改革与农村教育发展》，《财政研究》2022 年第 3 期。

胡咏梅、杜育红：《中国西部农村初级中学配置效率评估：基于 DEA 方法》，《教育学报》2009 年第 5 期。

黄斌、苗晶晶、金俊：《"新机制"改革对农村中小学公用经费的因果效应分析——基于准实验研究设计》，《中国教育学刊》2017 年第 11 期。

黄维海、袁连生：《农村税费改革与义务教育支出结构倒 U 形演变》，《清华大学教育研究》2012 年第 2 期。

靳卫东：《农村义务教育经费保障机制改革的成效评价》，《统计研究》2014 年第 12 期。

靳卫东、徐银良：《"以县为主"体制和"新机制"的农村教育财政投入改革绩效评价》，《当代财经》2015 年第 12 期。

李静美：《农村公费定向师范生"下得去、留得住"的内在逻辑》，《中国教育学刊》2020 年第 12 期。

李玲、闫德明、黄宸：《我国农村义务教育经费配置效率研究——基于 DEA 和 Malmquist 指数的实证分析》，《教育与经济》2014 年第 3 期。

李强、郭锦墉、蔡根女：《我国农村公共产品的自愿供给：一个博弈分析的框架》，《东南学术》2007 年第 1 期。

李晓多、刘钟钦：《农村义务教育财政支出结构实证分析》，《中央财经大学学报》2006 年第 5 期。

李毅、杨焱灵、吴思睿：《城乡义务教育优质资源配置效率的问题及对策——基于 DEA-Malmquist 模型》，《中国教育学刊》2021 年第 1 期。

梁鸿媛：《新中国农村基础教育管理体制变迁研究》，硕士学位论文，东北师范大学，2012 年。

梁文艳、杜育红：《基于 DEA-Tobit 模型的中国西部农村小学效率研究》，《北京大学教育评论》2009 年第 4 期。

梁文艳、胡咏梅：《"新机制"实施前后农村义务教育财政公平性研究》，《教育研究》2013 年第 8 期。

廖其发：《新中国 70 年义务教育的发展历程与成就——兼及普及教育》，《西南大学学报》（社会科学版）2019 年第 5 期。

刘鸿渊、黄雷、朱波强：《论农村义务教育投入机制的创新》，《经济体制改革》2004 年第 5 期。

罗明忠：《共同富裕：理论脉络、主要难题及现实路径》，《求索》2022 年第 1 期。

秦玉友：《不让农村教育成为中国未来发展的短板》，《教育与经济》2018 年第 1 期。

秦玉友：《农村小规模学校发展的基本判断与治理思路》，《教育研究》2018 年第 12 期。

秦玉友：《农村小规模学校教育质量困境与破解思路》，《中国教育学刊》2010 年第 3 期。

秦玉友：《农村义务教育师资队伍建设机制问题分析》，《教育发展研究》2010 年第 10 期。

秦玉友：《农村义务教育师资供给与供给侧改革》，《教育研究》2020 年第

4 期。

秦玉友：《新发展阶段教育促进共同富裕的目标定位与战略布局》，《人民教育》2022 年第 5 期。

秦玉友：《中国城镇教育扩容压力传递机制与应对策略研究》，《教育研究》2017 年第 1 期。

秦玉友：《中小学教师工资定价与多层供给设计》，《教育与经济》2020 年第 5 期。

秦玉友、曾文婧：《农村中小学公用经费支出：发展判断与优化逻辑》，《中国教育学刊》2019 年第 7 期。

秦玉友、曾文婧：《新时代我国农村教育主要矛盾与战略抉择》，《中国教育学刊》2018 年第 8 期。

秦玉友、张宗倩、裴珊珊：《教育在促进农村发展中如何发力——2020 年后教育扶贫对接教育促进乡村振兴的着力点与路径选择》，《东北师大学报》（哲学社会科学版）2021 年第 4 期。

曲绍卫、李廷洲：《当前我国农村义务教育公用经费增长态势分析》，《教育与经济》2012 年第 2 期。

曲铁华：《中国农村义务教育投入体制变迁及改革路径》，《社会科学战线》2017 年第 2 期。

戎乘阳：《我国农村义务教育经费投入研究》，《经济问题》2022 年第 1 期。

石玉昌：《西部地区教育公平 70 年："要上学"与"上好学"》，《西南大学学报》（社会科学版）2019 年第 6 期。

陶红、杨东平：《我国农村义务教育财政政策公平性研究》，《教育发展研究》2007 年第 5 期。

田志磊、黄春寒、赵俊婷：《支出功能分类：一种教育财政研究新工具》，《华东师范大学学报》（教育科学版）2019 年第 2 期。

王恒、闫予沨、姚岩：《特岗教师留任意愿的影响因素研究——基于全国特岗教师抽样调查数据的 logistic 回归分析》，《教师教育研究》2018 年第 1 期。

王善迈、袁连生、刘泽云：《我国公共教育财政体制改革的进展、问题及对策》，《北京师范大学学报》（社会科学版）2003 年第 6 期。

王晓霞、吴斌珍：《教育经费投入的总量与结构对教育结果的影响》，《经济科学》2022 年第 4 期。

闻勇、薛军：《乡村振兴战略背景下我国城乡义务教育财政投入效率研究》，《教育与经济》2019 年第 3 期。

邬志辉、杨清溪：《新发展阶段需要什么样的基本公共教育服务体系？》，《中国教育学刊》2022 年第 7 期。

邬志辉、杨卫安：《农村义务教育经费保障体系的战略转型——从体制建设走向机制建构》，《云南师范大学学报》（哲学社会科学版）2010 年第 2 期。

吴敏：《优化转移支付结构能促进基层教育供给吗？》，《南开经济研究》2022 年第 6 期。

肖桐、邬志辉：《中国农村义务教育生均经费投入的均衡现状研究——基于 2005—2014 年全国 31 省的面板数据》，《教育理论与实践》2018 年第 28 期。

许长青、梅国帅、周丽萍：《中国代际收入流动性及其教育的作用：变化趋势与政策取向》，《中国人民大学教育学刊》2021 年第 3 期。

许多多：《大学如何改变寒门学子命运：家庭贫困、非认知能力和初职收入》，《社会》2017 年第 4 期。

薛海平、王蓉：《义务教育教师绩效奖金、教师激励与学生成绩》，《教育研究》2016 年第 5 期。

杨斌：《农村教育投入：绩效、机制与模式》，博士学位论文，西南大学，2011 年。

杨颖秀：《从"两为主"到"两纳入"——进城务工人员随迁子女义务教育政策的新突破》，《教育科学研究》2017 年第 6 期。

曾满超、丁延庆：《中国义务教育资源利用及配置不均衡研究》，《教育与经济》2005 年第 2 期。

张欢、张强、朱琴：《农村义务教育经费"挤出效应"研究》，《清华大学教育研究》2004 年第 5 期。

张力、李孔珍：《农村义务教育经费保障机制政策研究》，《教育发展研究》2008 年第 9 期。

张丽华、汪冲：《解决农村义务教育投入保障中的制度缺陷——对中央转移支付作用及事权体制调整的思考》,《经济研究》2008 年第 10 期。

张晏、李英蕾、夏纪军:《中国义务教育应该如何分权?——从分级管理到省级统筹的经济学分析》,《财经研究》2013 年第 1 期。

张源源:《教师交流补偿标准研究》,《中国教育学刊》2019 年第 1 期。

赵力涛、李玲、黄宸、宋乃庆、赵怡然:《省级教育经费统筹改革的分配效果》,《中国社会科学》2015 年第 11 期。

郑磊:《义务教育经费分配使用的公平性研究——北京与上海的比较分析》,《教育发展研究》2006 年第 2 期。

钟秉林、赵应生、洪煜、阮琳燕:《农村义务教育学校公用经费支出实证研究——基于对我国 9 个省份 107 所农村学校的调查分析》,《中国教育学刊》2012 年第 8 期。

周飞舟:《分税制十年:制度及其影响》,《中国社会科学》2006 年第 6 期。

朱文辉:《改革开放 40 年我国农村义务教育经费保障机制的回溯与前瞻》,《中国教育学刊》2018 年第 12 期。

宗晓华:《从乡村自给到公共财政保障——我国农村义务教育投入体制演变分析》,《教育发展研究》2008 年第 23 期。

宗晓华:《人口外流对地方义务教育财政的影响:一个实证研究》,载中国教育学会教育经济学分会《2009 年中国教育经济学学术年会论文集》,中国教育学会教育经济学分会,2009 年。

宗晓华、陈静漪:《集权改革、城镇化与义务教育投入的城乡差距——基于刘易斯二元经济结构模型的分析》,《清华大学教育研究》2016 年第 4 期。

宗晓华、叶萌:《"省直管县"财政改革能否提高农村义务教育财政保障水平?——基于省级面板数据的实证分析》,《教育科学》2016 年第 6 期。

（三）报纸类

侯振民、王庆余:《建议所有公办小学下放到大队来办》,《人民日报》1968 年 11 月 14 日第 1 版。

刘少奇:《中国共产党中央委员会向第八次全国代表大会的政治报告》,《人民日报》1956 年 9 月 17 日第 1—5 版。

宁吉喆:《全面建成小康社会取得决定性进展 决战决胜实现目标必须加快

补短板》，《人民日报》2020 年 7 月 24 日第 11 版。

全国学生资助管理中心：《中国学生资助 70 年　不让学生因贫失学基本实现》，《人民日报》2019 年 9 月 23 日第 18 版。

王善迈：《"后4%"时代财政教育投入的长效机制》，《光明日报》2015 年 12 月 8 日第 14 版。

王善迈：《"重点校"政策影响了教育的公平》，《中国教育报》2007 年 3 月 8 日第 9 版。

中共中央：《关于人民公社若干问题的决议》，《人民日报》1958 年 12 月 19 日第 1、2 版。

中共中央：《关于在农村建立人民公社问题的决议》，《人民日报》1958 年 9 月 10 日第 1 版。

二　外文文献

Allan R. Odden, Michael E. Goetz and Lawrence O. Picus, "Using Available Evidence to Estimate the Cost of Educational Adequacy," *Education Finance and Policy*, Vol. 3, No. 3, July 2008.

Authella M. Bessent, E. Wailand Bessent, "Determining the Comparative Efficiency of Schools through Data Envelopment Analysis," *Educational Administration Quarterly*, Vol. 16, No. 2, May 1980.

Bruce Baker and Mark Weber, "Beyond the Echo-Chamber: State Investments and Student Outcomes in U. S. Elementary and Secondary Education," *Journal of Education Finance*, Vol. 42, No. 1, Summer 2016.

Bruce D. Baker, Matthew Di Carlo, Kayla Reist, et al., *The Adequacy and Fairness of State School Finance Systems*, *School Year* 2018 – 19, Albert Shanker Institute, 2021.

Carol S. Cash, *Building Condition and Student Achievement and Behavior*, Doctoral Dissertation, Virginia Polytechnic and State University, Blacksburg, 1993, p. 4.

Eric A. Hanushek and Ludger Wößmann, *Education Quality and Economic Growth*, The International Bank for Reconstruction and Development/The World Bank, 2007, p. vii.

Hong Kai, Ron Zimmer, "Does Investing in School Capital Infrastructure Improve Student Achievement?" *Economics of Education Review*, Vol. 53, August 2016.

Lascelles Anderson, Herbert J. Walberg and Thomas Weinstein, "Efficiency and Effectiveness Analysis of Chicago Public Elementary Schools: 1989, 1991, 1993," *Educational Administration Quarterly*, Vol. 34, No. 4, October 1998.

Mary McKillip and Danielle Farrie, *Starting from the Bottom: First Steps to Improve School Funding in Arizona. Fair School Funding: A Resource Equity Report*, Education Law Center, 2020.

Mun C. Tsang, "Financial Reform of Basic Education in China," *Economics of Education Review*, Vol. 15, No. 4, October 1996.

后　记

在教育高质量发展的时代背景下，科学评估农村教育经费投入效益，为提高农村教育经费投入效益提供可靠的理论支撑与建议性的政策建议，具有重要的理论价值与实践意义。本人长期关注农村教育经费投入问题。2016 年，本人申报并获批教育部人文社会科学重点研究基地重大项目"农村教育经费投入效益评估研究"（项目编号：16JJD880014）。在后续的研究中，以课题研究为依托，在《教育研究》《光明日报》等期刊上发表多篇学术论文，这成为本书的重要前期成果支撑。

本书由本人负责整体框架设计，并完成最终统稿定稿工作。具体写作任务分配如下。导论作者：秦玉友、曾文婧、李维、丁子元；第一章"农村教育经费收入水平与支出结构"作者：秦玉友、陈坤、曾文婧、于宝禄；第二章"农村教育人员经费投入水平与效益"作者：许怀雪、张宗倩、高凯歌、秦玉友；第三章"农村学校公用经费投入水平与效益"作者：郑美娟、綦文惠、秦玉友；第四章"农村学校基建经费投入水平与效益"作者：杨柳、王玉姣、秦玉友；第五章"结论与建议"作者：赵忠平、曾文婧、秦玉友。綦文惠、高凯歌、王玉姣参与了书稿政策和数据的查找与梳理工作。綦文惠、高凯歌、王玉姣、于宝禄、丁子元、李凤鸣、吴昊阳、李佳莹、刘萌参与了政策与数据的更新和书稿的校对工作。仲米领、韩嵩、王宁、裴珊珊、王金涛参与了数据的更新工作。

本书能够顺利出版，首先要感谢教育部人文社会科学基金的支持，感谢课题评审专家对课题开展所提供的建议！感谢给予本课题研究直接指导或通过他们的研究工作给予本课题重要启发的专家学者！感谢参与本课题研究的教师和同学！感谢在调研过程中对本研究给予帮助的地方领导、学校领导、教师、学生和家长、村民等！感谢中国社会科学出版社的负责同志与编辑的细致工作！

秦玉友

2023 年 3 月